KB135020

조형진 활자인쇄술 연구 총서

③

中國活字印刷技術史(上)

History of Typography in China (Volume 1)

成造木子

聚珍版攏印書籍固術簡捷然以數十萬散字中撿輯

成章其木子大小雖以畫一格逐字鐫刋又纂而工

費故製造木子之法利用塊木解板厚四分許覆裁作

方條寬一寸許先架鐾鍉乾兩面用鑢取平以淨用三

分八旅為準然後橫裁成木子每個約寬

木一塊長一尺四寸寬一寸八分中挖槽

寸深三分底牆欲平直外牆以鐵鑲口下

寸許將木子數十個入排槽內用活門捺

조형진 활자인쇄술 연구 총서

③

中國活字印刷技術史(上)

History of Typography in China (Volume 1)

曹　炯　鎭

Cho, Hyung-Jin

成造木子

聚珍版攤印書籍固㑨簡捷然以數十萬散字中撿輯

成章其木子大小難以畫一若逐字鐫削又費而工

費故製造木子之法利用棗木解板厚四分許鋸裁作

方條寛一寸許先架㩉㘭乾兩面用鎈取平以凈尺二

分八旗爲準然後橫裁成木子每個約寛

木一塊長一尺四寸寛一寸八分中挖槽

寸深三分底牆欲平直外牆以鐵鑲口下

寸許將木子數十個尺排槽內用活閂振

<h2 align="center">〈초 록〉</h2>

1. 活字印刷術의 發明 背景과 그 起源

(1) 활자인쇄술의 발명 배경은 선조의 장구한 역사를 통하여 축적된
과학기술 분야의 경험이었다.

(2) 활자인쇄술의 가장 신빙할 수 있는 기원은 宋 시대 慶曆 연간
(1041-1048) 畢昇의 膠泥活字인쇄술이다.

(3) 1965年 浙江省 溫州市 白象塔에서 출토된 「佛說觀無量壽佛經」
에 대하여, (宋)畢昇 교니활자의 인쇄물인가를 분석하였다.

(4) 1990년 湖北省 英山縣에서 발견된 畢昇의 묘비가 활자인쇄술 발
명자 畢昇의 것인가를 검토하였다.

(5) 宋 시대의 활자본으로 알려진 판본들을 고증하여, 그중 5종이 宋
시대의 활자본임을 확인하였다.

(6) 宋·元 시대를 통하여 '활자의 제작·조판·인출'의 기술적 과정
에서 발전한 내용을 분석하였다.

(7) 西夏文 활자본 11종을 분석하였고, 그중 西夏 桓宗 연간(1194-1205)
에 간행한 「德行集」이 현존 最古의 목활자본임을 밝혔다.

(8) (元)王禎의 인쇄 기술 발전에 대한 공헌을 분석하였고, 元 시대의
활자 3종 및 활자본 3종을 고증하였다.

2. 中國 活字印刷의 通史的 分析

2.1 明 時代 無錫 華·安 兩氏 家門의 活字印刷

(1) 成化(1465-1487)·弘治(1488-1505)·正德 연간(1506-1521)에 江蘇省에서 동활자로 인쇄한 것으로 알려진 九行本 詩集들을 분석한 결과, 신빙성이 부족하여 진일보한 연구가 필요하였다.

(2) 明 시대 초기 활자인쇄의 유행을 주도한 無錫 華씨 가문의 금속활자본 33종을 추적하였다. 아울러 이의 인쇄 기술 수준과 교감 태도 등을 분석하였다.

(3) 安國이 간행한 금속활자본 10종을 추적하였다. 아울러 이의 인쇄 기술 수준, 교감 태도 등을 華 씨의 판본과 비교하였다.

2.2 明 時代 後期의 活字印刷

(1) 130여 종의 활자본(1,000권에 달하는 「太平御覽」 포함) 분석을 통하여 문화사적 요소와 과학기술적 요소를 고구하였다.

(2) 활자인쇄의 유행 지역은 연근해 지역의 도시뿐만 아니라 내륙 지역까지도 광범위하게 유행하였다.

(3) 활자의 재료는 銅·木·鉛·朱錫 등을 다양하게 사용하였다.

(4) 활자본의 내용은 經學·역사·철학·문학·과학기술·예술·족보 등을 광범위하게 포함하고 있다.

(5) 인쇄 기술의 발달 수준은 우수한 경우와 미숙한 판본이 동시에 나타나는 과도기 현상을 보인다. 특히 금속활자 인출용 油煙墨을 조제하지 못하여 금속활자본의 품질에 큰 영향을 미쳤다.

(6) 교감의 태도는 간혹 우수한 경우가 있기는 하나, 대체로 엄격하지 못하였다.

(7) 현존 활자본 외에 인쇄 기술 연구에 절대적인 문헌 기록이나 인쇄용 실물이 전혀 남아 있지 않아서 간접 자료를 이용할 수밖에 없었다.

2.3 淸 時代 前期의 活字印刷

(1) 활자인쇄의 주체는 중앙정부를 비롯하여 書肆·書院 및 개인에게까지도 파급되었다.

(2) 활자본의 내용은 經學·史部·子部를 비롯하여 문학 작품·類書·천문·수학·음악·정부의 官報까지를 포함하고 있다. 그중에는 10,040권에 달하는「古今圖書集成」도 포함하고 있다.

(3) 동활자의 유행 지역은 北京·江蘇·臺灣의 3개 省에까지 퍼져나갔다. 활자인쇄 기술 수준도 明 시대보다 발전하여 서품도 훨씬 우수하였다.

(4) 목활자는 활자인쇄의 주된 방법으로, 그 유행 지역은 6개 省에까지 광범위하게 성행하였다. 유행 시기는 주로 乾隆 연간(1736-1795) 「武英殿聚珍版叢書」의 간행 이후였다.

(5) 磁活字로 서적을 간행하여 (宋)畢昇의 교니활자를 계승하기도 하였으니, 泰山 徐志定 眞合齋의 磁版이 그것이다.

(6) 활자인쇄의 기술은 기본적으로 畢昇의 방법을 이용하였다. 그러나 활자의 재료·활자의 제작 기술·조판 기술·묵즙 조제 기술은 장족의 발전을 이룩하였다.

(7) 교감의 태도는 明 활자본보다 신중하여, 여러 방법으로 오류를 정정함으로써 오늘날의 귀감이 될 만하였다.

(8) 內府의 동활자본인 「古今圖書集成」의 고명한 인쇄 기술 수준으로 미루어, 정부의 지원이 활자인쇄 기술의 발전에 지대한 공헌을 한다는 사실도 알 수 있었다.

2.4 淸 時代 後期의 活字印刷

(1) 활자의 재료는 銅·朱錫·鉛·泥 및 木質을 사용하였다. 동활자는 4개 省에서 유행하였다. 활자 조각술은 明 시대의 활자본보다 정교하였다.

(2) 목활자는 14개 省에서 광범위하게 유행하였다. 목활자본 간행 기관은 궁궐·각 지방의 衙門·서원·官書局·祠堂·서사·개인 등이다. 목활자본의 수량은 약 2,000종 정도이다. 그 내용은 經學·小學·史部·子部·시문집·문학 작품·類書·叢書·工具書·족보 등을 포함하고 있다. 목활자의 용도는 서적 인쇄 외에 저당·매매·대여·선물 등으로 사용하기도 하였다. 목활자가 가장 유행한 이유는 ① 저렴한 經濟性, ② 용이한 製作性, ③ 목판인쇄 기술의 轉用性을 들 수 있다.

(3) 李瑤와 翟金生이 泥활자로 서적 인쇄에 성공함으로써 畢昇의 膠泥활자 인쇄가 가능하다는 사실을 증명하였다. 목활자의 인쇄 기술도 畢昇의 膠泥활자의 기술 원리를 바탕으로 발전하였다. 동활자의 인쇄 기술도 꾸준한 발전을 이루었다. 교감 작업도 교감을 중시하는 淸 시대 학자의 전통을 계승하였다.

(4) 부분적으로 소홀히 한 단점도 있었다. 거질의 서적에는 묵색이 고르지 못한 곳이 매양 있었다. 영리를 목적으로 인쇄한 서적이나 족보는 품질이 떨어졌다. 발행 시간에 쫓기는 「京報」는 字行이 삐뚤삐뚤하며 묵색 농담이 고르지 못하고 오자도 있었다.

(5) 활자인쇄 기술은 宋 시대 이래로 900년 동안 사용되어왔으나, 목판인쇄만큼 보편화되지 못하였다. 기술적으로는 활자인쇄와 목판인쇄 모두 시종 수공업적 방법을 사용하였고, 19세기에 이르러 서양의 기계식 鉛활자 인쇄술로 대체되고 말았다. 이처럼 현대적 기계화에 실패한 원인은 ① 완만한 需要性, ② 문자의 語彙性, ③ 낙후된 技術性, ④ 판본의 審美性, ⑤ 묵즙의 着墨性, ⑥ 정치적 출판 통제와 사회적 인식 등을 들 수 있다.

3. 韓·中 兩國 活字印刷의 技術 過程

(1) 泥활자의 제작을 위하여 朝鮮은 구멍을 뚫은 목판을 사용하였고, (淸)翟金生은 도토 주형이나 구리 주형을 사용하여 주조하였다.

(2) 중국 武英殿 聚珍版의 목활자는 방정한 육면체 木子를 만든 후, 문자를 조각하였다. 조선의 금속활자는 蜜蠟鑄造法·鑄物砂鑄造法·單面陶板鑄造法을 이용하였다. 중국의 금속활자는 조각과 주조의 방법을 이용하였다.

(3) 조판 과정에서 조선은 문선을 한 후 조판하였다. (元) 王禎은 인판 틀을 만든 후 문선을 하였으며, 武英殿 聚珍版은 문자를 베껴 쓴 후 문선을 하였다.

(4) 인출 과정에서 한국은 油煙墨을 많이 사용하였으며, 고체 상태로 보존하였다. 중국은 줄곧 송연묵을 사용하면서, 반액체 상태로 저장하였다. 武英殿 聚珍版은 광곽을 인출한 후, 투인 방식으로 문자를 인출하였다.

(5) 인쇄 과정상의 전반적인 기술 수준은 한·중 양국이 대동소이하였다.

4. 韓·中 兩國 活字印刷의 技術 交流

(1) 한·중 양국의 인쇄 관련 업무를 주관하는 인물이 사신으로 수차례
   양국을 왕래하기도 하였다. 혹자는 明 시대 금속활자로 서적을 간
   행한 華씨 문중에 조선에 사신 갔던 인물이 있었음으로써 華 씨의
   금속활자는 조선에서 배워왔을 가능성이 있을 것으로 고증하였다.
   淸 시대 武英殿 聚珍版을 주관한 金簡이 조선의 후손이라는 점으로
   미루어 그 활자인쇄는 간접적으로 조선의 영향을 받았을 것이다.

(2) 한국은 중국의 서적을 수입하여 활자 제작의 자본으로 삼기도 하
   였다. 한국본 漢籍은 중국으로 역전파되어 중국 본토의 失傳된
   서적을 보충하기도 하였다.

(3) 조선이 터득한 활자인쇄의 원리는 문헌을 통하여 畢昇의 교니활
   자 인쇄술로부터 계시를 받았다. 조선의 금속활자 주조 방법은
   중국의 鑄印術과 鑄錢術을 응용하였다. 중국의 목활자를 수입한
   사실도 있었다. 그러나 조선의 활자인쇄 기술 수준은 世宗朝
   (1418-1450)에 이미 최고조에 도달하였다. 따라서 明 시대의 금
   속활자 인쇄 기술은 이로부터 간접 영향을 받았을 수 있다.

(4) 明 시대의 초기 금속활자본과 조선의 동활자본을 비교하면 정교
   도에 차이가 있음을 알 수 있다. 따라서 明 시대의 금속활자는 조
   선에서 직접 건너갔을 가능성은 크지 않다. 다만 조선 동활자 인
   쇄 기술의 영향을 받았을 가능성은 존재할 수 있다.

요어: 畢昇, 王禎, 金簡, 교니활자, 목활자, 금속활자, 磁활자, 유연묵, 송
   연묵, 활자의 제작, 조판 과정, 인출 과정, 활자인쇄의 기술 교류,
   「佛說觀無量壽佛經」, 「德行集」, 「古今圖書集成」, 武英殿 聚珍版.

〈ABSTRACT〉

1. Background and Origins of Typography Invention

(1) The background of the typography invention was the experience of ancestors accumulated over the long history in the field of scientific technology.

(2) The most plausible origin of typography is the clay-type typography of Sheng Bi during the *Qingli* years (1041-1048) of Song Dynasty.

(3) *Foshuo guanwuliangshou fojing* (Buddhist Sermonic Eternal Life Sutra) excavated from Baixiang-pagoda, Wenzhou City, Zhejiang Province in 1965 was analyzed to validate if it was a print of the clay type of Sheng Bi in Song Dynasty.

(4) It was examined whether the tombstone of Sheng Bi, discovered in Yingshan County, Hubei Province in 1990, belonged to Sheng Bi, the inventor of typography.

(5) After historically examining editions known as Song Dynasty type edition, it was confirmed that 5 of them are Song Dynasty type edition.

(6) The development of typography was analyzed by investing the technical process of type making, typesetting, and brushing throughout Song and Yuan dynasties.

(7) Eleven types of Xixian type edition were analyzed, of which

Dexing ji published in the reign of Xixian Huanzong (1194-1205) was found to be the oldest extant wooden type edition.

(8) The contribution to the development of printing technology by Zhen Wang of Yuan Dynasty was analyzed, and three types and three type editions in Yuan Dynasty were historically investigated.

2. Transhistorical Analysis of Chinese Typography

2.1 Typography of the Two Families of Wuxi Hua and An in Ming Dynasty

(1) As a result of analyzing the nine line edition collection of poems, known to have been printed with bronze type in Jiangsu Province during the years of *Chenghua* (1465-1487), *Hongzhi* (1488-1505), and *Zhengde* (1506-1521), further research is needed due to lack of credibility.

(2) Thirty-three metal type editions of the Wuxi Hua family, who led the trend of typography in the early Ming Dynasty, were traced. In addition, the level of typography technology and proofreading attitude were analyzed.

(3) Ten metal type editions printed by Guo An were traced. In addition, their printing technology level and proofreading attitude were compared with those of Hwa family.

2.2 Typography of the Late Ming Dynasty

(1) Through the analysis of 130 type editions (including 1,000 volumes of *Taiping yulan*), the cultural historical elements as well as the scientific technology elements were historically investigated.

(2) Type printing was widely popular not only in coastal cities but also inland areas.

(3) Various types of materials were used for type, such as bronze, wood, lead, and tin.

(4) The contents of type edition include a wide range of Chinese classics, history, philosophy, literature, scientific technology, art, genealogy, etc.

(5) The level of typological development shows a transitional stage in which both sophisticated and crude cases appeared at the same time. In particular, the quality of metal type edition was greatly affected by the inability to prepare Chinese oil ink for metal type brushing.

(6) The proofreading attitude was sometimes thorough, but in general it was not strict.

(7) Other than the existing type editions, there were no written records or actual materials used for printing deterministic in the study of typographical technology, so indirect materials had to be used.

2.3 Typography of the Early Qing Dynasty

(1) The agent of type printing spread to the central government as well as to book stores, private academies, and individuals.

(2) The contents of type editions include not only Chinese classics, field of history, and field of philosophy, but also literary works, encyclopedia, astronomy, mathematics, music, and the official gazette. Among them, *Gujin tushu jicheng* (Compilation of Books in Past and Present) of 10,040 volumes is also included.

(3) The prevalence of bronze type spread to three provinces: Beijing, Jiangsu, and Taiwan. The level of typography was also more developed than that of Ming Dynasty, and the book quality was much better as the consequence.

(4) Wooden type was the main method for type printing, and its prevalence was widespread in six provinces. The period of popularity was mainly after the printing of 「Wuyingdian Juzhenban Series」in the reign of *Qianlong* (1736-1795).

(5) Books were printed with ceramic type and succeeded to the clay type of Sheng Bi in Song Dynasty, such as the ceramic edition of Zhenhezhai bookstore owned by Zhi-Ding Xu in Taishan.

(6) The technique of typography basically used the method of Sheng Bi. However, the material of type, type making technology, typesetting technology, and Chinese ink making technology had made great progress.

(7) The attitude of proofreading was more prudent than that of Ming

Dynasty, and it deserves to be a model today by correcting errors in various ways.

(8) Judging from the high level of printing technology of *Gujin tushu jicheng* (Compilation of Books in Past and Present), that is, the bronze type edition by the administration of procurement, it can be inferred that the government's support greatly contributes to the development of printing technology.

2.4 Typography of the Late Qing Dynasty

(1) Various materials for type were used, such as bronze, tin, lead, clay, and wood. Bronze type was widely spread in 4 provinces. The carving technique of type was refined compared to that of Ming Dynasty.

(2) Wooden type was widely popular in 14 provinces. The institutions that printed wooden type editions included palaces, provincial governments, private academies, government-commissioned publishing institutions, shrines, bookstores, and individuals. The number of wooden type editions amounted to 2,000. The contents included Chinese classics, pedagogy of children, field of history, field of philosophy, collection of poems and proses, literary works, encyclopedia, series, toolbooks and genealogy. In addition to printing books, the use of wooden type was for mortgage, trade, lend, or donation as gifts. The reasons why wooden type became the most popular are ① cheap economic cost, ② easy production,

and ③ applicability of woodblock printing technology.

(3) Yao Li and Jin-Shen Zhai succeeded in printing books with clay type, proving that it was possible to print with the clay type of Sheng Bi. The printing technology of wooden type was also developed based on the technical principle of the clay type of Sheng Bi. The printing technology of bronze type also made steady progress. The proofreading work also inherited the tradition of scholars in Qing Dynasty who valued proofreading.

(4) There were also shortcomings. In voluminous books, there were places where the Chinese ink color was uneven. Books printed for profit and genealogies were of poor quality. The official gazette, which was pressed for publication time, had crooked line of letters, uneven ink-color shading and typos.

(5) Type printing has been used for nearly 900 years since Song Dynasty, but it was not as popular as woodblock printing. Technically, both type printing and woodblock printing used hand-crafted method, and were replaced by Western mechanical plumbum type printing in the 19th century. Reasons for the failure of modern mechanization include ① slow demand, ② quantity of characters, ③ outdated technology, ④ aesthetics of edition, ⑤ adhesiveness of Chinese Ink, and ⑥ political control of publication and social perception.

3. The Process of Typography in Korea and China

(1) Wooden plate with a hole was used in the process of making clay type in Joseon Dynasty, whereas clay mould or bronze mould was used for casting by Jin-Sheng Zhai of Qing Dynasty.

(2) A balanced hexahedral form of wood was prepared for carving characters in the wooden types of Wuyingdian Juzhenban in China. Metal types were created by using the methods of lost-wax casting, green-sand casting and single-face casting in Joseon Dynasty. Metal types were created by using carving and casting methods in China.

(3) In the process of typesetting, types were first selected before a printing plate was set up in Joseon Dynasty. On the other hand, Zhen Wang of Yuan Dynasty first set up a printing plate before type selection, and each character was copied prior to type selection in Wuyingdian Juzhenban.

(4) Oil carbon ink was frequently used for type brushing and was kept in solid form in Korea. However, Chinese ink was made from water carbon ink and kept in semi-fluid form in China. Wuyingdian Juzhenban was brushed with background lines first and characters next on each page.

(5) The overall process of technology in the printing was largely the same in both Korea and China.

4. Exchange of Typography between Korea and China

(1) Persons in charge of printing-related business in both Korea and China occasionally visited the two countries as an envoy. Considering the fact that one of the members in Hwa family who printed books using metal type during Ming Dynasty was dispatched to Joseon as an envoy, it has been suggested in a historial context that the metal type of Hwa family was learned in Joseon. Considering that Jian Jin who suggested and supervised printing wooden type of Wuyingdian Juzhenban during Qing Dynasty was a descendant of Joseon, it can be assumed that Jian Jin's typography was indirectly influenced by Joseon.

(2) Korea also imported Chinese books and used them as a manuscript for type production. Chinese books published in Korea were also exported back to China to supplement the books that were lost in mainland China.

(3) Joseon gained clues about the basic principles of typography from Sheng Bi's clay type typography through the literature. The metal type casting method of Joseon applied China's seal casting technology and coin casting technology. There were also instances in which Joseon imported Chinese wooden types. However, the level of typography in Joseon already reached its peak during the reign of King Sejong (1418-1450). Therefore, the typography of metal type during Ming Dynasty may have been indirectly influenced by Joseon.

(4) Comparison of the early metal type edition of Ming Dynasty with the bronze type edition of Joseon Dynasty shows a difference in the degree of sophistication. It is unlikely that the metal type of Ming Dynasty came directly from Joseon. However, there is a possibility that it was influenced by the bronze type typography of Joseon.

Key words: Sheng Bi, Zhen Wang, Jian Jin, clay type, wooden type, metal type, ceramic type, Chinese oil ink, Chinese water ink, type making, typesetting, brushing, exchange of typography, *Foshuo guanwuliangshou fojing* (Buddhist Sermonic Eternal Life Sutra), *Dexing ji, Gujin tushu jicheng* (Compilation of Books in Past and Present), Wuyingdian Juzhenban.

〈提 要〉

　　依據文獻記錄，中國古人在十一世紀中葉已發明膠泥活字印刷術，比西方在十五世紀中期才出現的古騰堡(Johannes Gutenberg, 1400?-1468)活字印刷術，早了約四百年. 當代學者普遍同意，中國是活字印刷術的源頭，探討中國活字印刷技術的進程與演變，自有其重要意義，而這正是本書撰述的宗旨. 本書除了叁酌原始文獻與歷來學者研究成果之外，更藉由檢視存世活字印刷品的相關紀錄，評估其可靠性，並就其涉及的相關技術進行討論. 全書正文共分爲七章，以下分述各章節之重點.

1. 活字印刷術之發明背景及其起源

(1) 活字印刷術之發明，是前人依據需求經過長久累積而得的有關科學技術領域之經驗.

(2) 活字印刷術之起源，目前可知且可信的最早紀錄爲宋代慶曆年間(1041-1048)畢昇的膠泥活字印刷術.

(3) 針對1965年在浙江省溫州市白象塔出土之《佛說觀無量壽佛經》，就其是否爲畢昇膠泥活字印刷品進行分析.

(4) 探討1990年湖北省英山縣發現的畢昇墓碑，是否爲活字印刷術發明人畢昇的墓.

(5) 考證世傳所謂宋代活字刊本數種，確認其中五種爲宋代活字本.

(6) 針對宋・元兩代在 「活字製作・排版・刷印」的技術內容與實作過程進行析論.

(7) 分析11種西夏文活字本，並驗證西夏桓宗年間(1194-1205)所印《德

行集≫爲現存最早木活字本.

(8) 闡述元代王禎在活字印刷技術發展上的貢獻, 並考證元代可知的三種活字及三部活字本.

2. 中國活字印刷之通史式的分析

2.1 明代無錫華・安兩家之活字印刷

(1) 據傳成化(1465-1487)・弘治(1488-1505)・正德年間(1506-1521)在江蘇省曾以銅活字刊印九行本詩集, 經著者考證, 此說似不可信, 存疑待考.

(2) 針對引領明代早期活字印刷發展之無錫華家刊印的三十三種金屬活字本進行追踪, 並分析其印刷技術水平與校勘態度等.

(3) 就安國刊印的十種金屬活字本進行查訪. 並與華家活字本比較, 分析其印刷技術水平與校勘態度等.

2.2 明代後期之活字印刷

(1) 針對一百三十餘種明代活字本(其中包括一千卷的≪太平御覽≫)進行檢視分析, 考究其中涉及之文化史要素與科學技術要素.

(2) 分析明代活字印刷之流行地區, 包括沿海地區之都市, 以及部分內陸地區.

(3) 析論明代活字所用材料, 包括銅・木・鉛・錫等多種.

(4) 活字本圖書的主題內容廣泛, 包括經學・歷史・哲學・文學・科學技術・藝術・家譜等.

(5) 此時期印刷技術之發展水平, 是優秀的與未成熟的板本同時並存之過渡現象, 是技術研究改良的中間歷程. 其中最明顯的, 是尚未能調製金屬活字適用的油煙墨, 影響到金屬活字本的書品, 相對較差.

(6) 校勘態度雖間有認眞確實的, 不過大體不嚴謹.

(7) 文獻與實體證據不足, 除現存活字本外, 並無研究印刷技術所絶對必要的文獻記錄和印刷所用實物, 只能倚賴間接資料, 這是現階段在研究上的限制.

2.3 清代前期之活字印刷

(1) 從事活字印刷之單位, 自中央政府普及到書肆・書院及私人.

(2) 活字本主題內容更廣泛, 包括經學・史部・子部・文學作品・類書・天文・數學・音樂・政府官報等. 其中卷數最多的, 就是將近一萬零四十卷的銅活字本《古今圖書集成》.

(3) 銅活字之流行地區擴展到北京・江蘇・臺灣三個省. 印刷技術水平較明代進步, 書品提升較前代優良.

(4) 木活字是清代活字印刷的主要方法, 其流行地區擴展到六個省. 木活字流行時期, 大抵在乾隆年間(1736-1795)印刷《武英殿聚珍版叢書》以後.

(5) 木活字之外, 亦有人繼承(宋)畢昇之膠泥活字, 改以磁活字印書, 如泰山徐志定眞合齋磁版.

(6) 活字印刷技術, 基本上是延續畢昇之法. 但在活字材料・活字製作技術・排版技術・墨汁調製技術等, 則有長足進展.

(7) 清人刊印圖書的校勘態度優於明人, 能運用多種方法來訂正錯誤, 可做今日校書之借鑑.

(8) 由內府銅活字本《古今圖書集成》之印刷技術水平之高明，可推知清代中央政府支持活字印刷，對其技術發展貢獻不小．

2.4 清代後期之活字印刷

(1) 此期所用活字材料，包括銅・錫・鉛・泥及木等多種．其中銅活字流行至四個省．活字刻製技術較明代更為精緻．

(2) 木活字已廣泛流行至十四個省．從事木活字印書的單位有宮廷・各地方官衙・書院・官書局・祠堂・書肆・私人等．木活字本之數量達約二千種．其內容包括經學・小學・史部・子部・詩文集・文學作品・類書・叢書・工具書・家譜等．木活字之用途，除用於書籍印刷外，亦可供典當・買賣・出借・作為禮物等．木活字在各種活字中最為流行之理由，包括：①經濟性低廉，②製作容易，③可轉用雕板印刷技術等．

(3) 李瑤・翟金生等人以泥活字成功印刷書籍，證明畢昇膠泥活字印刷之可行，木活字印刷技術也是根據畢昇膠泥活字之技術原理來發展．銅活字印刷技術，至此亦繼續發展．校勘工作承繼清代學者重視校勘的傳統，態度謹嚴．

(4) 晚期漸有疏漏短處．巨帙書籍常有墨色不勻現象．以營利為目的所印書籍或家譜，其書品更差．而趕時間即時發行的「京報」，則文字行列不整齊，墨色濃淡不勻，亦有錯字．

(5) 活字印刷技術之應用，自宋代迄清末，綿亙約九百年，但不及雕板印刷普及．而中國之雕版與活字印刷均採手工作業方式，到了十九世紀，西方機械式鉛活字印刷術傳入後，便為機械式技術取代，其失敗機械化之原因可歸納為：①需要性趨緩，②語彙性文字，③技

術性落後, ④板本審美性不美觀, ⑤墨汁着墨性不勻, ⑥政治管制印書與社會認識等.

3. 韓·中兩國活字印刷之技術過程

(1) 製作泥活字的技術, 朝鮮曾用挖孔之木板, (清)翟金生採泥土鑄型或銅鑄型來鑄造.

(2) 中國武英殿聚珍版木活字, 是先作木子(方形之木六面體), 再於其上刻文字. 朝鮮金屬活字曾用過撥蠟法·鑄砂法·單面陶板鑄法; 中國金屬活字則採用刻法與鑄法.

(3) 在排版過程方面, 朝鮮是先抽取所需活字再行排版, (元)王禎是先作印框再抽取活字, 武英殿聚珍版則先鈔字再抽活字.

(4) 在刷印過程方面, 韓國多用油煙墨, 以固體狀態保存; 中國偏好松煙墨, 以半液體狀態貯藏. 武英殿聚珍版先將版框印就, 再以套板方式刷印文字.

(5) 印刷過程上全般的技術水平, 韓·中兩國大同小異.

4. 韓·中兩國活字印刷之技術交流

(1) 韓·中兩國主持印刷關聯工作之人物, 各曾以使臣身分多次來往兩國, 而明代採用金屬活字印書的無錫華家, 有族人奉派出使朝鮮, 有人考證華家的金屬活字可能是學自朝鮮. 另據傳主持清代武英殿聚珍版之金簡為朝鮮的後裔, 可推知其採用活字印刷的作法間接受朝鮮的影響.

(2) 韓國由中國輸入漢籍以之做為製作活字之底本, 而韓國印本漢籍傳

播到中國, 補充中國本土佚失的書籍.

(3) 朝鮮對活字印刷原理之熟悉, 是由文獻所載畢昇膠泥活字印刷術受到啓發. 朝鮮金屬活字之鑄造法, 或許也受到中國的鑄印術與鑄錢術的啟示, 而朝鮮曾由中國輸入木活字. 但朝鮮之活字印刷技術水平, 到了世宗朝(1418-1450)已到達最高境界. 明代之金屬活字印刷技術可能間接受此影響.

(4) 比較明代早期金屬活字本與朝鮮銅活字本, 二者之精緻度有差別, 可見明代的金屬活字直接自朝鮮傳入之可能性不大. 不過受朝鮮銅活字印刷技術影響之可能性應該存在.

關鍵詞: 畢昇, 王禎, 金簡, 膠泥活字, 木活字, 金屬活字, 磁活字, 油煙墨, 松煙墨, 活字製作, 排版過程, 印出過程, 活字印刷技術交流, 《佛說觀無量壽佛經》, 《德行集》, 《古今圖書集成》, 武英殿聚珍版.

목차(상권)

Ⅶ. 淸 時代 後期의 活字印刷 / 383

사진·書影·표 목차(상권)

IV. 明 時代 無錫 華・安 兩氏 家門의 活字印刷 / 179

V. 明 時代 後期의 活字印刷・明代後期之活字印刷 / 225

序言

Ⅰ. 序 言
Introduction

1. 韓 · 中 兩國의 印刷術

세계 각국의 문명교류사를 살펴보면 종교와 같은 인문 정신이나 의식적인 요소의 전파는 피전파자로부터 강한 저항을 받았다. 그러나 과학기술적인 요소는 생활의 편리함으로 말미암아 환영을 받곤 하였다. 더 나아가 수입하려는 측에서 지나치게 적극적인 나머지 갖은 방법을 동원하여 몰래 가져가기도 하였다.

한 · 중 양국은 지리적으로 밀착하고 있어서 예로부터 문화와 과학기술 등 여러 방면에서 부단히 영향을 주고받으면서 역사를 이어 왔다. 과학기술 중에서 전체 인류의 문화 발전에 가장 큰 영향을 미쳤고 가장 크게 공헌한 분야로 인쇄술을 꼽을 수 있다. 인쇄술은 서적을 신속하게 대량생산하는 방법이다. 서적은 사상을 전파하고 경험을 교환하며 지식을 섭취하는 가장 중요한 도구다. 인쇄술을 문명의 어머니라고 부르는 이유도 여기에 있다. 고대의 인쇄술은 목판인쇄술[1]과 활자인쇄술[2]로 구분할 수 있는데, 모두 중국인에 의하여 발명되었다. 특히 활자인쇄술의 발명은 인쇄 기술의 원리와 효능 면

---

1) "목판인쇄술"은 선학에 의하여 잘못 명명된 명칭이다. 목판에 문자나 그림을 조각하여 인출하는 기술이므로 '雕板인쇄술'이 정확한 명칭이다. 또는 문자 등을 조각한 목판을 '冊板'이라고 하므로 '冊板인쇄술'도 타당한 명칭이 될 것이다.

2) 인쇄술의 개념에 대하여 동양과 서양은 약간의 인식 차이를 보인다. 동양은 목판인쇄술과 활자인쇄술을 모두 인쇄술로 간주하고 있다. 그러나 서양은 활자인쇄술만을 인쇄술로 간주하고 있다.

에서 경이적인 발전을 이룩하였다.

한국은 중국으로부터 이를 즉시 수입하여 중국과 나란히 발전하면서 더 나아가 자신의 지혜를 발휘함으로써 금속활자를 발명3)하여 서적 인쇄에 활용하였다. 이뿐만 아니라 수시로 대량의 활자를 제작하여 서적 인쇄에 왕성하게 응용한 역사는 진실로 세계적으로 유례를 찾아볼 수 없을 만큼 찬란하다.

중국은 목판인쇄술을 唐 시대인 AD 700년경4) 발명하면서 민간에서 서적 생산에 이용하기 시작하였다. 五代 시대에는 중앙정부에까지 인식되어 문화 보급과 정책 추진의 유용한 수단임을 체득하게되었다. 後唐 시대의 재상인 馮道와 李愚 등은 「九經」을 간행하여유가 사상을 보급할 것을 주청하자, 明宗(926-933)은 국자감으로 하여금 이 일을 주관하게 하였다.5) 이후 중국의 역대 왕조는 꾸준히서적 간행 사업을 주관하면서 각종 서적의 여러 판본을 유통시킴으로써 관련 계층으로 하여금 편리하게 사용할 수 있도록 하였다.

인류는 과학기술을 장기간 활용하면서 새로운 기술로 개량 발전하거나 새로운 발명을 이룩해 내는 데에 더 큰 의의가 있다. 목판인쇄술이 보편적으로 보급되어 광범위하게 유행하게 되자, 그의 단점

---

3) 금속활자를 "발명"한 것이라는 의견에 대하여 "개량"이라고 주장하는 외국 학자가 있다. 이 기회에 이에 관한 개념을 명확히 정리하고자 한다. (宋)畢昇의 膠泥활자는 분명한 발명이다. 또 膠泥활자를 사용하여 서적을 인출하는 膠泥활자인쇄술도 분명한 발명이다. 고려와 조선인이 주조한 금속활자는 역시 분명한 발명이다. 왜냐하면, 금속활자를 제작하는 주조 방법과 원리가 조각한 것으로 보이는 膠泥활자와는 완전히 다르기 때문이다. 그러나 금속활자를 이용한 인쇄술, 즉 금속활자인쇄술은 발명이 아닌 개량이다. 왜냐하면, 이는 膠泥활자인쇄술에서 활자만 금속활자를 사용하였을 따름이지, 인쇄술의 기본 방법과 원리는 동일하기 때문이다. 같은 논리로 조각한 목활자와 목활자인쇄술은 개량이다. 明 시대에 유행한 華씨 가문의 朱錫활자는 시기적으로도 늦어서 발명을 거론할 대상이 아니지만, 제작 방법도 조각한 것이므로 발명이 될 수 없다.

4) 曺炯鎭, 「「白雲和尙抄錄佛祖直指心體要節」 復原 硏究: 高麗時代 蜜蠟鑄造法 金屬活字印刷術」(파주: 한국학술정보(주), 2019), 33.

5) 屈萬里·昌彼得 공저, 「圖書板本學要略」(臺北: 華岡出版公司, 1978), 29.

을 개량하기 위하여 노력한 결과 활자인쇄술을 발명하였다. 활자인쇄술은 편리함과 경제성에서 탁월한 장점이 있음을 부인할 수 없다. 그러므로 北宋의 慶曆 연간(1041-1048)에 畢昇이 활자인쇄술을 발명한 이래,[6] 西夏國과 元 시대[7]·明 시대[8]에도 계속적으로 광범위하게 이용되었다. 淸 시대에 이르러서도 內府에서 대량으로 서적을 편찬하고 간행할 때, 활자인쇄술은 여전히 경제적인 방법이었으니, 金簡의 「武英殿聚珍版程式」 奏摺文이 그 사실을 증명하고 있다.[9] 또한, 산업혁명 이후 지속되어 온 과학문명 사회인 오늘날에도 컴퓨터와 컴퓨터 인쇄술이 발명되어 정보문명 사회로 발전하기 전까지는 세계적으로 줄곧 절대다수의 서적이나 신문 잡지 등 인쇄물이 활자인쇄 방식으로 간행되었다는 사실은 이의 중요성을 설명하고 있다.

2. 「中國活字印刷技術史」의 연구 목적·범위

중국의 서적 인쇄 발달사를 살펴보면, 중국의 독서 환경에 적합한 목판인쇄가 시종일관 중심이었고, 활자인쇄는 이를 보조하는 정도였다.[10] 활자인쇄의 주체도 경제력과 관리 체계를 갖춘 정부 기관이

---

6) (宋)沈括 저, 胡道靜 교증, 「夢溪筆談校證」(臺北: 世界書局, 1961), 권18, 技藝, 板印書籍조, 597-603.

7) "제Ⅲ장 活字印刷術의 發明 背景과 起源" 참조.

8) "제Ⅳ장 明 時代 無錫 華·安 兩氏 家門의 活字印刷·제Ⅴ장 明 時代 後期의 活字印刷·明代後期之活字印刷" 참조.

9) (淸)金簡, 「武英殿聚珍版程式」, (淸)紀昀 등 總纂, 「影印文淵閣四庫全書」(臺北: 臺灣商務印書館, 1983), 제673책.

10) 중국 인쇄사를 연구하는 많은 학자들은 목판본 대비 활자본의 비율을 1~2% 정도로 추산하고 있다. 몇 종의 목록을 예로 들면, 「增訂四庫簡明書目標注」에 저록된 역대 서적 7,748종 중에서 활자본은 220여 종, 「北京圖書館古籍善本書目」에 저록된 역대 선본 11,000여 종 중에서 활자

주도한 사례는 손에 꼽을 정도에 불과하고, 대부분이 민간의 書肆와 개인에 의하여 이루어졌다. 그 결과 간행 주체·시기·장소·방법·객체인 서적 등 활자인쇄술에 관한 문헌 기록이 거의 남아 있지 않아서 오늘날 활자인쇄에 관한 여러 관련 연구에 장애가 될 뿐만 아니라 체계적으로 정리하지 못하고 있다. 부득이 활자본 실물을 중심으로 하고, 간혹 단편적으로 1차 사료와 2차 연구를 포함한 문헌 기록 등의 사례를 하나씩 수집하여 정리하는 수밖에 없다. 중국 활자인쇄 연구의 고충이라고 할 수 있다. 이에 비하여 한국의 활자인쇄는 대부분이 정부가 주도한 까닭에 체계적인 문헌 기록을 통하여 그 발전 상황을 파악할 수 있다.

고서는 간행 연도를 정확하게 표시하기도 하였지만, 많은 경우가 간행 연도를 표시하지 않거나 60간지로 표현하고 있어서 정리를 위하여는 먼저 감별을 하여야 한다. 그런데 목판본은 판각 시기와 인출 연도만 고증하면 별문제는 없다. 그러나 활자본은 활자의 제작과 인출 연대 외에도 여러 종류의 활자를 혼용하여 인출하였을 경우 고증 문제는 간단하지 않다. 특히 숙련된 기술을 요구하는 조판 과정상의 기술적 요소는 목판인쇄에는 없는 활자인쇄만의 연구 과제이다. 따라서 양국의 활자인쇄에 관한 문제를 해결하고 판본의 원류를 고증하기 위하여 활자인쇄의 탄생과 발전, 서적의 인출 과정, 활자인쇄의 기술적 교류 등에 대하여 체계를 세운다면 매우 의미 있고 가치 있는 연구가 될 것이다.

중국의 경우 목판인쇄가 다각도로 연구되고 있음에 비하면, 활자

본은 150여 종, 「中國古籍善本書目」에 수록된 판본 56,787개의 편목번호 중에서 활자본은 340 개 정도이다. 이들로부터 추산하면 목판본과 필사본 대비 활자본의 비율은 0.94% 정도이다.

인쇄에 관한 전문적 연구는 극소수에 불과하다.[11] 활자인쇄 연구의 대부분이 목판인쇄 연구의 일부로 취급되고 있는 실정이다. 한국의 경우는 중국에 비하면 활자인쇄 연구가 왕성하게 이루어지고 있다. 그렇지만 대부분이 문화사적 연구이고, 기술사적 연구는 싹이 트고 있는 정도여서 앞으로 진일보한 연구가 요구되고 있다.

더욱이 한국 금속활자의 왕성한 발달은 진실로 세계 역사에 유례가 없을 만큼 찬란하다. 그러나 한국의 활자인쇄 발달 역사가 우수하다고 자랑을 하면서도, 활자인쇄술의 영향을 받은 중국이나 영향을 준 일본과는 어떠한 차이가 있기에, 왜 우수한가는 설명하지 못하고 있다. 그 주된 이유는 중국이나 일본 활자인쇄의 전모를 제대로 이해하고 있지 못하기 때문이다. 이처럼 한·중 양국의 활자인쇄 문제가 충분한 연구 가치가 있음에도 불구하고, 특히 중국의 활자인쇄에 관하여 아직 전문적인 연구가 없는 실정이다.

이러한 현실에서, 저자는 중국의 활자인쇄를 연구한 거의 유일한 한국의 연구자로서 이 주제에 관심 있는 동료들에게 중국의 활자인쇄를 이해할 수 있도록, 더 나아가 한국의 활자인쇄와 비교 연구하기 위한 기초 자료를 제공하고자 한다. 활자인쇄에 관한 기술사적 연구는 문화사적 연구 위에서 가능하다. 이를 위하여 부족한 능력으로나마

---

11) 1. 江澄波, 「江蘇活字印刷」(北京: 北京聯合出版公司, 2020).
2. 鄒毅, 「證驗千年活版印刷術」(北京: 社會科學文獻出版社, 2010).
3. 徐憶農, 「活字本」(南京: 江蘇古籍出版社, 2002).
4. 潘吉星, 「中國金屬活字印刷技術史」(瀋陽: 遼寧科學技術出版社, 2001).
5. 史金波·雅森吾守爾 공저, 「中國活字印刷術的發明和早期傳播: 西夏和回鶻活字印刷術研究」(北京: 社會科學文獻出版社, 2000).
6. 張秀民·韓琦 공저, 「中國活字印刷史」(北京: 中國書籍出版社, 1998).
7. 曹炯鎮, 「中韓兩國古活字印刷技術之比較研究」(臺北: 學海出版社, 1986).
8. 林品香, "我國歷代活字版印刷史研究", 석사학위 논문, 私立中國文化大學 史學研究所, 1981.
9. 張秀民·龍順宜 공저, 「活字印刷史話」(北京: 中華書局, 1963).

중국 활자인쇄술의 발명 배경과 문화사적 발달 및 한·중 양국의 인쇄기술적 요소와 상호교류를 중심으로 「中國活字印刷技術史」를 전문적으로 살펴보고자 한다. 한국의 활자발달사에 없는 적지 않은 현상들이 한국 서지학도들의 안목을 넓히는 계기가 될 수 있을 것이다.

3. 「中國活字印刷技術史」의 연구 방법·제외 대상

이를 위하여 한·중 양국의 正史와 實錄·地方志·문집·筆記·일기·장서목록·전문 저술·논문집·公私 簿錄·학술논문 등 인쇄 사실을 증명할 수 있는 관련 자료를 모두 망라한 역사연구법과 문헌연구법을 응용하였다. 또한, 현존 실물인 활자·인쇄 공구·활자본 등의 실물 자료에 근거한 실증적 방법과 直觀法을 병용하였다. 다시금 부분적으로 그의 진위 또는 가능성 여부를 과학 기술적 실험을 통하여 검증하였다.

「中國活字印刷技術史」는 전통적인 방법으로 제작한 활자인쇄 기술을 연구 대상으로 하고 있다. 따라서 연구 범위를 民國(1912-) 초기까지로 하되, 서양의 영향을 받은 기계식 鉛활자와 그 이후의 석판·평판·요철판 인쇄는 제외하였다. 이 밖에 활자본의 감별 방법·장정·도서의 형태적 발전 등도 제외하였다. 또한, 먹과 종이의 성분을 현존본에서 시료를 채취하여 화학적 방법으로 분석하는 문제, 활자 재질의 차이에 따라서 사용하는 묵즙의 차이 문제, 明 시대의 9행본 동활자본에 관하여 아직 남아 있는 의문점, 淸 시대 內府의 동활자에 관한 연구 문제 등도 과제로 남아 있다. 이상의 과제들에 대하여 전자현미경 등 현대 과학적 방법이나 새로운 첨단 연구 방법을 동원하면 상당한 성과를 기대할 수 있을 것이다. 하지만 현재 여러 제약으로 인하여 부득이 후배의 분투를 기대한다.

이 밖에 본문에서 고증한 활자본 외에도 明·淸 시대의 활자본은 현재도 부단히 발굴되고 있고 앞으로도 꾸준히 발견될 가능성은 다분하며, 그때마다 연구하여 보충하는 수밖에 없다. 이뿐만 아니라 이미 공적인 도서관이나 개인의 장서고에 정리된 판본 중에는 감정 실수로 인하여 목판본으로 숨어있는 경우도 있을 수 있다. 그러나 「中國活字印刷技術史」의 주된 목적이 인쇄 기술의 전반적인 발달 상황을 고구하는 것이므로 새로 발굴되는 판본을 추가하느냐의 문제는 초월하기로 한다. 또한, 이미 발견되었지만, 일부 사항을 고증하지 못하여 "제V장 9. 其他"와 "제VII장 8. 其他"에 수록한 판본들은 훗날 구체적인 사항이 밝혀질 수도 있다. "부록 7. 미수록 중국활자본 목록" 역시 마땅히 심층적인 고증을 거쳐야 하나 향후 후배들의 진일보한 연구를 기대한다.

4. 「中國活字印刷技術史」의 구성 내용

이제 제한된 조건에서나마 수집한 자료를 통하여 문화사적 및 과학기술적 관점에서 연구한 내용을 정리하여 「中國活字印刷技術史」를 구성하였다.

본 연구 전체의 국문·영문·중문 초록을 수록하였다. 각 장의 영문 제목과 함께, 제III장부터 제IX장까지와 附錄 4에는 국문·영문 초록을 함께 수록하였다. 이로써 한글을 해독하지 못하는 연구자에게도 그 개략을 이해할 수 있도록 하였다.

"제I장 序言"에 이어, "제II장 活字 發明 以前의 印刷 槪要"는 활자인쇄술이 발명되기 이전 목판인쇄의 발달 상황을 개략적으로 서술하였다. 이로써 활자인쇄술이 탄생하게 된 배경을 이해할 수 있도록 하였다.

"제III장 活字印刷術의 發明 背景과 起源"부터 "제IV장 明 時代 無錫 華・安 兩氏 家門의 活字印刷", "제V장 明 時代 後期의 活字印刷・明代後期之活字印刷", "제VI장 淸 時代 前期의 活字印刷", "제VII장 淸 時代 後期의 活字印刷"까지는 중국 활자인쇄에 관한 문화사적 기술사적 시각의 통사적 연구이다. 본문의 전개는 조선의 활자인쇄가 연구 근거인 활자본・문헌기록 및 인쇄용 실물 등을 가지고 있는 것과 달리, 대부분의 근거 자료가 활자인쇄의 결과물인 활자본이므로, 이의 간행연대 순으로 전개하였다. 더 나아가 이해를 돕기 위하여 핵심 내용을 일목요연하게 요약한 표를 붙였다. 제V장의 경우, 중국의 활자인쇄가 비로소 보편적으로 유행하기 시작하였다고 할 수 있다. 그러므로 중문 대역을 수록하면서, 조선의 활자본과 기술적 특징을 비교하였다. 본문 서술에서 근거 자료의 내용이 유사하고 잡다한 경우, 원사료나 핵심 자료만 각주로 인용하고, 나머지는 참고문헌에 수록하였다.

"제VIII장 韓・中 兩國 活字印刷의 技術 過程"에서 활자인쇄의 기술 과정을 고증할 때, 활자인쇄의 3요소가 ① 활자의 제작, ② 조판, ③ 인판의 인출이므로 이 점에 초점을 맞추어 집중적으로 분석하였다.[12]

---

12) 이 3요소에 "④ 해판 및 재사용"을 추가하면, 완전한 활자인쇄술이 된다.

"제IX장 韓・中 兩國 活字印刷의 技術 交流"는 인물과 서적의 교류를 통하거나 문헌 기록상에 나타난 인쇄 기술의 상호 영향을 분석하였다. 그리고 "5. 現存 活字本의 比較"에서는 중국과 한국의 현존 활자본의 인쇄 기술 수준을 분석 비교하였다.

　저자는 일찍이 활자인쇄 기술의 수준을 객관적으로 평가하기 위하여 평가 요소를 추출하고, 각 요소마다 수치화된 객관적인 표준을 제시하였다.[13] 그 이유는 연구자에 따라 관점과 안목의 차이에 의하여 기술 수준의 평가 결과는 적지 않은 차이를 보일 수 있기 때문이다. 한 연구자가 유사한 기술 수준의 여러 활자본을 분석할 경우, 분석할 때의 감정이나 심리적 상태에 따라서 분석 결과와 내용이 달리 나타나는 경우도 있다. 더 나아가서 동일한 연구자가 동일한 판본을 여러 번 분석한다고 가정할 경우에도, 그 평가 결과가 일치하기란 쉽지 않다. 그 결과 평가 대상이 되는 활자본의 기술 수준은 변함이 없는데, 연구자 또는 분석 시기에 따라서 평가 내용이 다른 결과를 나타내기도 한다. 따라서 객관적인 평가를 위하여 분석 요소를 추출하고, 이 요소를 평가하기 위한 수치화된 표준을 설정하였다. 그러나 「中國活字印刷技術史」는 인쇄 기술을 비교하면서 평가 결과를 수치로 제시하지 못하였다. 그 이유는 아직 활자인쇄 기술의 평가 표준을 연구하기 오래전에 이미 중국 활자의 기본 연구가 완성되었기 때문이다. 독자 여러분의 양해를 바란다. 활자인쇄 기술 평가 표준의 구체적인 내용과 사례는 향후 출간될 「日本古活字版印刷技術研究」에서 확인할 수 있을 것이다.

---

13) 曺炯鎭, "古活字 印刷技術의 評價에 관한 研究", 「書誌學研究」 제25집(2003. 6), 369-406.

"제X장 結論", "<참고문헌>"에 이어 "<부록>"과 "<색인>"을 붙였다. 색인은 본 연구와 직접 관련된 용어만으로 최소화하였다.

5. 「中國活字印刷技術史」의 부록 자료

중국의 활자인쇄와 관련된 7건의 자료를 부록으로 수록하였다. 발표하지 않은 자료도 있고, 간행한 자료도 있다. 중국의 활자인쇄 발달에 관한 문제를 이해하기 위하여 참고가 되기를 희망한다.

"부록 1. 中國의 歷代 世系"는 중국의 활자인쇄를 이해하기 위한 배경 지식으로 중국의 역사를 관통하여 역사적·시대적 배경을 알아야 할 필요가 있어서, 중국 역사의 정통성을 이어온 왕조를 중심으로 골자만 간략히 나열하였다.

"부록 2. Comparisons of Chinese and Korean Typography"는 저자가 1992년 미국 Seattle 소재 University of Washington을 Visiting Scholar 신분으로 1년간 방문하던 기간 중, University of Chicago의 East Asia Library 명예관장인 Tsuen-Hsuin Tsien(故 錢存訓) 박사의 주선 하에 East Asia Library의 초청으로 10월 28일에, 이어서 Harvard University의 Korean Colloquium(회장 Carter J. Eckert 역사학과 교수)의 초청으로 11월 4일에 강연한 원고이다. Harvard University를 방문할 때에는 Carter J. Eckert 회장의 출타로 East Asia Library 한국부의 윤충남 부장님이 수고하여 주셨다. 이때 양 대학으로부터 여비와 체재비 전액을 지원받는 특급 대우를 받았다. 감사드린다.

"부록 3. (元)王禎「農書」卷22 '造活字印書法'"은 중국 활자인쇄의 기술적 요소를 기록한 드문 문헌이다. 중국의 활자인쇄를 연구하기 위하여 필요한 핵심 부분은 본문에서 번역하여 인용하였다. 여기에서는 독자의 진일보한 이해를 돕기 위하여 원문 전체를 수록하였다. 이외에 중국의 활자인쇄를 이해하기 위하여 빠뜨릴 수 없는 자료로 (淸)金簡의 「武英殿聚珍版程式」이 있다. 그러나 이는 이미 독일어 번역본에 이어서 영역본,[14] 일역본,[15] 한역본[16]이 단행본으로 간행되었으므로 여기에서는 재수록을 피한다.

"附錄 4. 金屬活字의 中國發明說에 관한 硏究·論中國發明金屬活字說"은 1990년대 후반 중국의 일부 학자에 의하여 금속활자 발명국이 중국이라는 주장이 등장하였다. 이에 대하여 활자인쇄와 발명의 정의를 명확히 정립할 필요를 느껴서 금속활자와 금속활자 인쇄술에 대하여 정의를 내린 글이다. 국내에서는 물론 臺灣과 중국의 四川과 北京에서도 발표하여 한국어와 중국어를 함께 수록하였다.

"부록 5. 금속활자의 발명국 다툼"은 중국의 금속활자 발명설, 활자의 정의, 진정한 금속활자 발명국 등의 내용을, "부록 6. 한·중·일 典籍 교류"는 중국·일본과의 전적 교류를 짤막하게 압축하여 서술하였다. 이는 국민일보의 기획 보도 "한국 문헌사의 쟁점" 총 10편 중 제2편과 제9편이다. 문장을 전문 저술에 적합하도록 약간의 수정을 가하였다.

---

14) Rudolph, Richard Casper(tr.), *A Chinese Printing Manual 1776. Translation of Chin Chien's Wu-ying-tian chü-chen-pan ch'en-shih.* Los Angeles: Typophiles, 1954.

15) 金子和正 편저, 「中國活字版印刷法」(東京: 汲古書院, 1981).

16) 1. 朴文烈·李基淑·閔庚錄 역주, "武英殿聚珍版程式", 「古印刷文化」 제3집(1996. 12), 145-177.
    2. (淸)金簡 저, 朴文烈 역, 「武英殿聚珍版程式」(서울: 典廣, 1998).

"부록 7. 미수록 중국활자본 목록"은 중국 활자인쇄 기술사를 연구하기 위하여 각종 자료를 검색하던 과정에서 활자본임은 확인하였지만, 간행 주체・간행 시기・간행 장소・활자 재료・기타 등을 추적할 수 없어서 향후 숙제로 남겨둔 것들이다. 이들은 대부분이 간접 자료나 단편적인 기록을 통하여 입수한 것들이므로 구체적인 사항을 추적하다 보면 활자본이 아닐 수도 있다. 저자 자신을 채찍질하는 의미도 있고, 후학의 분발을 기대하는 의미도 있다. 또한 "제V장 9. 其他"와 "제VII장 8. 其他"에 서술된 판본도 연구하지 못한 요소는 향후 숙제가 될 것이다.

6. 자매 편 「中國活字印刷技術史圖錄」

판본 연구를 위하여는 반드시 실물을 직접 분석하여야 한다. 특히 책지와 묵즙을 연구할 경우에는 필수적이다. 실물을 접하기 어려울 경우에는 부득이 차선책으로 書影으로 대신하기도 한다. 실물과 서영은 그만큼 판본 연구에 있어서 거의 절대적이다. 「中國活字印刷技術史」는 실물을 직접 접할 수 없는 한계를 보완하기 위하여 수집한 서영을 별책 「中國活字印刷技術史圖錄」으로 묶었다. 「圖錄」에 수록한 관련 서영을 쉽게 검색할 수 있도록 「中國活字印刷技術史」의 목차에 맞추어 장-서영 번호를 "(圖錄IV-서영 1)"처럼 표시하였다.

7. 後記

「中國活字印刷技術史」는 故 昌彼得 은사님의 지도로 완성한 中華民國 國立臺灣大學 석사학위 논문 중에서 中國 부분을 한글로 옮긴 것이다. 저자는 이 학위논문을 위하여 한국과 中華民國에 소장된 자료는 물론, 홍콩을 두 번씩 방문하여 중국 본토의 자료 수집도 소홀히 하지 않았다. 이러한 노력 덕분인지, 지도교수의 인정을 받아서 학위 취득과 동시에 현지에서 단행본으로 바로 출간[17]될 만큼 내용도 충실하고 분량도 적지 않았다. 저자의 중국 활자인쇄술에 관한 연구는 이 논문을 완성하면서부터 중국 학자의 수준을 능가하였다. 지금도 중국의 활자인쇄 문제가 나타나면, 연락이 올 정도이다. 중국과 국교를 수립한 후에는 중국을 일주할 정도로 수시로 방문하여 새로이 발굴된 자료로 내용을 추가하면서 중국 부분을 차례로 한글로 발표하였다. 부정확한 것을 엄밀하게 고증하여 교정하기도 하였다. 한글 원고가 발표된 후에도 최신 자료 수집을 소홀히 하지 않았다.

이처럼 전력하여 관련 자료를 수집하였으나, 기초 원고가 워낙 오래전에 완성되어, 이를 보완하고 바로 잡기 위하여 적지 않은 노력을 기울여야 하였다. 그렇다 할지라도 입수한 자료는 제한적일 수밖에 없을 것이다. 그 이유는 중국의 지역이 광대하여 모든 도서관과 고서점을 다 방문하지 못한 점, 고서목록이 아직 간행되지 않아서

---

17) 曹炯鎭(1986). 李善馨 學海出版社 사장님은 출간 당시, 이 학위논문이 中華民國에 유학한 한국 유학생 40년 역사의 석·박사 학위논문을 통틀어 단행본으로 출간된 최초의 저술이라고 언급하였다. 당시 敎育部에 완성된 학위논문을 보고하기 위하여 자비로 인출하여야 하는데, 저자는 출간 덕분에 오히려 인세를 받았다. 또한, 이 단행본은 외국의 도서전시회에 여러 번 출품되기도 하였고, 중국의 학자가 한국의 활자인쇄를 정확히 이해하는 거의 유일한 저술이 되었다.

검색하지 못한 도서관, 외국 학술대회 발표 논문의 경우 1차 자료를 입수할 수 없어서 부득이 2차 자료를 이용한 점, 중국의 최신 발견 자료의 정보 입수가 쉽지 않은 점 등을 들 수 있다.

저자가 中華民國에 유학하게 된 동기는 간단하다. 학부 시절에 書誌學에 흥미를 느꼈고, 좀 더 깊이 연구하고자 서지학의 기원 국가에서 선진 학문을 공부하고 싶었기 때문이다. 당시 중국 본토와는 국교가 수립되지 않아서 中華民國을 선택할 수밖에 없었다. 그런데 이 제약이 저자에게는 오히려 약이 되었다. 유학 중에 알게 되었지만, 당시 中華民國의 학문 수준이 중국 본토보다 훨씬 높았기 때문이다. 지금이야 격차가 많이 좁혀지고 있지만, 당시의 평가는 99%인 중국 학자의 수준이 문화혁명의 영향으로 인하여 1%의 臺灣 학자를 따라가지 못한다고 하였다.[18] 또 하나의 행운이라면 지도교수를 잘 모실 수 있었던 점이다. 학문적으로 세계적인 석학으로 인정받고 있던 故 昌彼得 교수의 지도를 받을 수 있었던 점은 지금 생각해도 감사하고 감사하다.[19]

학위논문의 주제를 활자인쇄술로 선택한 것은 지도교수의 지도 방향을 따른 것이다. 지금 돌이켜보면, 이 주제는 은사님 당신이 한국의 활자인쇄사를 알고 싶어서 나에게 과제를 준 것으로 짐작된다. 이 주제가 박사학위[20]에서도 이어져서 금속활자가 저자의 평생 전

---

18) 1997년이던가, 저자가 北京大學을 방문하였을 때 만난 故 蕭東發 교수도 한국에 초청하기 위하여 논문 작성 요령을 안내하여야 하였다.

19) 故 昌彼得 교수는 당시 이미 학문적으로는 세계적 학자로 그 권위를 인정받고 있는 어른이셨다. 공사가 분명하신 인품 역시 더 이상 할 말이 없을 정도로 인정받고 있어서, 당시 중국문학과·역사학과·도서관학과 등 昌 교수를 알고 있는 젊은이들이 昌 교수처럼 되고자 하는 師表였다. 나 역시 어느 때에는 친아버지보다도 더 좋을 때가 많았다. 이미 세상을 떠나신 지금도 臺灣에 가면 제일 먼저 은사님을 방문하여 인사한 후 활동을 시작하고, 귀국길에는 은사님께 인사 후 귀국하곤 한다.

공이 되었다. 지도교수의 영향이 얼마만큼 중요한가를 느낀다.

꼭 40년 전에 석사학위 논문을 위하여 착수했던 연구가 이제 보완을 거쳐서 단행본으로 출간될 수 있음을 다행으로 생각한다. 2001년 2월 정년 이후 생활방식의 변화와 설상가상 경추디스크에 문제가 발생하여 예정보다 1년 정도 지연되었다. 아무쪼록 중국의 활자인쇄 발전과 기술의 이해에 도움이 되기를 바랄 뿐이다. 아쉬운 점많지만, 저자의 능력으로 할 수 있는 「中國活字印刷技術史」를 마무리하고자 한다. 학계의 냉정한 평가와 질정을 기대한다.

「中國活字印刷技術史」가 완성되기까지 도움을 아끼지 않으신 여러분께 감사드린다. 주제 선정에서부터 고증까지의 모든 과정에서 故 昌彼得 은사님의 세심한 배려와 지도에 감사드린다. 「中國活字印刷技術史」가 공헌한 바가 있다면, 이는 은사님의 지도 덕분이다. 생존해 계셨더라면 기쁜 마음으로 맨 앞에 은사님 서문을 써주셨을 것으로 믿어 의심치 않는다. 돌이켜보면, University of Chicago의 故 錢存訓(Tsien Tsuen-Hsuin) 박사와 중앙대학교의 고 심우준 은사님도 중국 활자 연구의 완성을 기대하셨었으니 기꺼이 서문을 써주셨을 터인데, 「「直指」復原 研究」에 시간을 너무 많이 빼앗긴 탓에 서둘러 완성하지 못한 것이 죄송하고 한스럽다. 國立臺灣大學 유학 기간 동안 지도와 협조를 아끼지 않았던 여러 교수님과 동창들께 감사드린다. 특히 최신 자료 제공과 함께 중문 초록을 윤문하여 준 國立臺灣大學 藍文欽 교수께 감사드린다. 자료 소장 기관의 협조를 받을

---

20) 曺炯鎭, "韓國 初期金屬活字의 鑄造・組版・印出 技術에 대한 實驗的 研究", 박사학위 논문, 중앙대학교 대학원, 1995. 이를 보완하여 단행본으로 간행하였다. 曺炯鎭, 「慵齋叢話」 "活字" 條 實驗 研究: 朝鮮時代 鑄物砂法 金屬活字印刷術」(파주: 한국학술정보(주), 2020).

수 있도록 도움을 아끼지 않은 北京大學의 故 蕭東發 교수와 劉大軍 박사를 비롯하여 중국의 동료 여러분께 감사드린다. 미국의 故 錢存訓 박사를 비롯하여 여러 동아시아도서관 관련자 여러분께 감사드린다. 자기 연구로 바쁜 중에도 영문 초록을 도맡아 수고해 준 아우 조형오 교수께도 감사드린다. 「中國活字印刷技術史」가 출간될 수 있도록 배려해 주신 한국학술정보(주)의 대표이사님과 편집 등 수고를 아끼지 않으신 관계자 여러분께 깊은 감사를 올린다.

나의 부모님은 없는 가정에서 성장하여 경제적으로 커다란 발전을 이루셨다. 그 혜택을 받고 성장한 나는 어느 길을 가야 보답을 할 수 있을까? 경제적으로는 부모님을 따라갈 자신이 없었다. 정신적으로 성장해야 자식답다고 할 수 있겠다 싶었다. 靑出於藍이라 하지 않았던가! 아버님은 이 결실을 보지 못하고 별세하셨다. 명복을 빈다. 이제는 귀가 어두워지기 시작하신 듯하고 교통사고 후유증으로 걸음걸이에 힘이 예전 같지 않으시다고 하시지만, 지금도 건강하고 맑은 정신으로 저자의 이 노력은 물론 國立臺灣大學 유학 시절부터도 그랬듯이 모든 연구에 지원을 아끼지 않으시면서, 결실을 끝까지 지켜봐 주시는 93세 노모께는 지상 최고의 감사를 올린다!!!

어머님, 당신의 역정은 고달팠지만, 인생은 성공하셨습니다.
당신은 비록 이 연구의 내용을 모르시겠지만,
당신만큼 위대한 여인을 본 적이 없습니다.
하늘만큼 사랑합니다!!!

2023년 새해 아침, 용인 '傳統과 尖端 研究所' 실험실에서
曺炳鎭 씀.

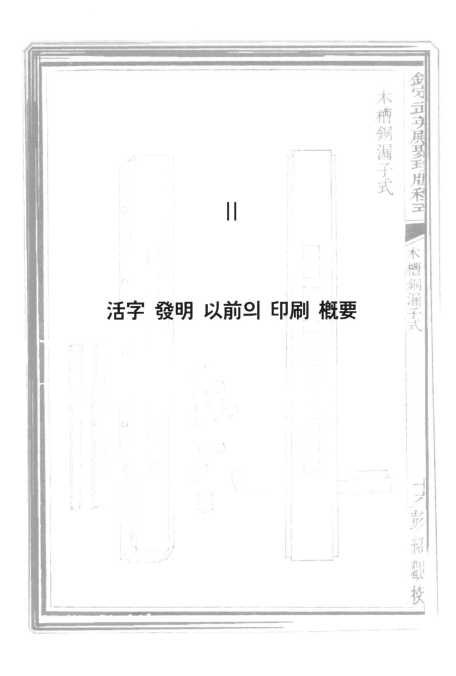

II

活字 發明 以前의 印刷 槪要

II. 活字 發明 以前의 印刷 槪要*
Overview of Printing prior to Type Invention

1. 木板印刷術의 發明

중국에 있어서 서적의 발달은 기록 매체의 종류 및 그 생산 기술과 밀접하다. 기록 매체로서의 서사 재료는 竹簡 木牘으로 시작하여 1) 縑帛과 종이에 이른다. 생산 기술적 방법은 筆寫에서 石刻과 鏤板을 거쳐서 活字版에 이른다. 그러므로 활자판 이전은 누판이며, 이것이 곧 木板印刷이다.

인쇄술의 발명은 인류 지식의 축적과 전파에 막대한 영향을 미쳤으며, 정보의 민주화와 세계 문화의 발전을 촉진하였다. 하지만 목판인쇄술을 발명한 정확한 시기를 알지 못한다. 혹자는 東漢 시대에 비롯하였다고 주장하기도 하고, 혹자는 北朝 시대에, 隋 시대에, 唐

---

* 曹炯鎭, 「中韓兩國古活字印刷技術之比較研究」(臺北: 學海出版社, 1986), 7-13.

1) 甲骨文은 문자 기원의 범주로는 인정하지만, 甲骨은 대체로 서적 기원의 범주로는 인정하지 않는다. 그러나 갑골도 여러 개에 구멍을 뚫어서 노끈 등으로 꿰면 장정의 기능을 더한 것으로 보아, 서적의 기원으로 인정하는 시각이 있다.

시대에, 심지어 北宋 시대에 비롯하였다고 주장하기도 하여 의견이 분분하다.[2]

그러나 인쇄술 발명의 전제조건인 ① 묵즙의 사용, ② 제지술의 보급, ③ 인장, ④ 탁인, ⑤ 불인(<사진 1> 참조)의 유행, ⑥ 부적(<사진 2> 참조)의 사용, ⑦ 사회적 수요 등을 소급하여 추적하면 그 시기를 짐작할 수 있다. 특히 하나의 불상이나 범종이 조각된 목판으로 필요한 양만큼 찍어낼 수 있다는 기본 원리가 인쇄술과 같은 ⑤ 불인이 7세기 후반기에 인도에서 중국에 전래된 사실,[3] 唐 시대 전기의 대단히 높은 문화 수준, 과거제도를 시행하여 급격히 증가하는 선비들의 서적 수요, 민간에서 일상적으로 사용하는 일력을 널리 배포할 필요가 있었던 당시의 사회 배경 등으로부터 인쇄술의 발명 시기를 추적하면 서기 700년경이 비교적 타당하다.[4] 이는 하나의 새로운 기술이 탄생한 이후 사회 여러 계층에서 보편적으로 사용되기까지는 상당히 장구한 세월이 필요하다는 점을 고려하면, ⑧ 현존 초기 인쇄물이 대부분 7~800년대의 불경과 일력[5]이라는 점에서도 이해가 가능하다.

---

2) 1. 屈萬里·昌彼得 공저, 「圖書板本學要略」(臺北: 華岡出版有限公司, 1978), 20-28.
　　2. 張秀民, 「中國印刷術的發明及其影響」(臺北: 文史哲出版社, 1980), 22-41.

3) (日本)大正一切経刊行会 편, 「大正新修大藏經」, 제53권, 579, 「法苑珠林」, 권39, 西域志조; 제54권, 226, 「南海奇歸內法傳」, 권4.

4) 千惠鳳, 「羅麗印刷術의 研究」(서울: 景仁文化社, 1980), 14-19.

5) 1. 李弘稙, "慶州佛國寺釋迦塔發見의 無垢淨光大陀羅尼經", 「白山學報」 제4호(1968. 6), 169-198.
　　2. 李書華, 「中國印刷術起源」(香港: 新亞研究所, 1962), 101-109, 160-166.

<사진 1> 불인의 사례(고판화박물관 소장)

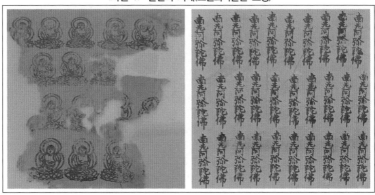

<사진 2> 부적의 사례: 梵文陀羅尼呪(836-907)[6]

6) 한선학, "아시아 다라니와 부적 판화의 세계", 김진호 강서문화원장, 「역병을 이겨내는 마음의 백신: 동아시아 다라니와 부적 특별전」(서울: 허준박물관, 2021), 92.

2. 唐 時代의 木板印刷

唐 시대의 판본 중에 현존하고 있는 것으로 唐 咸通 9(868, 신라 景文王 8)년에 각인한 「金剛般若波羅密經」이 있다. 그 권말에는 "咸通九年四月十五日王玠爲　二親敬造普施"라는 간기가 있다. 권두에는 석가가 제자들에게 불법을 설파하는 장면의 변상도가 있다. 이는 권자본으로 상하의 크기가 28cm 정도의 정상적인 서적의 형태를 갖추었으며, 조각되어 인출된 문자와 변상도가 모두 정교하고 古勁하여 간행할 때의 기술이 이미 매우 발달하였음을 짐작할 수 있다. 또한, 唐 乾符 4(877, 신라 憲康王 3)년에 인쇄된 日曆 1권이 있다. 이는 완전하지 않지만, 현존 세계 최고의 인본 曆書이다. 唐 中和 2(882, 신라 憲康王 8)년의 樊賞家 日曆은 "劍南四川成都府樊賞家曆"이라고 표시한 담황색 종이의 파편 1장인데, 문자가 굵고 진하며 인쇄 기술 수준도 乾符 4년의 日曆보다 우수하다. 이 밖에 唐 시대의 분묘에서 출토된 龍池坊 卞 씨가 인출한 「陀羅尼經」이 있다. 대부분이 梵語로 되어있는데, 중간과 사방에 각각 작은 불상이 있고, 첫 행에는 "成都府成都縣龍池坊卞家印賣咒本"이라는 문자가 있다.[7] 이 무렵의 것으로 唐 光化 3(900, 신라 孝恭王 4)년의 인본 「切韻」은 四川에서 판각하였고(낙질, 프랑스 파리 소장), 권자본 「廿四孝經」 (영국 대영박물관 소장)·「陀羅尼經」(이 경문 중에는 모든 "國"자를 공백으로 비워두고 있는데, 아마도 唐의 피휘자(?)인 듯하다. 프랑스 파리 소장)·「觀音經」 등이 있다.[8] 이상의 현존 인본 외에도 문헌

---

7) 李書華(1962), 127, 160-166.

8) 卡特 저, 古德瑞 수정, 胡志偉 역주, 「中國印刷術的發明及其西傳」(臺北: 臺灣商務印書館, 1980), 54, 註5.

기록에 의하면, 唐 시대 중기 이래로 서적의 판각이 왕성하였음을
알 수 있다.

판각된 서적의 내용은 詩集·佛經·曆書·小學 文字書·陰陽五
行書 등으로, 일상생활과 관련된 것들이 대부분이다.

서적을 판각한 지역은 四川·江蘇·安徽·江西·湖南·河南 등
지역으로까지 확대되었다.[9]

3. 五代 時代의 木板印刷

五代는 비록 전란이 빈번하고 왕조가 여러 번 교체되던 시기이지
만, 서적 인쇄 사업은 오히려 더욱 보편적으로 발전하여 정부 각본
과 개인 각본은 물론 심지어 판매를 위한 방각본 서적이 등장하기도
하였다.

前蜀 永平 3(912, 신라 神德王 2)년, 任知玄은 杜光庭의 「道德經
廣聖義」 30권을 간행하였다.[10] 前蜀 乾德 5(923, 신라 景明王 7)년,
曇域 和尚은 그의 스승인 貫休 和尚의 詩稿 1,000수를 간행하여
「禪月集」이라 명명하였다.[11]

明 시대 曹學佺의 「蜀中廣記」의 기록에 의하면,[12] 後唐 天成 원
(926, 신라 景哀王 3)년 이전에 四川의 민간에는 曆書를 간행하여

---

9) 李書華(1962), 110-127.

10) (日)島田翰, 「古文舊書考」, 권2, 雕板源流考.

11) (唐)貫休, 「禪月集」, 蜀乾德五年曇域後序.

12) (明)曹學佺, 「蜀中廣記」, 권94, 著作記第4, 子部, 永昌正象曆조: "先是司天監胡秀林進曆, 移閏在
丙戌年(926)正月. 有向隱者亦進曆, 用宣明法, 閏在乙酉年(925)十二月. 既有異同, 彼此紛訴, 仍
於界上取唐國曆日改閏十二月. 街衢賣曆者云: 只有一月也."

56   中國活字印刷技術史(上)

판매하기도 하였음을 알 수 있다. 後唐의 재상 馮道는 경전의 간행을 주창하여 國子監이 長興 3(932, 신라 敬順王 6)년 2월 石經 문자대로 「九經」을 판각하였다. 이는 중국 정부 각본의 효시이면서 경전 판각의 효시이다.[13] 국자감은 唐의 開成 石經을 저본으로 삼아서 유가 경전을 간행하였다. 국자감의 박사 유생들은 각각 자신의 전문 분야를 살려서 주석을 더하거나 교감한 후에 판각하여 널리 보급하였다.[14] 이 「九經三傳」 외에 또 「五經」의 문자와 「九經」의 자양을 부록으로 판각하였다. 이 사업은 後唐 長興 3년에 판각을 시작하여 後周 廣順 3(953, 고려 光宗 4)년까지 4대 22년에 걸쳐서 비로소 완성되었다.[15]

後晉 天福 5(940, 고려 太祖 23)년, 晉 高祖는 張薦明에게 「道德經」을 간행하도록 명하였다.[16]

後蜀도 재상 母昭裔의 주창으로 後周 廣順 3년에 「九經」을 간행하였다.[17] 母 씨는 또 「文選」·「初學記」·「白氏六帖」 등 서적을 직접 간행하기도 하였다.[18]

後周는 顯德 2(955, 고려 光宗 6)년 2월, 「經典釋文」 30권을 간행하였다.[19] 後周의 和凝은 자신의 문집인 「和凝集」 100권을 간행하였다.[20]

---

13) 屈萬里·昌彼得 공저(1978), 29.

14) (宋)王溥, 「五代會要」, 권8, 經籍篇.

15) (宋)王欽若·楊億 등, 「冊府元龜」, 권608, 學校部, 刊校.

16) (宋)薛居正, 「舊五代史」, 권79, 晉書5, 高祖本紀5, 天福5년(6월)壬寅조.

17) (淸)吳任臣, 「十國春秋」, 권52, 後蜀5, 列傳, 母昭裔傳.

18) (元)脫脫(托克托) 등, 「宋史」, 권479, 列傳第238, 世家2, 西蜀孟氏, 母守素傳, 昭裔性好藏書조.

19) (宋)王溥, 「五代會要」, 권8, 經籍篇.

20) (宋)薛居正, 「舊五代史」, 권127, 周書18, 列傳7, 和凝傳, 列傳不分조.

南唐의 李 씨는 「史通」과 「玉臺新詠」 2종을 간행하였다.[21] 南唐 때 山東省 靑州에서는 법률 판결 문서인 「王公判事」를 판각하여 판매하기도 하였다.[22] 이상 五代에 간행한 여러 서적의 실물은 현재 1점도 남아 있지 않다.

五代의 현존 인본으로는 다음의 것들이 있다. 曹元忠이 판각한 것으로 後晉 開運 4(947, 고려 定宗 2)년의 「觀音像」과 「大聖毗沙門天王像」・後漢 乾祐 2(949, 고려 定宗 4)년의 「金剛經」・乾祐 3(950, 고려 光宗 원)년의 「陀羅尼經」 등이 있다. 吳越國王 錢俶은 「寶篋印陀羅尼經」을 後周 顯德 3(956, 고려 光宗 7)년, 宋 乾德 3(965, 고려 光宗 16)년, 宋 開寶 8(975, 고려 光宗 26)년의 3차에 걸쳐서 판각하였고, 「應現觀音像」・「文殊師利菩薩像」・「唐韻」・「切韻」 등도 있다.[23]

전반적으로 살펴보면, 정부 기관이 판각을 시작하였을 뿐만 아니라, 사대부 계층도 자신의 자금을 출연하여 서적을 판각하기도 하였다.

판각 서적의 내용은 불경・도가 경전・유가 경전・문학서・역사서・법률서・類書・曆書 등을 포함하여 이미 경사자집 각부에 두루 걸쳐있다.

---

21) (淸)繆荃孫 輯校, 「藕香 零拾」(臺北: 廣文書局, 1968), 제10책, 眞賞齋賦, 豐坊, 제5엽下엽.

22) 1. (唐)劉崇遠, 「金華子雜編」, 卷下: "王師範性甚孝友, 而執法不渝. 其舅柴某酒醉, 毆殺美人張氏, 爲其父詣州訴冤, 師範以舅氏之故, 不以部民目之, 呼之爲父, 冀其可厚賂和解, 勉諭重疊. 其父確然曰: "骨肉至冤, 唯在相公裁斷爾.". 曰: "若必如是, 即國法, 予安敢亂之!". 柴竟伏法. 其母憙之, 然亦不敢少責. ≪新書≫云: 師範立堂下, 日三四至, 不得見者三年, 拜省戶外, 不敢少懈. 至今靑州猶印賣 ≪王公判事≫."
   2. 唐桂艶, "淸代山東刻書史", 박사학위 논문, (中國)山東大學 硏究所, 2011. 4. 摘要에서 山東의 서적 판각은 五代 初에 시작하였는데, 靑州에서 판각한 「王公判事」는 山東 최초의 각본이라고 하였다.

23) 潘美月, "五代的印刷", 「故宮文物月刊」 제1권 제10기(1984. 1), 70-72.

판각 지역은 四川의 成都·江蘇의 江寧·浙江의 杭州·河南의 汴梁·甘肅의 瓜州와 沙州·山東의 靑州 등으로 확산하였다. 이 중에서 특히 河南·四川·浙江 등 지역이 가장 성행하였다.

4. 宋 時代의 木板印刷

목판인쇄는 宋 시대에 이르러서 전성기를 맞이한다. 정부 기관 중에는 國子監을 비롯하여 司·庫·州·軍·府·縣 등이 경쟁적으로 서적을 판각하였다. 개인의 판각은 浙江·四川·建安의 세 지역이 가장 두드러진다.

중앙정부의 판각은 國子監本을 비롯하여 崇文院本·秘書監本·左廊司局本·德壽殿本 등이 있다. 北宋의 국자감본은 대체로 經書류 중심이고 子史류가 그다음이며 集류는 비교적 적다. 경서류의 판각은 端拱 원(988, 고려 成宗 7)년의 群經正義를 시작으로 淳化 5(994, 고려 成宗 13)년까지의 7년간에 걸쳐서 「周易」·「尙書」·「毛詩」·「禮記」·「春秋左傳」 등 「五經正義」 180권을 판각하였다.[24] 교감을 2~3번 거듭한 점을 보면 얼마나 신중하게 간행하였는가를 알 수 있다. 咸平 4(1001, 고려 穆宗 4)년에는 다시 「周禮疏」·「儀禮疏」·「公羊傳疏」·「穀梁傳疏」·「孝經正義」·「論語正義」·「爾雅疏」 등 도합 165권을 속간하였다.[25] 이는 宋 시대 국자감 판각의 효시이며, 群經義疏 간본의 효시이기도 하다. 群經義疏의 판각이 이루

---

24) (宋)王應麟, 「玉海」, 권43, 藝文部, 讎正五經 石經, 端拱校五經正義조, 15.

25) (宋)王應麟, 「玉海」, 권41, 藝文部, 孝經, 咸平孝經論語正義조, 32하-33상.

어진 후, 景德 2(1005, 고려 穆宗 8)년에는 처음으로 長興 연간 (930-933)의 「九經」을 복각하기 시작하여 天禧 5(1021, 고려 顯宗 12)년까지 18년에 걸쳐서 이루어졌다.26) 역사서의 판각은 淳化 5년 에 「史記」・「漢書」・「後漢書」 3종으로 시작하였다. 이는 正史류 판 각의 효시이다. 咸平 5(1002, 고려 穆宗 5)년에는 「三國志」와 「晉書」 를 간행하였고, 乾興 원(1022, 고려 顯宗 13)년에는 「後漢書」를 補 刻하였다. 仁宗(1023-1063)은 「南北朝七史」를 판각하도록 명하였는 데, 治平 2(1065, 고려 文宗 19)년에 비로소 시작하여 政和 연간 (1111-1117)에야 마칠 수 있었다. 그 판각 작업은 杭州에서 이루어 졌다. 이 밖에 「南史」・「北史」・「隋書」는 天聖 2(1024, 고려 顯宗 15)년에 판각하였고, 「唐書」는 嘉祐 5(1060, 고려 文宗 14)년에 杭 州에서 판각하였고, 「五代史記」는 熙寧 5(1072, 고려 文宗 26)년 이 후에 판각하였다. 전체 「十七史」는 淳化 5년에 착수하여 政和 연간 에 이르기까지 120여 년이나 소요되었다. 子部의 서적은 開寶 4(971, 고려 光宗 22)년에 益州에서 「釋經」을 판각하기 시작하여 太 平興國 8(983, 고려 成宗 2)년까지 11년에 걸쳐서 481함 5,048권을 완성하였다. 太平興國 6(981, 고려 景宗 6)년에는 「太平廣記」를 판 각하도록 명하였다. 이 밖에 儒家류・道家류・兵家류・農書 등 모 두 각본이 있는데, 醫書류를 더욱 중시하였다. 集部의 서적은 內府가 大中祥符 4(1011, 고려 顯宗 2)년에 「文苑英華」와 李善注 「文選」 2 종을 판각하였다.

지방정부의 판각은 北宋 시대에는 아직 왕성하지 않았다. 오늘날

---

26) (宋)王應麟, 「玉海」, 권43, 藝文部, 讎正五經 石經, 景德群書漆板 刊正四經조, 18.

알 수 있는 서적은 6종인데, 司·庫·軍·郡·府·縣 등이 각각 간행하였다. 개인 각본과 坊刻本으로 문헌 기록에 보이는 것은 불과 몇 종에 불과하지만, 江蘇와 浙江 지역이 왕성하고, 建安 지역은 점차 부각되고 있음을 알 수 있다.[27]

北宋의 서적 판각은 상당한 발전이 있었다. 그러나 金 왕조의 침략으로 수도 汴梁이 함락될 때, 서적과 책판을 모두 약탈당하였으므로 高宗은 남도 이후 重刊을 모색하였다. 「玉海」 권43과 李心傳의 「建炎以來朝野雜記」에 의하면, 北宋의 국자감본이 紹興 연간(1131-1162)에 모두 중간되었음을 알 수 있다. 그러나 남도 초기에는 內府의 재정이 곤궁하였으므로 이른바 南宋 국자감본은 실제로는 臨安府와 각 州, 郡이 판각한 것이다. 책판을 여러 지방정부의 판각뿐 아니라 심지어 개인으로부터 취한 것도 있다.[28] 南宋의 판각 사업은 위로부터 內府가 주도적으로 주창하였으므로 지방정부도 협력하여 北宋의 정부 각본을 계승한 결과, 강남 지역의 서적 판각 사업이 드디어 성행하였다. 오늘날까지 전래되고 있는 각본을 간행한 기관으로는 茶鹽司·安撫使·廋司·漕司·提刑司·轉運司·倉臺·計臺·漕臺·漕廨·漕院·公使庫·郡庫·郡齋·州學·郡學·郡庠·學宮·府學·縣學·䞋宮·學舍·太醫局·書院 등이 있다.[29] 간행한 서적을 일일이 들 수 없을 정도로 판각 사업이 보편화 되었고, 지역은 거의 揚子江 이남에 두루 퍼져있어서 고서를 보존한 공로가 매우 컸음을 알 수 있다. 판각한 서적의 내용은 經史子集을 모두 포함하고 있는데, 신

---

27) 屈萬里·昌彼得 공저(1978), 35-39.

28) 屈萬里·昌彼得 공저(1978), 39-40.

29) (淸)葉德輝, 「書林淸話」(臺北: 世界書局, 1974), 권3, 宋司庫州軍郡府縣書院刻書; 宋州府縣刻書, 61-77.

중히 교감하여 모두가 후세의 귀중본이 되었다.

南宋 시대에는 개인이나 書肆의 서적 판각 기풍이 크게 유행하였다. 개인 각본으로 가장 유명한 것은 四川 廣都 費氏의 進修堂·麻沙鎭의 劉仲吉 댁·建溪 三峯의 蔡夢弼 가숙·建安 黃善夫 가숙·魏仲立 댁·劉叔剛 댁·眉山 程舍人 댁·姑蘇의 鄭定·相臺의 岳珂·廖瑩中의 世綵堂 등의 서적이 후대의 보물이 되었다. 서사에 의한 坊刻本은 浙江과 福建에서 성행하였다. 가장 저명한 것으로 臨安 陳氏의 經籍舖는 唐宋인 시집이 많다. 尹 씨 書籍舖는 說部가 많다. 建安 余氏의 萬卷堂은 經部가 많다. 이 밖에 余恭禮 댁, 余唐卿 댁도 있고, 元 시대까지 존속되었던 余志安의 勤有堂은 經部와 集部를 포함하고 있다. 이외에도 勤德堂·雙桂堂도 현존본이 있다. 근대 장서가의 필기에 보이는 南宋의 서사는 모두 24곳이 있다. 방각본은 오늘날까지 전래되어 독자들의 사랑을 받지만, 도각술은 정부 각본의 정교함에는 미치지 못하고, 교감은 가숙본의 신중함에 미치지 못한다.

종합하면 宋 시대의 서적 판각 기풍은 왕성하였는데, 南宋에 이르러 더욱 성행하였다. 판각술은 國子監本이 가장 정교하고, 지방정부 각본과 개인 각본은 그다음이고, 방각본이 가장 낮다. 판각 지역은 浙江의 각본이 가장 좋고, 四川이 그다음이며, 福建은 가장 낮다.[30] 대체로 송각본의 서체는 대부분이 歐陽詢체이고, 간혹 顏眞卿체와 柳公權체가 있고, 宋 徽宗의 瘦金體도 있다.[31] 문자는 크고 분명하

---

30) 屈萬里·昌彼得 공저(1978), 45-49.

31) 昌彼得, "我國歷代版刻的演變", 喬衍琯·張錦郎 공편, 「圖書印刷發展史論文集」(臺北: 文史哲出版社, 1982), 263.

며 잘 정돈되어 자연스럽고 후박한 점이 北宋본의 특색이다. 南宋본
은 北宋본보다 수려하고 힘이 있으며 원활한 특징이 있다.[32]

5. 遼 時代의 木板印刷

遼 시대의 정부 각본은 「遼史」 成宗 本紀에

開泰 원(1012, 고려 顯宗3)년에 那沙國이 유가 서적을 요청하여
「易」·「詩」·「書」·「春秋」·「禮記」 각 일부씩을 내려주도록 명하
였다(開泰元年那沙國乞儒書, 詔賜≪易≫·≪詩≫·≪書≫·≪春秋≫·≪禮
記≫各一部.).

라고 기록되어 있고, 또 道宗 本紀에도

清寧 원(1055, 고려 文宗 9)년 12월에 학교를 설치하여 諸經의 義
疏를 반포하도록 명하였다(清寧元年十二月, 詔設學, 頒諸經義疏.).

라고 기록되어 있어서 이 무렵에 유가 경전을 판각하였음을 알 수
있다. 「遼釋覺苑大日經義疏演密鈔」의 序에

우리 興宗 연간(1031-1054)에 이르러 「藏經」을 널리 보급하고자
모두 판각하도록 명하니 자세히 교감하여야 했다(洎我興宗御宇,
志弘≪藏經≫, 欲及遐邇, 勅盡雕鏤. 須人詳勘.).[33]

---

32) 劉國鈞, 「中國書史話」(香港: 上海書局, 1976), 59-60.

33) 屈萬里·昌彼得 공저(1978), 49.

라고 기록되어 있어서 「藏經」이 興宗 초기에 완간되었음을 알 수 있다. 이것이 곧 「遼藏」이며 「契丹藏」이라고 칭하기도 한다. 이는 宋「開寶藏」을 저본으로 번각하였는데, 모두 500여 질 5,000여 권이다.[34] 그러나 「東文選」 권112에 수록된 「宓庵丹本大藏慶讚疏」에는

이 큰 보물을 생각하면 다른 나라에서 왔는데, 서적이 간단하고 가벼워 200함에 차지 못하고 종이는 얇고 문자는 조밀하여 1,000 책이 되지 못한다(念玆大寶, 來自異邦, 帙簡部輕, 函未盈於二百, 紙薄字密, 冊不滿於一千.).[35][36]

라고 기록되어 있어서 어느 설이 맞는지는 알 수 없다. 「遼釋覺苑 大日經義疏演密鈔」의 序에 또

淸寧 5(1059, 고려 文宗 13)년에 「大日經義疏」를 판각하여 보급하 도록 명하였다(淸寧五年勅鏤≪大日經義疏≫板流行.).[37]

라고 기록되어 있어서 遼 시대에 정부가 「藏經」을 판각했음을 알수 있다. 또한 「龍龕手鑑」 4권도 있고,[38] 咸雍 10(1074, 고려 文宗 28)년 有司에 명하여 「史記」・「漢書」를 반포하기도 하였다.[39]

개인 각본은 咸雍 4(1068, 고려 文宗 22)년 3월에 南陽의 鄧從貴

---

34) 張秀民, "遼金西夏刻書簡史", 喬衍琯・張錦郎 공편, 「圖書印刷發展史論文集續編」(臺北: 文史哲出版社, 1979), 66-67.

35) 徐居正 등 纂集, 「東文選」, 권112, 疏, 釋宓庵撰, 丹本大藏慶讚疏.

36) 「遼藏」은 문자가 크고 卷子本이다. 遼 시대에 折帖本은 아직 등장하지 않았다. 따라서 인용문 내의 "字密, 冊"은 아마도 문제가 있어 보인다. 아니라면 도서 형태의 변천사 연구에 참고할 수 있는 자료가 될 것이다.

37) 屈萬里・昌彼得 공저(1978), 50.

38) 黃任恆, 「補遼史藝文志」(廣州: 聚珍印務局, 1925), 4-8.

39) (元)脫脫(托克托) 등, 「遼史」, 권23, 本紀제23, 道宗3, 十年冬十月丁丑조.

가 자금을 출연하여 「大藏經」 579질을 인쇄하였다.[40) 范陽(당시 擾의 南京, 지금의 北京)의 서사는 蘇東坡의 詩 수십 편을 판각하여 「大蘇小集」이라고 명명하였다. 道宗 乾統 연간(1101-1110)에는 의학 서적인 「肘後方」과 「百一方」을 판각하였다.[41) 이 밖에 道宗 淸寧 10(1064, 고려 文宗 14)년에 "駐驛中京(지금의 河北), 禁民私刊印文字"의 출판 통제[42)가 있었던 점에서 민간에도 서적을 판각하는 자가 있었음을 추측할 수 있다. 그러나 契丹은 서적 금지를 매우 엄격하게 지켜서 중국에 전입해 오는 경우는 대단히 적었으므로 오늘날 전래본이 보이지 않는다.

6. 金 時代의 木板印刷

金 시대에는 天德 2(1150, 고려 毅宗 4)년, 平陽에 官書局을 설치하고 고대의 經史를 중심으로 한 서적을 판각하였다. 그리하여 「金史」 百官志에 "국자감에 각수 약간 명이 있었다(國子監下有雕字工匠若干.)."라는 기록이 있다. 그러나 국자감의 서적 간행은 별로 많지 않고, 대부분은 宋으로부터 약탈한 책판으로 간행한 것이다. 고증이 가능한 진정한 金 시대 각본은 「東坡奏議」와 「山林長語」 등 몇 종이 있을 뿐이다. 또한, 大定 20(1180, 고려 明宗 10)년 "完顔勗의 射虎賦詩文 등 시편을 간행(完顔勗射虎賦詩文等篇什鏤板)"의 詔

---

40) (淸)王昶, 「金石萃編」, 권153, 咸雍四年遼釋志延撰賜臺山淸水院創造藏經記碑, 述印大藏之事가 저록되어 있다.

41) 張秀民(1979), 66.

42) (元)脫脫(托克托) 등, 「遼史」, 권22, 本紀제22, 道宗2, 淸寧十年十月조.

書와, 泰和 6(1206, 고려 熙宗 2)년 "魏의 全死節事를 史館으로 보
내어 간행(魏全死節事, 送史館鏤板)"으로 미루어 史館도 각본이 있
었음을 알 수 있다. 이 밖에 宏文院과 각 路 역시 각본이 있었다.

이상 官刻本 외에 書坊과 가숙도 10여 종의 적지 않은 서적을 판
각함으로써 경제적으로 부유하지 않은 사람들도 기꺼이 서적을 간
행하는 기풍을 성행하게 하였다. 金 시대는 불교를 믿었을 뿐만 아
니라, 도교를 더욱 숭상하였으므로 불교와 도교의 경전을 가장 많이
간행하였다. 그 결과 「趙城藏」5,000여 권이 아직 전래되고 있다.

대체로 金 시대의 서적 간행은 中都(지금의 北京)·南京(지금의
開封)·平陽·寧晉 등이 가장 성행하였다. 특히 平陽에는 官書局을
설치하였으므로 출판상도 이곳에 많이 집결하였다. 판각 서적의 내
용은 고대의 經史와 諸子·시문집·類書·字學·의학 등 서적을 포
함하고 있는데, 특히 불교와 도교의 경전이 가장 많다.[43]

7. 元 時代의 木板印刷

元 시대의 정부는 國子監·興文署·각 行省·여러 路의 儒學·각
州 府縣·각 書院·太醫院 등 기관이 적지 않은 서적을 간행하였는
데, 經史와 諸子를 중심으로 하였다.[44] 현존본 이외에 문헌 기록으
로 알 수 있는 것은 「元史」百官志에 "至元 27(1290, 고려 忠烈王
16)년, 興文署를 설치하고 장인을 모집하여 經史子部를 판각하였는

---

43) 張秀民(1979), 66.

44) (淸)葉德輝(1974), 권4, 元監署各路儒學書院醫院刻書, 90-97.

데, 「資治通鑑」으로 시작하였다(至元二十七年立興文署, 召工刻經史子板, 以≪資治通鑑≫爲起端.)." 「元史」 仁宗 본기에 "延祐 5(1318, 고려 忠肅王 5)년, 江浙省이 간행한 「大學衍義」 50부를 조정의 신하들에게 하사하였다(延祐五年, 以江浙省所印≪大學衍義≫五十部賜朝臣.)." 또 "集賢大學士 太保庫春이 말하기를 唐 陸淳의 「春秋傳例」·「春秋辨疑」·「春秋微旨」 3종은 후학에게 유익하므로 江西行省이 간행하여 널리 전하도록 청하니, 이에 따랐다(集賢大學士太保庫春言, 唐陸淳著≪春秋傳例≫·≪辨疑≫·≪微旨≫三書, 有益後學, 請江西行省鋟梓以廣其傳. 從之.)." 淸 倪燦의 「宋史藝文志補」의 서문에 "고을 유생들의 저술은 대부분 우리 路가 진상하였으니, 翰林院에 내려 자세히 보도록 하십시오. 전할 수 있는 것은 江浙行省이나 각 儒學에 명하여 간행하십시오(郡邑儒生之著述, 多由本路進呈, 下翰林看詳. 可傳者, 命江浙行省或所在各儒學刊行.)." [45] 등의 기록이 있다. 이들로부터 元 시대 정부의 서적 간행 상황을 알 수 있다. 그 중 특히 書院 각본은 교감에 충실하고 도각술도 정교하여 전래되는 것 역시 많다. [46]

개인 각본과 방각본도 한때 크게 유행하였다. 혹자는 여러 종을, 혹자는 한두 종을 간행하여 수를 헤아리기 어렵고, 私宅의 각본은 모두 판각술이 뛰어나서 정교한 것은 宋本 다음이다. 방각본은 대부분 의학서와 과거용 經義類 서적인데, 품질이 낮은 것이 많고 經史類의 거질이나 諸子類의 선본은 적다. [47] 대체로 書肆는 福建에 많이

---

45) 屈萬里·昌彼得 공저(1978), 52.

46) (淸)顧炎武, 「日知錄」, 권20, 監本二十一史조.

47) (淸)葉德輝(1974), 권4, 元私宅家塾刻書, 97-111.

모여 있었는데, 특히 乾寧 麻沙鎭이 유명하고, 浙江과 四川은 이미 宋 시대만큼 왕성하지 못하고, 平陽은 제법 발달하였고, 燕山에서도 점차 각수들이 등장하였다. 서사가 福建에 많은 원인은 이 지역이 목재를 구하기 쉽고 목질이 부드러워 판각하기 용이하며 생산량도 풍부하기 때문이다. 그러나 종이의 품질이 열악하여 서적의 가격이 다른 지역보다 유독 저렴하였다. 이로 인하여 이 사업에 뛰어든 자가 점차 많아졌다.[48]

중국 목판인쇄술의 발달은 元 시대에 이르러 새로운 독창성을 이룩하였으니 곧 彩色印刷(套板印刷)의 발명이다. 中華民國 國家圖書館에 현존 最古의 채색인쇄본 「金剛般若波羅密經」이 소장되어 있다.[49] 至元 6(1340, 고려 忠惠王 복위 원)년 中興路 資福寺가 판각하여 經文을 빨간색으로, 注釋을 검은색으로 인쇄하였는데, 권말 부분의 變相圖(혹칭 靈芝圖)도 빨강과 검정으로 인쇄하였다. 이로써 元 시대에 채색인쇄를 발명하였음을 알 수 있다.

종합하면 元 시대의 서적 간행의 유행은 그 지역이 황하 이북에까지 이르고, 서적의 종류 또한 다양하며 도각술도 진보하였다. 대체로 元刻本의 서체는 대부분이 趙松雪체가 많아서 매우 부드러우면서 힘차다.[50]

---

48) 屈萬里·昌彼得 공저(1978), 53-54.

49) 昌彼得(1982), 261.

50) (淸)葉德輝(1974), 권7, 元刻書多用趙松雪體字, 173-174.

8. 活字印刷術 以後의 木板印刷

宋 慶曆 연간(1041-1048)에 畢昇이 활자인쇄술을 발명하였다. 西夏國과 元 시대에는 서적 간행에 이용하였으나, 널리 유행하지는 못하였다. 明 弘治(1488-1505), 正德 연간(1506-1521)에 이르러서야 주목을 받기 시작하였다. 그러나 중국의 서적 인쇄술은 1,200여 년을 통하여 여전히 목판인쇄를 중심으로 발달하였다.

Ⅲ

活字印刷術의
發明 背景과 그 起源

III. 活字印刷術의 發明 背景과 그 起源*

Background and Origins of Typography Invention

〈초 록〉

(1) 활자인쇄술의 발명 배경을 정립하였다.

(2) 다양한 활자인쇄 기원설을 고증하였다. 활자인쇄의 기원은 (宋)畢昇의 膠泥活字印刷術임을 고구하였다.

(3) 畢昇 교니활자의 인쇄물로 알려진 실물을 다각도로 분석하였다.

(4) 1990년 발견된 畢昇 묘비가 활자인쇄술 발명자 畢昇의 것인가를 다각도로 검토하였다.

(5) 宋 시대의 활자본으로 알려진 판본들을 고증하였다. 宋 시대의 활자본 5종을 확인하였다.

(6) 활자인쇄의 기술적 과정에서 발전한 내용을 고구하였다.

(7) 西夏文 활자본 11종을 분석하였다.

(8) (元)王禎이 인쇄 기술 발전에 공헌한 내용을 분석하였다.

(9) 元 시대의 활자 3종 및 활자본 3종을 고증하였다.

요어: 활자인쇄술, 畢昇, 교니활자, 西夏文 활자본, 王禎

---

* 曺炯鎭, "中國 活字印刷技術의 發明背景과 萌芽期의 發展", 「書誌學研究」 제13집(1997. 6), 47-72.

⟨ABSTRACT⟩

(1) The background of typography invention was established.

(2) Various theories of typography origin was investigated. The origin of typography was traced to clay type by Sheng Bi in Song Dynasty.

(3) The actual part of edition known to be printed by Sheng Bi clay type was investigated in various aspects.

(4) It was examined in various angles if the Sheng Bi tombstone discovered in 1990 belonged to Sheng Bi who invented typography.

(5) Various type editions that were thought to belong to Song Dynasty were analyzed. Among them, five type editions were ascertained to belong to Song Dynasty.

(6) The technological progress in type printing was investigated.

(7) Eleven type editions in Xixia character were analyzed.

(8) The contribution of Zhen Wang in Yuan Dynasty to the advancement of printing technology was analyzed.

(9) Three types and three type editions in Yuan Dynasty were investigated.

Key words: typography, Sheng Bi, clay type, Xixia type edition, Zhen Wang

1. 小 緖

1.1 木板印刷의 과정

木板印刷는 손으로 筆寫하는 것에 비하면, 복본의 생산 효과가 월등히 우수할 만큼 대단히 편리하다. 이는 널찍한 목판에 원고대로 문자를 조각하여 이루어진다. 인출할 때에는 평평하게 놓인 冊板의 印出面에 墨汁을 칠하고, 그 위에 책지를 얹은 후, 다시금 그 책지의 윗면, 즉 뒷면을 밀대로 밀어내면 곧 완성된다.

1.2 木板印刷의 장점

이러한 방법은 문자나 그림을 조각한 목판, 즉 책판을 장기간 보존하면, 필요할 때마다 인쇄에 제공할 수 있고, 수요량에 따라 필요한 부수만큼 인쇄할 수 있어서, 活字版처럼 해판하기 전에 한 번에 많은 양을 인쇄하여야 하는 경제적 압박을 받을 필요가 없다. 긴 안목으로 말하면 책판을 잘 보존하고 있기만 하면 작은 물이 길게 흐르는 생산 방법인 목판인쇄의 원가는 활자판보다 오히려 저렴하다. 또 인쇄할 때 印板이 헐거워지거나 활자가 움직일 리 없어서 매우 쉽게 인출해 낼 수 있다. 독서인구가 많아서 대량의 복본이 필요할 경우에도 장점을 발휘할 수 있다.

1.3 木板印刷의 단점

그러나 서적 하나를 인쇄하려면 우선 목재를 가공하는 鍊板 과정을 거쳐서[1] 여러 장의 목판으로 켜야 한다. 또 한 장을 인쇄하기 위하여는 제일 먼저 반드시 板下本2)을 필사하고 校勘을 거쳐서 착오가 없게 한 후, 목판 위에 뒤집어 붙여서 刻手로 하여금 원고대로 문자를 대부분 양각반체자로 조각하게 하는데, 이 번거롭고 어려운 작업 과정은 간소화할 수 없다. 조각이 끝나면 빨간색으로 校正紙를 몇 장 인출하여 교감하도록 하여 착오를 바로잡은 후에야 비로소 정식으로 인출에 부친다.3) 만약 조각이 끝난 책판에서 틀린 문자를 발견하면 파내고 바른 문자를 박아 심거나(<사진 1> 참조), 또는 한 장 전체를 새로이 조각하여야 한다. 이러한 현상을 현존 책판에서 찾아볼 수 있기는 하지만, 이와 같은 수정 작업은 모두 상당한 노력의 낭비를 초래한다.

<사진 1> 책판의 교정 전후 흔적(고판화박물관 소장)

---

1) 徐有榘, 「林園十六志」, 권105, 怡雲志, 권7, 圖書藏訪(下), 錄印, 鏤版法(金華耕讀記), 제1엽上엽.

2) 覆刻本의 경우는 판하본을 새로이 필사하지 않고 기존의 板本으로 대신한다.

3) 盧前, "書林別話", 喬衍琯 · 張錦郎 공편, 「圖書印刷發展史論文集續編」(臺北: 文史哲出版社, 1979), 137-142.

서적 하나를 판각하려면 왕왕 여러 해의 노력·인력·물력·시간 등이 필요하여 소요 비용이 대단히 크다. 따라서 한 질의 책판을 갖추기 위하여 공력이 미치지 못하면 여러 해가 되어도 완성하지 못하니, 비록 후세에 전하고자 하는 서적이 있어도 그 소요 비용을 꺼려서 능히 인쇄하여 전파하지 못한다. 이뿐만 아니라 한 질의 책판은 한 종류의 서적밖에 인쇄할 수 없어서, 다 인쇄한 후에라도 다른 서적을 인쇄하는 책판으로 활용할 도리가 없다. 책판을 보존하기 위하여는 보관용 창고의 공간을 대량으로 필요로 하고 또한 훼손되기도 쉽다. 인쇄 수량이 적거나 다시 인쇄할 필요가 없는 서적의 책판은 한 번 인쇄한 후에는 곧 무용지물이 된다.

1.4 活字印刷의 과정

活字印刷는 문자를 특정한 재료에 미리 한 字씩 낱개, 즉 활자로 만들되 문자마다 여러 개를 만든다. 대체로 드물게 쓰이는 문자는 적게 만들고 자주 쓰이는 문자는 많이 만든다. 예를 들면 數字나 之·也·乎·者 등의 문자는 20여 개를 갖추어서 한 印版 내에서 중복하여 출현하는 경우에 대비한다.[4] 그런 연후에 원고대로 필요한 문자가 조성된 활자를 문선하여 차례로 배열하고 版面을 조립하여 한 장의 인판을 완성한다. 인판이 완성되면 묵즙을 칠하고, 그 위에 책지를 얹은 후, 다시금 책지의 윗면, 즉 뒷면을 밀대로 밀어냄으로써 문자를 책지에 옮겨 찍어내는 방법이다. 인쇄가 끝난 후에는 인판을 해체하여 낱낱의 활자는 다른 서적을 인쇄하는 데에 재사용할 수 있다.

---

4) 1. (宋)沈括 저, 胡道靜 교증, 「夢溪筆談校證」(臺北: 世界書局, 1961), 권18, 技藝, 板印書籍조.
　 2. (元)王禎, 「農書」, 권22, 造活字印書法, 寫韻刻字法.

1.5 活字印刷의 단점

이러한 방법은 고대의 미숙한 기술로는 목판인쇄처럼 많이 인쇄
할 수 없어서[5] 널리 전파하지 못하였다. 인쇄가 끝난 후에는 인판을
즉시 해판하므로 서적이 다 팔렸거나 더 필요할 때에는 다시 조판하
여야 한다. 그런데 조판 작업은 본래 상당한 수준의 기술을 필요로
하므로 다시 인쇄하기가 대단히 불편하다. 만약 한 번에 많은 양을
인쇄하면 여러 해를 기다려야 비로소 다 소비할 수 있거나 다시 조
판할 필요가 생긴다. 이렇게 비용을 압박하는 것은 지극히 경제적이
지 못하다. 이러한 조건에서 활자를 이용하여 서적을 인쇄하는 것은
타산이 맞지 않는다.

1.6 活字印刷의 장점

그러나 만약에 서적의 종류가 다양하거나 분량이 많은 거질이라
면 목판으로 인쇄하기에는 쉽지 않은 반면에, 활자로는 다만 한 조
만 있으면 곧 반복 사용하여 인쇄할 수 있다. 이처럼 어떠한 서적도
모두 수시로 인쇄하고 수시로 해판할 수 있다. 작업은 간단하고 용
도는 광범하니 활자판이 경제적일 뿐만 아니라 속도 또한 빠르다.
자연히 수고를 덜 수 있으니 비용과 시간이 모두 경제적이고 편리하
여 그 이점이 광범위하다. 이는 역대의 수많은 역사적 사실과 문헌
기록[6]을 통하여 이해할 수 있다.

---

5) (淸)葉德輝, 「書林淸話」(臺北, 世界書局, 1974), 권8, 明錫山華氏活字板, 205.

6) 1. (宋)沈括 저, 胡道靜 교증(1961), 권18, 技藝, 板印書籍조에서 이러한 방법을 논평하여 "만약
   2-3부만 인쇄한다면 간단하지 않으나 수십백천 부를 인쇄한다면 지극히 신속하다(若止印三
   二本, 未爲簡易, 若印數十百千本, 則極爲神速.)."라고 한 것은 바로 이 이치를 설명한 것이다.
   2. (淸)金簡, 「武英殿聚珍版程式」, 奏議, 乾隆 38年 10月 28日조 및 41年 12月 25日조.

이 밖에 활자판의 장점으로 조판할 때 만약 준비하지 못한 僻字
나 드물게 쓰이는 문자는 즉석에서 임시로 보충하여 완성할 수 있
다. 인판에 만약 오자가 있으면 수시로 교정할 수 있고, 또 남에게
빌려주어 사용할 수도 있어서 진정 자기도 편리하고 남도 편리하다.
이러한 요소도 역시 활자판이 목판인쇄보다 우수하다는 것을 충분
히 설명하고 있다.

1.7 장단점에 따른 효용 대상

그러므로 소량씩 필요하지만, 수요가 꾸준히 있는 서적이나 독서
인구가 많아서 대량의 복본이 필요할 경우에는 목판인쇄의 방법이
이러한 조건에 부합한다.

공급할 서적의 종류가 다양하거나, 분량이 많은 거질이거나, 또는
일시에 다량의 복본을 급히 필요로 할 때는 시간·공간·경비 상에
서 활자인쇄의 방법이 비교적 적합하다.

1.8 활자인쇄술의 탄생

그렇다면 활자인쇄술의 발명은 어떠한 계시를 받아서, 어떤 기술
을 응용하여, 어떠한 상황에서 이루어졌을까? 서양의 발명은 인류
생활의 불편을 개선하기 위하여 연구 끝에 이루어진 것이 대부분이
어서, 누가·언제·무엇을 발명하였는지가 비교적 분명하다. 이에
반하여 중국의 발명은 자연에 순응하며 생활하는 가운데 경험이 누

---

3. 錢存訓, "論明代銅活字板問題", 喬衍琯·張錦郎 共編, 「圖書印刷發展史論文集」(臺北: 文史哲
   出版社, 1982), 331에서 明 시대의 銅活字로 인쇄한 서적은 대부분이 類書·文集 및 叢書類
   등 대형 전적이라고 말하고 있다.

적되면서 점진적으로 이루어진 것을, 당시에는 발명인 줄 모르고 있다가 먼 훗날에야 비로소 과거에 이루어진 그것이 위대한 발명이었음을 깨닫는 경우가 대부분이다. 따라서 누가·언제·무엇을 발명하였는지가 분명하지 않다. 그 결과 중국 문명이 이룩한 대부분 발명의 주체·시기·객체를 규명하기 위하여는 부득이 발명의 전제가 되는 조건들로부터 소급하여 추론할 수밖에 없는 실정이다.

활자인쇄술의 발명 배경에 대하여도 활자인쇄술에 관련된 초기의 역대 문헌 기록이 모두 언급하고 있지 않아서, 어떠한 상황에서 발명되었는가를 이해할 수가 없다. 그러나 이른바 발명이라는 것은 우선 새로운 발명에 관한 선조의 창조적 경험이 축적되어 있어야 하고, 또 사회적 환경 조건의 새로운 요구 하에서 능률을 높이기 위하여, 원래의 이념에 새로운 방법을 결합하여 비로소 탄생하는 것이다. 활자인쇄술의 발명도 역시 예외는 아니다.

2. 發明의 背景

2.1 陶器의 제작 기술과 靑銅器 주조 기술

고대의 문헌에 나타나는 夏의 일족인 昆吾族의 陶器 제작 및 靑銅器 주조에 관한 적지 않은 기록과 근대의 고고학적 발굴에 의한 출토물을 살펴보면, 고대의 중국인은 일찍이 夏 시대(BC 21C-BC 16C)에 이미 도기를 제작할 수 있었고 금속을 녹여서 청동기를 주조할 수 있었음을 알 수 있다.[7] 殷商 시대(BC 16C-BC 1027)에 이르러서 도자기 제조업은 이미 자체 내에 고정된 업무를 분담하는 전문 공방이 출현할 만큼 발전하였다.[8] 청동기의 주조 기술은 河南省 偃師縣 二里頭의 유적지·鄭州 張寨 및 安陽縣 小屯村 殷墟의 유적 지에서 출토한 유물[9]로부터 그의 발전 과정과 수준을 이해할 수 있 다. 그것들이 가지고 있는 학술적 및 예술적 가치와 기술 수준은 세 계적으로 인정받고 있다. 도기의 제조 기술과 청동기 주조의 발전은 상호 보완하며 발전하는 일정한 관계를 유지하여 왔다. 그들이 사용 한 최초의 鑄型은 石製였으나 곧이어서 석제 주형의 결점을 개량하 기 위하여 발달한 도기 제조 기술을 기초로 하여 매우 빠르게 膠泥 (陶土) 주형으로 바꾸어 사용하였다. 또 鐵製 주형과 蜜蠟製 주형도 사용하였다. 이러한 방법은 근대의 機器제조업 분야에서 鑄物砂를 사용하기 이전까지 줄곧 사용되어 왔다.[10]

2.2 膠泥 주형의 이용

주조에 사용되는 교니 주형 또는 陶製 주형은 모래나 점토로 구 성된 것이다. 고대의 鑄造匠은 주형 제작에 쓰일 재료를 준비함에 있어서 자연에서 재료를 취하되 재질이 순수한 것을 정선하였는데, 耐火力이 비교적 강한 모래나 교니를 정제하여 사용하였다. 주형의 주조면에 쓰이는 주조면 교니는 물에 맑게 가라앉혀서 얻은 입자가 지극히 곱고 순수한 것을 사용하였는데, 이러한 점토는 매우 뛰어난 可塑性과 强度를 가지고 있어서 주형을 만들면 매우 높은 明晳度와

---

7) 陳曉中 등 저, 「中國古代的科技」(臺北: 明文書局, 1981), 513.

8) 저자 미상, 「中國科學文明史」(臺北: 木鐸出版社, 1983), 64.

9) 陳曉中 등 저(1981), 514.

10) 陳曉中 등 저(1981), 513-521.

正確度를 얻을 수 있다.[11] 그러나 때로는 더욱 높은 강도와 비교적 높은 가스 透過性·耐熱性을 요구하는데, 이 문제를 해결하기 위하여 드디어는 瓷土를 발견하여 사용하기에 이르렀다. 또한, 고온 가마의 성공적 발명과 釉藥의 출현 및 還元焰[12]의 응용은 고대의 青瓷器로 하여금 적시에 발전하여 나타나게 하였다.[13] 이처럼 수천 년 이래로 청동기를 주조하기 위하여 교니 주형을 제작하여 왔다. 교니 주형을 이용한 주조에서부터 그의 재료, 즉 교니·점토·자토 등의 과학적 특성을 체득하게 되었다.

2.3 膠泥活字 인쇄술의 발명

활자인쇄술의 발명자로 알려진 宋 시대의 畢昇[14]은 아마 杭州 지역의 刻字匠,[15] 또는 蘇州 지역에서 판본의 판각 인쇄 관련 직업에 종사하는 寫字工이나 刻字匠이었을 것이니("3.4.4 추적 가능 사실" 참조) 이미 목판인쇄의 장단점을 잘 숙지하고 있었다. 그러므로 당시의 사회적 요구, 즉 여러 종류의 서적을 신속하게 인출해야 하는 환경에 적응하기 위하여 경험을 기초로 목판인쇄의 단점을 개량하여 처음에는 목재로 활자를 실험적으로 제작하였다. 그러나 활자의 제작·組版 등 활자인쇄의 경험 부족과 기술의 미숙으로 인하여 목활자의 결점을 극복할 수 없어서 성공하지 못하였다. 만약 재료를

11) 陳曉中 등 저(1981), 514.

12) 內焰. 火焰의 중간 부분으로 이 부분이 가장 밝다. 기체가 여기에서 분해되어 산소가 완전히 연소되고 탄소 입자도 뜨겁게 타므로 강한 빛을 발하면서 또한 매우 강한 환원 작용을 한다.

13) 저자 미상, 「中國科學文明史」(1983), 64-65.

14) (宋)沈括 저, 胡道靜 교증(1961), 권18, 技藝, 板印書籍조.

15) 李書華, 「中國印刷術起源」(香港: 新亞研究所, 1962), 192.

금속으로 바꾸어서 활자를 제작하려 한다면, 개인의 역량으로는 정부 기관이나 단체의 지원 없이는 경비 상 실제로 감당하기 어렵다. 이로 인하여 하는 수 없이 청동기를 주조하는 교니 주형의 재료를 사용하는 것이 손쉬웠다. 즉 교니가 이미 활자의 재료로 충분히 응용될 수 있는 조건을 갖추고 있다는 선조의 누적된 경험적 계시로부터 드디어는 교니를 사용하여 활자를 제작하였고, 마침내는 활자인쇄 기술을 발명하여 활자의 장점으로 목판인쇄 방법의 단점을 대체하기에 이르렀다.

3. 宋 時代의 萌芽

3.1 각종 起源說

3.1.1 東周 시대설

활자인쇄의 기원에 대하여 羅振玉은 秦 시대(BC 249-BC 207) 瓦當에 기록된 秦始皇 26(BC 221)년의 詔書 40字가 4자를 한 개로 하여 모두 10개로 문장을 이루고 있는 점과 秦公 敦은 문자 한 자를 한 개로 하고 있는 점을 증거로 東周 시대(BC 770-BC 250)에 이미 活版術이 있었다고 주장한다.[16] 또 劉善齋에 소장된 奇字鐘도 역시 문자 한 자를 한 개로 하고 있는데, 이는 秦 시대 와당이 4자를 한 개로 하여 모두 10개를 합하여 문장을 이루는 것에 비하면 더욱더

---

16) (淸)羅振玉, "遼居薰徐氏古璽印譜序", 張秀民, 「中國印刷術的發明及其影響」(臺北: 文史哲出版社, 1980), 57.

후대의 활자판의 취지에 근접하고 있다고 주장한 이도 있다.[17] 그러나 이러한 견해는 일찍이 진정한 의미의 활자로 간주할 수 없고, 단지 활자와 유사할 뿐이라고 부인된 바 있다.[18]

3.1.2 五代 시대설

(淸)葉德輝는 「書林淸話」, 卷8, 宋以來活字板에서

> 중국의 활자판 서적 인쇄는 五代(907-959)에 비롯되었다고 생각한다. "晉 天福(936-943) 銅板本"이 (宋)岳珂가 편찬한 「九經三傳沿革例」의 書本조에 수록되어 있다. 이 동판은 곧 동활자판의 명칭이다(活字板印書之製, 吾竊疑始於五代. 晉天福銅板本載岳珂≪九經三傳沿革例≫. 此銅版殆卽銅活字版之名稱.).[19]

라고 하였다. 즉 중국의 활자인쇄는 五代에 시작되었다고 여긴 것이다. 그러나 晉 시대 天福 연간의 銅板本에 대하여 (明)楊守陳은 "魏 시대 太和 연간(227-232)에는 「石經」이 있었고, 晉 시대 天福 연간에는 銅板本 「九經」이 있었는데, 모두 종이와 먹으로 베껴서 찍을 수 있으므로 필사할 필요가 없었다."라고 하였다.[20] 楊守陳은 天福 연간의 동판본을 漢・魏의 石經과 함께 열거하면서 모두 종이와 먹으로 베껴서 찍을 수 있다고 하였다. 그 뜻인즉 拓本으로 떠낼 수 있다는 것이어서 天福 연간의 동판은 한 장의 동판에 조각하여 완성한

---

17) 蘇瑩輝, "銅器的銘刻與活字版", 「臺灣新生報」 1964年 10月 19日, 第9面.

18) 張秀民, 「中國印刷術的發明及其影響」(臺北: 文史哲出版社, 1980), 57.

19) (淸)葉德輝(1974), 201.

20) 燕義權, "銅板和套色版印刷的發明與發展", 學海出版社編輯部 編, 「中國圖書版本學論文選輯」(臺北: 學海出版社, 1981), 454.

것이라고 인정한 것과 다름이 없다. 또 혹자는 畢昇이 교니활자를 발명한 시기가 岳珂보다 170여 년이 이르다고 하는데, 만약 岳珂의 저술에 수록된 天福 연간의 동판본이 활자본이라면 어찌하여 「夢溪筆談」을 저술한 (宋)沈括이 미처 보지 못하였겠는가? 또 어찌하여 北宋 때에 언급한 사람이 없었겠는가? 그러므로 天福 연간의 동판이 활자 인쇄의 시조라는 견해는 성립할 수 없다고 단언할 수 있다.

3.1.3 宋 시대설

(淸)孫從添은 「藏書紀要」, 第2則, 鑑別, 제4엽하엽에서

> 宋刻本은 여러 판본이 있는데, …… 銅活字刻本·活字本 등이 있다(宋刻有數種, …… 銅字刻本·活字本.).21)

라고 하여 宋 시대의 활자판을 동활자본과 활자본의 두 가지로 구분하였다. (淸)蔡澄의 「雞窗叢話」에:

> 일찍이 골동품 가게에서 오래된 2~3촌짜리의 네모진 구리에 杜甫의 시 또는 韓退之의 문장 두세 구절을 조각했으되 字形은 反體字인 것을 보았는데, 어디에 사용하는지를 몰랐다. 識者가 이것은 書範이라고 이름하는데, 宋 시대 太宗(976-997) 초년에 천하에 서적 판각의 법식으로 반포한 것이라고 하였다(嘗見骨董肆, 古銅方二三寸, 刻選詩或杜詩韓文二三句, 字形反, 不知何用. 識者曰, 此名書範, 宋太宗初年, 頒行天下, 刻書之式.).22)

---

21) (淸)孫從添, 「藏書紀要」(臺北: 廣文書局, 1968), 8.

22) 孫毓修, 「中國雕板源流考」(臺北: 商務印書館, 1974), 7.

라는 기록이 있다. 賀聖鼐는 이 서범이 곧 宋 시대의 활자판이라고 하였다.[23] 張秀民은 「夢林玄解」에 전재된 (宋)孫奭의 언급:

감히 사사로이 쓰지 못하여 금속을 조각하고 종이에 찍어서 삼가 천하에 공개한다. ......景祐 3(1036)년 4月 上浣에 休休老人 孫奭이 「圓夢秘策」의 끝에 敍를 하다(用不敢私, 鑴金刷楮, 敬公四海. ......景祐三年四月上浣休休老人孫奭敍於≪圓夢秘策≫之端.).

라는 구절에 근거하여 「圓夢秘策」 8卷은 동활자를 조각하여 간행하였을 가능성이 크다고 추측하였다.[24]

3.1.4 元 시대설

(元)黃溍의 「金華黃先生文集」에 수록된 "北溪延公塔銘"의

동을 조각하여 판으로 만들어 전하게 하였다(鏤銅爲板以傳.).

라는 문장에 근거하여 元 시대 기원설을 소개한 이도 있다.[25]

그러나 이상의 여러 학자들의 견해는 유력한 방증이 없기 때문에 그의 자세한 방법을 고찰할 수 없거나 미화법의 표현이므로 아직은 긍정할 수 없다.

---

23) 賀聖鼐, "中國印刷術沿革史略", 喬衍琯・張錦郎 공편, 「圖書印刷發展史論文集」(臺北: 文史哲出版社, 1982), 230.

24) 張秀民(1980), 67.

25) 1. 曹之, "華燧銅活字考辯", 「晉圖學刊」 1994年 第2期(1994. 6). 58.
    2. 같은 내용이 (元)黃溍의 「智延和尚塔銘」에도 수록되어 있다. 張秀民 저, 韓琦 增訂, 「中國印刷史」(浙江: 浙江古籍出版社, 2006), 32.

3.2 문헌 기록

다음에 나타나는 것으로 믿을 수 있는 문헌 기록은 곧 (宋)沈括 (1031-1095)이 편찬한 「夢溪筆談」의 卷18, 技藝, 板印書籍조이다 (<사진 2> 참조):

<사진 2> 「夢溪筆談」의 板印書籍조[26]

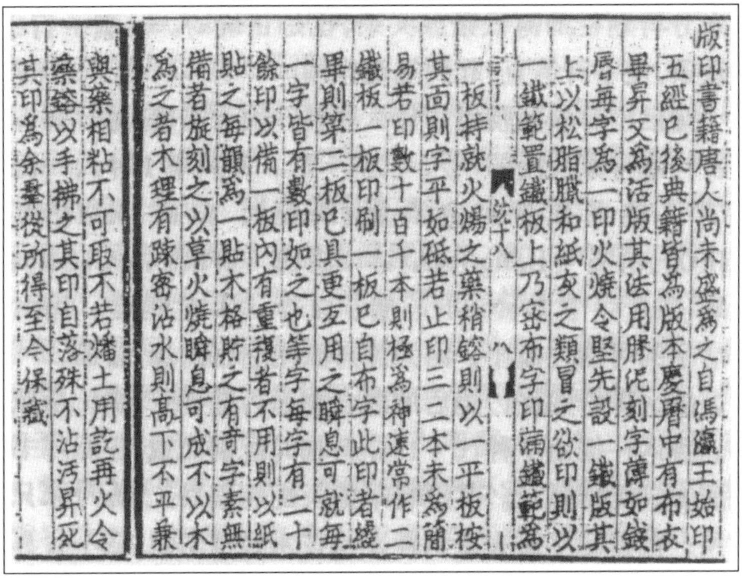

목판으로 서적을 인쇄하는 것은 唐 시대 사람은 아직 왕성하게 하지 않았다. 馮瀛王 때부터 비로소 「五經」을 인쇄하기 시작하여, 이후의 전적은 모두 간행본이 되었다(版印書籍, 唐人尚未盛爲之. 自馮瀛王始印≪五經≫, 已後典籍, 皆爲版本.).

慶曆 연간(1041-1048)에 평민인 畢昇이라는 사람이 또 활자판을 만들었다. 그 방법은 膠泥[27]에 문자를 조각하였는데, 두께는 동전

---

26) 元 大德 9(1305)년 東山書院 각본.

두께만큼 얇게 하고 문자마다 한 개로 만들어서 불에 구워 견고하게 하였다. 먼저 철판을 하나 놓고 그 위에 송진·밀랍 그리고 종이 재 등으로 (조제한 인납을) 채워 넣는다. 인쇄하려면 철제 인판틀 하나를 철판 위에 설치하고서 활자를 빽빽하게 심는다. 인판에 가득 채운 것을 한 판으로 하여, 이를 가지고 불에 덥혀서 약[28]이 약간 녹을 때 평평한 판으로 그 윗면을 누르면 문자 면이 숫돌처럼 평평해진다. 만약 2·3 권만 인쇄하려면 간단하지 않으나, 수십백천 권을 인쇄하려면 지극히 신속하다. 평상시 철판 두 개를 만들되 한 판은 인쇄하고 한 판은 자연히 활자를 심어서, 한 인판이 다 끝나면 곧 다음 판이 이미 갖추어지니, 서로 번갈아 사용하면 순식간에 완성할 수 있다. 하나하나의 문자마다 여러 개의 활자가 있으니, 예를 들면 "之"·"也" 등의 문자는 20여 개나 있어서 한 인판 내에서 중복되는 것에 대비한다. 사용하지 않으면 종이로 표시를 붙여 두는데, 같은 韻마다 한 장씩 붙여서 나무상자 칸막이에 보관한다. 미리 준비하지 못한 기이한 문자가 있으면 얼른 조각하여 불에 구워서 순식간에 완성할 수 있다(慶曆中, 有布衣畢昇, 又爲活版. 其法, 用膠泥刻字, 薄如錢脣, 每字爲一印, 火燒令堅. 先設一鐵板, 其上以松脂·蠟和紙灰之類冒之, 欲印則以一鐵範置鐵板上, 乃密布字印. 滿鐵範爲一板, 持就火煬之, 藥稍鎔, 則以一平板按其面, 則字平如砥. 若止印三·二本, 未爲簡易, 若印數十百千本, 則極爲神速. 常作二鐵板, 一板印刷, 一板已自布字, 此印者纔畢, 則第二板已具, 更互用之, 瞬息可就. 每一字皆有數印, 如 "之"·"也" 等字, 每字有二十餘印, 以備一板內有重複者, 不用則以紙貼之, 每韻爲一貼, 木格貯之. 有奇字素無備者, 旋刻之, 以草火燒, 瞬息可成.).

나무로 활자를 만들지 않은 것은 木理가 성기고 조밀한 차이가 있어서 물을 묻히면 높낮이가 고르지 않고, 또 약과 서로 엉겨 붙어

---

27) "膠泥"의 성분에 대하여, 혹자는 아교와 점토를 혼합한 것이라고 말한다. 이는 문자의 의미에 충실하게 해석한 것이라고 주장하지만, 실은 그렇지 않다. "膠"는 '아교'라는 명사적 의미도 있지만, '끈적끈적하다, 점착성이 있다.'라는 형용사적 의미도 있다. 따라서 '점성을 가진 점토 (pottery clay)'가 정확한 해석이다. 설령 아교를 혼합한다 하여도 소성하는 과정에서 아교의 무기물은 모두 소진되어 남지 않는다. 점토의 주성분은 이산화규소(SiO_2)·삼산화알루미늄(Al_2O_3)·산화나트륨(Na_2O)·산화칼슘(CaO)·산화칼륨(K_2O) 등이다. 徽之, "涇縣水東翟村發現泥活字本宗譜", 上海新四軍歷史研究會印刷印鈔分會 편. 「活字印刷源流」(北京: 印刷工業出版社, 1990), 222.
또한, 최근에 혹자는 畢昇의 교니는 赤石脂(Fe_2O_3)·백반($KAl(SO_4)_2·12H_2O$)·활석($H_2Mg_3(SO_4)_4$)·호분($2PbCO_3·Pb(OH)_2$)·牧䗢(CaO)·소금($NaCl$)·간수·식초 등으로 처방한 "六一泥"라고 주장하였다. 馮漢鏞, "畢昇活字膠泥爲六一泥考", 「文史哲」 1983년 제3기, 84-85.

28) 송진·밀랍·종이 재 등으로 조제한 인납을 지칭한다.

서 가히 취할 수 없으니, 흙을 구워서 다 썼으면 다시 불로 약을
녹이면서 손으로 털면 활자가 저절로 떨어져서 유달리 찌꺼기가
묻지 않는 것과 같지 않기 때문이다. 畢昇이 죽자 그 활자는 나의
조카가 입수하여 지금까지 간직하고 있다(不以木爲之者, 木理有疏
密, 沾水則高下不平, 兼與藥相粘, 不可取, 不若燔土, 用訖再火令藥
鎔, 以手拂之, 其印自落, 殊不沾汚. 昇死, 其印爲予群從所得, 至今
寶藏.).29)

이 문장 중에서 "慶曆 연간에 畢昇(970경-1051)이 활자판을 만들
었다."라고 말하고 있다. 이는 활자인쇄술에 관한 최초의 문헌 기록
으로, 발명자가 누구인가를 알 수 있는 근거가 되고 있다.

그러나 羅振玉은 교니활자는 인쇄할 수 없다고 의심을 품고 있다.
胡適은 교니를 불에 구워서 활자를 만드는 것은 이치에 맞지 않는
것 같으니, 아마도 畢昇이 사용한 것은 朱錫 종류일 것이라고 여기
고 있다. 미국의 W. T. Swingle은 畢昇의 활자는 금속으로 만든 것
이므로, 이른바 "교니에 문자를 조각하였다."라는 말은 활자를 주조
하는 주형이라고 여기고 있다.30) 심지어 교니활자는 석고활자의 잘
못이라고 여기는 이도 있다.31) 그러나 일찍이 부정되었던 교니활자
는 충분히 서적을 인쇄할 수 있을 뿐만 아니라, 자획이 정교하고 고
르며 또렷하고 아름답게 인쇄될 수 있음을 후대의 교니활자 인본의
실물을 통하여 알 수 있다.32) 또한, 臺灣의 연구진에 의하여 畢昇의
방법대로 실험하여 교니활자 인쇄술의 가능성과 활용성을 증명한

---

29) (宋)沈括 저, 胡道靜 교증(1961), 권18, 技藝, 板印書籍조.

30) 張秀民(1980), 59.

31) 張秉倫, "關於翟金生的泥活字問題的初步研究", 「文物」 1979年 第10期(1979. 10), 90.

32) 1. 張秀民(1980), 59.
　　 2. "제Ⅵ장 淸 時代 前期의 活字印刷"와 "제Ⅶ장 淸 時代 後期의 活字印刷" 참조.

연구도 있다.[33)

그렇다면 활자인쇄술 발명 당시의 사회적 인식은 어떠하였는가? 이를 엿볼 수 있는 기록이 있다. (宋)鄧肅(1091-1132)의 「栟櫚先生文集」에 수록된 시 중에

어떻게 畢昇의 철 인판 2개를 얻을 수 있는가?(安得畢昇二板鐵?)[34)

라는 구절이 있다. 이 "二板鐵"은 「夢溪筆談」의 "常作二鐵板, 一板印刷, 一板已自布字, 此印者才畢, 則第二板已具, 更互用之, 瞬息可就"를 의미한 것이다. 이로 미루어 畢昇의 활자인쇄술이 발명 당시에는 적어도 식자층 사이에서 어느 정도 인식이 되어있었음을 알 수 있다. 또한, 畢昇이 제작한 교니활자의 형태는 어떠하였는가? 이를 본 사람도 없고, 문헌 기록도 없으므로 알 도리가 없다. 다만 明 시대 正德 연간(1506-1521)의 인물인 强晟의 「汝南詩話」에

汝南의 한 군인이 관리하는 지역에서 뜻하지 않게 黑子 수백 개를 입수하였는데, 소뿔처럼 단단하고 하나에 한 글자씩 있는데 歐陽詢체 같았다. 유식자들은 이것이 곧 宋 시대의 활자이니 그 정교함이 畢昇이 아니면 제작할 수 없다고 여겼다(汝南一武弁家治地, 忽得黑子數百枚, 堅如牛角, 每子有一字, 如歐陽詢體. 識者以爲此即宋活字, 其精巧非畢昇不能作.).

라는 기록이 있다. 그러나 이 역시 400여 년의 세월이 지난 이후

---

33) 陳仙舟 등, "畢昇泥活字版印刷術的分析與新發現", 「印刷科技」 제32권 제3기(2016. 9), 63-83.
34) (宋)鄧肅, 「栟櫚先生文集」, 正德 14(1519)년 羅珊刻本, 권6, 제3엽하엽.: 結交要在相知耳, 趣向不殊水投水. 請看丘侯對謝公, 箭鋒相契無多子. 丘侯平日論律人, 詳及謝公喜與嗔. 一得新詩即傳借, 許久誇談今見眞. 車馬爭看紛不絶, 新詩那簡茅簷拙. 脫腕供人嗟未能, 安得畢昇二板鐵.

의 기록이기에 추측일 뿐이라고 하였다.[35]

3.3 畢昇의 교니활자본설 실물

3.3.1 「佛說觀無量壽佛經」

畢昇이 어떤 서적을 인쇄하였는가에 대하여는 아직 문헌 기록을 발견할 수 없다. 그러나 현존하고 있는 실물로 「佛說觀無量壽佛經」의 낙장 파편(<서영 1>, 圖錄III-서영 1 참조)이 그의 인본으로 알려져 있다.

<서영 1> 畢昇의 교니활자인본설 「佛說觀無量壽佛經」 낙장 파편

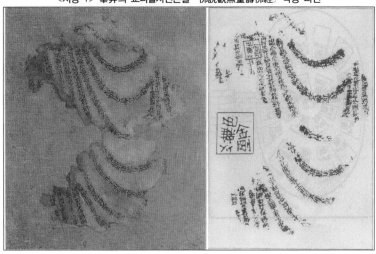

35) 張秀民 저, 韓琦 增訂(2006), 533.

이 불경의 파편은 1965년 浙江省 溫州市 교외에 위치한 白塔寺의 白象塔 탑신부 2층에서 발견되었다. 이 파편의 크기(길이 × 너비, 이하 동)는 8.5~10.5 × 13cm로 12行의 經文이 선회하도록 배열되어 있는데 굴절하는 곳에는 "○" 표시가 있고, 계선은 없다. 판독할 수 있는 문자는 모두 166자로, 이 불경의 4~9의 六觀 경문 중의 1/10을 차지한다. 서체는 宋體字이며, 행마다 전도되어 배열이 불규칙하고, 문자의 크기·길이·필획의 굵기도 고르지 않다. 문자가 큰 것은 세로 4.5 × 가로 5.0mm, 중간은 3.0 × 4.0mm, 작은 것은 1.5 × 3.0mm이다. 組版은 활자를 대단히 조밀하게 심어서 상하 문자의 필획이 교접되거나 교차하기도 하고 두 문자가 한 문자처럼 붙어있는 경우도 있다. 매 행이 빙빙 돌듯이 선회하고 있는데 굴절하는 곳에 눕혀진 문자가 나타난다. 예를 들면 "雜色金剛"을 "雜[色 金剛"으로 인쇄한 부분이다. 또 구절 중에 "○"표시가 자주 나타나고 탈루된 문자도 있다. 지면상의 字跡에는 경미하게 오목 패인 홈이 있고, 墨色의 濃淡은 고르지 않다. 지질은 유연하며 棉紙로 보인다. 字體는 가늘고 작은데 교니활자인 듯하다. 이상 자체의 길이가 고르지 않고, 字間의 거리가 밀착되어 있으며, 탈루되거나 뒤집힌 문자와 눕혀져서 식자된 "色"자 및 "○" 표시로 준비하지 못한 문자를 대신한 점 등으로 미루어 활자를 배열하여 인쇄한 특징이 다분하다.

또한, 동시에 발견된 "寫經緣起"가 宋 崇寧 2(1103)년 5월에 墨書한 것임에 의하면, 이 불경은 같은 해 또는 비슷한 연대에 인쇄한 것으로 추정된다.[36]

---

36) 金柏東, "早期活字印刷術的實物見證-溫州市白象塔出土北宋佛經殘頁介紹",「文物」1987年 第5期(1987. 5), 15-18 및 圖版 1.

3.3.1.1 畢昇의 교니활자본설 긍정론

이 불경이 활자본이라는 점에 대하여 동의하는 견해[37]가 있는데,
그 근거는 다음과 같다.

(1) 문자의 밀착 현상

경문 중에 상하 문자 간의 필획이 밀착되어 있어서 두 문자가 한
문자처럼 이어져 있는 경우가 있다. 예를 들면 "一一"이 "二"처럼,
"十二"가 "士"처럼 이어져 있는 것인데, 이는 바로 활자의 특징이
다. 만약 목판이라면 서사가가 板下本을 필사할 때 한 문자를 원고
지의 한 칸에 쓰므로 두 문자 간에는 반드시 거리가 있어서 절대로
두 문자를 한 문자처럼 쓸 리가 없다. 초기의 활자는 아마도 문자 필
획의 다과에 따라서 활자의 크기를 고르게 조각하지 못하였을 것이
다. 즉 필획이 적은 문자의 경우, 필획 이외에 여백을 남겨서 크기가
고른 활자가 되도록 배려하지 못했을 것이다. 이는 후대에 활자의
크기를 같게 조각하거나 주조한 方形의 활자와 꼭 같지는 않아서,
두 문자를 이어서 배열하면 마치 한 문자처럼 밀접하게 이어지는 것
이 바로 활자이면서 목판이 아니라는 특징 중의 하나다.

---

37) 錢存訓, 「中國書籍紙墨及印刷史論文集」(香港: 香港中文大學出版社, 1992), 130-132. 故 錢存訓
박사는 1965년에 浙江省 溫州市 교외 白象塔 안에서 발견된 「佛說觀無量壽佛經」이 畢昇의 교
니활자본이라고 말하고 있다.

(2) 탈루된 문자

구절 중간에 탈루된 문자가 있는 현상도 역시 활자이기에 이러한
실수의 기회가 비교적 많다. 만약에 목판이라면 필사에서부터 판하
본을 올려서 조각하기까지 일반적으로 여러 번 교정하는데, 활자의
배열은 필사·판하본 등의 절차를 거칠 필요가 없이 활자를 직접 인
판에 조판해 넣으므로 비교적 탈루되기가 쉽다.

(3) 行列 배열의 불규칙 현상

경문의 行列이 배열된 상태가 지극히 불규칙하다. 일반적으로 목
판본의 회전형 배열은 모두 중앙에서부터 선회하여 배열이 가지런
하다. 예를 들면 1944년 成都에서 출토된 龍池坊의 唐印本「陀羅尼
經」 중의 고대 梵語 佛經 및 1978년 蘇州의 瑞光寺 탑에서 발견된
五代·北宋의 梵語 불경이 모두 그와 같다. 그런데 이 불경은 경문
의 배열방식이 행과 문자 간의 거리가 일정하지 않고 선회하다가 굴
절하여 괄호 형태를 이루는데 규칙이 없다. 이는 대체로 활자를 직
접 인판에 조판한 것으로, 정서한 판하본을 올림으로써 미리 안배하
여 판면을 가지런하게 할 수 있는 목판본과는 다른 점이다.

(4) 도치되거나 눕혀진 문자

경문의 일부 문자가 도치되었거나 눕혀져서 조판된 점으로, 예를
들어 "雜色金剛" 중의 "色" 자가 눕혀져 있는 것은 다음 구절의 경

문을 연결하는 방향을 표시한 것이 결코 아닌 듯하다. 왜냐하면, 동일한 경문 중에 다른 두 곳의 굴절되는 곳에는 앞의 문자를 눕히지 않았는데, 예를 들면 "無o量諸天"과 "彌ooo覆樹上"의 선회하는 곳은 모두 "o"로 표시하고 있고, "無" 또는 "彌" 자를 눕혀서 조판하지 않았다. 상술한 成都에서 출토된 龍池坊의 唐印本「陀羅尼經」 중의 고대 범어 문자도 역시 선회하도록 조판되어 있다. University of Chicago의 고대 범어 문자 전문가의 감정에 의하면, 문자의 行列이 회전하는 곳은 모두 바르게 조판하였고 눕혀서 식자하지 않았다. 따라서 선회하는 문자가 다른 곳에 또 있어서 굴절된 곳의 문자가 방향을 지시한다는 점을 증명하지 않는 한, 이 경문 중의 "色" 자가 눕혀있는 것은 마땅히 활자의 오식이라는 중요한 증거다.

(5) 교니활자의 제작 지역과 시기

이 밖에도 畢昇이 교니활자를 제작한 곳은 錢塘(지금의 杭州)이며, 그 후 沈括의 조카인 沈逵나 沈述이 입수하여 간직하였는데,[38] 이들의 생존 연대가 1100년 전후이며, 거주지도 錢塘이었다. 그런데 지역과 시기가 이 불경이 발견된 浙江省 溫州市 및 인쇄된 연대와 모두 비슷한 점도 이 불경이 畢昇이 제작한 교니활자로 인쇄한 것이라는 추측을 가능하게 하고 있다.

---

38) 胡道靜, "活字板發明者畢昇卒年及地點試探", 「文史哲」 第59期(1957. 7), 61-63.

3.3.1.2 畢昇의 교니활자본설 부정론

이상의 긍정적 판단에 대하여 활자라는 결론은 다시 연구할 필요가 있다며 반대하는 견해[39]가 있다. 그 이유로 네 가지를 들고 있다.

(1) 상하 문자 간의 필획 교차와 교접

經文 중에 상하 문자 간의 필획이 교차 또는 교접하고 있는 경우가 있는데, 이는 목판본에서만 가능하다는 점이다. 활자본에서는 목판본과 달리 한 문자를 한 개의 독립된 개체로 조각하여 문자 간에는 필획이 교차 또는 교접할 가능성이 없기 때문이다. 교차 현상은 여러 곳에서 발견되며, 교접 현상은 "今分"과 "十二由"가 대표적이다.

(2) 의도된 도치 또는 눕혀진 문자

문자가 도치되거나 눕혀져서 식자된 것, 예를 들면 "雜色金剛"의 "色" 자가 눕혀진 것 등은 공교롭게도 굴절하는 곳에서 나타나는데, 이는 다음 구절의 경문을 연결하는 방향을 표시하기 위하여 일부러 그렇게 설계한 것이지, 결코 잘못 식자된 것이 아니라는 점이다.

---

39) 1. 劉雲, "對「早期活字印本的實物見證」一文的商榷", 「文物」1988年 第10期(1988. 10), 95-96.
　　 2. 張秀民·韓琦 공저(1998), 9-10.

(3) 문자 크기의 차이와 눌린 흔적

경문에 나타난 문자의 필획 굵기도 균일하지 않지만, 크기와 길이도 매우 다르다. 활자라면 재질을 불문하고 모든 활자가 일정한 규격을 갖추지 않으면 조판하기 어렵다.

실물의 문자가 인출된 곳을 자세히 살펴보면 종이가 눌린 흔적이 있다. 이로 미루어 종이 위에서 활자로 눌러서 날인하였을 가능성이 있다.

(4) 동시 출토물에 의한 연대 추정

동시에 발견된 "寫經緣起"가 宋 崇寧 2년 5월에 墨書한 것임에 의하여 이 불경을 같은 해 또는 비슷한 연대에 인쇄한 것으로 추정하지만, 이는 과학적이지 못하다. 왜냐하면, 동시 출토물 간의 연대 차이가 매우 큰 경우도 있기 때문이다. 이 불경 자체에는 간행연대가 없는데, 동시에 출토하였다고 하여 사경의 연대를 이 불경의 간행연대로 삼을 수 없다.

3.3.1.3 저자의 의견

저자는 2000년 5월 14~15일, 이 불경을 실사하기 위하여 소장처인 溫州市博物館에 공문을 미리 발송하고 청주 MBC "금속활자, 그 위대한 발명"[40] 특집제작팀(남윤성 PD)과 함께 방문하였다. 그러나

---

40) 청주 MBC, "금속활자 그 위대한 발명(3부작)", "제1부: 세계 최고의 금속활자본", 2000. 9. 22. 21:55-22:45. "제2부: 금속활자 발명국, 한국인가 중국인가?", 2000. 9. 29. 21:55-22:45. "제3부: 한국의 금속활자 세계로 가다", 2000. 10. 6. 21:55-22:45. 이 프로그램은 2000년 방송대상을 수상하였다.

약속한 당일 수장고 담당자가 출타하는 바람에 꼬박 하루를 기다렸지만, 끝내 실물을 열람하지 못하였다. 부득이 차선책으로 사진판을 이용하여 분석하였다. 해상도가 우수한 편은 아니지만 채색판과 흑백판을 입수하여 5.7배로 확대하여 활자인쇄의 기술적 관점에서 세밀히 살펴보았다.

(1) 판면 전체 문자의 묵색

활자본의 가장 대표적인 특징은 문자에 따라서 묵색이 진하기도 하고 연하기도 한 농담 차이 현상이다. 이는 인출면을 구성하고 있는 활자들의 문자면 높낮이가 다르기 때문에 모든 활자본에 반드시 나타나는 불가피한 현상이다. 저자는 이러한 현상을 의식하여 의도적으로 묵색을 고르게 하려고 세심히 활자를 식자하여 실험하였지만, 농담의 차이가 나타나는 현상을 면할 수 없었다. 하물며 활자인쇄 초기에는 이러한 현상이 특히 심했을 것으로 예상된다.

목판본은 목판을 대패로 평평하게 다듬은 후 문자를 조각하므로 인출면의 높낮이가 균일하여 묵색의 농담 차이가 나타나지 않는다. 다만 예외적으로 묵즙의 도포량 차이에 의한 농담 현상은 발견된다.

이러한 기준에 초점을 맞추어 살펴보면, 이 불경에 인쇄된 문자의 묵색은 활자본의 대표적인 특징인 농담의 차이가 거의 나타나지 않고 있다.

(2) 활자의 기울어짐 현상

「夢溪筆談」의 기록에 의하면 畢昇은 교니활자를 조판하기 위하여 송진·밀랍·종이 재 등을 혼합한 인납을 사용하였다. 즉 부착식 조판법을 이용한 것이다. 이 인납 위에 교니활자를 식자하고 평평한 판으로 활자의 윗면을 눌러서 인출면을 평평하게 한 후 인출하였다. 그렇다 할지라도 문자 하나하나의 인출된 상태를 보면 일부 활자는 반듯하게 직립하지 못하고 상하좌우 어느 한쪽으로 기울어진 현상이 나타난다. 그 결과 문자의 인출된 상태는 어느 한쪽이 연하게, 그 반대쪽은 진하게 나타날 수밖에 없다.

이 불경에는 이처럼 활자가 기울어지게 식자되어서 어느 한쪽이 연하거나 진하게 인출된 문자가 거의 보이지 않는다.

(3) 활자의 삐뚤어짐 현상

균자장이 조판을 위하여 낱낱의 활자를 식자할 때, 자신의 평형감각에 의하여 활자를 반듯하게 심는다. 그렇다 할지라도 시계방향 또는 반시계방향으로 다소 돌아가는 현상을 면하지 못한다. 이 현상은 인납을 사용하는 부착식 조판법의 인판에서는 다소 심하게 나타나고, 동체가 반듯한 육면체의 활자를 사용하는 조임식 조판법의 인판에서는 상대적으로 덜 심하게 나타난다. 일반적인 활자본에서 기준을 삼을 수 있는 계선이 있는 경우에도 정도의 차이가 있을 뿐 이러한 현상은 동일하다.

이 불경은 계선도 없고 經文이 곡선으로 선회하도록 배열되어 있어서 완전히 균자장의 평형감각에 의하여 식자되었을 것이므로 문자의 삐뚤어짐 현상은 더 많이 나타나야 한다. 그러나 이러한 현상은 매우 드물게 보인다. 그 이유는 아마도 판하본을 반듯하게 쓴 후 조각한 결과가 아닌가 한다.

(4) 문자 行列이 가지런하지 못한 현상

문자의 세로줄을 '行', 가로줄을 '列'이라고 한다. 균자장이 낱낱의 활자를 식자할 때 행렬을 가지런하게 맞추면서 배열하지만, 활자가 움직이지 않도록 고정하는 과정에서 각각의 활자가 처한 사방 환경의 차이에 의하여 부득이 좌·우측 또는 상하로 미세하게 치우쳐서 행렬이 가지런하지 못한 현상이 나타난다. 행 전체가 활처럼 굽은 현상이 나타나기도 한다

이 불경은 經文이 곡선으로 선회하도록 배열되어 있어서 가로 열은 없는 셈이다. 세로 행은 經文이 곡선이므로 활처럼 굽은 현상도 판단이 매우 어렵다. 가지런하지 못한 현상도 기준으로 삼을 수 있는 계선이 없으므로 이 역시 판단이 매우 어렵다. 다만 초기 활자본에서 보편적으로 나타나는 가지런하지 못한 현상의 정도와 비교하면, 이 불경에는 드물게 나타나기는 하나 전반적으로 매우 가지런한 편이다.

(5) 상하 문자 필획의 교차 현상과 묵색

목판본의 경우, 판하본을 원고지의 한 칸에 문자를 가득 차게 필사한다. 그 결과 본의 아니게 상하 문자의 필획이 겹쳐서 교차하는 현상이 나타난다. 활자본의 경우, 동체의 네 측면이 방정하지 않고 자형을 따라서 불규칙한 경우에만 필획이 교차하는 현상이 간혹 나타날 수 있다. 畢昇이 제작한 교니활자는 두께(높이)가 돈 입만큼 얇

아서("薄如錢脣") 높지 않음을 알 수 있다. 그러나 측면의 형태는 설명하지 않아서 알 수 없다.

이 불경에는 상하 문자의 필획이 교접하거나 교차하는 경우를 쉽게 발견할 수 있다. 이 현상을 초기의 활자본과 비교하면 그 출현 빈도가 매우 높다. 따라서 필획의 교차 현상은 목판본의 결과일 가능성이 커 보인다. 더 나아가 교접하거나 교차하는 문자 필획의 묵색역시 농담의 차이 없이 동일하다. 이는 문자 면의 높이가 활자와 달리 동일하다는 의미이다.

(6) 상하 문자 필획의 밀착 현상

활자인쇄의 경험이 누적되어 기술적으로 안정된 경우에는 활자의크기를 균일하게 제작하기 때문에 이 요소도 감별의 기준이 될 수 있다. 그러나 극초기의 활자는 문자 필획의 다과에 따라 크기가 균일하지 않을 가능성이 크다. 이는 현존 초기 활자본에서 어렵지 않게 확인할 수 있다. 이러한 현상은 높이가 5mm 이내로 낮은 활자를 인납을사용하여 부착식 방법으로 조판하는 경우에 더욱 쉽게 나타날 수 있다.

목판본의 경우에도 일반적으로 서사가 판하본의 원고지 한 칸에 문자를 가득 차게 필사하기 때문에 이러한 현상이 나타난다. 더구나 좁은 판면에 많은 문자를 써넣기 위하여 板下本을 촘촘하게 필사하면 이러한 현상이 더욱 쉽게 나타날 수 있다.

따라서 두 문자가 한 문자처럼 이어진 밀착 현상을 판본 감별을위한 판단 기준으로 삼기에는 어려워 보인다.

(7) 판각 기술의 수준

목판인쇄술의 기원은 인쇄술 발명에 필요한 전제조건과 현존 초기 인쇄물을 근거로 唐 시대인 대략 AD 700년경으로 추정된다.[41] 이 불경이 목판본이라고 한다면, 목판인쇄술 발명 이후 약 400년의 경험이 축적된 기술이 발휘된 작품이다. 실제로 목판본의 판각 기술은 이미 9세기에 서체 예술을 표현할 수 있을 만큼 최고 수준에 이르고 있다.

이 불경의 판각 기술은 宋體字라고는 하지만, 서체의 미감은 거의 찾아볼 수 없을 만큼 미숙한 수준이다. 더구나 당시는 불교 문화가 최고로 융성하여 독실한 불심으로 판각하였을 것이니, 이 정도의 수준은 목판본이 아닐 가능성이 크다. 따라서 이미 통용되고 있던 익숙한 방법으로 한 장의 목판에 조각하여 인출한 목판본이라기보다는, 새로운 소재와 방법에 의하여 부족한 경험과 미숙한 기술로 인출되었을 가능성을 완전히 배제하기 어렵다. 그러나 개인 각본의 경우 조잡한 판본도 없지 않으므로 아직은 수수께끼로 남겨둔다.

문자에 따라서 좌우로 퍼진 편체와 상하로 긴 장체가 섞여 있어서 규격이 통일되어 있지 않다. 또한 "雜色金剛"의 경우, "色"은 전형적인 장체인데, 이를 심을 공간이 좌우로 넓어서 부득이 눕혀서 심을 수밖에 없는 점은 활자의 가능성을 높여준다. 목판본이라면 서사가가 판하본을 쓸 때 공간에 맞게 편체로 쓸 수 있기 때문이다.

이상 기술적인 관점에서 살펴본 결과 활자본의 특징은 많지 않고, 오히려 목판본의 특징이 많이 발견된다. 실물을 분석하지 못한 상태

---

41) 曺炳鎭, 「「白雲和尙抄錄佛祖直指心體要節」 復原 硏究: 高麗時代 蜜蠟鑄造法 金屬活字印刷術」 (파주: 한국학술정보(주), 2019), 33.

에서 결론 내리기는 매우 조심스럽지만, 이상의 분석 결과를 종합하면 양론의 가능성이 모두 있기는 하지만, 인쇄기술적 시각에서는 활자본일 가능성은 작아 보인다. 그러나 사진판의 해상도에 따라서는 미세한 농담의 차이를 구분할 수 없는 경우도 있으므로, 향후 실물을 직접 분석하여 부족한 부분을 보완할 수 있기를 희망한다.

3.3.2 기타 인본설 고증

(1) 「韋蘇州集」과 「毛詩」

문헌에 나타난 기록을 보면 (淸)葉德輝가 소장했던 「韋蘇州集」 10卷이 있는데 宋膠泥活字本이라고 하고 있다.[42] 「天祿琳琅書目後編」에는 「毛詩」 4卷이 宋活字本이라고 저록되어 있다.[43] 그러나 「韋蘇州集」은 明 시대의 동활자본으로, 「毛詩」는 明 시대 正德·嘉靖 연간(1522-1566)의 동활자본으로 확인되었다.[44]

(2) 「帝學」

(淸)繆荃孫은 자신이 소장하고 있던 「帝學」 8卷을 宋活字本이라고 하였고,[45] 錢基博은 전래되고 있는 宋板本인 (宋)范祖禹의 「帝學」

---

42) (淸)葉德輝(1974), 권8, 宋以來活字板, 201.

43) (淸)彭元瑞, 「欽定天祿琳琅書目後編」(臺北: 廣文書局, 1968), 권2, 宋版經部, 毛詩, 제12엽下엽, 974.

44) 1. (宋)沈括 저, 胡道靜 교증(1961), 권18, 技藝, 板印書籍조, 602.
    2. 魏隱儒, 「中國古籍印刷史」(北京: 印刷工業出版社, 1984), 211.

45) (淸)繆荃孫, 「藝風藏書續記」(臺北: 廣文書局, 1967), 권2, 諸子第三, 帝學八卷, 제4엽下엽, 376.

이 南宋 嘉定 14(1221)년의 목활자본이라고 하였다.[46] 그러나 최근에 고증한 바에 의하면, 이는 淸 乾隆(1736-1795)·嘉慶 연간(1796-1820)의 목활자본이다.

(3) 「璧水群英待問會元」

현재 南京圖書館에 소장된 「璧水群英待問會元」에 대하여 賀聖鼐는 畢昇의 활자본이라고 하였고,[47] 錢基博은 淳祐 5(1245)년의 목활자본이라고 하였으며,[48] 陳國慶은 권말에 있는 "麗澤堂活板印行"의 자양을 근거로 宋 시대의 활자본이라고 하였고,[49] 심지어는 宋刻本으로 오인하는 이도 있다.[50] 그러나 최근에 고증한 바에 의하면 이는 明 시대의 正德·嘉靖 연간에 蘇州에서 간행된 목활자본임이 밝혀졌다.[51]

(4) 「舊聞證誤」

(宋)李心傳의 「舊聞證誤」는 「嘉業堂善本書目」에 宋刊活字本으로 저록되어 있으나, 그 근거를 알 수 없다.[52]

---

46) 1. 錢基博, 「版本通義」(臺北: 臺灣商務印書館, 1973), 歷史第二, 59.
　　 2. 周駿富, "中國活字板傳韓考辨", 劉家璧 편, 「中國圖書史資料集」(香港: 龍門書店, 1974), 781.

47) 賀聖鼐(1982), 230.

48) 錢基博(1973), 歷史第二, 59.

49) 陳國慶·劉國均 공저, 「版本學」(臺北: 西南書局, 1978), 118.

50) (淸)丁丙, 「善本書室藏書志」(臺北: 廣文書局, 1967), 권20, 子部10, 類書類, 제11엽, 璧水群英待問會元조, 985-986.

51) 1. 張秀民, "元明兩代的木活字", 學海出版社編輯部 편, 「中國圖書版本學論文選輯」(臺北: 學海出版社, 1981), 419.
　　 2. 北京圖書館 원편, 勝村哲也 복간 편, 「中國版刻圖錄」(京都: 朋友書店, 1983), 99. 璧水群英待問會元조.

3.4 畢昇의 墓碑[53]

　지금까지 畢昇에 관한 기록은 「夢溪筆談」이 유일하다. 그러다가 무려 900여 년의 세월이 지난 1990년 畢昇의 묘비가 발견되어 관련 학계의 주목을 받고 있다. 이 묘비의 주인공인 畢昇과 활자인쇄술 발명자 畢昇이 동일 인물인가? 이에 관하여는 결정적 근거가 될 묘비 상의 연호가 심하게 훼손되어 인식이 거의 불가능하고, 기타의 방증 역시 직접 증거는 없고 간접 증거뿐인 결과, 이에 대한 해석의

52) 張秀民 저, 韓琦 增訂(2006), 538.

53) 1. 馬民權, "畢升故里在英山—北宋活字印刷術發明家畢升墓考", 「理論月刊」 1994年 第3期(1994. 3), 35-37.
　　2. 梅林村. "英山畢昇碑與淮南摩尼教". 「北京大學學報: 哲學社會科學版」 1997年 第2期(1997. 3), 137-147, 159.; 文物出版社 편. 「漢唐西域與中國文明」. 北京: 文物出版社, 1998년. 394-406.
　　3. 史金波・雅森吾守爾 공저, 「中國活字印刷術的發明和早期傳播: 西夏和回鶻活字印刷術研究」 (北京: 社會科學文獻出版社, 2000), 14-16.
　　4. 舒秀嬋, "畢昇墓碑的歷史背景及其認定", 「中國印刷史學術研討會文集」 (北京: 印刷工業出版社, 1996), 256-261.
　　5. 孫啓康, "對≪英山畢昇碑與淮南摩尼教≫一文中幾個問題的商榷", 「江漢考古」 總第95期(2005. 2), 89-94.
　　6. 孫啓康, "英山畢昇墓碑的宗教色彩及關問題—與任昉先生商榷", 「中國印刷」 1(1995).
　　7. 孫啓康, "英山畢昇墓碑綜考與畢昇軼事初探", 中國印刷史學術研討會籌備委員會 편, 「(1996年第二屆)中國印刷史學術研討會文集」(北京: 印刷工業出版社, 1996), 274-284.
　　8. 孫啓康, "畢昇墓碑的宗教信仰與民俗文化特色—答任昉", 「江漢考古」 1995年 第1期, 73-78, 36.
　　9. 孫啓康, "畢昇墓碑綜考", 中國書籍出版社, 「出版史研究」 第四輯(1996. 5), 13-24.
　　10. 吳曉松, "畢昇墓地發現及相關問題研究", 「江漢考古」 1994年 第2期(1994. 6), 86-90, 85.
　　11. 吳曉松, "湖北英山"畢卅八"墓葬的發現對畢昇墓碑研究的意義", 中國印刷史學術研討會籌備委員會 편, 「(1996年第二屆)中國印刷史學術研討會文集」(北京: 印刷工業出版社, 1996), 262-266.
　　12. 吳曉松・余南杆・陳幼林 공저, "英山縣發現畢升及其后裔墓葬考証", 「出版科學」 1994年 第1期, 39-41.
　　13. 李瑞良, "把畢昇研究深入下去—關于畢昇墓碑的研究方法問題", 「出版科學」 1997年 第1期, 36-40.
　　14. 任昉, "畢昇與湖北英山出土的"畢昇碑"", 「中國文物報」, 1994年 9月 25日. 第3面.
　　15. 張樹棟, "孰是孰非畢升碑—向任昉先生討教", 「中國印刷」 2(1995).
　　16. 張秀民, "補記", 中國印刷史學術研討會籌備委員會 편, 「(1996年第二屆)中國印刷史學術研討會文集」(北京: 印刷工業出版社, 1996), 273.
　　17. 張秀民, "英山畢昇墓碑再質疑", 中國印刷史學術研討會籌備委員會 편, 「(1996年第二屆)中國印刷史學術研討會文集」(北京: 印刷工業出版社, 1996), 267-272.
　　18. https://kknews.cc/history/k8k8ngr.html(畢昇籍貫的認定問題)(2022. 9. 22).
　　19. https://kknews.cc/culture/g8q2rj8.html(畢昇是活字印刷書發明者, 一塊墓碑的發現讓其身世大白於天下)(2022. 9. 22).

차이로 찬반양론이 있으므로, 묘비와 함께 양측의 주장을 살펴보고
자 한다.

3.4.1 墓碑의 발견 경위

1990년 6월, 草盤地鎭 통신 간사인 黃尙文에 의하여 湖北省[54] 英
山縣[55] 동북방 41km의 草盤地鎭 五桂墩村 畢家坳에 거주하는 은퇴
교사 田述單의 주택 우측의 밭에서 畢昇 묘비의 비신이 발견되었
다.[56] 이어 관계 기관의 주변 조사에 의하여 睡獅山麓의 紅花 댐 수로
서쪽에서 묘비의 대석과 묘지가 발견되었다. 묘지의 방향은 杭州·蘇
州 쪽인 동남향이다. 관련 기관의 2년여에 걸친 현장 조사와 자료
수집 등의 준비를 거쳐서 1992년 말 언론에 공개하였다.

1993년 5월 畢昇의 묘지로부터 서남방 9km 지점인 過路灘鄕 王
垸村 葫芦地에서 손자 畢文忠의 묘비와 묘지, 畢文顯의 묘지가 함께
발견되었다.

1993년, 畢昇의 묘지로부터 서북방 2km 지점인 畢家鋪에서 (明)
永樂 6(1408)년의 畢君原亮十秀才墓가 발견되었다. 이 밖에 明故始
祖畢⊠⊠墓 등 畢씨의 묘가 다수 발견되었다.

또한, 현지에 "畢宰相府"로 유전되고 있는 유적이 6곳에 이르고,
畢家鋪·畢家坳·畢家飯 등 지명이 오늘날까지 사용되고 있는 점에
서 宋·明 시대에 이곳이 畢씨의 집성촌이었음을 짐작할 수 있다.

---

54) 省·縣·鄕·鎭·村은 행정구역의 단위로 한국의 道·郡·邑·面·里에 해당한다.

55) 英山縣은 北宋 시대의 淮南路 蘄州蘄水縣 直河鄕이다.

56) 五桂墩村 睡獅山麓의 畢씨 가문의 밭에서 묘비가 발견되었다고도 한다.

3.4.2 墓碑의 형태

畢昇의 묘비는 변성암인 麻灰石으로 조성되었는데 다소 풍화된 상태이다. 비신의 높이 113cm, 상부의 폭 65cm, 하부의 폭 70cm, 두께 9~16cm로 상하 장방형이다. 대석의 卯孔에 끼우기 위한 비신의 榫部는 파손 흔적이 있는데, 폭 32cm이다. 대석은 폭 82cm, 높이 23cm, 두께 56cm이다. 비신의 榫部를 끼워 넣기 위한 卯孔은 길이 (폭) 32cm, 폭(두께) 17cm, 깊이 23cm이다. 비신을 포함한 전체 높이는 136cm이다.

비신의 상부는 반원형으로 笏頭碣 또는 圓頭碑라고 불린다. 비면 정중앙에 양각 종서 2행의 대자 位牌(비문), 비문 사이와 좌우에 양각 종선이 있다. 위패 상부에는 연꽃 문양 덮개, 하부에는 연꽃잎 받침이 있다. 위패 좌우에는 음각 원형 소자 "日"·"月"의 도형 아래에 각각 자손 이름, 비석 조성 연월일이 음각되어 있다. 비신 정면의 가장자리에는 양각 忍冬花 문양이 둘려 있다(<사진 3> 참조).

畢文忠 묘비의 비신은 높이 121cm, 폭 74~80cm, 두께 11~19cm이다. 대석은 폭 110cm, 높이 14cm, 두께 57cm이다. 비신을 포함한 전체 높이는 135cm이다. 형태는 석질, 풍화된 상태, 정면 가장자리의 문양, 비문 상부와 하부의 연꽃 문양 등이 畢昇의 묘비와 유사하다.

<사진 3> **畢昇의 묘비57)와 비문**

ⓜ
皇⊠四年二月初七日　志造

故先妣李氏妙音墓

故先考畢昇神主

ⓗ
孝子
畢嘉　畢文
畢成
畢榮
孫男
畢文忠　畢文斌　畢文顯

3.4.3 비문

畢昇의 비신 정면에 종서로 된 문자의 서체는 상하 방향으로 긴 長體의 歐陽詢체이다. 특이한 점은 판본의 계선처럼 문자 사이와 양 옆에 종선이 있다. 연호를 표시한 2개의 음각 문자는 자연 풍화되었다기보다는 宋・明 시대 조정과 황권에 반항하는 농민에 의하여 인위적으로 훼손된 것으로 보인다. 남아 있는 흔적을 세밀히 살펴보면 첫 문자의 상부는 "白", 하부는 "三"으로 보여 皇 또는 重일 가능성

---

57) https://kknews.cc/culture/g8q2rj8.html(畢昇是活字印刷書發明者, 一塊墓碑的發現讓其身世大白於天下)(2022. 9. 22).

이 있다. 비문의 내용은 <사진 3>과 같다.

畢文忠의 비신은 표면에 석영 입자가 돌출되어 있을 만큼 풍화되어 손상된 필획이 많다. 확인된 문자는 음각된 해서체로 정중앙에 "故☒☒畢公文忠神主墓", 중간 양옆에 "☒二儒人", "張☒八☒人", 그 우측에 "☒宋☒☒一年十一月☒", 그 좌측에 "戊寅年十二月十九日造, 孝男 馬潮 馬未立"이 종서되어 있다. 戊寅年은 元符 원(1098)년으로 畢昇의 사후 47년이다.

3.4.4 추적 가능 사실

이를 바탕으로 묘주 畢昇에 관하여 알 수 있는 내용은 다음과 같다.

(1) 신분

위패에 신분을 알 수 있는 직함이나 사회적 지위는 나타나 있지 않다. 그러나 비문의 서체·공예 수준·문화 품격이 일반 묘비보다 우수한 점에서 평민 선비 정도로 보인다.

(2) 처가

처의 이름은 李妙音으로 법명이다. 묘지로부터 3∼4km 떨어진 곳에 있는 유물인 石盆 상의 기록에 의하면, 이씨 가문은 宋·元 시대이래 대대로 蘇州 지역에 거주하였다. 李妙音은 이 지역 출신으로서 아들 4명을 낳았고, 이장할 때는 이미 손자 3명이 있었다.

(3) 직업

位牌(비문)의 문자가 양각된 점, 위패 상하에 연꽃잎 문양 장식, 문자 사이와 양옆에 종선이 있는 점 등 판본과 유사한 특징을 띠고 있는 조형 양식이 당시 기타의 묘비 양식과 다른 점에서, 묘주는 판본의 판각 인쇄 관련 직업에 종사한 寫字工이나 刻字匠이었을 것으로 추정된다.

(4) 출신지 및 활동 지역

지금까지 활자인쇄술 발명자 畢昇의 출신지에 대하여, (淸)李慈銘의 益州(지금의 四川省 成都)說[58]과 胡道靜·張秀民의 錢塘說[59]이 있었는데, 이 묘비의 발견으로 인하여 蘄州蘄水縣(지금의 湖北省 英山縣)일 것이라는 주장이 제기되고 있다.

宋 시대의 각공은 고향에서만이 아니라 외지에서 장기간 작업하곤 하였다. 畢昇 역시 직업상의 이유로 고향을 떠나 판각 인쇄의 중심지에서 활동하였을 가능성이 있다. 그 결과 발명품 활자가 畢昇 사망 후 자손에게 물려지지 않고 錢塘인인 沈括의 조카들에게 양도되었다고 추측되고 있다. 이 점에서 畢昇의 활동 지역을 錢塘으로 짐작할 수 있다. 또는 沈括의 백부 沈同에게는 沈括보다 3살 많은

---

58) 淸 光緒 연간(1875-1908) 會稽(현 浙工省 紹興)의 李慈銘이 자신의 소장품(현 중국 國家圖書館 소장)인 (淸)王士禎의 「居易錄」 권25 "活字版起于畢昇, 昇, 宋時人"조 아래에 "益州人"이라고 주석을 기입하였다. 그러나 근거는 제시하지 않았다. 혹자는 益州가 唐·宋 시대에 목판인쇄가 발달한 지역이라는 점에 근거하였을 것이라고 짐작하였다.

59) 畢昇의 활자인쇄술 발명 사실을 기록하고 있는 「夢溪筆談」의 저자인 沈括이 錢塘인이라는 점에 근거하였다.

손자 沈邁와 沈遼가 있었다. 沈邁는 錢塘인이지만 蘇州에 거주하여 모친상도 蘇州에서 치르고, 자신도 蘇州에서 사망하였다. 沈括 자신은 모친 許 씨가 蘇州인이므로 蘇州의 외삼촌 댁에서 기거하기도 하였고, 嘉祐 8(1063)년에 급제한 진사도 蘇州 吳縣籍이 있다. 외가에는 자기보다 나이가 많은 이종 조카도 있었다. 이처럼 친가의 조카와 외가가 蘇州에 거주한 데다가 蘇州도 서적 인쇄업이 왕성했던 지역이다. 따라서 蘄州蘄水縣의 畢昇이 蘇州에 와서 활동하다가 사망 후 蘇州에 거주하는 沈括의 조카에게 활자를 양도했을 가능성도 충분히 추측할 수 있다.

(5) 사망 연도 및 사망 지역

비문 상의 연호 皇⊠는 다각도로 분석할 결과 皇祐로 보인다. 당시의 장례 풍습이 사망 후 수개월 내지 1년 정도 후에 매장하는 점에서 묘주 畢昇은 皇祐 3(1051)년에 사망한 것으로 판단할 수 있다. 그리고는 그 이듬해에 이장하고 이 묘비를 조성한 것으로 보인다.

"神主"는 해석에 이설이 있지만, 묘주가 객지에서 사망하여 招魂葬으로 안장되었다는 뜻이므로, 활동 지역이었던 錢塘이나 蘇州에서 사망하였을 가능성이 크다.

3.4.5 해석 차이에 의한 쟁점

3.4.5.1 묘주 畢昇과 활자인쇄술 발명자 畢昇의 同名同人설[60]

(1) 묘비의 조형 양식 및 비문과 장식 문양의 배치

北宋 시대의 것으로 도가의 음양 사상, 유가의 윤리 효도 관념, 불교 색채를 반영한 것이다. 따라서 묘주는 漢族으로 추정된다.

(2) 묘비의 연호와 연도

"皇⊠四年" 중의 세 문자는 거의 확실하다. 皇으로 시작하는 연호는 중국 西漢 文帝 이후 淸末까지 모두 10개이다. 宋 왕조(960-1279) 이전의 6개는 이 묘비와 무관하므로, 宋 시대 이후의 것은 皇祐 (1049-1053)·皇統(1141-1148)·皇建(1210)·皇慶(1312-1313) 4개이다. 이 중 皇統은 金 시대 熙宗의 연호로 宋과 정치적으로 대치상태였는데, 묘비가 있는 蘄州蘄水縣은 金의 세력권에 들었던 적이 없었으므로 皇統일 가능성은 없다. 皇建은 西夏의 연호로 1년만 사용하였고, 皇慶은 元 시대 仁宗의 연호로 2년만 사용하여 4년은 없으므로 시간과 공간상 이 묘비와 부합하지 않는다. 자연히 皇祐 4(1052)년으로 畢昇의 활자인쇄술 발명 후 약간 년이다.

---

60) (宋)沈括의「夢溪筆談」권18의 활자인쇄술 발명자 畢昇과 권20의 鐵匠 畢升은 전혀 다른 사람이다. 이를 프랑스의 한학자 Stanilaj Julien(본인이 밝힌 중국명은 茹蓮, 타인에 의하여 儒連, 余利安, 俞璉 등으로도 쓰임)이 동일 인물로 혼동하여 1847년 畢昇을 un forgeron(鐵匠)으로 번역하면서부터 오해가 시작되었다. 이를 영어권은 smith, blacksmith로 번역하였고,「대영백과사전」은 alchemist(연금술사)로 번역하였다.

(3) "神主"의 의미

"神主"는 묘주가 객지에서 사망하여 당시에 유해를 수습하지 못하고, 일정 기간 후에 유족에 의하여 招魂葬으로 안장되었음을 설명하고 있다.

(4) 피휘의 관습

피휘의 기원은 여러 설이 있다. 西周 기원설은 망자에 대한 예법으로 사용하였다. 생존자에 대한 예법으로는 春秋 시대 기원설과 秦·漢 시대 기원설이 있지만, 孔子(BC551-479)에 의하여 원칙이 정립된 것으로 보고 있다. 唐·宋 시대에 가장 엄격하게 사용되었고, 대대로 이어져 왔다. 피휘는 國諱(제왕·황제·태자·황후·제후 등)·官諱(관료)·聖諱(성현)·家諱(부모·종친 등) 등이 있다.

피휘를 유물 감정의 기준으로 삼아서 연대를 고증하기도 한다. 그러나 피휘가 연대 고증의 절대적인 증거가 아닐 경우가 있다. 唐 시대 이전까지는 피휘 예법이 비교적 유행하였으나, 이 시기에도 군신·부자·조손 등의 이름에서 같은 문자의 경우가 보인다. 피휘 예법을 가장 중시한 宋 시대 역시 민간 판본에서 황제의 휘를 피하지 않은 경우가 보인다. 아마도 정부가 일일이 감독하지 못했기 때문일 것이다.

家諱의 피휘 제도는 北宋 중기 이전에는 그다지 통일되지 않은 듯하다. 당시 족보 편찬을 주창한 歐陽修가 편찬한 至和 2(1055)년의 「歐陽氏譜圖」에도 선후 항렬의 이름이 혼동된 경우가 보인다. 이러한 현상은 왕조 교체기나 五代의 전란 등 혼란기에 식자 계층의 문벌이 쇠락한 후 정상적으로 회복되기 전에 나타나는 과도기적 현상일 수 있다.

畢昇의 묘비는 皇祐 4년에 세워졌고, 자손의 이름은 그 전에 지어졌다. 더욱이 畢昇은 평민으로서 자손은 산간벽지에 거주하고 있으므로 피휘를 엄격히 지키지 않았을 가능성은 다분하다. 따라서 피휘 문제를 이유로 이 묘비가 宋 시대의 것이 아니라는 주장은 타당하지 않다.

(5) 蘄州蘄水縣의 환경 조건

이 지역에서 출토된 역사 유물은 신석기 시대의 마제석기부터 청동기 시대의 청동 제품, 五代와 六朝 시대의 도기, 특히 宋 시대의 풍부한 자기 등이 현재 英山縣박물관의 주요 소장품이다. 문헌 기록역시 걸출한 인물이 배출되었음을 설명하고 있다. 또한, 唐·宋 시대에 이미 달력을 인쇄하여 판매하기도 하였다. 더욱이 발명가는 자신이 태어난 곳에서만 발명하는 것은 아니다.

(6) 沈括의 畢昇 활자 조우 가능성

沈括은 元祐 4(1089)년, 59세 때 潤州 京口(지금의 江蘇省 鎭江) 夢溪園에 거주하면서 「夢溪筆談」을 집필하기 시작하였다. 紹聖 2(1095)년 65세에 潤州에서 사망하였다. 사망 이전에 畢昇의 활자를 만났을 가능성을 추적하면 다음과 같다.

1) 沈括은 天聖 9(1031)년 錢塘에서 출생하였다. 어려서부터 부친 沈周의 관직 이동을 따라서 蜀中·閩中·泉州·開封·金陵·明州 등에 거주하면서 견식을 넓혔다. 皇祐 3년 21세 때 8월 부친의 퇴임에 따라 錢塘으로 귀향한 후, 이듬해인 皇祐 4년, 22세 때부터 至和 원(1054)년 24세 때 정월까지 부친상을 치렀다.

2) 熙寧 원(1068)년, 38세 때 모친상을 당하여 熙寧 3(1070)년 복직할 때까지 錢塘에 머물렀다. 이 부모상 때 자기보다 나이가 많은 조카들로부터 畢昇의 활자인쇄에 관한 자세한 상황을 접했을 가능성이 있다.

至和 원년 24세 때, 처음으로 海州 沐陽縣 主簿로 벼슬을 시작하여, 이듬해 東海縣令으로 승진하였다. 이후 여러 번 승진을 거듭하였으나, 만년에는 순탄하지 못하여 宜州(지금의 安徽省 宜城)·延州(지금의 陝西省 延安)·均州(지금의 湖北省 隨州)·秀州(지금의 浙江省 嘉興) 등으로 좌천되기도 하였다. 沈括은 관직 수행 중에도 6번 정도 淮南路 蘄州蘄水縣 直河鄕(지금의 英山縣)을 방문할 기회가 있었을 것으로 보인다. 이 과정에서도 畢昇이 발명한 활자판을 발견하고 교니활자의 제작 과정, 활자인쇄의 과정을 접할 수 있었을 것으로 짐작된다.

3) 嘉祐 8년, 33세 때 진사에 급제하였다. 이듬해 揚州 司理叅軍으로 승진, 淮南路 轉運使 張蒭의 표창을 받고 조정에 천거되기도 하였다. 같은 해 상처하여 張蒭의 딸을 재취하였다. 揚州는 淮南路의 도청소재지이므로 司理叅軍으로 재직 중에 관할 지역인 蘄州蘄水縣을 방문하였을 가능성이 있다. 또한, 장인

張蒭를 수행하여 방문했을 수도 있다.

4) 熙寧 6(1073)년, 43세 때 兩浙의 각지를 방문하여 농지 水利
   업무를 수행하였다.

5) 熙寧 8(1075)년 7月, 45세 때 兩淮·兩浙의 災傷體量 安撫使
   로 재임할 때 蘄州蘄水縣은 淮南西路의 관할 지역이었다.

6) 熙寧 10(1077)년, 47세 때 2월에 江·淮의 鹽法을 제정하였다.

7) 元豊 5(1082)년, 52세 때 10월에 均州 團練副使로 좌천되었다.
   이듬해 均州 法云禪院에 거주하였다.

8) 元豊 8(1085)년, 55세 때 秀州 團練副使로 전근하여 均州부터
   安陸·漢口東下·隆冬·秀州까지 江·漢 사이의 地理를 답사
   하였다.

이상 沈括의 거주 지역과 관료 행적으로 보아 畢昇이 발명한 활
자판을 접촉하였을 가능성은 다분하다.

(7) 同名同人설에 의한 畢昇의 일대기

이상의 추적 가능한 사실을 근거로 畢昇의 일대기를 재구성하면
다음과 같이 추정할 수 있다. 畢昇은 北宋 淮南路 蘄州蘄水縣에서
출생하였다. 성장하면서 서적 판각에 관련되는 직업을 갖게 되었다.
직업상 이유로 고향을 떠나 蘇州 또는 錢塘에서 판각 등 서적 인쇄
작업에 종사하였다. 蘇州의 李妙音과 결혼하여 4남을 두었다. 일생
을 종사한 서적 인쇄 작업 중에 목판인쇄의 불편한 점을 느끼고, 이
를 개량하기 위하여 목활자를 제작하여 실험하였으나 실패하였다.
다시 교니활자를 제작하여 드디어 활자인쇄술 발명에 성공하였다.

그 후 몇 년 지나지 않아 皇祐 3년에 그곳에서 사망하였다. 인쇄업을 이을 후계가 없어서 유족들은 가산을 정리하여 귀향을 준비하였다. 발명품 활자는 沈括의 조카들에게 양도되었다. 장례는 사망 이듬해 유족에 의해 고향에서 招魂葬으로 안장되었다.

그 후, 畢씨 가문의 어느 후손이 교니활자로 화폐를 위조하여 9족이 연좌 처벌을 받자, 일부 후손은 연좌를 두려워한 나머지 탈출하여 성씨를 畢의 두부인 田씨로 개명하였다. 그 결과 畢씨의 집성촌이었던 지금의 英山 지역에는 畢씨는 없고 田씨가 다수 거주하고 있음을 확인할 수 있다.

3.4.5.2 묘주 畢昇과 활자인쇄술 발명자 畢昇의 同名異人설

(1) 묘비의 조형 양식 및 비문과 장식 문양의 배치

묘비의 형태가 종교 신앙 측면에서 이국적 분위기를 풍긴다. 즉 상부가 전통적인 사각 묘비와 달리 반원형 형태인 점, 정면 가장자리의 忍冬花 문양, 음각의 "日·月", "神主"라고 한 신령 위패 형식 등은 중국에서 출토된 아라비아인의 묘비에서 쉽게 볼 수 있다. 그런데 이들은 대부분 元 시대나 그 이후이다. 이로 보아 元末·明初 이슬람교의 일파인 摩尼敎 교도의 묘비인 듯하다. 따라서 묘주는 摩尼敎 신도로서 胡族일 것이다.

비면의 위패 상하에 연꽃잎 문양 장식이나 문자 간에 종선이 있는 등의 특징은 후대인 明刻本의 刊記(牌記)에 많이 나타난다.

(2) 묘비의 연호와 연도

연호의 첫 문자를 "白"과 "三"으로 보아 皇으로 단정하는 것은 주
관적 추측이고 비약이다. "白"은 분명해 보이지만, "三"은 만환이 심
하여 重일 가능성이 있다. 그래서 重和로 본다면 이는 宋 徽宗
(1118-1119)의 연호로 畢昇의 사망 연도인 皇祐 3(1051)년과는 거
리가 멀다.

연호와 연도의 두 번째와 세 번째 문자를 "慶"과 "二"로 보면 皇
慶 2(1313)년이다. 연도를 "四"로 보아도 皇慶四年, 즉 延祐二年으
로 1315년이다. 皇慶은 2년까지인데, 당시 자손이 거주하고 있는 蘄
州蘄水縣은 산간벽지이고 교통도 불편한 결과 조정의 연호 변경 소
식이 늦을 수밖에 없어서 皇慶四年을 사용한 것일 수 있다.

(3) "神主"의 의미

"神主"는 摩尼教 祖師의 전문 호칭이다.

(4) 피휘의 관습

宋 시대는 예법을 가장 중시한 시기여서, 피휘 제도를 가장 엄격
하게 시행하였다. 이 비문 중의 아들 항렬 이름에 "文"을 사용하고
있는데, 손자 항렬에서도 "文顯·文斌·文忠"을 사용하고 있어서 전
통적인 피휘의 예법에 맞지 않는다. 따라서 이 묘비는 宋 시대의 것
이라고 볼 수 없다.

(5) 蘄州蘄水縣의 환경 조건

당시 蘄州蘄水縣은 아직 지역 도시로 발전하지 못한 산간벽지였다. 교통은 불편하고 정치는 물론 경제적 번영과 문화적 발달 수준이 활자인쇄술 발명에 필수적인 기본 여건을 갖추지 못하였다.

만약 畢昇이 蘄州蘄水縣에서 활자인쇄술을 발명했다면, 錢塘에 거주하던 沈括이 어떻게 알았겠는가? 또한, 畢昇이 외지에서 각수로 활동하였다면 생활을 유지하기 위하여 매일 맡은 작업에 바쁠 텐데 활자인쇄술을 발명할 만큼 여유가 있었겠는가?

畢昇의 사후, 그 교니활자를 沈括의 조카들이 입수하여 보관하고 있다면, 이들은 동일 지역에 거주하였을 가능성이 크다. 「夢溪筆談」의 畢昇 교니활자 관련 기록은 당시 10여 살인 沈括이 蘄州蘄水縣을 방문하여 취재하였을 리도 없고, 또 畢昇이 沈括에게 편지 등으로 알렸을 리도 없다. 沈括이 평소 각각의 현지에서 보고 들은 견문을 기록하였을 것이다. 또 교니활자를 畢昇 사후 그 유족이 錢塘의 沈 씨에게 전달해 주었을 리도 없고, 沈 씨가 蘄州蘄水縣으로 가서 수집했을 리도 없다. 따라서 畢昇이 蘄州蘄水縣인인가 錢塘인인가는 재검토가 필요하다.

이에 비하여 歙州歙縣(지금의 徽州)은 縣 정부 소재지로서 정치 경제는 물론 문화적 조건과 수준을 갖추고 있었다. 과거 급제자도 많이 배출하였으니, 서적 수요도 많았을 것이고, 저술 활동과 서적 간행도 많았으며, 자연히 활자인쇄술 발명의 필요성도 높았을 것이다. 특히 歙縣의 長陔鄕은 지금도 대다수 주민이 畢씨이고, 지리적으로는 杭州와 동일한 강으로 이어져 있다. 歙州 지역에서는 新安

江, 杭州에서는 錢塘江이라고 칭한다. 예로부터 이 수로를 이용하여 경제 문화적으로 교류가 빈번하였다. 이 점에서 畢昇은 歙州歙縣인 일 수 있다.

宋 시대의 이름 중에는 외자가 많아서 중복되기가 쉽다. 宋 시대의 각수 중에 이름이 昇인 사람이 15명이나 된다. 따라서 이 묘주가 蘄州蘄水縣인 畢昇이라 할지라도 활자 발명자 畢昇과 동일인인가의 판단은 시간과 공간 등의 요인을 고려하면 믿을 만한 증거가 더 필요하다.

(6) 畢씨 姓 문제

중앙아시아에도 음역한 畢씨 성이 있다. '昭武九姓'의 여러 나라는 祆敎를 믿었는데, 唐 이후에는 摩尼敎라고 하였다. 광명을 숭배하고 일월의 도형으로 표시하여 明敎 또는 日月敎라고도 하였다. 그 후 중국에 전파되어 元 시대에 주로 英山 지역이 속한 安徽省에서 활발하게 활동하였다.

畢씨 가문의 어느 후손이 교니활자로 화폐를 위조하여 9족이 연좌 처벌을 받자, 일부 후손이 연좌를 피하고자 성을 바꾸었다는 주장은 근거 없는 억측이다. 고대는 출신 성분을 중시하여 조정과 지방 종족이 공동으로 관리하였다. 따라서 9족이 연좌 처벌을 받았다면, 성을 바꾸는 것으로 조정의 추적을 피할 수 있다는 생각은 역사에 대한 무지의 소치이다. 만약에 탈출하여 성을 바꾸고 도피하였다면 고향으로부터 멀수록 유리할 것이다. 고향에 남아서 성만 바꾸었다는 것은 어불성설이다.

3.4.6 향후 과제

이상 두 畢昇이 동일 인물인가에 관한 찬반양론을 살펴보았다. 湖北省 黃崗地域 博物館 측[61]과 일부 학자는 이 묘비가 교니활자 인쇄술을 발명한 畢昇의 것이라고 인정하고 있다. 반면에 부인하는 학자도 있다. 이처럼 양론이 통합되지 못하는 이유는 그 근거가 간접 자료이어서 해석을 달리하기 때문이다.

따라서 묘비의 조형 양식 · 畢昇의 가계 · 활동 지역과 연대 외에 직접 증거를 발굴하여 동명동인의 여부를 종합적으로 구명하여야 할 것이다.

3.5 畢昇의 공헌

畢昇이 발명한 교니활자는 沈括이 「夢溪筆談」에서 언급한 "畢昇이 죽자 그 활자는 나의 조카가 입수하여 지금까지 간직하고 있다." 라는 구절로 미루어 볼 때, 아마도 다시 응용되지 못했을 뿐만 아니라 沈씨 일가는 이 활자를 골동품으로 간주하여 고이 간직하기만 하였고, 이 기술을 더 발전시켜 그 우수성을 발휘하도록 하지 못한 결과 하나의 발명작에 불과한 것이 되도록 하였음을 알 수 있다.

그러나 상술한 사실들로 미루어 이때 이미 활자인쇄술이 있었으며, 또한 활자의 제작 · 조판 · 인출 · 해판 및 재사용 등을 포함한 일련의 방법과 원리가 현대에 통용되고 있는 鉛活字 인쇄 방법과 기본적으로 완전히 일치하고 있으므로, 이를 활자인쇄술의 비조라고 단

---

61) 戴文葆, "韓國과 中國의 活字印刷出版文化: 한국문화 사상의 찬란한 빛", 韓國出版學會 · 淸州古印刷博物館 편, 「第1回 國際印刷出版文化學術會議 世界 속의 韓國印刷出版文化論文集」 (淸州: 淸州市, 1995), 5, 52-53.

정할 수 있다.

畢昇의 가장 큰 공헌은 교니활자를 창제하고 활자인쇄술을 발명함으로써, 후손들로 하여금 활자인쇄의 장점을 인식하게 하고, 또한 활자인쇄의 이용 가능성을 제시한 점이라고 할 수 있다.[62]

3.6 膠泥活字 인쇄본

3.6.1 周必大의 「玉堂雜記」

(宋)周必大(1126-1204)는 光宗 紹熙 4(1193)년 潭州(지금의 長沙)에 재임하고 있을 때, 교니활자로 자신이 저술한 「玉堂雜記」를 인쇄하였다. 「周益國文忠公集」[63] 卷198, 札子第十에:

근래에 沈存中의 방법을 사용하여 膠泥銅版으로 옮겨서 찍어내니, 오늘 마침내 「玉堂雜記」 28건을 완성하여 우선 한 번 열람하기를 청하였다. 아직 10여 건이 있는데, 추가로 적어 넣고 보충하여 한데 모아서 계속 들이기를 기다린다. 그윽이 옛것을 독서하고 공부할 것을 헤아려 보면, 세월이 돌아 흘러감에 한숨을 면하지 못하겠다(近用沈存中法, 以膠泥銅板, 移換摹印, 今日偶成≪玉堂雜記≫二十八事, 首愿臺覽. 尙有十數事, 俟追記補緝(綴)續衲(納), 竊計過目念舊, 未免太息歲月之汸汸也.).[64]

---

62) 徐有榘, 「林園十六志」, 권105, 怡雲志, 권7, 圖書藏訪(下), 鋟印, 活板緣起(金華耕讀記): "沈括의 「夢溪筆談」에 畢昇의 교니활자법이 기록되어 있는데 이는 활자법의 시초다. 목판보다 수월하고 작업도 빨라서 후세에 그 방법을 寢備하여 혹은 나무로 만들기도 하고 납으로 만들기도 하고 구리로 만들기도 하였는데 우리나라(朝鮮)가 더욱 이를 숭상하였다(沈括≪夢溪筆談≫記畢昇膠泥刻字法, 斯乃活版之所權輿也, 視鏤板用力省, 而程工速, 後世其法寢備, 或用木造, 或用鉛造, 或用銅造, 我東尤尙之.)."

63) 道光 28(1848)년 廬陵(吉安)歐陽棨瀛塘別墅刊, 咸豊 원(1851)년 續刊本, 200卷, 附錄 5卷, 總 48冊.

64) (宋)周必大, 「周益國文忠公集」, 권198, 書槀, 권13 劄子10, 程元成(誠)給事, 제4엽下엽.

라는 기록이 있다. 이 편지는 周必大가 光宗 紹熙 3(1192)년 7월 潭州에 있은[65) 후 이듬해, 지기인 程元誠이 벼슬에 나아갈 때 그에게 보낸 것이다. 그러므로 편지 속에서 언급한 "근래(近)" 또는 "오늘(今日)"은 마땅히 1193년이 된다. 存中은 沈括의 字이므로, "沈存中의 방법"은 당연히 沈括의 「夢溪筆談」에 기록된 畢昇의 활자인쇄법을 지칭한 것이다. "膠泥銅版"의 교니는 畢昇의 방법으로 제작한 교니활자이며, 동판은 畢昇이 사용했던 "鐵範" 또는 "鐵板"을 개량한 것이다. 이로부터 周必大가 畢昇의 교니활자 인쇄법으로 자신의 저술을 간행한 사실을 알 수 있다. 아쉽게도 이 판본은 아직 발견되지 않고 있다.

3.6.2 楊古의 「近思錄」과 「東萊經史論說」

(元)姚燧(1239-1314)의 「牧庵集」 卷15 中書左丞姚文憲公神道碑에 :

> 공의 이름은 樞(1201-1278)요, 字는 公茂니……辛丑(1241)년에 衣·金·符 등을 내어……스스로 소학류의 서적인 「語孟或問」과 「家禮」를 간행하고, 楊中로 하여금 「四書」를, 田和卿 尙書[66)에게는 「聲詩折衷」을 간행하게 하여……모두 燕에서 끝마쳤다. 또 소학류의 서적이 널리 배포되지 못함으로 인하여 제자인 楊古로 하여금 沈 씨의 활판법[67)으로 (朱熹·呂祖謙의) 「近思錄」과 (呂祖謙의) 「東萊經史論說」 등 여러 서적을 사방에 배포하게 하였다. 이때 작고하신 스승인 許魏國 文正公의 魯齋는 魏에 있었다…….庚戌

---

65) (宋)周必大, 「周益國文忠公集」, 卷首, 年譜, 제30엽.

66) 武英殿聚珍本·文津閣四庫全書本·四部叢刊本 등에는 모두 "田和卿은 「尙書」와 「聲詩折衷」을 간행하게……"라고 되어있는데, (淸)黃丕烈의 舊藏鈔本에는 "田和卿尙書는 「聲詩折衷」을 간행하게……"라고 되어있다. 여기에서는 黃 씨의 舊鈔本을 따른다.

67) 각종 판본에는 "沈氏括板"으로 잘못되어 있는데 (淸)黃丕烈의 舊鈔本에만 "活板"으로 정확하게 되어있다. 여기에서는 黃 씨의 舊鈔本을 따른다. 그러나 沈氏活板은 실은 畢昇의 活板이다.

(1250)년에 모든 가족이 輝州(지금의 河南省 輝縣)로 와서 서로 의지하며 살았다(公諱樞, 字公茂......歲辛丑賜衣·金·符......自版 小學書, 《語孟或問》·《家禮》, 俾楊中書版《四書》, 田和卿尙 書版《聲詩折衷》......皆脫于燕. 又以小學書流布未廣, 敎其弟子楊 古爲沈氏活版與《近思錄》·《東萊經史論說》諸書, 散之四方. 時 先師許魏國文正公魯齋在魏......歲庚戌盡室來輝, 相依以居.).[68]

라는 기록이 있다. "沈氏活版"은 당연히 沈括의 「夢溪筆談」에 기록된 畢昇의 활자인쇄법을 지칭한 것이다. 姚燧는 金末 元初에 활약한 성리학자로 金 왕조가 멸망하자 벼슬을 버리고 輝州에 은거하였다. 그 후 元 世祖 忽必烈(1215-1294)의 요청으로 다시 관직에 나아가 翰林學士承旨까지 하였다. 輝州에 은거할 때 여러 서적을 간행하였다. 이로부터 楊古가 대략 蒙古 太宗 13(1241·南宋 淳祐 원)년부터 海迷失 3(1250·南宋 淳祐 10)년 사이에 畢昇의 교니활자 인쇄법을 개량하여 여러 종의 서적을 출판하였음을 알 수 있다. 畢昇으로부터는 약 200년, 周必大로부터는 다시 50여 년이 된다. 그러나 아쉽게도 이 활자본은 아직 발견되지 않고 있다.

3.7 기술적 개량

이 밖에 宋·元의 왕조 교체기 무렵에 무명씨가 畢昇의 송진·밀랍·종이 재 등을 묽은 瀝靑(pitch·bitumen·asphalt)이나 얇은 교니로 대체하고, 인판도 철판 대신 교니판으로 하여, 그 위에 구워서 만든 瓦活字를 배열하여 서적을 인쇄하였다. 즉 (元)王禎(1290-1333)의 「農書」에

---

68) (元)姚燧, 「牧庵集」, 권15, 神道碑, 中書左丞姚文獻公神道碑.

어떤 사람이 특별히 새로운 기술을 고안해냈으니, 철로 인판을 만들고 계선 안에 묽은 瀝靑을 가득 깔고, 식은 상태로 평평히 하여 불에서 다시 가열한다. 잘 구워진 瓦活字를 계선 안에 배열하여 활자인판을 만든다. 또 어떤 이는 불편을 개선하기 위하여 교니로 인판을 만들고 계선 안에 얇게 교니를 깔아서 잘 구워진 瓦活字를 배열한 후에 다시금 가마에 넣고 한 판으로 구우면 이 또한 인쇄할 수 있는 활자판이 된다(有人別生巧枝, 以鐵爲印盆, 界行內用稀瀝靑澆滿, 冷定取平, 火上再行煨化. 以燒熟瓦字, 排於行內, 作活字印板. 爲其不便, 又有以泥爲盆, 界行內用薄泥, 將燒熟瓦字排之, 再入窯內燒爲一段, 亦可爲活字板印之.).[69]

라고 하였다. 梁子涵은 이것이 바로 楊古가 개량하여 사용한 방법으로, 곧 畢昇이 죽은 후 沈括의 조카들이 입수하여 沈씨 가문이 보존했던 활자일 가능성이 있다고 여기고 있다.[70]

이러한 방법은 선인들의 기록이 자세하지 못하여 그 효과가 어떠하였는가를 알 수 없다. 그러나 상식적으로 판단해 보면 畢昇의 활자판보다 반드시 우수했으리라고는 보이지 않는다. 더 나아가 만약 교니를 얇게 깔고 다시 가마에 넣어서 한 판으로 구워내면, 인판과 활자가 일체가 되어 한 번 인쇄한 후에는 각각의 활자를 해체하여 다른 인판에 다시 사용할 수 없으니, 이는 이미 활자의 기능마저도 상실하는 것이다.

3.8 宋 時代의 활자본설

최근「中華再造善本」중에서 宋 시대의 활자본을 발견하였다면서 목판본에서는 볼 수 없는 해당 판본에 나타난 활자본의 특징을 추

---

69) (元)王禎,「農書」, 권22, 造活字印書法.

70) 梁子涵, "元朝的活字板",「出版月刊」第32期(1967. 4), 86.

출, 제시하였다.[71] 이를 요약하면 다음과 같다. 저자는 아직 해당 판본들을 실사하지 못하였고, 제시한 근거 중에는 동의할 수 없는 부분도 있으므로 잠정적으로 '활자본설'이라 한다.

3.8.1 「文苑英華」

「文苑英華」1,000권, 현존 130권, (宋)李昉 等輯, (宋)周必大 勘補. 좌우쌍변, 계선 있음, 판심: 화구(인쇄공명 또는 문자 수),[72] 상 하향 흑단어미, 판심제(文苑), 권차, 장차, 하단에 인쇄공명. 반엽 13행 22자, 소자쌍행, 판 크기: 22.1 × 16.0cm. 「中華再造善本」 중에는 영인본 4함 13책. 「文苑英華」에 나타난 활자본의 특징은 界欄槽·邊框縫·魚尾縫·活印痕·邊框歪斜·欄線彎曲·欄線斷續 등이다. 이 중에서 특출난 특징은 欄線揷進邊框·四角邊框縫·上下界欄槽 등이다.

(1) 欄線揷進邊框은 계선재를 조립하기 위하여 상하변 광곽재에 오목하게 홈(界欄槽)을 파내고, 그 홈에 계선재의 양 끝을 끼워 넣는 조판 기술을 말한다(<사진 4> 참조).

(2) 四角邊框縫은 광곽의 네 꼭짓점이 밀착하지 못하고 틈이 벌어진 결구 현상을 말한다. 이는 네 꼭짓점 중에서 한두 세 곳만 나타나기도 한다(<사진 5> 참조).

(3) 界欄槽는 상하변 광곽재에 계선을 배열할 부분을 오목하게 파

---

71) 鄒毅, 「證驗千年活版印刷術」(北京: 社會科學文獻出版社, 2010), 199-207.

72) 版心의 상단 부분인 版口의 형식 표시는 그 특징에 따라서 3가지로 구분하고 있다. 공란일 경우는 白口, 검은 선이나 막대가 있으면 黑口, 어떠한 형태로든 문자나 문양이 있으면 花口. 그런데 중국의 일부 학자는 문자가 있음에도 불구하고 백구로 표시하고 있다. 따라서 "白口"라고 표시한 경우는 실물을 확인할 필요가 있다. 본 저술은 가능한 한 실물을 확인하여 수정하였지만, 실물을 확인하지 못한 경우는 중국 학자의 표시를 따랐다.

낸 홈이다. 여기에 계선재의 양 끝을 끼워 넣어 활자를 고정한
다. 界欄槽는 홈 형태가 대부분이지만, 점 형태나 괄호 형태도
있다(<사진 4·6> 참조).

(4) 魚尾縫은 어미와 그 양옆의 판심 계선이 밀착하지 못하고 틈
새가 벌어진 현상을 말한다. 어미와 판심 계선의 높이가 달라
서 일부 계선이 인출되지 않는 叁差印痕 현상이 동시에 나타
나기도 한다(<사진 7> 참조).

<사진 4> 「文苑英華」의　　　　　　<사진 5> 「文苑英華」의
欄線揷進邊框 현상　　　　　　　　　四角邊框縫 현상

<사진 6> 「文苑英華」의　　　　　　<사진 7> 「文苑英華」의
界欄槽 현상　　　　　　　　　　　　魚尾縫 현상

(5) 欄線彎曲은 인판의 활자 행간에 조립한 계선재가 곧지 못하고 굽은 현상을 말한다. 심하면 활처럼 휘기도 한다(<사진 8> 참조).

(6) 邊框歪斜는 네 변의 광곽이 곧게 직각으로 조립되지 못하고 삐뚤어진 현상을 말한다(<사진 9> 참조).

<사진 8> 「文苑英華」의 欄線彎曲 현상　　<사진 9> 「文苑英華」의 邊框歪斜 현상

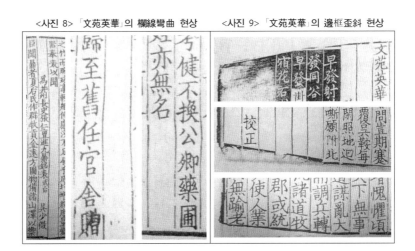

이 밖에 (7) 문자가 한쪽으로 치우치게 인출된 偏心印痕, (8) 이웃하고 있는 문자의 높이가 달라서 낮은 부분이 연하게 인출되거나 인출되지 않는 參差印痕(<사진 7> 참조), (9) 활자가 바르게 식자되지 못하여 문자가 삐뚤어지는 字體歪斜, (10) 문자의 묵색이 고르지 못하고 진하거나 연하게 나타나는 濃淡不一(<사진 10> 참조), (11) 인판 안의 활자를 견고하게 조이기 위하여 활자 사이에 끼워 넣은 쐐기가 묵즙으로 반영된 小卡印痕(<사진 11> 참조), (12) 음각 문자와

이웃하고 있는 광곽이나 계선이 평행하지 못한 陰文邊線彎曲(<사진 12> 참조), (13) 광곽이나 계선의 중간이 끊어진 欄線斷續(<사진 13> 참조), (14) 문자의 가로 횡렬이 가지런하지 못한 橫排不齊(<사진 14> 참조), (15) 한 행에 배열한 활자의 수가 동일하지 않은 字數不等, (16) 광곽이 일반적인 판본보다 굵은 大黑框, (17) 판심 하단에 서사명이나 인쇄공명 등을 식자하기 전에 임시로 심어둔 墨等(<사진 13·15> 참조) 등의 현상을 활자본의 증거라면서 서영과 함께 제시하고 있다(圖錄III-서영 2). 이러한 현상은 한 곳에 하나만 나타나는 것이 아니라 여러 현상이 복수로 나타나기도 한다고 하였다. 이 같은 현상이 나타난 흔적을 일일이 추출하여 그 위치를 나열하였다.

<사진 10> 「文苑英華」의 濃淡不一 현상　　<사진 11> 「文苑英華」의 小卡印痕 현상

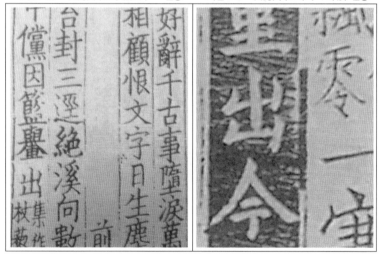

<사진 12> 「文苑英華」의
陰文邊線彎曲 현상

<사진 13> 「文苑英華」의
欄線斷續 현상

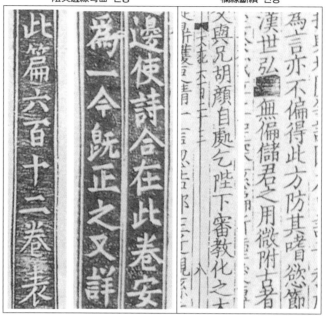

<사진 14> 「文苑英華」의 橫排不齊 현상

<사진 15> 「文苑英華」의 墨等 현상

3.8.2 「東萊先生音注唐鑑」

「東萊先生音注唐鑑」 24권 4책, (宋)范祖禹 찬, 呂祖謙 주. 좌우쌍
변, 계선 있음. 판심: 화구(문자 수), 상하 내향 흑쌍어미, 판심제(唐),
권차, 장차. 반엽 11행 19자, 소자쌍행 24자, 판 크기: 18.8 × 12.8cm.
「中華再造善本」에는 영인본 4책. 「東萊先生音注唐鑑」에 나타난 활자
본의 특징으로 同一性·木紋邊框·活印線·活印痕 등을 들고 있다.

(1) 同一性은 인판이 반복 사용됨으로 인하여 책지에 반영된 광곽
이나 판심 등의 묵적이 동일함을 말한다(<사진 16> 참조). 이
현상이 나타난 흔적을 일일이 추출하여 그 위치를 나열하였다.

(2) 木紋邊框은 광곽의 묵적에 나타난 목리의 문양을 말한다(<사
진 17> 참조). 이 현상이 나타난 흔적을 일일이 추출하여 그
위치를 나열하였다.

(3) 活印線은 白道라고도 칭한다. 조판을 완료한 후, 인판을 견고
하게 조이기 위하여 노끈이나 철사 선으로 가로 방향으로 묶
기도 하는데, 이 묶은 흔적이 책지에 반영된 것을 말한다. 사
례: 권6, 제9·10엽, 권20, 제5·6엽 등(<사진 18> 참조).

(4) 活印痕은 活版印痕이라고도 한다. 인판의 문자가 없는 공간에
충전한 頂木, 활자의 흔들림을 방지하기 위하여 계선과의 사이
에 끼워 넣은 夾條 등이 인출할 때의 부주의로 인하여 묵즙이
도포되어 책지에 반영된 것을 말한다. 사례: 권19, 제9엽 등.

이 밖에도 (5) 邊框歪斜·(6) 濃淡不一·(7) 欄線斷續 등의 현상을
활자본의 증거라면서 서영과 함께 제시하고 있다(圖錄III-서영 3). 이
같은 현상이 나타난 흔적을 일일이 추출하여 그 위치를 나열하였다.

<사진 16> 「東萊先生音注唐鑑」의
同一性 현상(권2, 제4·5엽, 권6, 제7~10엽)

<사진 17>
「東萊先生音注唐鑑」의
木紋邊框 현상

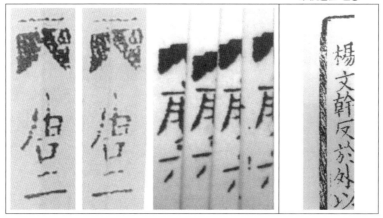

<사진 18> 「東萊先生音注唐鑑」의 活印線 현상

3.8.3 기타 판본

이 밖에도 「王摩詰文集」과 「張承吉文集」의 판본상에 나타난 광곽
꼭짓점의 결구, 가지런하지 않은 문자의 횡렬, 상하 변란 상의 계선
표시 홈, 묵색 농담의 불균일, 문자 행과 계선의 휘어짐, 어미와 계
선의 분리 등 목판본에서 드물게 나타나는 현상을 宋활자본의 특징

이라면서 제시하고 있다. 宋·金·元 시대의 활자본일 가능성이 있는 판본도 54종이나 추가로 나열하고 있다.[73]

이상의 설명을 서영과 대조하면서 살펴보면 활자본으로 보이기도 한다. 그러나 목판본에서도 목판본의 보편적인 특징 이외에 활자본의 특징으로 착각할 만한 예외적인 현상들이 있으므로[74] 연구자에게는 이를 감식할 수 있는 능력이 필요하다. 예를 들면,「文苑英華」의 네 변의 광곽이 곧게 직각으로 조립되지 못하고 삐뚤어진 현상(<사진 9>)은 좌상귀나 좌하귀의 묵색, 특히 좌상귀의 음각 문자 부분의 묵색이 균일한 점은 오히려 목판본의 특징이다. 음각 문자와 이웃하고 있는 광곽이나 계선이 평행하지 못한 陰文邊線彎曲(<사진 12>) 역시 음각 문자 부분의 묵색은 목판본임을 설명하고 있다. 광곽의 묵적에 나타난 문양을 목리라고 하였는데(<사진 17>), 이는 목리의 문양과는 완전히 다른 먹솔질의 흔적이다. 또한, 판본 상에 나타난 기술사적 특징에 의하여 활자본임을 인정한다고 할지라도, 이 판본의 간행 주체·간행 장소·간행 수단, 그리고 특히 간행 시기 등 문화사적 요소의 문헌 기록과도 일치하는가의 고증이 필요하다. 이들을 종합적으로 검증하지 않은 채, 판본 상의 일부 특징만으로 宋 시대의 활자본으로 단정하는 것은 비약이 아닌가 염려된다. 진일보한 연구 분석을 기대한다.

---

73) 鄒毅(2010), 207-210.

74) 曺炯鎭, "金屬活字本說「南明泉和尙頌證道歌」의 鑑別方法 研究",「書誌學研究」제63집(2015. 9), 91-117.

<표 1> 宋 시대의 활자인쇄

	인쇄 주체	인쇄 연도	활자 재료	인본 서적	비고
1		崇寧 2(1103)년 경	膠泥	「佛說觀無量壽佛經」	畢昇교니활자 인본설
2	周必大	紹熙 4(1193)년	膠泥	(宋)周必大의 「玉堂雜記」	
3	楊古	蒙古 太宗 13(1241)년~海 迷失 3(1250)년	膠泥	「近思錄」· 「東萊經史論說」	
4				(宋)李昉 等의 「文苑英華」 1,000권, 현존 130권.	宋 활자본설
5				(宋)范祖禹의 「東萊先生 音注唐鑑」 24권	宋 활자본설

4. 西夏國의 活字印刷

4.1 西夏國의 槪要

西夏國은 景宗 順道 원(1032)년에 興慶(지금의 銀川)을 도읍으로
건국되어[75] 李峴 寶慶 3(1227)년 몽골군에 멸망되기까지 10대 제왕
의 196년간 중국 북서부의 甘肅省과 陝西省에 존속했던 티베트계
탕구트족(黨項族) 유목민을 중심으로 한 다민족 왕조였다. 大夏國
또는 白上國이라고도 한다. 건국 초기에는 北宋·遼 왕조와 정립하
다가, 후에는 南宋·金 왕조와 대치하였다. 당시에는 독립된 국가였
지만, 지금은 중국에 합병되었다. 독자적인 언어와 문자를 사용했는

---

75) 景宗은 1032년에 즉위하였으나, 1038년에 국호를 大夏로 고치고 황제(吾祖)라고 칭함으로 인
하여 이를 西夏國의 기원으로 보기도 한다.

데, 1036년에 제정된 西夏 문자는 漢字와 마찬가지로 한 문자가 한 낱말인 표의문자이다. "番書"라고 칭한다. 모두 6,000여 자 정도. 불교를 국교로 삼아서 내몽고자치구 額濟納旗의 카라호토(Kharahoto, 黑水城)와 敦煌 일대에 회화와 탑 등의 불교 미술 작품들을 남겼다. 적극적으로 중원 문화를 수입하여 유교 경서류나 불교 경전을 西夏文으로 번역하여 보급하였는데, 특히 漢譯 불경의 번역이 대부분이므로 문자의 발음이나 의미가 파악되고 있다. 지금은 완전히 해독되었다.[76) 西夏의 서적 간행의 주된 방법은 역시 목판인쇄이다. 이에 관하여는 「中國活字印刷術的發明和早期傳播」를 참조하기 바란다.[77)

4.2 西夏國의 活字本[78)

西夏國의 활자인쇄 기원, 활자본 서적, 활자인쇄 기구 등에 관하여 언급하고 있는 문헌 기록은 아직 발견되지 않고 있다. 다만 西夏文 활자본이 카라호토 서쪽의 불탑에서 발견됨으로 인하여 西夏國에서 활자로 서적을 인쇄한 사실을 인지하게 되었다. 지금까지 알려진 西夏國의 西夏文 활자본은 11종이다.

西夏國의 활자본은 간행연대가 의외로 이르다. 그 이유는 ① 이민족의 문화를 거부감 없이 수용한 점이 배경이 되었고, ② 활자 한 조를 제작하기 위한 상용 문자의 수량이 6,000여 개로 중국의 상용한자 20,000여 개보다 적은 점, ③ 西夏國이 지리적으로 중국의 서북

---

76) https://ko.wikipedia.org/wiki/%EC%84%9C%ED%95%98(2021. 11. 18).

77) 史金波・雅森吾守爾 공저(2000), 28-38.

78) 1. 史金波・雅森吾守爾 공저(2000), 38-60.
   2. 史金波, "現存世界上最早的活字印刷品: 西夏活字印本考", 「北京圖書館館刊」 1997년 제1기 (1997. 3), 67-78.

부에 있어서 당시 동서교통로의 중요한 거점으로 활자인쇄술이 서진하는 과정에서 가장 먼저 접할 수 있었던 점, ④ 더 나아가 沈括과 「夢溪筆談」이 매개 역할을 한 것으로 보인다. 沈括은 元豊 3(1080)년 50세 때 西夏와의 접경지역인 延州(지금의 陝西省 延安)에 知州로 재임하였다. 그래서일까?「夢溪筆談」의 여러 곳에 西夏에 관한 기록이 있다. 또한 「夢溪筆談」은 늦어도 南宋 乾道 2(1166)년에는 출간되었다. 이때는 바로 西夏의 문화가 고도로 발달하여 불경을 대량으로 간행 보급하던 仁宗(1139-1193) 시기이다.

4.2.1 교니활자본 「維摩詰所說經」

교니활자본 6권, 절첩장, 상하단변, 각 권마다 훼손된 부분이 있다. 편목번호는 232번(중권, 86면), 233번(상권, 50면, 권말 훼손)(<서영 2>,[79] 圖錄III-서영 4 참조), 361∼362번(중권, 91면), 4326번(상권, 권말 1면 낙장). 이상 7행 17자, 판면(광곽) 높이는 21.6∼21.7cm, 책 크기는 27.5∼28.2 × 11.5∼11.8cm. 737번과 2310번(중권과 하권, 모두 105면)은 7행 18자, 판면 높이는 22.1cm, 책 크기는 28.7 × 11.8cm. 4264번(낙장)도 있다. 러시아 과학원 동방학연구소에 소장되어 있다.

이들 활자본의 간행 시기에 관하여, 동시에 소장하고 있는 西夏文 목판본 2334번 「維摩詰所說經」에는 간기 2행이 있는데, 이를 한역하면 "貞觀丙戌六[80](1106)年九月十五日　　雕畢, 審義行善座主耶維

---

79) 史金波・雅森吾守爾 공저(2000), 39.

80) "丙戌"年은 貞觀 5년이므로 "六"은 五의 잘못으로 보인다. 이는 西夏文 목판본의 오각으로 보이지만, 한역 오류 또는 출판의 교열 실수일 수도 있다.

智宣　書者賜緋移訛平玉”이다. 그러나 이상의 활자본에는 이러한 간기가 없다. 또한, 후기의 활자본에 나타나는 “校印發起者·印本句管爲者·新印活字者·選字出力者” 등 작업 수행자의 표기도 없다. 유력한 근거는 233번과 737번의 卷首 서녕 다음 행에 보이는 西夏國 仁宗의 존호인데, 이를 한역하면 “奉天顯道耀武宣文神謨睿智制義去邪惇睦懿恭”이다. 이때가 大慶 2(1141)년으로 간행 연도의 상한이 될 것이므로, 1140년대에 간행한 것으로 추측하고 있다.

이들 판본에서 발견되는 활자본의 특징은 다음과 같다. ① 동일 면에서 각 문자의 자형·크기·서체의 굵기·필획의 굵기가 다르다. 이처럼 서체가 다른 현상은 동일인에 의하여 제작된 것이 아님을 의미한다. ② 일부 문자의 자형이 삐뚤어져 있다. 이는 당시 활자의 조판 기술이 아직 정교하지 못한 결과로 보인다. ③ 문자에 따라 묵색의 농담에 차이가 있다. 책지의 배면에 투사된 묵색 역시 문자에 따라 농담에 차이가 있다. 책지의 지면에 요철 현상도 보인다. ④ 특히 233번의 제1엽과 4326번의 제1엽에서 문자의 주위에 활자의 문자면 가장자리가 찍힌 잡먹이 보인다. ⑤ 문자의 행렬이 곧지 못하고 굽은 현상이 있다. 이는 활자인쇄 초기에 계선을 사용하지 않은 결과로 보인다. ⑥ 상하 문자 간의 거리가 밀착하지 않고 거리를 유지하고 있다.

교니활자로 판단되는 근거는 다음과 같다. ① 문자의 필획이 유려하지 못하고, 가장자리가 가지런하지 못하다. 필획의 끝이 날카롭지 않고 둔탁하게 끊어지거나 파손된 흔적이 있다. ② 필획의 묵색이 고르지 못한 점에서 교니활자의 문자면에 묵즙이 고르게 도포되지 못했음을 알 수 있다. ③ 문자 필획에 기포 현상이 있다. 이에 의하면 西夏 역시 교니활자로 활자인쇄를 시작하였음을 짐작할 수 있다.

<서영 2> 西夏文 교니활자본 「維摩詰所說經」 上卷

4.2.2 활자본 「大乘百法明鏡集」 卷9

카라호토에서 출토한 불교 저작으로 西夏文 활자본이다. 편목번호는 5153번(<서영 3>,[81] 圖錄Ⅲ-서영 5 참조), 앞부분이 훼손되었고, 권말에 서명이 있다. 원래는 8행 23자의 절첩장인데, 현재는 4면 1지의 10장으로 개장되었다. 상하단변, 32행 23자, 제10장은 12행, 판면 높이는 24.7cm, 책 크기는 28.3 × 50.3cm. 러시아 과학원 동방학연구소에 소장되어 있다.

활자본의 특징으로 다음을 들 수 있다. ① 이웃하고 있는 문자의 서체·필획의 굵기·묵색의 농담 등이 다르다. 제6엽 제1행의 "不修欲" 3문자 중 不과 欲은 묵색이 진한데, 중간의 修는 연하다. ② 판

---

81) 史金波·雅森吾守爾 공저(2000), 40.

면의 묵색이 문자 단위로 농담이 다르다. 배면에 투사된 묵색의 농
담도 판면과 동일하다. 이는 인출면에 조판된 문자의 높이가 고르지
않은 결과이다. ③ 여러 판면에서 문자의 주위에 활자의 문자면 가
장자리가 찍힌 잡먹이 보인다. 특히 제4엽 좌측·제5엽 중간·제10
엽 끝부분에서 두드러지게 보인다. 이는 활자가 약간씩 기울어지게
식자된 결과이다. 또한, 문자가 없는 공간을 채운 충전재가 묵등처
럼 연하게 찍힌 흔적도 제10장 제11행에서 보인다. ④ 조판 기술이
정교하지 못하거나 활자가 규격화되지 못한 결과 문자가 삐뚤어지
거나 문자의 행렬이 반듯하지 못한 현상도 보인다.

　　다만 西夏 시기의 활자본이되, 활자의 재질과 간행연대를 고증하
지 못하였다.

<서영 3>　西夏文 활자본 「大乘百法明鏡集」 卷9 제9장

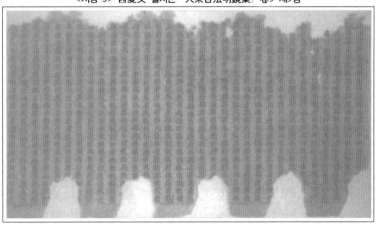

4.2.3 목활자본 「三代相照言文集」

이는 카라호토에서 출토한 원래 「三世屬明言文集」으로 번역되었

던 목활자본이다. 편목번호는 4166번(<서영 4>,[82] 圖錄Ⅲ-서영 6 참
조), 호접장으로 41엽 82면이다. 사주쌍변(외곽은 굵고 내곽은 가늘
다), 백구, 판심 중간에 장차, 반엽 7행 16자, 소자쌍행, 판면 높이는
17 × 11.5cm, 책 크기는 24 × 15.5cm. 크기가 다른 3종류의 활자를
사용하고, 소자 크기의 문장 부호도 사용하고 있다. 인쇄 상태는 우
수하다. 西夏 후기의 활자본이되, 간행연대를 고증하지 못하였다. 러
시아 과학원 동방학연구소에 소장되어 있다.

활자본의 특징으로 다음을 들 수 있다. ① 상하와 좌우 변란이 밀착
하지 못하여 꼭짓점에 缺口가 있다. ② 판면의 묵색이 문자 단위로 농
담이 다르다. 제40엽에 "下" 4개, 제41엽에 "者" 등 西夏文 5개 문자의

<서영 4> 西夏文 목활자본 「三代相照言文集」의 발원문

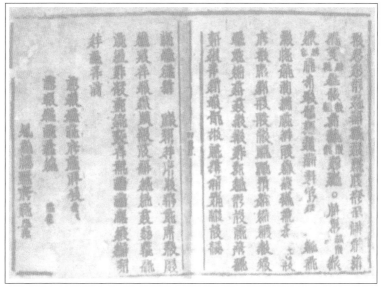

82) 史金波・雅森吾守爾 공저(2000), 41.

묵색이 현저하게 다르다. ③ 제12엽하엽 제4행, 제13엽상엽 제4행, 제
20엽상엽 제5행, 제38엽하엽 제4행의 일부 문자 주위에 활자의 문자면
가장자리가 찍힌 잡먹이 보인다. 이는 활자가 약간씩 기울어지게 식자
된 결과이다. ④ 제40·41엽의 장차 중, "四"는 漢字로, "十과 十一"은
西夏文으로 식자되어 있다. ⑤ 특기할 점은 권말의 4면에 걸쳐있는 발
원문 22행 중 마지막 행에서 "活字"를 언급하고 있다. 이를 한역하면
"新印活字者陳集金"이라고 활자인쇄자의 이름을 기록하고 있다.

4.2.4 목활자본 「德行集」

편목번호는 799·3947번(<서영 5>,[83] 圖錄II-서영 7 참조), 호접장,
26엽 52면으로 보존 상태가 완전하다. 사주단변, 백구. 판심: 위쪽에 西
夏文 약서명 "行", 아래쪽에 西夏文 또는 漢字 장차. 반엽 7행 14자, 판
면 크기: 17 × 11.5cm, 책 크기: 24 × 15.5cm. 크기가 다른 2종류의 활
자를 사용하고 있다. 맨 앞에 序文 4엽이 있다. 간행연대는 桓宗 연간
(1194-1205)으로 보인다. 러시아 과학원 동방학연구소에 소장되어 있다.
활자본의 특징으로 다음을 들 수 있다. ① 상하와 좌우의 변란이 만나
는 꼭짓점이 밀착하지 못하여 缺口가 거의 모든 엽에서 보인다. 제1·
2·4·5·7·9엽에서는 일부 변란이 길어서 수직으로 만나는 변란을
지나치고 있다. 상하 변란과 판심 계선 역시 밀착하지 않고 있다. ②
문자의 크기가 고르지 않다. 이는 활자의 동체 크기는 고르지만, 문자
면에 조각한 문자의 크기가 고르지 않은 결과로 보인다. 조판 기술이
정교하지 못하여 일부 문자가 삐뚤어졌다. ③ 제4·7·8·11엽에는

---

83) 史金波·雅森吾守爾 공저(2000), 43.

판심제 "行"이 탈락되었다. 장차는 漢字와 西夏文을 섞어 사용하였다. ④ 문자 간의 간격을 유지하고 있어서 상하 문자의 필획이 교접하거나 교차하는 현상이 없다. ⑤ 제3엽하엽·제4엽상엽·제10엽상엽·제26엽하엽의 일부 문자의 주위에 활자의 문자면 가장자리가 찍힌 잡먹이 보인다. ⑥ 인쇄에 관여한 3명의 인명 앞에 직함으로 사용한 西夏文 "印校發起者"가 권말에 보이는데, 이는 목판본에서 볼 수 있는 "書寫者·雕刻者"와 달라서 활자본임을 알 수 있다. 더 나아가 문자의 필획이 힘 있게 자리를 잡고 있어서 목활자로 보인다.

<서영 5> 西夏文 목활자본 「德行集」의 권말 간기

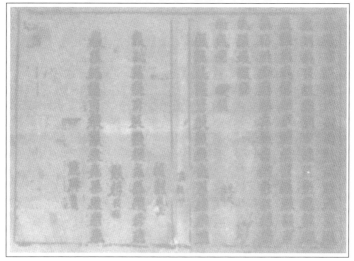

4.2.5 西夏文 활자본 불경 낙장

카라호토에서 출토된 여러 西夏文 낙장 문헌 중의 활자본이다. 內

蒙古 文物考古研究所에 소장되어 있다.

(1) 불경 낙장 2장

1장의 편목번호는 F177: W1(圖錄III-서영 8), 호접장, 책지 크기는 33.3 × 42.6cm, 좌상귀 훼손, 사주쌍변, 백구, 판심 상중하 3곳에 문자가 있는데, 위의 西夏文은 "行"인 듯하고, 중간의 西夏文은 분명하지 않고, 아래는 한자 장차 "二十六", 반엽 9행 20자이다. 다른 낙장의 편목번호는 F177: W2/2187, 책지 크기는 28.8 × 6.1cm, 좌측 쌍변의 西夏文 1행이다. 이 2장은 동일한 유적지에서 출토하였고, 판면 형태와 문자 특징이 동일하여 동일한 불경의 낙장으로 보인다.

활자본의 특징으로 다음 현상을 들 수 있다. ① 문자의 크기가 고르지 않다. 특히 제1행의 "人·師", 제15행의 "印" 등은 매우 작다. ② 문자 간의 간격을 유지하고 있어서 상하 문자의 필획이 교접하거나 교차하는 현상이 없다. ③ 인판의 네 꼭짓점을 이루는 변란이 밀착하지 않아서 缺口가 있고, 상하 변란과 판심 계선도 밀착하지 않고 있다.

(2) 낙장 2장

1장의 편목번호는 F20: W66(圖錄III-서영 9), 크기는 15 × 7.8cm, 4행의 문자 아래에 쌍변이 있다. 다른 1장의 편목번호는 F20: W67, 호접장, 상하쌍변, 2행의 문자 우측에 판심 단변이 있고, 단변 우측에 판심제와 장차 일부 필획이 있다. 판면의 높이는 22cm, 낙장 크기는 27.7 × 4.3cm이다.

이 낙장 역시 문자의 서체와 크기 및 필획의 굵기가 고르지 않고, 묵색의 농담이 고르지 않고, 변란의 꼭짓점에 缺口가 있으며, 문자의 행이 곧지 못한 점에서 활자본이라 할 수 있다.

(3) 불경 낙장 1장

편목번호는 F79: W90/1025, 호접장의 우측 반엽 1면, 크기는 22 × 19.8cm, 西夏文 9행의 문자 우측에 쌍변이, 좌측에는 판심 단변이 있다. 이 낙장의 문자와 행에 활자본의 특징을 보인다.

(4) 파편 5조각

1장의 편목번호는 F97: W6(圖錄III-서영 10), 크기는 12.7 × 15.5cm, 상변과 우변에 광곽이 있다. 다른 4장의 편목번호는 F180: W2, 남아 있는 문자가 2~14개 정도의 파편이지만, 활자본의 특징이 보인다.

(5) 불경 파편 100여 조각

편목번호 F225: W1~W29는 100여 조각의 불경 파편이다. 크기가 큰 것은 6행, 40자 정도 남아 있다. 이들의 광곽은 사주쌍변, 상하쌍변 = 좌우단변, 사주단변의 3종류가 있다.

문자 크기가 고르지 않고, 문자 간 거리를 유지하고 있으며, 문자의 행렬이 바르지 못하고, 변란 꼭짓점의 缺口 등 특징에서 활자본임을 알 수 있다. 문자의 사각이 원만하게 무디고, 필획이 고졸하여 유창하지 않으며, 가장자리가 가지런하지 않고, 필획이 날카롭지 않고 끊어진 점 등으로 미루어 "4.2.1 교니활자본 「維摩詰所說經」"과 동일 판본일 가능성이 있다.

4.2.6 교니활자본 「維摩詰所說經」 卷下

甘肅省 武威市 新華鄉 纏山村 亥母洞寺 유적지에서 西夏의 여러 불교 유물과 함께 西夏文 불경 「維摩詰所說經」 卷下가 출토되었다 (<서영 6 · 7>,[84) 圖錄III-서영 11 참조). 절첩장, 54면, 7행 17자, 판면(광곽) 높이는 21.6cm, 책 크기는 28 × 12cm. 문자 크기 16.0 × 14.0mm. 서명 다음 행에 仁宗의 존호가 있는 점과 동시에 출토된 乾定 申年(1224) · 乾定 酉年(1225) · 乾定 戌年(1226)의 문서로 미루어 仁宗 연간에서 乾定 연간(1224-1226) 사이의 활자본으로 보인다. 武威 文物考古研究所에 소장되어 있다.

활자본의 특징으로 다음 현상이 발견된다. ① 판면상 문자의 크기가 고르지 않고 묵색 농담이 다르다. ② 일부 활자는 높게 심어진 결과, 문자의 필획이 굵게 인출되면서 묵즙이 번진 현상이 보인다. ③ 삐뚤어진 문자가 있기도 하고, 문자의 일부 필획은 진하게 일부 필획은 연하게 인출된 현상도 보인다. ④ 거의 모든 판면상 문자의 행렬이 가지런하지 못하고, 행간의 폭도 균일하지 않다.

또한, 판면에 나타난 일부 문자의 필획이 변형되었고, 가로세로

---

84) 1. 徐憶農(2002), 87.
    2. 史金波 · 雅森吾守爾 공저(2000), 48.

획이 곧지 않으며, 필획 중간이 끊어지거나 꺾여져서 일부만 인출된 현상도 있다. 이는 교니활자가 단단하지만, 가장자리나 필획의 약한 부분이 깨지기 쉬워서 나타나는 현상일 것이다. 또한, 문자면이 평평하지 않아서 일부 필획의 묵색이 진하거나 연한 현상 등에 의하면 교니활자본으로 추정된다. 이 판본을 "4.2.1 교니활자본「維摩詰所說經」"의 편목번호 232～233 · 361～362번과 비교하면, 판식 · 자체 · 인판 크기 등에서 동일한 형태와 특징을 보여서 교니활자본임에 틀림없다. 더 나아가 동일 판본의 일부분으로 보인다.

서명 다음 仁宗 존호가 있는 제2행 "奉天顯道耀武宣文神謨睿智制義去邪惇睦懿恭"의 20개 西夏文 소자는 밀착해 있고, 필획이 교접하거나 교차하고 있으며, 문자의 좌우로 삐치는 필획이 지나치게 길면서 도각 흔적 등이 본문과 다른 점에서 개개의 활자가 아닌 1행으로 된 목제 연각문자로 보인다.

<서영 6> 西夏文 교니활자본「維摩詰所說經」卷下 제1～4엽

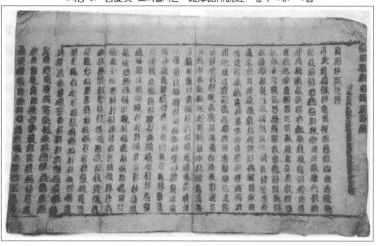

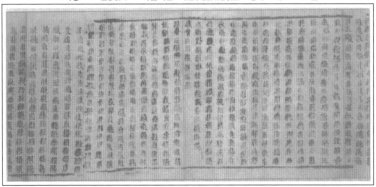

4.2.7 西夏文 목활자본 「吉祥皆至口和本續」 류

寧夏回族自治區 賀蘭縣 拜寺溝 西夏 方塔 제10층 사리공에서 수습된 西夏의 유물 중에 西夏文 불경 9책이 있다. 「吉祥遍至口和本續」으로 번역하기도 한다. 「吉祥皆至口和本續」 권3(34.5엽)·권4(37엽)·권5(35엽), 「吉祥皆至口和本續之干文」 권1(17엽), 「吉祥皆至口和本續之障疾文」 하반부(26엽), 「吉祥皆至口和本續之解生喜解補」 (<서영 8>,[85] 圖錄II-서영 12 참조) 권1(21엽)·권2(20엽)·권3(10엽)·권5(24엽), 모두 224.5엽이다. 호접장, 사주쌍변. 판심: 폭은 1.2cm, 백구, 어미 없음, 판심제(약서명), 아래쪽에 장차. 반엽 10행 22자, 판면 크기는 20.5 × 15.8cm, 책 크기는 30.5 × 19.3cm. 寧夏 文物考古研究所에 소장되어 있다.

활자본의 특징으로 다음 현상이 발견된다. ① 「本續」 권4 제5엽은 판심을 생략하였고, 마지막 엽은 판심이 없고 그 자리에 본문을 대

---

85) 張秀民 저, 韓琦 增訂(2006), 542.

신 배열함으로써 10행의 규율을 지키지 않았다. 이는 한 행만 배열되는 다음 엽을 줄이기 위한 임시방편으로 보인다. ②「干文」권1의 말엽인 제34엽과「解生喜解補」권5의 말엽인 제48엽의 본문이 끝난 좌측의 공백에는 계선과 변란을 배열하지 않았다. ③ 장차를 표시한 한자 중에 180도 뒤집혀 조판된 경우가 있다. 즉「本續」의 제22·29엽,「干文」의 제3·34엽,「解生喜解補」권1 제14엽 등의 "二·三·四"이다. 이들 한자는 180도 뒤집혀도 자형이 비슷하여 세심하게 교정하지 못하였거나 조판공이 한자를 인식하지 못하는 黨項族인 결과일 것이다. ④ 이 밖에도 광곽 꼭짓점의 缺口, 광곽과 판심 계선이 밀착하지 않은 점, 크기가 고르지 않은 문자, 묵색 농담의 차이 등 현상도 적지 않다. 계선으로 사용한 죽편 흔적 등이 판면에 나타난 특징으로 미루어 12세기 중엽 이후부터 13세기 초기 사이의 목활자본으로 보인다. 왜냐하면, 교니활자본에는 계선을 사용하지 않다가, 12세기 중엽 이후부터 13세기 초기 사이에 목활자 인쇄에 성공하면서부터 계선을 사용하였기 때문이다. ⑤「干文」권1 말엽에 西夏文 "印本句管爲者沙門釋子高法慧"라는 간기가 있다. 이 "印本句管爲者"는 목판본이 "書寫者·雕字者"를 중시하는 점에 비추어 보면 활자본임을 증명하고 있다. 특히 "句管"은 활자인쇄 과정상의 문선·조판·균자·인출 등의 기술 과정을 의미하는 것으로 보인다.

이들 불경에는 간기가 없지만, 간행 시기와 연대를 짐작할 수 있는 단서는 찾을 수 있다.「本續」각 권 卷首題 다음에 西夏文 소자 3행으로 "集經", "羌譯", "番譯"이라는 직책에 이어 인명이 있다.「障疾文」도 卷首題 다음에 소자 3행으로 "集", "傳", "番譯"이라는 직책에 이어 인명이 있다. 羌譯은 藏文으로, 番譯은 西夏文으로 번역한 것을 의미하므로 이들 불경은 梵語에서 藏文으로, 다시 西夏文으로 번역되었음을 알 수 있다. 이러한 권수 부분의 형식이 西夏 시기의 藏文에서 西夏文으로 번역한 불경에서 흔히 나타나고 있으므로 西夏 시기에 간행되었음을 짐작할 수 있다. 또한, 이들 불경과 동시에 수습된 불경 중의 발원문에 "時大夏乾祐庚子十一(1180)年五月初... (日)"의 간기가 있어서 간행연대를 짐작할 수 있다.

<서영 8> 西夏文 목활자본 「吉祥皆至口和本續之解生喜解補」

4.2.8 활자본 「地藏菩薩本願經」

敦煌 북부의 59·159·464번 동굴에서 西夏文 활자본 「地藏菩薩本願經」을 발굴하였다. 판면이 완전한 것도 있지만, 대부분은 파편이다. 59번 동굴에서 발굴된 파편 4엽의 편목번호는 北59(E26):62·63·

64·65이다. 절첩장, 상하쌍변, 6행 16자. 62·63번은 연접한 엽인데, 62번 말행부터 63번까지는 한문 「地藏菩薩本願經」에는 없는 呪文이어서, 西夏文 불경에 새로 첨가한 것인지 아니면 다른 불경의 낙장인지 진일보한 연구가 필요하다. 이 주문은 범어를 음역하고 다시 西夏文으로 중역할 때, 정확을 기하기 위하여 소자를 사용하여 대·소 2종의 활자가 있었음을 알 수 있다. 64번은 西夏文 권말 서명 "地藏菩薩本願經契中卷竟"의 1행이다. 65번의 경문 중에도 西夏文 "地藏菩薩以百千方便…"의 문자가 있어서 「地藏菩薩本願經」임을 알 수 있다. 159번 동굴에서 발굴된 파편 3엽은 절첩장, 상하쌍변, 6행. 그중 2엽은 歌辭, 매 행 2구 7언. 나머지 1엽은 경문, 아랫부분 훼손, 상변쌍란, 마치 양면 12행 같다. 경문 중에 "地藏"의 자양이 있고, 판식과 문자 특징이 59번 동굴에서 발굴된 「地藏菩薩本願經」과 비슷하여 「地藏菩薩本願經」의 일부분으로 보인다. 464번 동굴에서 발굴된 파편 1엽의 편목번호는 464側室:51이다(圖錄III-서영 13). 상하쌍변, 6행 16자, 제2행의 공백에 도안 장식 2개와 한자 "直"이 있다. 판식이 59번·159번 동굴에서 발굴된 활자본 「地藏菩薩本願經」과 동일하다. 제5행에 西夏文 "地藏菩薩" 4자가 포함되어 있다. 한문 대장경에는 「地藏菩薩本願經」이 상하 2권인데 비하여, 西夏文 「地藏菩薩本願經」은 상중하 3권이다. 현재까지는 孤本, 敦煌硏究院에 소장되어 있다.

　활자본의 특징으로 다음 현상이 발견된다. ① 문자에 따라 묵색 농담이 현저하게 다르다. ② 문자의 폭과 자형의 크기가 고르지 않다. 특히 65번의 "者·邊·惡"은 두드러지게 필획이 가늘고 작다. ③ 거의 모든 문자의 세로 행이 삐뚤삐뚤하다. 특히 65번의 제2행은 이러한 현상이 심하다. ④ 상하 문자의 필획이 교접하거나 교차하는 현상이 없다.

4.2.9 활자본「諸密呪要語」

敦煌 북부의 121번 동굴에서 西夏文 불경 낙장과 파편을 발굴하였다. 이와 함께 발굴된 활자본은 16면으로 판면이 완전한 것도 있지만(<서영 9> 참조[86]), 대부분은 파편이다(圖錄III-서영 14). 편목번호는 121:18~27・29・31・34(1)(2)・36(1)(2)이다. 모두 동일한 문헌으로 호접장, 사주쌍변, 백구, 판심 중간의 장차는 西夏文(제3엽) 또는 한자(제6・8엽), 7행 15자, 서체는 방정한 예서체이다. 121:20번은 제3행이 어느 한 불경의 편명인데, 맨 끝이 "竟"이다. 제4행은 별도의 西夏文 편명 "近誦爲順總數要語"로 이 불경에 포함된 여러 요어 중 하나로 보인다. 121:36(1)의 제1행에 남아 있는 "諸"는 서명의 첫 글자이고, 제2행은 문자는 멸실되었지만, 공백 상태로 미루어 저자나 역자 또는 서문의 작자 사항이 있었을 듯하고, 제3행에 남아 있는 西夏文 "夫諸密呪…"는 서문 또는 발원문의 시작일 것이다. 이로 미루어 이 불경은 여러 종의 呪文 요어를 수록한「諸密呪要語」이다. 내용은 밀교의 修行儀軌들이다. 西夏에 밀교가 전파된 시기가 중기 이후이므로, 이는 아마도 西夏의 후기에 간행한 것으로 보인다. 문자의 조각술과 판면의 배치 등 조판 기술이 여타의 불경보다 숙련된 수준인데, 이는 활자인쇄의 경험이 누적되어야 가능하다는 점도 이를 뒷받침하고 있다. 敦煌硏究院에 소장되어 있다.

활자본의 특징으로 다음 현상이 발견된다. ① 각 엽의 좌우쌍변이 상하쌍변의 안쪽에 있으면서 연접하지 않아서 4변의 변란재를 조립한 흔적이 역력하다. ② 판심 계선과 상하 변란이 밀착하지 않고 있

---

86) 史金波・雅森吾守爾 공저(2000), 50.

다. ③ 문자의 세로 행이 굽어 있고, 좌측 또는 우측으로 치우친 문자가 있으며, 삐뚤어진 문자도 있다. 121:24·25에 이러한 현상이 역력하다. ④ 거의 모든 엽에서 자형의 크기와 폭이 균일하지 않고, 문자의 서체도 동일하지 않다. ⑤ 상하 문자의 필획이 교접하거나 교차하는 현상이 없다. ⑥ 묵색 농담이 문자에 따라 차이가 크다.

이 밖에 159번 동굴에서 파편 1엽을 발견하였다. 편목번호는 159:25, 상부와 좌측 부분은 훼손되었고, 우변과 하변은 단변인데, 밀착하지 않고 있다.

464번 동굴에서 파편 2엽을 발견하였다. 편목번호는 464D側室:119, 절첩장의 6행 1면과 1행을 합하여 모두 7행의 문자가 남아 있다. 아랫부분은 훼손, 상변은 쌍란이다. 문자의 묵색 농담이 균일하지 않고, 자형이 삐뚤어져 있으며, 문자 간의 거리가 균일하지 않다.

<서영 9> 西夏文 활자본 「諸密呪要語」

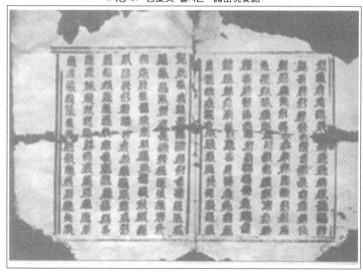

敦煌 북부는 西夏文 활자본 불경이 다량 발견된 점과 回鶻文 목
활자도 대량으로 발견된 점("5.3 回鶻文 목활자" 참조)에서 西夏와
元 시대에 활자인쇄의 중심지로 추측된다.

4.2.10 목활자본 「大方廣佛華嚴經」

寧夏回族自治區 靈武縣에서 발견된 西夏文 불경 중「大方廣佛華
嚴經」은 여러 곳을 전전하여 현재는 중국 國家圖書館(卷11·12·14
~16·19~23·27~35·37·39~46·48·51·53·54·57~75·
79·80의 53권과 복본 卷33·35·45·66·67·69·70·71·75·
80을 합하여 총 63권)·일본 京都대학(卷1~10·36의 총 11권)·甘
肅省 臨夏 回族自治州의 副州長인 張質生(卷11~15의 총 5권)[87]·
上虞 羅모 씨(卷17~21의 총 5권)·寧夏 羅雪樵(卷26·58·76의 총
3권)·中華民國 國立故宮博物院(卷75·78의 총 2권)·프랑스 국립
도서관(卷41)·미국 Prinston University(卷77) 등지로 분산 소장되어
있다(<사진 19>·<서영 10~12>, 圖錄III-서영 15 참조).[88] 권24·
25·38·47·49·50·52·55·56은 아직 발견되지 않고 있다. 이
는 (唐)實叉難陀의 한역본 80권을 번역한 것이다. 목활자본, 절첩장,
상하쌍변, 6행 17자. 대체로 14세기 이전 元 시대의 간행물로 보는
데,[89] 王國維는 元 大德 6(1302)년에 간행한 목판본으로 보았다. 西
夏 시기 간행설도 있다.

---

87) 현재는 그의 아들 張思溫 씨가 소장하고 있다.

88) 胡進杉, "記院藏存世最早的木活字版圖書-西夏文≪大方廣佛華嚴經≫", 「故宮文物月刊」 제301기
   (2008. 4), 44-45.

89) 李廣宇, 「書文化大觀」 (北京: 中國廣播電視出版社, 1994), 42.

활자본의 특징으로 다음을 들 수 있다. ① 필획이 잘못된 문자나 문자의 우상귀에 특이한 흔적이 있는 문자가 반복하여 출현한다. ② 판면 상의 일부 문자가 좌우 어느 한쪽으로 치우치기도 하고, 삐뚤어지기도 하고, 기울어지게 심어져서 문자 주위에 문자면 가장자리의 흔적이 잡먹으로 찍혀있기도 한다. 또한, 행렬이 굽어서 곧지 않은 경우가 많다. 특히 권78 제2엽 제2행 제7자의 西夏文 "聖"은 삐뚤어진 정도가 확연하다. 제4행 제6자와 제3엽 제5행 제8·15자, 제6행 제6자의 같은 문자 4개 역시 같다. ③ 출현 빈도가 많은 문자를 미처 다 준비하지 못하여 공란으로 인출한 후 찍어 넣은 듯 문자의 묵색이 유독 진하고 필획이 굵은 경우가 있다. 자양도 매우 흡사하다. 권12의 "大·不·皆·之·無·順·因", 권32의 "梵·行·令", 권34의 "回·趣", 권78의 "之·菩薩·一切·法·大·道·處" 등이다. ④ 판면 상 문자의 묵색 농담이 균일하지 않고, 필획의 굵기가 고르지 않다. 권57의 현존 제1엽 제5~6행의 西夏文 "氣習", 권26의 "車·施授", 권76의 "佛·一切"를 비롯한 110여 개의 문자 등이 특히 연하다. ⑤ 본문에 일부 문자가 불필요하게 중복되었거나, 탈락된 문자가 보인다. 권76의 제23엽 제1행의 서하문 "論言道色故故"의 故 1개는 衍文이다. 제77엽 제6행 제14~17자 西夏文 "智彼中入"의 제17자 入이 탈락되었다.[90] ⑥ 인출한 엽에서 누락된 문자를 발견하여 누락된 문자의 위나 아래의 문자를 지우고 그 자리에 소자 2개로 날인하여 넣은 현상이 보인다. 中華民國 國立故宮博物院 소장본 권75의 제3엽 제2행 제15자의 "以佛"과 제5행 제12자의 "以

---

90) 王靜如, "西夏文木活字版佛經與銅牌", 上海新四軍歷史研究會印刷印鈔分會 편. 「活字印刷源流」 (北京: 印刷工業出版社, 1990), 170.

彼"의 소자가 그 예이다. 또한, 복본의 어느 하나는 수정을 하고 다른 하나는 수정을 하지 않은 사례도 보인다. 中華民國 國立故宮博物院 소장본 권75의 제2엽 제4행 제7자와 제5엽 제3행 제15자의 문자가 중국 國家圖書館 소장본에는 소자 2개로 날인되어 있다. 이는 故宮博物院 소장본을 인출한 후 누락된 문자를 발견하고 소자 2개로 날인하여 國家圖書館 소장본을 수정한 것이다. ⑦ 일본 京都대학 소장 권5의 西夏文 發願文에 "都發願, 令雕**碎字**, 句管爲印者, 都羅慧性, 復共一切發願, 助隨喜者, 皆當共成佛道"의 2행이 있다. 여기의 碎字는 곧 활자를 의미한다. 句管爲印者는 앞의 「吉祥皆至口和本續之干文」에서도 印本句管爲者가 출현한 바 있다. 중국 國家圖書館 소장 권40의 西夏文 발문에 "實句管作**選字**出力者, 盛律美能慧, 共復願一切隨喜者, 皆共成佛道"의 2행이 있다. 여기의 選字는 필요한 활자를 선택하는 오늘날의 문선이며, 문선공인 選字出力者의 이름이 盛律美能慧임을 알 수 있다. ⑧ 문자마다 필획이 예리하고 끝은 날카로우며 필획이 돌아가는 곳은 방정하여 목활자본으로 보인다.

이 불경 각 권 제1행의 서명과 권수를 표기한 西夏文 "大方廣佛華嚴經契卷××　第"의 앞 9개 문자와 제2행의 번역자를 표기한 西夏文 소자 "唐于闐三藏什叉難陀　譯", 제3행의 교감자를 표기한 西夏文 소자 "奉天顯道耀武宣文神謨睿智制義去邪惇睦懿恭　皇帝御校"는 상하 문자의 필획이 교접 또는 교차하고 있으며, 문자의 배열과 서체가 본문의 문자와 분명하게 다른 점에서 개개의 활자가 아닌 1행으로 된 연각문자로 보인다. 이는 각 권마다 반복되기 때문에 조판 효율을 위하여 사용한 방법일 것이다.

<사진 19> 西夏文 목활자본 「大方廣佛華嚴經」 卷45 변상도(中國 國家圖書館 소장)

<서영 10> 西夏文 목활자본 「大方廣佛華嚴經」 卷40 말~말3엽[91]

91) 張秀民 저. 韓琦 增訂(2006), 543.

<서영 12> 西夏文 목활자본 「大方廣佛華嚴經」 卷78(中華民國 國立故宮博物院 소장)

---

92) 史金波·雅森吾守爾 공저(2000), 52.

4.2.11 활자본 「勝慧到彼岸要語學禁現前解莊嚴論顯頌」

카라호토 출토, 러시아 과학원 동방학연구소 소장, 편목번호 5130 번, 西夏文 필사본 불경 「勝慧到彼岸要語學禁現前解莊嚴論顯頌」에는 권말제에 이어서 15행의 발문이 있다(<서영 13> 참조93)). 이 발문의 앞 14행은 번역·교정·간행 사실 등을 기록하고 있으며, 소자로 필사한 제15행은 필사본의 교정기이다. 이에 의하면 이 불경은 인도의 고승 迦羅比羅訛羅가 범어본을 藏文으로 번역하였고, 승려 行善聚吉과 함께 범어본과 藏文 번역본을 교정하였으며, 후에 또 범어본으로 藏文 번역본을 수정하였다. 그 후 李慧明과 楊智⊠ 등 고승들이 西夏文으로 번역하여 교정, 활자로 간행하였음을 알 수 있다. 이 필사본은 바로 이 활자본을 저본으로 발문의 간행 사실까지 그대로 필사한 것이다.

이 발문의 제11행 제7자~제12행에는 활자인쇄 책임자 雲智有의 직책과 이름을, 제13행에는 활자인쇄 책임자 王忠敬의 직책과 이름을 기록하고 있는데, 이를 한역하면 "御前注補印活字都案頭監, 出家功德司承旨雲智有, 御前注補印活字都案頭監, 工院正王忠敬"이다. 御前注補는 조정에서 문자 작업을 담당하는 직책이고, 都案頭監은 정부 기관의 한 부문이거나 책임자의 직책으로 印活字都案頭監은 활자인쇄 책임자의 직책이다. 出家功德司는 불교 사물을 관리하는 정부 기관의 한 부문으로 그 직무는 주로 승려가 담당하며 次等司에 예속되어 있다. 承旨는 관리 직책이니, 雲智有는 불경의 활자인쇄를 관리하는 승려이다. 工院은 정부 기관의 공업 기술 제작을 담당하는 부문이고, 正은 부서장으로 中等司에 예속되어 있다. 따라서 雲智有

---

93) 史金波·雅森吾守爾 공저(2000), 55.

와 王忠敬은 동급의 활자인쇄 관리자이다. 이로 미루어 西夏國에는 정부의 적극적인 지지 하에 정부 기구 중에 工院을 두어 활자인쇄를 전문적으로 관리하였음을 알 수 있다.[94]

이어서 제14행에는 "光定丙子六年六月　　日"의 간기가 있다. 이에 의하면 光定 6(1216)년에 필사본의 저본인 활자본을 간행한 사실을 알 수 있다. 이 활자본은 아직 발견되지 않고 있다.

<서영 13> 西夏文 필사본「勝慧到彼岸要語學禁現前解莊嚴論顯頌」

┌▶발문 제14행　　　　　　　　발문 제1행┐　┌▶권말제

<표 2> 西夏國의 활자인쇄

	인쇄 주체	인쇄 연도	활자 재료	인본 서적	비고
1		大慶 2(1141)년 직후	膠泥	「維摩詰所說經」	
2				「大乘百法明鏡集」	
3	陳集金		木	「三代相照言文集」	"新印活字者"
4		桓宗 연간	木	「德行集」	"印校發起者"
5			膠泥?	불경 낙장	

94) 목판인쇄를 전문적으로 관리하는 정부 기구로는 "刻字司" 또는 "刻印司"를 두었다.

	인쇄 주체	인쇄 연도	활자 재료	인본 서적	비고
6		仁宗 연간- 乾定 연간	膠泥	「維摩詰所說經」	
7		12C 중엽~13C초	木	「吉祥皆至口和本續」· 「吉祥皆至口和本續之 干文」·「吉祥皆至口和 本續之障疾文」·「吉祥 皆至口和本續之解生 喜解補」	"印本句管爲者"
8				「地藏菩薩本願經」	孤本, 대·소 2종 활자
9		西夏 후기		「諸密呪要語」	
10		西夏 후기 또는 14 세기 이전 元 시대	木	「大方廣佛華嚴經」	"碎字句管爲印 者"·"選字"
11	雲智有· 王忠敬	光定 6(1216)년	木	「勝慧到彼岸要語學禁 現前解莊嚴論顯頌」	"印活字"

4.3 西夏國 活字印刷의 의의

西夏國의 활자본 11종을 살펴보았다. 西夏國의 활자인쇄는 畢昇
보다 약 100년 정도 늦게 仁宗 직후인 1140년대에 교니활자로 시작
하여 乾定 연간에도 나타났다. 목활자본은 桓宗 연간에 등장하여 元
시대 초기까지도 간행된 것으로 보인다. 西夏 후기에는 활자인쇄 업
무를 전문적으로 관리하는 정부 기구가 설치되었음을 알 수 있다.
활자인쇄가 이루어진 지역은 寧夏回族自治區 銀川과 靈武, 내몽고
의 카라호토(黑水城), 甘肅省 武威와 敦煌 등에 걸쳐있다. 이러한 사
실에 의하면 西夏의 활자본은 지금까지 목활자의 비조로 알려진
(元)王禎보다 150년이나 이른 현존 最古의 활자본이 될 것이다.
　이상의 분석을 통하여 파악할 수 있는 西夏國의 활자인쇄가 갖는
의의는 다음과 같다.

(1) 활자인쇄 기술의 성숙

西夏國의 활자인쇄는 초기에는 비록 활자 제작의 불균일성, 조판의 불완전, 인출 묵색의 농담 차이 등 기술적 미숙을 보이지만, 전반적인 인쇄기술 수준은 당시 사회의 수요에 응하여 실용적으로 절첩본과 호접장본 등을 생산할 수 있을 만큼 성숙하였다.

(2) 중국 활자인쇄술 발명의 재확인

畢昇의 교니활자 인쇄술 발명이 명확함에도 불구하고, 그 인쇄 실물이 존재하지 않음으로 인하여 중국의 활자인쇄술 발명을 의심하기도 하였다. 西夏國 교니활자본과 목활자본의 등장은 이러한 의구심을 말끔히 풀어줄 뿐만 아니라 중국의 활자인쇄술 발명을 재확인하였다.

(3) 활자인쇄사 상의 공백 보충

宋·元 시대의 활자인쇄 실물이 전래하고 있지 않은 현실에서 宋과 같은 시대인 西夏國의 활자본은 활자인쇄 초기의 활자 제작·조판·인출 등에 관한 기술적 요소를 연구하는 중요한 자료이다.

(4) 중국 활자인쇄 사용 지역의 확대

중원지역에서 활자인쇄를 시작한 이후 오래지 않아서 서부 지역의 西夏와 回鶻에서 소수민족 문자의 활자본과 활자를 발견함으로 써 중국 활자인쇄 문화의 깊이와 넓은 사용 범위를 알 수 있다.

(5) 활자인쇄 발달사 상 소수민족의 공헌

西夏는 당시 독립국이었지만, 지리적으로는 중국의 소수민족이 거주하는 지역으로 중국의 활자인쇄술을 빌려 자신의 문헌을 인쇄 하였다. 이처럼 이웃 국가 소수민족으로서 중국의 한족과 경쟁하듯 발전하여 활자인쇄 발달사 상에서 독특한 공헌을 하였다.

5. 元 時代의 萌芽

5.1 朱錫活字

(元)王禎의 「農書」에

> 근세에 또 朱錫活字를 주조하여 철사로 꿰어서 행을 만들고[95] 계 선 안에 심어서 서적을 인쇄하려고 하였다. 그러나 문자면의 字樣 에 묵즙을 도포하기가 어려워 인쇄 상태가 깨진 문자가 많아서 오 래 유행하지 못하였다(近世又有注錫作字, 以鐵條貫之作行, 嵌於盔 內界行, 印書. 但上項字樣, 難於使墨, 率多印壞, 所以不能久行.).[96]

---

95) "以鐵條貫之作行"을 지금까지는 이렇게 해석하였다. 그러나 2008년 方曉陽은 "泥活字印刷工藝 再研究"에서 새로운 해석을 제시하였다. 당시 모든 주석활자의 동체에 균일하게 구멍을 뚫는 것은 거의 불가능하다. 따라서 '鐵條를 계선재로 하여 활자의 행간을 관통하여 행을 만들고'로 해석하여야 한다고 주장하였다. 鄧毅(2010), 85.

96) (元)王禎, 「農書」, 권22, 造活字印書法. 혹자는 이와 달리 끊어 읽기도 한다.: 近世又有注錫作 字, 以鐵條貫之, 作行, 嵌於盔內, 界行印書. 但上項字樣, 難於使墨, 率多印壞, 所以不能久行.

라는 기록이 있다. "근세"는 王禎의 활동 시기보다 이를 것이니 宋 시대 말기 또는 元 시대 초기로 볼 수 있다. 주석활자를 주조한 사람은 常州에 사는 모 씨로 보인다. 이에서 늦어도 元 시대 초기에 주석으로 활자를 주조하여 서적 인쇄를 시도한 사실을 알 수 있다. 또한 "묵즙을 도포하기가 어려워 인쇄 상태가 깨진 문자가 많아서 (難於使墨, 率多印壞)"로부터 묵즙이 금속활자의 인쇄 기술상에서 차지하는 중요성도 알 수 있다.

5.2 王禎의 목활자

5.2.1 제작 동기 및 인쇄 효율

元 시대에 山東省 東平의 王禎은 安徽省 旌德縣尹으로 재임하던 貞元 원(1295)년부터 大德 4(1300)년 사이에 「農書」를 집필하였는데, 字數가 대단히 많아서 간행하기가 어려웠다. 따라서 목활자 약 3만여 개를 2년 만에 조성하였다. 大德 2(1298)년에 시험 삼아 자신이 편찬한 「旌德縣志」를 인쇄하였다. 이의 분량은 약 6만여 字로 한 달이 못 되어 100부를 완성하였는데, 한결같이 목판본과 같아서 그 사용 가능성을 알게 되었다. 그로부터 2년 후 드디어 「農書」를 완성하여 활자로 간행하려는데, 때마침 江西인이 목판으로 간행한다는 사실을 접하게 되어, 이 활자로 간행하지 못하였다. 이 활자는 다른 용도로 사용하기 위하여 보관하였다.[97]

---

97) 1. (元)王禎, 「農書」, 권22, 造活字印書法.
　　2. 杜信孚는 「明代版刻綜錄」(揚州: 江蘇廣陵古籍刻印社, 1983), 卷首, 自序(附錄: 明代版刻淺談), 제6엽下엽에서 "王禎이 皇慶年間(1312-1313)에 목활자를 창제하였다(我國元代的王禎在皇慶年間(1312-1313), 又創造木活字, 把活字印刷術又推進了一大步.)."라고 말하고 있는데, 이는 옳지 않다.

이 목활자의 인쇄기술 수준을 가늠하기 위하여는 동일 시대에 유행한 활자본의 판식으로 비교하여야 하나, 기타의 활자본이 없으므로 아쉬울 따름이다. 부득이 明 시대의 동활자와 비교하여 보면 그 대략을 짐작할 수 있다. 즉 明 시대 동활자판의 판식을 예로 삼아서 평균치인 매 葉 18행 17자를 기준으로 계산하면, 6만 字는 근 200개의 인판을 조판하여야 한다. 한 달로 계산하여도 하루에 7~8개의 인판, 즉 2,000여 자를 조판한 셈이다. 이를 목판과 비교하면 그 작업 효과는 당연히 높다. 그러나 2년 동안에 3만여 개의 목활자를 조각하였다면, 이는 하루에 겨우 40여 자를 조성하는 수준이니 목판본의 조각과 비교하면 또한 느린 셈이다.[98]

5.2.2 인쇄 방법

(1) 王禎의 "造活字印書法"

王禎의 목활자 인쇄 방법은 「農書」卷22의 "造活字印書法"(<사진 20>, 부록 6 참조)에 자세한데, 그 원문을 요약하면 다음과 같다:

---

98) 錢存訓, "中國歷代活字本", 古籍鑑定與維護研習會專輯編輯委員會 편, 吳哲夫 집행편집, 「古籍鑑定與維護硏習會專輯」(臺北: 中國圖書館學會, 1985), 213.

農書 卷二十二

造活字印書法伏羲氏畫八卦造書以代結繩之政而
文籍生焉（注云書字於木刻其側爲符各持其一以相考合）黃帝時倉頡視鳥
跡而爲篆籀古文科斗書也周宣王時史籀損益之而爲小篆
而秦程邈變之而爲隸
由隸而楷而草則又漢魏間諸賢變體之作此書
法之大槪或書之竹謂之竹簡或書之縑帛謂之帛
書縑貴而簡重不便於用又爲之紙故
字從巾按前漢皇后紀已有赫蹏紙至後漢蔡倫以木
膚麻頭敝布魚網造紙而文籍資之以爲
卷軸取其易於卷舒目之曰卷然皆爲本學者致於傳
錄故人以藏書爲貴五代唐明宗長興二年宰相馮道
李愨請令判國子監田敏校正九經刻板印賣朝廷從
之鏤梓之法其本於此因是天下書籍遂廣然而板木
工匠所費甚多至有一書字板功力不及數載難成雖
有可傳之書人皆憚其工費不能印造傳播後世有人
別生巧技以鐵爲印盔界行內用稀瀝青澆滿冷定取
平火上再行燬化以燒熟无字排於行內作活字印板
爲其不便又有以泥爲盔界行內用薄泥將燒熟无字

요즈음 또 재치 있고 편리한 방법이 있는데, 목판으로 인판을 만들고, 대나무를 깎아서 계선재를 만들고, 목판에 문자를 조각하여 가는 톱으로 잘라 내어 각각의 독립된 활자를 만든 다음, 조그만 칼로 사면을 다듬되 크기와 높이를 비교하여 같게 한다. 그런 연후에 활자를 한 행씩 배열하고, 죽편을 깎아서 끼워 넣는다. 인판 안에 활자가 가득 배열되면, 나무쐐기를 끼워서 견고하게 하여 활자가 모두 움직이지 않게 한 연후에 묵즙으로 인출한다(今又有巧便之法, 造板木作印盔, 削竹片爲行, 雕板木爲字, 用小細鋸鏠開, 各作一字, 用小刀四面修之, 比試大小高低一同. 然後排字作行, 削成竹片夾之. 盔字旣滿, 用木榍搐之, 使堅牢, 字皆不動, 然後用墨刷印之.).

寫韻刻字法: 우선 監韻 내의 사용할 수 있는 문자 수에 따라서 上平·下平·上聲·去聲·入聲의 5성으로 나누고, 각각 韻의 앞머리를 구분하여 字樣을 교감한 다음, 베껴서 모두 갖추어 둔다. 寫字官을 선정하여 활자의 자양을 취하되, 크기를 정하여 각 부문의

---

99) 武英殿聚珍版

자양을 필사하여 목판 위에 풀로 붙이고 각수에게 명하여 조각하게 한다. 경계선을 약간 남겨서 톱질할 수 있도록 표시를 삼는다. 또한, 之・乎・者・也 등과 같은 어조사와 숫자 및 항상 사용하는 자양은 따로 한 부문으로 구분하여 字數를 많이 조각하는데 대략 3만여 자다. 필사가 끝나면 모두 앞의 방법과 같이 한다(寫韻刻字法: 先照監韻內可用字數, 分爲上・下平・上・去・入五聲, 各分韻頭, 校勘字樣, 抄寫完備. 擇能書人, 取活字樣, 製大小寫出各門字樣, 糊於板上, 命工刊刻. 稍留界路, 以憑鋸截. 又有如助辭 '之・乎・者・也'字及數目字, 竝尋常可用字樣, 各分爲一門, 多刻字數, 約有三萬餘字. 寫畢, 一如前法.).

鏒字修字法: 목판 위의 자양을 다 조각하면, 가는 톱으로 문자의 사면을 잘라내어 광주리에 담는다. 활자 하나하나를 장인으로 하여금 재단용 칼로 가지런하게 다듬게 한다. 먼저 準則을 세워서, 준칙 안에서 크기와 높이가 같도록 시험한 연후에 다른 용기에 저장하도록 한다(鏒字修字法: 將刻訖板木上字樣, 用細齒小鋸, 每字四方鏒下, 盛於筐筥器內. 每字令人用小裁刀修理齊整. 先立準則, 於準則內, 試大小高低一同, 然後另貯別器.).

作盔嵌字法: 처음 베껴 쓴 監韻 내의 각 부문의 문자 수 대로 木盔 안에 심고, 죽편으로 한 행 한 행 사이에 꼭 끼워 넣는다. 가득 배열했으면 나무쐐기로 가볍게 조여서 輪盤 위에 배치한 다음, 이전처럼 5성으로 나누고 큰 문자로 표기한다(作盔嵌字法: 於元寫監韻各門字數, 嵌於木盔內, 用竹片行行夾住. 擺滿, 用木楇輕摁之, 排於輪上, 依前分作五聲, 用大字標記.).

造輪法: 가벼운 목재로 큰 輪盤(<사진 21> 참조)을 만드는데, 그 輪盤의 직경은 7척이나 되며, 輪盤의 축은 높이가 3척 여나 된다. 큰 나무 받침에 구멍을 뚫고, 위에는 가로 틀을 만들고, 그 가운데에 輪盤의 축을 끼운다. 아래에는 오목하게 홈을 뚫어서 轉輪盤을 세우고, 동그랗게 대나무로 울타리를 쳐서 그 위에 활자를 담아 둔다. 판면은 각각 호수에 의하여 위아래에 차례대로 배치한다. 대체로 輪盤을 두 곳에 두는데, 하나는 監韻의 판면을 두고, 다른 하나는 여러 활자의 판면을 둔다. 문선공이 가운데에 앉아서 좌우의 輪盤을 돌리면서 활자를 고를 수 있다. 대개 사람이 활자를 찾아다니기는 어렵지만, 활자가 사람에게 다가오게 하는 것은 쉬운데, 이 轉輪의 방법은 수고하지 않고서도 앉아서 활자들을 오게 하여 다 취할 수 있고, 또 監韻 안에 되돌려 놓을 수 있으니 일거양득으로 편리하다(造輪法: 用輕木造爲大輪, 其輪盤徑可七尺, 輪軸

高可三尺許. 用大木砧鑿竅, 上作橫架, 中貫輪軸, 下有鑽臼. 立轉輪盤, 以圓竹笆鋪之, 上置活字板面, 各依號數上下相次鋪擺. 凡置輪兩面: 一輪置監韻板面, 一輪置雜字板面. 一人中坐, 左右俱可推轉摘字. 蓋以人尋字則難, 以字就人則易, 此轉輪之法, 不勞力而坐致. 字數取訖, 又可補還韻內, 兩得便也.).

<사진 21> 王禎의 活字板韻輪圖

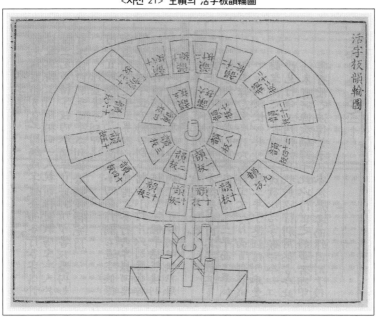

取字法: 처음 베껴 쓴 監韻을 따로 한 책에 써서 字號를 편성하고, 각 면의 각 행, 각 문자마다 모두 號數를 표시하되 輪盤 상의 각 부문과 같게 한다. 한 사람이 監韻을 가지고서 호수에 따라 문자를 부르면, 다른 한 사람은 輪盤에서 원래 배치한 輪字盤 안에서 해당 활자를 취하여 인쇄하려고 하는 서적의 인판 안에 배열한다. 만약 監韻 안에 없는 문자가 있으면 즉시 각자장으로 하여금 보충하게 하여 신속히 완비할 수 있다(取字法: 將元寫監韻另寫一冊, 編成字號, 每面各行各字, 俱計號數, 與輪上門類相同. 一人執韻, 依號

數喝字, 一人於輪上元布輪字板內取摘字隻, 嵌於所印書板盉內. 如有字韻內別無, 隨手令刊匠添補, 疾得完備.).

作盉安字刷印法: 평평하고 곧게 마른 목판 한 장에 판면의 크기를 재어서 사방에 변란재를 만들되 우변은 비워둔다. 인판의 판면에 가득 배열하였으면, 우변에 계선재와 변란재를 안치하고 나무쐐기로 견고히 하되 계선재 내의 자양이 하나하나 모두 바르게 정돈되어야 한다. 이보다 먼저 칼로 여러 가지 작은 죽편을 깎아서 다른 용기에 담아 두었다가, 만약 낮거나 기울어진 활자가 있으면 자형에 따라 받치고 끼워서 자체가 바르게 된 연후에 인출한다. 또한 종려나무 먹솔로 계선재와 같은 방향으로 수직으로 솔질하여야 하고 가로 방향으로 솔질하여서는 안 되며, 종이에 찍어낼 때도 역시 종려나무 솔로 계선재와 같은 방향으로 솔질한다. 이것이 활자판을 사용하는 정도이다(作盉安字刷印法: 用平直乾板一片, 量書面大小, 四圍作欄, 右邊空. 候擺滿盉面, 右邊安置界欄, 以木楬撦之, 界行內字樣, 須要箇箇修理平正. 先用刀削下諸樣小竹片, 以別器盛貯, 如有低邪, 隨字形襯墊之, 至字體平穩, 然後刷印之. 又以櫻刷順界行竪直刷之, 不可橫刷, 印紙亦用櫻刷順界行刷之. 此用活字板之定法也.).

그러나 王禎은 자신이 지은 저술인 「農書」에서 "고금의 이 방법은 전해오는 바가 없다(古今此法, 未有所傳)."라고만 하여 이 방법이 어느 때부터 있었는지를 알 수 없다.

(2) 畢昇의 목활자 실험

그러나 목활자에 대하여 宋 시대의 사람들도 이미 생각은 하였으나, 다만 그 기술상의 문제를 해결할 수 없어서 서적을 인쇄하는 데에 성공하지 못하였을 뿐이다. 「夢溪筆談」의 板印書籍조에:

나무로 활자를 만들지 않은 것은 목리의 성기고 조밀한 차이가 있어서, 물을 묻히면 높낮이가 고르지 않고 또 약과 서로 엉겨 붙어서 가히 취할 수 없으니, 흙을 구워서 만든 것만 같지 않다(不以木爲之者, 木理有疏密, 沾水則高下不平, 兼與藥相粘不可取, 不若燔土.).

라고 한 데에서 목활자는 본래 畢昇이 이미 실험한 적이 있었음을 알 수 있다. 그는 목질이 성기고 조밀한 차이, 즉 목재의 섬유가 신축성이 있어서 묵즙을 칠하면 곧 팽창하기 때문에 조판한 판면의 높낮이가 고르지 않게 되고, 또 약, 즉 인납이 쉽게 달라붙어서 떼어내기가 불편한 사실을 발견하고는 이를 사용하지 않고 교니활자로 대체한 것이다.

목활자를 이용한 서적 인쇄에 畢昇은 실패하고 王禎은 성공한 이유에 대하여, 畢昇은 당시 목재를 선별하거나 가공 처리하지 않은 채 실험한 데에 비하여, 王禎은 적당한 처리 과정을 거쳐서 목질을 개량하였을 것이기 때문이라고 한다.[100] 물론 목질이 단단한 나무를 선별하고 찌거나 삶아서 건조시키는 등의 과정을 거치면 습기를 먹어도 그다지 팽창하지 않는다. 그러나 당시 목판인쇄에 사용하는 목재는 모두 연판 과정을 거쳤을 것이므로, 畢昇이 목활자에 사용할 목재를 가공 처리해야 한다는 사실을 몰랐을 리 없다. 또한, 王禎이 만약 목재의 연판 과정을 거쳤다면, 그 구체적인 사실을 서술하였을 것이다. 왜냐하면, 기타의 과정은 모두 상세히 기록하였는데 연판 과정만 누락시켰을 리 없기 때문이다.

따라서 저자는 畢昇이 목활자 실험에 실패한 원인으로 목재를 잘못 선정하였거나 처리 과정을 거치지 않았다는 점 외에 기타 극복하

---

100) 錢存訓(1985), 214.

지 못한 기술적 문제가 있었을 것으로 짐작한다. 특히 체적이 그다지 크지 않은 목활자는 팽창 수축의 정도도 그다지 크지 않으므로, 활자에 있어서는 목질이나 연판 과정은 크게 문제 되지 않을 수 있다. 오히려 활자인쇄의 3대 기술적 관건인 활자의 제작·조판·인출의 과정에서 가장 핵심적인 조판 상의 문제를 畢昇은 극복하지 못하고 王禎은 해결할 수 있었기 때문이 아닌가 짐작한다.

5.2.3 王禎의 공헌

王禎이 인쇄기술 발달 과정에서 크게 공헌한 바는 활자를 담아두는 活字韻輪盤을 발명하여 반기계식을 도입한 점이다. 활자를 문선하는 과정에서 輪盤을 돌려서 활자가 사람에게 다가오게 하고 사람이 활자를 찾아다니지 않게 함으로써 문선공의 수고를 덜어서 조판의 효율을 크게 증가시켰다.

또한, 활자 제작의 방법과 인쇄 경험을 체계적으로 기록하여 활자 제작의 규범을 제시하였을 뿐만 아니라, 활자의 조판과 인판의 기술 조건 등을 제공하여 후대로 하여금 참고할 수 있도록 한 점도 들 수 있다.

5.3 回鶻文 목활자[101]

1908년 5월 23일 프랑스의 한학자 Paul Pelliot(1878-1945)가 이끄는 중앙아시아 탐험대[102]가 敦煌 莫高窟 千佛洞 北區 464번 동굴

---

101) 史金波·雅森吾守爾 공저(2000), 80, 87-107. 목판인쇄에 관하여는 80-87 참조.

102) 이들은 1908년 2월 25일 敦煌에 도착하였다.

(Paul Pelliot의 181번 동굴)의 퇴적된 모래 속에서 回鶻文·西夏文·藏文의 문헌과 함께 다량의 回鶻文 목활자를 발견하였다. 이들 목활자는 프랑스 파리의 국립도서관을 거쳐서 현재는 Musée national des Arts asiatiques-Guimet(기메 아시아 예술 박물관)에 960개가

<사진 22> 回鶻文 목활자[103]

소장되어 있다. 편목번호는 MG25507. 1999년 敦煌硏究院의 彭金章 연구원은 敦煌 석굴의 北區 동굴을 정리할 때, 回鶻文 목활자 48개(56번 동굴 1개, 59번 동굴 16개, 162번 동굴 2개, 163번 동굴 10개, 464번 동굴 중실 2개, 464번 동굴 동남 측실 17개)를 발견하였다. 敦煌硏究院의 유물 창고에 보관 중이던 6개를 합하면 54개로 Musée Guimet에 소장된 활자와 같은 종류이다. 따라서 현재까지 발견된 回鶻文 목활자의 수량은 모두 1,014개이다. 이는 현존 세계 最古의 활자 실물이다(<사진 22> 참조).

이들 활자는 양각 반체자, 문자면의 세로는 문자의 길이에 따라 10~26mm로 각각 다르고, 가로는 13mm, 높이는 22mm이다. 목질

---

103) 史金波·雅森吾守爾 공저(2000), 채색도판 30·31.

은 대추나무와 배나무로 보인다. 대부분이 먹으로 도포되어 있어서 인쇄에 사용하였음을 알 수 있다. 제작 방법은 목판에 저본을 붙이고 양각으로 조각한 후 활자 단위로 자르거나 기존의 책판을 낱말이나 음절 단위로 잘라서 다듬어서 완성하였다. 활자의 배면에 발음기호나 문자가 조각된 경우가 있어서 양면을 활용하기도 하였음을 알수 있다. 제작 연대는 1300년경으로 보인다.104)

回鶻文字105)는 표음문자의 음소문자로 8개의 모음과 20개의 자음으로 구성된다. 낱말은 어근·어간·어미의 3부분으로 구분된다. 발굴된 목활자를 분석한 결과, 낱말을 단위로 한 활자와 음절 또는 음소를 단위로 한 활자로 대별된다.106) 이를 세분하면 ① 발음을 표시하는 字母, 즉 모음과 자음 단위의 활자, ② 완전한 의미를 표시하는 낱말 단위의 활자, ③ 동사의 어간을 표시하는 활자, ④ 각종 어미를 표시하는 활자, ⑤ 의미 표시나 어법 기능 없이 발음 조합을 단위로 한 활자, ⑥ 판면의 광곽을 표시하는 단변 또는 쌍변 활자, ⑦ 구두

---

104) Tsien Tsuen-Hsuin, *Paper and Printing*, Joseph Needham, *Science and Civilization in China*, Vol. Ⅴ:1(Cambridge: Cambridge University Press, 1985), 304-305.

105) 중국 新疆維吾爾自治區의 위구르(維吾爾, Uighur)족 전신으로 回鶻족, 원래는 回紇족이 있다. 回鶻語는 알타이어계의 돌궐어족에 속한다. 回鶻文字는 창제 시기를 알 수 없지만, 9세기에 이미 回鶻文 문헌이 다수 존재한다. 高昌回鶻汗國의 통용문자로 수백 년간 사용되다가 15세기에 察合台文으로 대체되었다. 초기에는 우측에서 좌측으로 횡서하였지만, 후에 종서하면서 좌측 행에서 우측 행으로 기록하였다.

106) 1. Carter T. F., *The Invention of the Printing in China and its Spread Westward*. Revised by Googrich L. C., (the second edition), New York: The Ronald Press Company, 1955, 218.
    2. Carter 저, 吳澤炎 역, 「中國印刷術的發明和它的西傳」 (北京: 商務印書館, 1991), 188.
    3. 牛汝極, "法國所藏維吾爾學文獻文物及其硏究", 「西域硏究」1994년 제2기(1994).
    미국의 인쇄사학자 Carter는 이 저술에서 回鶻文은 중국의 漢字처럼 낱말 단위의 문자라고 하였다. 그 이유는 回鶻文을 해독하지 못하는 Carter가 1925년 초판을 발행할 때 수록한 回鶻文 목활자 4개가 모두 공교롭게도 낱말 단위의 활자였기 때문에 오판한 것이다. 누가 Carter에게 이 활자 4개를 선별하여 주었는지는 알지 못한다. 이 오판은 60년간 수많은 다른 연구에 인용되다가, 1985년 Tsien Tsuen-Hsuin(錢存訓)에 의하여 *Paper and Printing*에서 回鶻文은 낱말 단위의 문자가 아닌 字母나 음절 단위의 拼音문자임이 제기되었다. 그 후 1995년 위구르족인 雅森吾守爾이 Musée Guimet 소장 활자 960개 전부를 확인함으로써 낱말·음절·음소를 단위로 조성한 활자임을 밝혔다.

점이나 기호를 표시하는 활자 등이다. 이 밖에 문자가 없는 공란을 채우기 위한 충전재가 있다.

이들 목활자는 13~14세기 사이에 활자인쇄술 발달에 공헌한 것으로 보이지만, 안타깝게도 回鶻文 활자본은 아직 발견되지 않고 있다.

이 밖에 庫車와 和田 지역에서도 한자·八思巴字·古和田 문자의 목활자본이 발견되었다. 이들은 당연히 새로운 발견이지만, 이의 인쇄 관련 사실에 대하여는 알려진 바가 없다.[107]

5.4 馬稱德의 木活字本「大學衍義」

廣平의 馬稱德은 王禎보다 20여 년 후인 延祐 6(1319)년 10월에 浙江省 奉化知州로 재임하던 3년 동안에 목활자를 10만 개까지 조각하였다. 그 가운데 至治 2(1322)년에는 활자판으로 眞德秀의「大學衍義」43권 등 서적을 인쇄하였으니,[108] 그가 이 목활자로 인쇄한 서적이 한두 종이 아니었음을 알 수 있다.

그러나 이 활자판의 조성 방법이 王禎을 모방한 것인지는 증빙할 문헌 기록이 없어서 고구할 수 없다. 馬 씨가 활자판으로 서적을 인쇄한 적이 있으므로 그가 일찍이 정리하였던 延祐「奉化州志」에 대하여 활자로 인쇄하였을 것이라고 추측하는 이가 있다.[109]

---

107) 張秀民 저, 韓琦 增訂(2006), 24.

108) 1. (淸)李前泮 修, 張美翊 纂,「奉化縣志」권18, 名宦傳, 元, 馬稱德조, 제5엽下엽.
　　 2. 秀川,「中國印刷術史話」(香港: 商務印書館, 1977), 31.

109) 1. 張秀民(1980), 65.
　　 2. 張秀民 저, 韓琦 增訂(2006), 19.

5.5 「御試策」의 銅活字本설

北京의 國家圖書館에 「御試策」(일명 「御製策」) 1책이 소장되어
있는데, 그의 판식이 사주 단변에 네 모서리의 틈이 크게 벌어져 있
고, 자체는 길면서 아름답고, 인쇄 상태가 분명한 점을 근거로 활자
본으로 단정하면서 혹자는 한국의 판본이라고 여기고 있다. 그러나
한국의 甲寅字(1434년 주조)나 乙亥字(1455년 주조)의 자체는 扁體
로 이 「御試策」과 다르다. 또한, 저술 중에 채록된 가장 늦은 시기의
사람이 元統 원(1333)년의 진사임을 근거로 아마도 元 시대 元統 연
간(1333-1334) 이후에 인쇄한 동활자본이 아닐까 의심하기도 하
고,[110] 元 시대의 목활자본으로 중국 현존 最古의 활자본이라고도
한다.[111] 그러나 이 판본은 한국 고려대학교 도서관(貴-148)·연세
대학교 도서관(貴313)·영남대학교 도서관(340.1과 古042의 2부)에
도 소장된, 조선의 지방정부가 中宗年間(1506-1544)에 倣乙亥字小
字體木活字로 인출한 것임이 밝혀졌다("附錄 4. 5.4 「御施策」", 圖
錄부록—서영 68 참조).[112]

5.6 「開元天寶遺事」

(淸)莫友芝의 「邵亭知見傳本書目」에 (五代)王仁裕의 「開元天寶遺
事」 4권이 元 시대의 활자본으로 저록되어 있으나,[113] 지금은 그의

---

110) 1. 張秀民(1980), 68.

　　 2. 潘吉星, 「中國·韓國與歐洲早期印刷術的比較」 (北京: 科學出版社, 1997), 88-90.

111) 張秀民 저, 韓琦 增訂(2006), 20.

112) 千惠鳳, "朝鮮朝의 乙亥小字體木活字本 「御施策」", 「書誌學研究」 15(1998. 6), 42-48.

113) (淸)莫友芝, 「邵亭知見傳本書目」, 卷第11, 子部, 小說家類, 雜事之屬, 제2엽下엽(適園藏本).

행방을 알 수 없다.

<표 3> 元 시대의 활자인쇄

	인쇄 주체	인쇄 연도	활자 재료	인본 서적	비고
1	常州 모 씨	元代 초기	朱錫		주조, 실험작
2	王禎	大德 2(1298)년	木	「旌德縣志」	활자 3만여 개
3		1300년경	木		回鶻文 활자 1,014개, 현존.
4	馬稱德	至治 2(1322)년	木	「大學衍義」 43권	활자 10만 개
5				「開元天寶遺事」 4권	

6. 小 結

중국이 활자인쇄술을 발명한 배경이 되는 여러 요인과 萌芽期라고 할 수 있는 宋 시대 · 西夏國 · 元 시대의 활자인쇄에 관하여 문화사적인 요소뿐만 아니라 기술사적인 요소까지 살펴보았다. 연구된 내용을 요약하면 다음과 같다.

(1) 活字印刷術 發明 背景의 정립

선조의 일상생활에서 축적되어온 과학 기술이 활자인쇄술 발명의 밑거름이 되었다. 특히 도자기류의 제작은 재료인 점토의 특성을 체득할 수 있었고, 이 경험을 청동기의 주조에까지 응용할 수 있을 만큼 점토의 응용 기술 수준 또한 대단히 높았다. (宋)畢昇은 나무와 점토의 기술적 요소와 과학적 특성을 숙지하고 있었고, 당시의 사회적 요구를 충족시키기 위하여 지혜를 짜낸 끝에 교니활자인쇄술을 발명하였다.

(2) 다양한 活字印刷 起源說의 고증

활자인쇄의 기원이라고 주장하는 여러 학설은 유사한 활자에 불과하거나 확증할 수 없는 수준임을 밝혔다. 활자인쇄의 기원은 宋시대 慶曆 연간(1041-1048) 畢昇의 교니활자임도 아울러 고구하였다. 그 증거는 (宋)沈括의 「夢溪筆談」에 남아 있는 문헌 기록으로, 활자의 제작·조판·인출·해판 및 재사용이라는 활자인쇄의 기술적 방법과 원리를 완벽하게 서술하고 있다.

(3) (宋)畢昇 膠泥活字의 印刷 實物 분석

畢昇의 교니활자인쇄술의 현존 실물로 보이는 「佛說觀無量壽佛經」 낙장에 대하여 아직 풀어야 할 의문점이 남아 있기는 하나, 그의 제원과 함께 畢昇의 교니활자본인가를 다각도로 검토하였다.

(4) 畢昇 묘비의 발견

「夢溪筆談」 이후 무려 900여 년의 세월이 지난 1990년 중국 英山縣에서 畢昇의 묘비가 발견되었다. 아직 쟁점은 남아 있지만, 이로부터 畢昇의 신분·처가·직업·출신지와 활동 지역·사망 연도와 사망 지역 등 일대기를 재구성할 수 있을 만큼 많은 부분을 보완하였다.

(5) 宋 시대의 活字本 고증

宋 시대의 활자본이라고 하는 여러 판본을 고증한 결과, 대부분이 明·淸 시대의 동활자본 또는 목활자본임을 밝혔나. 宋 시대의 활자본으로는 紹熙 4(1193)년 周必大의 교니활자본인 「玉堂雜記」와 淳祐 원(1241)년에서 10(1250)년 사이의 楊古의 교니활자본인 「近思錄」과 「東萊經史論說」 등 5종이 있었음을 고구하였다.

(6) 活字印刷의 技術的 發展 過程 고구

宋·元 시대를 통하여 활자의 제작에 있어서는 재료를 교니(도토)에서 목재까지 응용할 수 있게 되었다. 朱錫활자를 주조하여 인출을 시도하기도 하였다. 조판 기술에 있어서는 문선용 活字韻輪盤을 발명하여 작업 능률을 향상시켰다. 조판 방법은 부착식 방법의 조립에서 조임식 방법의 조립으로 발전하였다. 즉 활자의 점착제로 송진·밀랍·종이 재 등을 사용하다가 瀝靑(pitch·bitumen·asphalt)으로 개량하였고, 더 나아가 점착제 대신 나무쐐기를 사용하였다. 인출 기술에 있어서는 묵즙의 조제 기술 향상으로 교니활자뿐만 아니라 瓦활자·목활자 등에도 사용할 수 있게 되었다.

(7) 西夏文 活字本 분석

1140년대에 인출된 교니활자본 「維摩詰所說經」, 桓宗 연간(1194-1205)의 목활자본 「德行集」 등 西夏文 활자본 11종을 분석하였다. 이 「德行

集」은 현존 最古의 목활자본이 될 것이다.

(8) (元)王禎의 印刷 技術 개량

王禎은 목활자로 大德 2(1298)년에 「旌德縣志」를 인쇄하였다. 이
밖에 王禎이 활자인쇄 기술의 발달사 상에서 이룩한 공헌으로는 조
판 작업의 능률을 크게 향상시킬 수 있는 活字板韻輪을 발명하여
응용하였고, 자신의 경험을 체계적으로 정리하여 「農書」에 남긴 점
등을 들 수 있다.

(9) 元 시대의 活字 및 活字本 고증

元 시대에 제작된 활자로는 常州의 朱錫活字, 王禎의 목활자, 敦
煌에서 발견된 1300년경에 조성한 현존 最古의 回鶻文 목활자 등 3
종이 있다. 활자본 서적으로는 至治 2(1322)년 馬稱德의 목활자본
인 「大學衍義」 등 3종을 들 수 있다. 활자인쇄가 유행했던 지역은
安徽省・浙江省・甘肅省 등으로, 錫活字・목활자 등을 이용하여 서
적을 인쇄하였다.

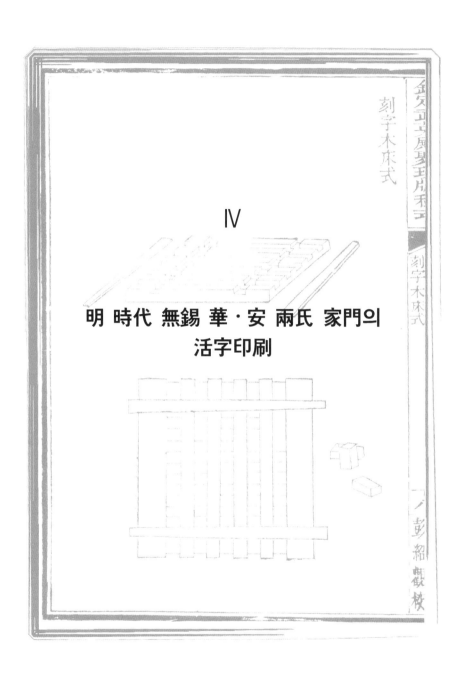

IV

明 時代 無錫 華·安 兩氏 家門의 活字印刷

Ⅳ. 明 時代 無錫 華・安 兩氏 家門의 活字印刷*

Typography of Hua and An Families from Wuxi City in Ming Dynasty

〈초 록〉

(1) 成化(1465-1487)・弘治(1488-1505)・正德 연간(1506-1521)에 江蘇省
    에서 동활자로 인쇄한 것으로 보이는 九行本 詩集들을 분석하였다.

(2) 無錫 華씨 가문의 주석활자본은 33종으로 중국에 있어서 활자인쇄의
    성행을 주도하였다. 인쇄 기술은 초솔하고, 교감은 철저하지 못하여, 판
    본이 우수하지 못하다.

(3) 安國의 금속활자본은 文集과 類書 등 10종이다. 인쇄 기술은 華씨보다
    우수하고, 교감이 정밀하여 판본도 비교적 우수하다. 그러나 전반적인
    인쇄 기술 수준은 초보 단계를 면하지 못하고 있다.

(4) 華・安 양씨 가문의 금속활자본은 목판인쇄처럼 많이 찍을 수 없어서,
    시간이 흐를수록 더욱 희소해졌다.

요어: 九行本 詩集, 華燧, 安國, 주석활자

---

* 曺炯鎭, "明代 無錫 華・安 兩氏 家門의 活字印刷", 「季刊書誌學報」 제15호(1995. 3), 95-120.

<ABSTRACT>

(1) This research investigated the nine line edition collection of poems seemingly to have been printed by bronze type in Jiangsu province during the reigns of Chenghua(1465-1487), Hongzhi(1488-1505) and Zhengde(1506-1521).

(2) The Hua family had printed 33 editions with tintype and led the prosperity of type printing in China. The printing technology was coarse, proofread was not thorough, and the edition quality was poor overall.

(3) Guo An had a total of ten metal type editions including collection of prose works and encyclopedia. His printing technology was more sophisticated than that of Hua family, the proofreading was vigorous, and the edition quality was fairly high. Nevertheless, the overall quality of typography still remained in its rudimentary stage.

(4) The metal type editions of Hua and An families have become increasingly scarce over time due to the limited number of printing unlike woodblock printing.

Key words: nine line edition collection of poems, Sui Hua, Guo An, tintype

1. 小 緒

活字印刷術은 중국에서 일찍이 宋 시대의 畢昇에 의하여 교니활자
로 발명되었다. 西夏國과 元 시대에 이르러서는 이를 서적 인쇄에 응
용하기 시작하였다. 활자를 만드는 재료는 泥・木을 비롯하여 瓦・
朱錫 등을 사용하였다. 그러나 제III장에서 살펴본 바와 같이 宋・元
시대의 활자본으로 밝혀진 것은 최다 9종이며, 이 밖에 西夏國의 활
자본은 현존 실물 10종 외에 문헌 기록에 의하여 1종이 더 있었음을
알 수 있다.

明 시대에 이르러서 활자판이 비로소 성행하기 시작하였는데, 특히
弘治(1488-1505)・正德 연간(1506-1521)의 金屬活字本은 오늘까지도
많이 전래되고 있다. 이 금속활자본의 가치에 대하여는 (淸)黃丕烈이

> 고서는 宋・元 시대로부터 刻板 이외에 가장 믿을 수 있는 것은
> 銅板活字本만 한 것이 없다. 대개 근거한 바가 모두 舊本이며 판
> 각 시기도 역시 앞서기 때문이다(古書自宋・元板刻而外, 其最可信
> 者, 莫如銅板活字, 蓋所據皆舊本, 刻亦在先也.).[1]

라고 언급한 점에서 잘 알 수 있다. 그러나 금속활자의 인쇄 기술
이 누구에 의하여 시작되었으며 어떻게 발전하여 왔는가 하는 문제
는 추적할 수 없는 실정이다. 비록 혹자는 금속활자는 華燧가 발명
한 것이라고 하고 있고, 또 字模를 이용하여 주조한 것으로 매우 중
요한 발명이라고도 하고 있다.[2] 그러나 (宋)陸放翁의 「渭南文集」에

---

1) (淸)黃丕烈,「士禮居藏書題跋記」, 권4, 子類, 제32엽下엽, 開元天寶遺事조.
2) 劉國鈞・陳國慶 공저,「版本學」(臺北: 西南書局, 1978), 66-67.

추록된 (明)祝允明의 後序에는

> 沈括의 「夢溪筆談」에서 활판법을 기술한 이래로, 근세에는 몇몇
> 好事家들이 즐겨 이를 하고 있다(自沈≪夢溪筆談≫述活版法, 近世
> 三五好事家盛爲之.).[3]

라고 언급하고 있다. 이는 틀림없이 弘治·正德 연간에 이르러 江
蘇省의 無錫·常州·蘇州 일대에서 금속활자의 인쇄가 성행하였던
일을 지칭하여 한 말일 것이다. 弘治·正德 연간의 초기에 속하는
것으로는 無錫 지방 華燧의 會通館에서 인쇄한 것이 있다. 그러나
華燧가 인쇄한 서적의 서문에는 결코 자기가 금속활자를 창제하였
다고 말하고 있지 않다. 이뿐만 아니라 그와 같은 시대이거나 조금
늦은 華珵·華堅·安國 등이 인쇄한 서적의 어디에도 금속활자의
발명이 華燧에 의한 것이라고 언급하고 있지 않다.[4] 만약 華燧 자신
이 금속활자를 발명한 것이라면 서문이나 跋文 또는 관련 문헌 등에
반드시 비교적 상세한 기록을 남겼을 것이다. 예를 들어 (明)邵寶의
「容春堂集」의 "會通君傳"에

> 會通군의 성은 華씨이고, 휘는 燧, 자는 文輝로 無錫인이다....이미
> 동자판을 만들어 계승하면서 '나는 능히 익혀서 통달하였다'라고
> 말하였다. 이에 그 처소를 이름하여 會通館이라 하였다(會通君姓
> 華氏, 諱燧, 字文輝, 無錫人... 旣而爲銅字板以繼之, 曰吾能會而通
> 之矣. 乃名其所曰會通館.).[5]

---

3) 劉國鈞·陳國慶 공저(1978), 66-67.

4) 昌彼得, 「中國圖書史略」(臺北: 文史哲出版社, 1976), 34.

5) (明)邵寶, 「容春堂集」 後集 권8 "會通君傳".

라고 하여 "익혀서 통달하였다(會而通之)."라고 언급한 것은 타인의 방법을 받아 익혀서 자기의 실험에 응용할 수 있게 되었음을 의미할 것이다. 또한, 문헌 기록에 의하면 華燧의 성격은 완고한 선비인 듯하고, 천부적으로 창조력을 소유하고 있는 발명가는 아닌 듯하다.[6] 따라서 이는 타인으로부터 전습해 온 것이거나, 남의 방법을 모방한 것이라고 추론할 수 있다. 그러나 그의 淵源에 대한 실마리는 실로 찾을 수 없다. 현존 인본으로 살필 수 있는 것으로는 弘治 연간이므로, 중국 明 시대의 활자인쇄를 논술할 수 있는 시작점은 여전히 弘治 연간의 금속활자 인본에서부터이다.

활자인쇄가 유행하기 시작한 배경은 당시 사회의 발전과 불가분의 관계에 있다. 15·16세기에 중국의 경제는 상당히 발달하여 생산력이 점차 증대되고, 사회적 재정 능력도 풍족하여 자본주의가 싹트기 시작하였고, 사회·문화도 그에 따라서 발전하게 되었다. 또한, 서적에 대한 새로운 요구가 일면서, 서적의 유통량도 증가하였다. 이러한 조건에서 활자인쇄술이 광범위하게 이용되는 것은 매우 자연스러운 일이다. 당시 無錫·常州·蘇州 등 江南 일대는 水利가 발달하고, 토지는 비옥하여 상공업이 번성하면서, 적지 않은 대지주와 거상이 출현하였다.[7] 문화 수준도 역시 이 일대가 가장 높았다.[8] 이 일대의 士林은 고상한 취미 생활을 위하여 금속활자를 제작하여 서적을 인쇄하였고,[9] 그에 따라 활자인쇄술도 江南의 無錫 지방을 중

---

6) 錢存訓, "論明代銅活字板問題", 喬衍琯·張錦郎 공편, 「圖書印刷發展史論文集」(臺北: 文史哲出版社, 1982), 327.

7) 張秀民, "明代的銅活字", 喬衍琯·張錦郎 공편, 「圖書印刷發展史論文集續編」(臺北: 文史哲出版社, 1979), 83.

8) 劉國鈞·鄭如斯 공저, 「中國書的故事」(北京: 中國靑年出版社, 1979), 69.

9) 張秀民, 「中國印刷術的發明及其影響」(臺北: 文史哲出版社, 1980), 68.

심으로 발전하여 과거의 어느 시기보다도 광범위하게 유행하였다.

이 지역에서 활자인쇄를 주도한 인물로 華씨와 安씨의 두 가문을 들 수 있다. 華씨 가문에는 무려 4명이 4대에 걸쳐서 인쇄 사업, 특히 금속활자 인쇄 사업을 주도하였다. 安씨 가문에서는 桂坡館 주인인 安國을 들 수 있다. 이에 華·安 양씨의 가문을 중심으로 明 시대 前期의 활자인쇄를 살펴보고자 한다.

2. 華氏 以前의 活字印刷

2.1 印刷 事實

2.1.1 무명씨의 「醫林類證集要」

무명씨는 成化 18(1482)년에 목활자로 (明)王璽의 「醫林類證集要」를 인쇄하였다.[10]

2.1.2 무명씨의 九行本 詩集

현재 전래되고 있는 明 시대의 가장 오래된 동활자본이라고 알려진 것으로 漢 시대부터 唐 시대까지의 여러 문인의 작품을 간행한 九行本 詩集이 있다. 「耿湋集」 3권(圖錄IV-서영 1)·「高常侍集」 8권(圖錄IV-서영 2)·「顧況集」 2권(圖錄IV-서영 3)·「權德輿集」 2권(圖錄IV-서영 4)·「唐太宗皇帝集」 2권(圖錄IV-서영 5)·「唐玄宗皇

---

10) 張秀民·韓琦 공저, 「中國活字印刷史」(北京: 中國書籍出版社, 1998), 122.

帝集」2권(圖錄IV-서영 6)·「戴叔倫集」2권(圖錄IV-서영 7)·「杜審言集」2권(圖錄IV-서영 8)·「駱賓王集」2권(圖錄IV-서영 9)·「郎士元集」2권(圖錄IV-서영 10)·「廬綸集」6권(圖錄IV-서영 11)·「盧照鄰集」2권(圖錄IV-서영 12)·「劉隨州集」10권(圖錄IV-서영 13)·「李嘉祐集」2권(圖錄IV-서영 14)·「李嶠集」3권(圖錄IV-서영 15)·「李頎集」3권(圖錄IV-서영 16)·「李端集」4권(圖錄IV-서영 17)·「李益集」2권(圖錄IV-서영 18)·「孟浩然集」3권(圖錄IV-서영 19)·「武元衡集」3권(圖錄IV-서영 20)·「司空曙集」2권(圖錄IV-서영 21)·「常建集」2권(圖錄IV-서영 22)·「蘇廷碩集」2권(圖錄IV-서영 23)·「孫逖集」1권(圖錄IV-서영 24)·「沈佺期集」4권(圖錄IV-서영 25)·「羊士諤集」2권(圖錄IV-서영 26)·「楊烱集」2권(圖錄IV-서영 27)·「嚴武集」1권(圖錄IV-서영 28)·「嚴維集」2권(圖錄IV-서영 29)·「王摩詰集」6권(圖錄IV-서영 30)·「王勃集」2권(圖錄IV-서영 31)·「王昌齡集」2권(圖錄IV-서영 32)·「虞世南集」1권(圖錄IV-서영 33)·「韋蘇州集」10권(圖錄IV-서영 34)·「岑嘉州集」8권(圖錄IV-서영 35)·「張九齡集」4권(圖錄IV-서영 36)·「張說之集」8권(圖錄IV-서영 37)·「儲光羲集」5권(圖錄IV-서영 38)·「錢考功集」10권(圖錄IV-서영 39)·「祖詠集」1권(圖錄IV-서영 40)·「秦隱君集」1권(圖錄IV-서영 41)·「陳子昂集」2권(圖錄IV-서영 42)·「崔曙集」1권(圖錄IV-서영 43)·「崔顥集」2권(圖錄IV-서영 44)·「包佶集」1권(圖錄IV-서영 45)·「包何集」1권(圖錄IV-서영 46)·「韓君平集」3권(圖錄IV-서영 47)·「許敬宗集」1권(圖錄IV-서영 48)·「皇甫冉集」3권(圖錄IV-서영 49)·「皇甫曾集」2권(圖錄IV-서영 50) 등 모두 50종이다.[11]

이들 시집의 간행 주체에 대하여는 (明)何良俊의 「四友齋叢說」 권24에서 (唐)李端의 「古別離詩」를 언급할 때

> 요즘 徐岷西가 간행한 50명의 唐詩 활자본인 「李端集」에도 이 시 가 있다(今徐岷西家印五十家唐詩活字本「李端集」, 亦有此詩.).[12]

라고 말한 기록이 있다. 「江蘇藝文志」 蘇州卷에 의하면, 岷西는 徐縉의 호로 吳縣 洞庭 西山인이다. 弘治 18(1505)년 진사를 거쳐서 吏部侍郎까지 봉직하다가 관직을 면탈당하여 귀향, 세상과 단절하고 노모를 봉양하였다. 嘉靖 18(1539)년 사망하였다. 혹자는 이 기록에 근거하여 이 50종의 「唐人集」은 徐縉이 관직을 면탈당하여 귀향한 후에 간행한 것이라고 하였다.[13]

간행 시기에 대하여 黃丕烈에 의하면 이 시집들은 대체로 成化 (1465-1487)・弘治 연간에 인쇄한 것으로, 서체를 보면 동활자로 인쇄한 것처럼 보이고, 종류도 가장 많아서 거의 100종에 이르고 있다고 하였다.[14] 또한 「曹子建集」의 田瀾 序에

> 舒貞이 말하기를 몇 년 전 長洲를 지나다가 徐 씨의 「曹子建集」 100부를 입수하여 다 팔고 남은 것이 없었다. 최근에 또 이 문집을 묻는 사람이 많았으나, 나는 오래도록 응대하지 못하였다. 대개 저 활자판은 처음엔 여러 부가 있었지만, 지금은 구할 수 없다고 하였다(舒(貞)曰: 往歲過長洲, 得徐氏≪子建集≫百部, 行且賣之

11) 1. 錢存訓(1982), 340-341.
   2. 편자 미상, 「唐五十家詩集」(上海: 上海古籍出版社, 1981).
12) 陳尙君, 「明銅活字本≪唐五十家詩集≫印行者考」, 「中華文史論叢」 總第46輯.
13) 徐憶農, 「活字本」(南京: 江蘇古籍出版社, 2002), 119-120.
14) 昌彼得, "歷代版刻之演變", 昌彼得, 「版本目錄學論叢 I」(臺北: 學海出版社, 1977), 117.

無餘矣. 近亦多問此集, 貞久無以應之. 蓋彼活字板, 初有數, 而今不可得也.).[15]

라는 기록과 함께, 최근의 고증에 의하면 판식·서체·책지·묵즙 및 편성 체제 등으로 미루어 正德 연간에 江蘇省 長洲 지방에서 인쇄한 것이라고 하였다.[16] (淸)葉德輝가 소장했던「韋蘇州集」10권은 아마도 이 九行本이었을 것이다.[17]

위 50종의 판본을 자세히 분석하면, 판면의 편집 체제는 동일한 형식을 유지하고 있다. 전반적인 판식은 좌우쌍변, 계선 있음. 판심: 상흑구, 상 하향 흑단어미, 판심제(시집명), 권차(단권의 경우는 생략), 장차, 하흑구. 9행 17자, 대부분이 소자 없으나, 간혹 소자쌍행, 인판 크기: 18.6~18.8 × 12.1~12.4cm이다. 실측한「顧況集」·「羊士諤集」·「包佶集」의 인판 크기는 18.7 × 12.2cm,「杜審言集」·「司空曙集」·「常建集」·「秦隱君集」·「包何集」은 18.7 × 12.3cm,「郎士元集」·「祖詠集」·「韓君平集」은 18.7 × 12.1cm,「盧照鄰集」·「武元衡集」·「劉隨州集」·「許敬宗集」은 18.8 × 12.2cm,「李嶠集」과「韋蘇州集」은 18.8 × 12.4cm,「李頎集」·「蘇廷碩集」·「王勃集」은 18.8 × 12.1cm,「陳子昻集」은 18.6 × 12.3cm이다. 그러나 서영에서 살필 수 있듯이 자세히 분석하지 않더라도 문자의 크기·서체·필획의 굵기·인출 상태 등이 균일하지 않고 다양하다(<사진 1> 참조). 따라서 활자의 제작·조판·인출 등의 과정이 단일 주체에 의

---

15) 王玉良, "明銅活字本≪曹子建集≫與≪杜審言集≫趙元方題跋", 「文獻」 1991년 제3期(총제49期)(1991. 9), 207-209.

16) 徐鵬, "前言", 편자 미상(1981), 1-20.

17) 昌彼得, "中國的印刷術", 昌彼得,「版本目錄學論叢Ⅰ」, 148.

한 것이라고는 믿기지 않는다. 진일보한 연구가 필요하다.

2.2 印刷 技術

이들 시집의 내용 중 일부분은 의도적으로 삭제된 듯하며, 또 小
註가 없는 점[18]으로 미루어 작은 활자가 부족했거나 없었기 때문이
아닌가 한다. 어느 문자는 자획이 부식되어 바르지 못하고,[19] 어느
문자는 정밀함이 목판보다도 우수하고,[20] 대체로 竹紙를 많이 사용
하였는데, 어느 것은 책지의 색깔조차도 다른 판본과 같지 않다.[21]

「駱賓王集」과 「陳子昂集」을 예로 들면, 활자의 크기(적어도 활자
동체의 문자면 크기, 이하 같다.)가 균일하고 서체도 비교적 아름다
우나, 같은 문자의 字樣이 일치하지 않고, 필획에 뾰족하게 도각의
흔적이 있는 점으로 미루어 육면체 동체에 필획을 조각하여 제작하
였는데, 그 조각술은 고명하지 못하다. 인판은 사변 일체식 또는 한
변과 계선·판심은 조립식을 사용하였는데, 네 꼭짓점에는 틈이 벌
어져 있지 않다. 문자의 (直)行과 (橫)列도 매우 가지런하여서 조판
기술이 상당히 고명하였음을 알 수 있다. 그러나 墨色은 그다지 고
르지 못하여 혹은 진하고 혹은 연할 뿐만 아니라 손에 그을음이 쉽
게 묻어난다. 또한, 문자의 주위에 묵즙이 번진 흔적이 있는 점으로
미루어, 아마도 금속활자에 사용하는 油煙墨이 아니고 목판에 사용
하는 松煙墨이었을 것이다.

---

18) 王重民, 「中國善本書目提要」(臺北: 明文書局, 1984), 465. 明活字本唐人小集조.

19) (淸)葉德輝, "書林餘話", 葉德輝, 「書林淸話」(臺北: 世界書局, 1974), 卷下, 35.

20) 錢存訓(1982), 331.

21) 王重民(1984), 465. 明活字本唐人小集조.

<사진 1> 九行本 詩集의 인출 사례

「陳子昻集」卷上, 2-2, 3-6, 6-3, 6-12, 7-3～4, 7-8～9, 8-10～11, 9-3～4(행·자 수)	「郎士元集」卷上, 4-3, 5-1, 8-2, 6-3, 7-3, 8-11
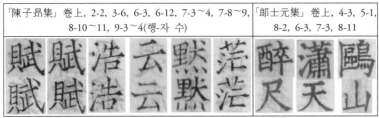	

「顧況集」은 광곽의 사변, 판심과 계선 등 완전 조립식 인판을 사용하였다.

「郎士元集」에 사용된 활자는 크기가 그다지 고르지 못하여, 醉・瀟・鷗 등 필획이 많아서 복잡한 문자는 크고, 尺・天・山 등 간단한 문자는 작다. 또한, 권상 제1엽상엽 제8행 제11자의 山처럼 필획이 어긋난 문자도 있으며, 같은 문자의 자양이 모두 일치하지 않는다. 서체는 혹은 길이가 상하로 긴 長體, 혹은 좌우로 넓은 扁體로 아름답지 못하다. 이에 사용된 인판은 변란・계선・어미를 조합한 조립식 인판인데, 네 꼭짓점에는 틈이 거의 없으며, 문자의 行과 列은 다소 바르지 못하지만, 묵색은 진하면서도 묵등처럼 인출된 경우가 없고 비교적 고르다. 즉 활자의 제작 기술은 그다지 뛰어나지 못하나, 조판과 묵즙 사용 기술은 상당히 우수하다.

「盧照鄰集」은 묵색이 문자에 따라 또 서엽에 따라 농담의 차이가 크다. 묵등처럼 인출된 문자도 있다. 「武元衡集」과 「許敬宗集」 역시 서엽에 따라 농담의 차이가 크다.

「劉隨州集」은 묵즙이 판면에 번져서 지저분한 느낌이다.

「李頎集」은 문자의 크기는 균일한 편이지만, 동일 문자의 자양이 일치하지 않으면서 필획의 윤곽에 도각 흔적이 있으나, 필서체의 필의를 살릴 수 있는 수준이다. 문자의 행렬은 가지런하며 기울어지거나 삐뚤어진 문자도 거의 없다. 조립식 광곽이지만 꼭짓점이 밀착되어 있다. 묵색은 10여 자씩 부분적으로 농담의 차이가 보인다. 묵즙의 도포량이 과하여 권중 제8엽 같은 경우는 거의 묵등 같은 부분도 있다.

「司空曙集」과「沈佺期集」역시 서품의 분위기는「李頎集」과 대동소이하나,「司空曙集」의 묵색은 문자에 따라, 또 엽에 따라 농담의 차이가 크다. 손에 닿으면 까맣게 묻어난다.「沈佺期集」은 문자의 서체가 약간 다르다.

「韋蘇州集」의 전반적인 묵색은 금속활자의 분위기이다. 문자의 크기는 균일한 편이지만, 동일 문자의 자양은 일치하지 않는다. 문자의 행렬은 가지런하다. 광곽의 꼭짓점은 거의 밀착하였다. 묵색은 간혹 차이 나는 문자가 있기는 하나, 비교적 고른 편이다. 삐뚤어지거나 반만 찍힌 문자가 거의 없다. 다만 묵즙이 고르게 착묵되지 않아서 자적에 하얀 반점이 있는 문자가 많다. 금속활자용 묵즙이 아닌 것으로 보인다.

「王勃集」의 묵색 분위기·문자·행렬·광곽 등은「韋蘇州集」과 같다. 묵색의 농담 차이는 진한 문자는 아주 진하고 연한 것은 거의 보이지 않을 만큼 심한 편이다. 대체로 묵즙을 진하게 많이 도포하여 문자가 맞닿은 곳은 까맣게 번져있다. 교감은 신중하여 활자가 준비되지 않은 문자는 공란으로 인출한 후 홍묵으로 기입해 넣었다.

「秦隱君集」은 문자 간 농담 차이가 있고, 묵등처럼 인출된 문자도 보인다.

「包何集」은 제4엽상엽에서 먹솔질한 흔적이 보인다. 목리와 유사하게 보지만, 목리는 아니다.

「韓君平集」은 사변을 조립하는 광곽을 사용하였다. 묵색은 금속활자의 분위기를 보이고는 있으나, 문사에 따라 또 시업에 따라 농담의 차이가 있다. 활자의 문자면(인출면)에 묵즙이 고르게 도포되지 않은 문자가 보이고, 묵등처럼 인출된 문자도 있다. 손에 닿으면 약간씩 묻어나기도 한다.

九行本 詩集의 책지는 3종을 사용한 것으로 보인다. 순수한 죽지(「陳子昻集」)·고정이 섞여 있는 듯 노란색을 띠는 죽지(「駱賓王集」·「李嘉祐集」·「李嶠集」·「楊烱集」)·백색의 저지 또는 안피지 등이다. 「唐玄宗皇帝集」·「虞世南集」·「張說之集」은 종이 재료의 섬유를 균일하고 미세하게 고해한 백색이어서 저지 또는 안피지로 보인다.

이처럼 각 사례에 따라 각 부문별로 기술상의 차이를 보이는 이유는 동일한 인물이 동일한 장소에서 동일한 시기에 인출한 것이 아니기 때문으로 보인다.

九行本 詩集의 활자 재질에 관하여, 혹자는 「武元衡集」을 예로 들면서 활자를 조각의 방법으로 제작하였으되 목질의 조각과는 다른 기법임을 제시하면서 금속활자임을 설명하고 있다. 목질의 조각과 다른 기법은 두 가지를 제시하고 있다. (1) 하나는 필획이 교차하는 부분을 조각할 때, 목질은 필획의 한쪽을 칼날이 횡단하여 지나가지만, 「武元衡集」의 경우는 필획을 횡단하지 않고 단을 나누어 윤곽을 따라서 조각하였다. 그 결과 어느 한쪽의 필획이 어긋나는 현상이 나타난다. 예를 들면 권상 제1엽상엽 제3행 제4자 古의 수직획과 제4행 제2자 國의 사선처럼 삐친 획이 그것이다(<사진 2> 참

조). (2) 둘째는 목질처럼 칼날이 필획을 횡단하되, 그 결과로 나타나는 현상이 목질과 다르다는 것이다. 예를 들면 제4행 제11자 長의 수직 획과 가로 세 획, 제6행 제11자 塘의 土 변의 수직 획 등이 마치 두 부분처럼 구분된 현상이 그것이다(<사진 3> 참조). 이러한 도각의 현상을 조각의 방법으로 제작한 금속활자의 근거로 제시하고 있다.22)

<사진 2> 필획의 분단 조각 현상   <사진 3> 필획의 횡단 조각 현상

<표 1> 華氏 이전의 활자인쇄

	인쇄 주체	인쇄 연도	활자 재료	인본 서적	비고
1		成化 18(1482)년	木	(明)王璽의 「醫林類證集要」	
2		成化-正德 연간	銅	九行本 詩集 50종	모두 100종설

---

22) 艾俊川, "金屬活字的雕痕", http://blog.sina.com.cn/s/blog 5ce786b50102v9gc.html(2014. 11. 30) 3-5.

3. 華氏 家門의 活字印刷

3.1 華燧의 會通館

3.1.1 會通館의 印刷 事實

江蘇省 無錫 지방 華燧(1439-1513)의 會通館은 弘治·正德 연간에 활자동판으로 서적을 인쇄하였다. 그 동기는 華燧 자신이

> 내가 처음에 이 활자판을 만든 것은 손으로 기록하는 번거로움을 덜기 위함이었는데, 이제 천하에 행해지게 되었다(始燧之爲是板也, 以私便手錄之煩, 今以公行天下.).[23]

라고 한 말이나

> 내가 문명의 운을 타고나서 활자동판이 완성되었다(燧生當文明之運, 而活字銅板樂天之成.).[24]

라고 말한 것처럼, 처음에는 필사의 수고를 덜기 위하여 시작하였는데 나중에는 매우 기쁘게도 금속활자판이 유행하게 되었음을 알 수 있다. 會通館이 활자동판으로 서적을 인쇄한 연대에 관하여는 弘治 원(1488)년부터 금속활자를 사용하여 서적을 인쇄하기 시작하였다고 하는 이도 있다.[25] 그러나 현재까지 알려진 會通館의 활자동판본은 모두 21종으로, 弘治 3(1490)년에 인쇄한 것이 가장 이르다.

---

23) 張秀民(1979), 84.

24) 華燧, "容齋隨筆序", 「會通館印正容齋隨筆」, 弘治8년會通館朱錫活字本.

25) 鍾史祖, 「中國古代科學家史話」(香港: 商務印書館, 1976), 112.

弘治 3년에 (宋)趙汝愚의「宋諸臣奏議」150권 50책을 인쇄하였다. 당시에는 활자가 동일한 크기의 한 조밖에 없어서 본문과 小註를 구별하지 못하고 한 행 안에 두 줄로 배열하여 본문과 小註가 뒤섞여 있다.26) 소자본의 서명은「會通館印正宋諸臣奏議」(圖錄IV-서영 51)이고, 대자본의 서명은「會通館校正宋諸臣奏議」(圖錄IV-서영 52)이다. 이 판본이 현재까지 알려진 인쇄 연대를 알 수 있는 중국 最古의 금속활자본이다.27) 弘治 5(1492)년에「錦繡萬花谷」前集 40권, 後集 40권, 續集 40권(圖錄IV-서영 53)을 인쇄하였고, 弘治 7(1494)년에는「會通館印正錦繡萬花谷」前集 40권, 後集 40권, 續集 40권(圖錄IV-서영 54)을 인쇄하였다.28) 전자는 小字本이고 후자는 大字本이다. 弘治 8(1495)년에「容齋隨筆」16권, 續筆 16권, 三筆 16권, 四筆 16권, 五筆 10권(圖錄IV-서영 55)과 (宋)謝維新의「古今合璧事類」前集 63권을 인쇄하였다.29) 弘治 9(1496)년에 (宋)左圭의「百川學海」160권을 인쇄하였고, 弘治 10(1497)년에「音釋春秋」12권과「會通館校正音釋詩經」20권(圖錄IV-서영 56)을 인쇄하였다.30) 弘治 8년에서 11(1498)년 사이에는 華燧가 지은「會通館集九經音覽」14권을(圖錄IV-서영 57), 弘治 14(1501)년에는 (漢)桓寬의「鹽鐵論」

---

26) 張秀民,「中國印刷史」(上海: 上海人民出版社, 1989), 683.

27) 錢存訓(1982), 326, 334.

28) 1. 汪桂海, "明代銅活字印書",「中國典籍與文化」2010년 제4기(총제75기))(2010), 110.
   2. 北京圖書館 원편, 勝村哲也 복간 편,「中國版刻圖錄」(京都, 朋友書店, 1983), 97. 錦繡萬花谷 조에서는 소자본 書口에 "弘治歲在玄黓困敦"이라고 인쇄된 자양에 의하여 弘治 5년에 인쇄한 것으로 보고 있다.
   3. 錢存訓(1982), 334. 대자본 書口에 "弘治歲在閼逢攝提格"이라고 인쇄된 자양에 의하여 弘治 7년에 인쇄한 것이라고 하고 있다.
   4. 張秀民(1979), 84. 張秀民은 弘治 5(1492)년에서 7(1494)년 사이에 인쇄한 것으로 보았다.

29) 張秀民(1989), 692.

30) 張秀民(1989), 692.

10권을 인쇄하였다.31) 弘治 16(1503)년에는 (宋)潘自牧의 「記纂淵
海」 200권(圖錄IV-서영 58)을, 弘治 18(1505)년에는 華燧의 「會通
館校正音釋書經」 10권(「會通館校正音釋朱子書傳」 포함)(圖錄IV-서
영 59)과 「十七史節要」를 인쇄하였다.32) 이 밖에도 弘治 연간에 華
燧의 「音釋易經」 4권·「詩選」·「書經白文」·「詩經白文」도 인쇄하
였다.33) 正德 원(1506)년에 「會通館印正文苑英華纂要」 84권·「文
苑英華辨證」 10권·「君臣政要」를 인쇄하였다.34)

이들 서적에는 간기가 판심의 위쪽과 아래쪽에 각각 소자 2행으로 나
누어져 있다. 판심 위쪽에는 「會通館印正宋諸臣奏議」에 "閼逢歲在弘治
閹茂" 또는 "弘治歲在閼逢閹茂(甲戌, 1514)"이, 「錦繡萬花谷」 小字本에
"弘治歲在玄黓困敦(壬子, 1492)"이, 大字本에는 "弘治歲在閼逢攝提格
(甲寅, 1494)"이, 「容齋隨筆」에는 "弘治歲在旃蒙單閼(乙卯, 1495)"이,
「音釋春秋」와 「校正音釋詩經」에는 "弘治歲在彊圉大荒落(丁巳, 1497)"
이, 「會通館集九經音覽」에는 "弘治歲在著雍敦牂(戊午, 1498)"이, 「記
纂淵海」에는 "弘治歲在昭陽大淵獻(癸亥, 1503)" 또는 "弘治歲在昭淵
獻陽大"가, 「會通館印正文苑英華纂要」와 「文苑英華辨證」에는 "歲在
柔兆攝提格(丙寅, 1506)"이 있다. 판심 아래쪽에는 모두 "會通館活字
銅板印"이 있는데, 「會通館印正文苑英華纂要」와 「文苑英華辨證」에는
"大十四字, 小二百九十一字" 등의 대·소 문자 수가 있다.

---

31) 張秀民(1989), 692.

32) 張秀民(1989), 693.

33) 1. 錢存訓(1982), 335-336.
   2. 張秀民(1989), 692-693.

34) 1. 錢存訓(1982), 326, 336.
   2. 張秀民(1979), 84. 張秀民(1989), 692에서는 「會通館印文苑英華纂要」를 弘治 8년에 인쇄한
      것으로 보았다.
   3. (中華民國)國立故宮博物院 편. 「國立故宮博物院善本舊籍總目」(臺北: 國立故宮博物院.

3.1.2 會通館 活字銅板의 板式

「會通館印正宋諸臣奏議」는 좌우쌍변, 계선 있음. 판심: 화구(關逢
歲在弘治閹茂, 권3에는 弘治歲在關逢閹茂)(소자 2행),[35] 상 하향 흑
단어미, 판심제(奏議), 권차, 장차, 하단에 "會通館活字銅板印"(소자
2행). 9행 17자, 각 행이 쌍행이어서 실제로는 18행. 판 크기: 20.1
× 14.6cm이다. 「會通館校正宋諸臣奏議」는 사주쌍변, 계선 있음. 판
심: 상흑구, 상하 내향 흑쌍어미, 판심제(奏議), 권차, 장차, 하흑구.
9행 17자, 판 크기: 24.1 × 15.5cm이다.

「錦繡萬花谷」은 사주쌍변, 계선 있음. 판심: 화구(弘治歲在玄黓困
敦)(소자 2행), 상 하향 흑단어미, 판심제(萬花谷), 권차, 장차, 하단
에 "會通館活字銅板印"(소자 2행). 9행 17자, 소자쌍행이다. 「會通館
印正錦繡萬花谷」은 좌우쌍변, 계선 있음. 판심: 화구(弘治歲在關逢
攝提格)(소자 2행), 상 하향 흑단어미, 판심제(錦繡萬花谷), 권차, 장
차, 하단에 "會通館活字銅板印"(소자 2행). 7행 13자, 소자쌍행, 판
크기: 15.5 × 11.5cm이다.

「會通館集九經音覽」은 사주단변, 계선 있음. 판심: 화구(弘治歲在
著雍敦牂)(소자 2행), 상 하향 흑단어미, 판심제(音覽), 권차, 장차,
하단에 "會通館活字銅板印"(소자 2행). 9행 17자, 소자쌍행, 판 크
기: 15.3 × 13.1cm이다.

「記纂淵海」은 좌우쌍변, 계선 있음. 판심: 백구, 간혹 화구(弘治歲
在昭陽大淵獻, 또는 弘治歲在昭淵獻陽大)(소자 2행), 상 하향 흑단

---

35) 대부분의 학자들이 弘治 3(1490)년 간행이라고는 하나, 소자본의 판심에 인출된 간기인 고갑자
"關逢閹茂"는 甲戌(1514)년이다.

어미, 판심제(海), 권차, 장차, 간혹 판심 하단에 會通館活字銅板印 (소자 2행). 7행 13자, 소자쌍행, 판 크기: 15.6 × 11.3cm이다.

「會通館印正文苑英華纂要」는 좌우쌍변, 계선 있음. 판심: 화구(歲 在柔兆攝提格)(소자 2행), 상 하향 흑단어미, 판심제(文苑英華), 장 차, 판심 하단에 대·소 문자수(소자 2행). 7행 13자, 소자쌍행, 판 크기: 15.3 × 11.4cm이다.

「文苑英華辨證」은 좌우쌍변, 계선이 격행으로 있음. 판심: 화구 (歲在柔兆攝提格)(소자 2행), 상 하향 흑단어미, 판심제(英華), 권차, 장차, 판심 하단에 대·소 문자수(소자 2행). 7행 13자, 소자쌍행, 판 크기: 15.5 × 11.5cm이다.

3.1.3 會通館 活字銅板의 재질과 제작 방법

지금까지 알려진 會通館 금속활자의 재질은 華燧 자신이 언급한 "活字銅板"에 의하여 동활자로 알려져 왔다. 또한 (明)邵寶 찬, (明) 秦榛 重校本 「容春堂後集」에 수록된 華燧의 말

> 이미 동자판을 만들어 이를 계승하여 말하기를 나는 능히 익혀서 이를 통달하였다(旣而爲銅字板, 以繼之, 曰: 吾能會而通之矣.).36)

라는 기록에 의하면 동활자로 해석할 수밖에 없다. 제작 방법은 여러 원전의 "爲銅板錫字"37) 또는 "範銅板錫字"38)라는 기록에 근거

---

36) (明)邵寶, 「容春堂後集」, (明)秦榛重校本, 권7, 會通君傳.

37) 1. (明)華方·華察 輯錄, 「華氏傳芳續集」, 明嘉靖11(1532)年華從智刻, 隆慶6(1572)年華察續刻本, 권15, (明)邵寶, 「容春堂集」, 會通華君傳: "會通君姓華氏, 諱燧, 字文輝, 無錫人. 少于經史多涉獵, 中歲好校閱同異, 輒爲辨證, 手錄成帙, 遇老儒先生, 卽持以質焉. 或廣坐通衢, 高誦不輟. 旣而爲**銅版錫字**, 以繼之. 曰: 吾能會而通之矣. 乃名其所曰會通館, 人遂以會通稱, 或丈

하여 字模를 사용하여 주조한 것이며, 동활자 외에 주석활자도 주조
하였을 것이다.39)라고도 추론하였다.

그러나 "範銅板錫字"의 의미를 엄밀히 분석하면, 인판을 銅으로
제작하되 주조의 방법으로 제작하였으며, 활자의 재질은 銅이 아닌
주석임을 설명하고 있다. 다만 활자의 제작 방법에 대한 설명을 생
략하고 있을 따름이다. 이러한 해석이 틀리지 않았음을 뒷받침하는
문헌 기록이 발견되었다. (明)華方・華察이 輯錄(권1~11은 華方
輯, 권12 이하는 華察 輯)한「華氏傳芳續集」권15에 수록된 (明)吏
部尙書 喬宇의「華氏傳芳集」會通華處士墓表에

　　　이에 구리를 주조하여 인판을 만들고, 주석을 조각하여 활자를 만
　　　들었다(乃範銅爲版, 鏤錫爲字.).40)

라고 기록하고 있다. 이 문장은 비록 9개 문자에 불과하지만, 여기
에서 會通館의 금속활자판은 인판을 銅을 사용하여 주조의 방법으로
제작하였고, 활자는 주석을 사용하여 조각의 방법으로 제작한 주석활

　　　之, 或君之, 或伯仲之, 皆曰會通云.".
　　　2. (明)華允誠 等修,「華氏傳芳集」, 淸初刻本, 권4, 會通府君宗譜傳: "府君諱燧, 字文輝, 號會通,
　　　通四支時茸府君次子… 經史多涉獵, 好校閱同異, 著≪九經韻覽≫. 又慮稿帙汗漫, 爲銅版錫字,
　　　翻印以行. 曰: 吾能會而通之矣. 人遂以會通稱之.".

38) (淸)華渚,「勾吳華氏本書」, 淸光緖31(1905)年存裕堂義庄木活字本, 권31, 三承事南湖公・會通公・
　　　東郊公傳: "會通公, 少于經史多涉獵, 中歲好校閱異同, 輒爲辨證, 手錄成帙, 遇老儒先生, 即持以
　　　質焉. 或廣坐通衢, 高誦琅(琳)琅, 旁若無人. 旣乃範銅板錫字, 凡奇書難得者, 悉訂證以行. 曰: 吾
　　　能會而通之矣. 名其讀書堂曰會通館, 人遂以會通稱. 或丈之, 或君之, 或伯仲之, 皆曰會通云. 所
　　　著有≪九經韻覽≫・≪十七史節要≫.".

39) 張秀民(1980), 70.

40) (明)華方・華察 輯錄,「華氏傳芳續集」, 明嘉靖11(1532)年華從智刻, 隆慶6(1572)年華察續刻本,
　　　권15, 제74엽, (明)吏部尙書 喬宇,「華氏傳芳集」, 會通華處士墓表: "(處士)悉意編纂, 于群書旨
　　　要, 必會而通之, 人遂有'會通子'之稱. 復慮稿帙滭漫, 乃範銅爲版, 鏤錫爲字, 凡奇書艱得者, 皆翻
　　　印以行. 所著≪九經韻覽≫, 包括經史殆盡.". 마모되어 모호하다는 의미의 "滭漫"을 일부 저술
　　　에서는 광범하다는 의미의 '汗漫'으로 쓰고 있다.

자임을 명확하게 설명하고 있다. 이로써 會通館 금속활자의 재질과 제작 방법에 대한 종래 인식의 오류를 확실히 정정할 수 있게 되었다. 기실 이처럼 인판과 활자를 구분한 경우는 처음부터 있었다. ① 「夢溪筆談」의 畢昇 교니활자 관련 기록에 "用膠泥刻字..., 以一鐵範置鐵板上, 乃密布字印. 滿鐵範爲一板"은 철제 인판 틀과 교니활자를 구분하고 있다. ② (宋)周必大가 「玉堂雜記」를 인쇄할 때에는 "以膠泥銅版移換摹印"이라 하여 교니활자와 동제 인판 틀을 구분하고 있다("제III장 3.6.1 周必大의 「玉堂雜記」" 참조). ③ 明嘉靖11(1532)年 華從智각본 「華氏傳芳續集」에 수록된 (明)邵寶의 「容春堂集」, "會通華君傳"에는 "이미 동판과 주석활자를 만들어 이를 계승하였다(旣而爲銅版錫字, 以繼之.)."라고 하고, 喬宇의 「華氏傳芳集」, "會通華處士墓表"에는 "乃範銅爲版, 鏤錫爲字"라고 하여 동제 인판 틀과 주석활자를 구분하고 있다. ④ (淸)方以智의 「通雅」 권37에 수록된 "이제 나무를 사용하여 이를 조각하여 동판으로 합하였다(今則用木刻之, 用銅板合之.)."와 (淸)王士禎의 「易居錄」 권34에 수록된 "이제 나무를 사용하여 문자를 조각하여 동판으로 합하였다(今用木刻字, 銅板合之.)."라고 하여 목활자와 동판을 구분하고 있다.[41] ⑤ 淸代 金簡의 「武英殿聚珍版程式」("제VI장 5.7 乾隆의 武英殿 聚珍版" 참조)에는 "대추나무 활자(棗木字)"와 "녹나무 인틀에 활자를 배열하였다(擺字楠木槽版.)."라고 하여 대추나무 활자와 녹나무 인판 틀로 구분하고 있다. ⑥ 기계식 연활자 인쇄에서 활자는 주조한 합금 鉛활자를 사용하고, 인쇄기의 인판은 철제를 사용하여 이를 구분할 수 있다.

---

41) 潘天禎, "三談明代無錫會通館印書是錫活字本", 「北京圖書館館刊」 1999년 제4기(1999. 12), 109.

이 외에도 지금까지 동활자로 오해한 주된 원인은 "活字銅板"을 문자의 추가나 삭제 등의 변화 없이 어순만 바꾸어 銅活字板으로 해석하였기 때문으로 보인다. 또는 「容春堂後集」의 기록 "爲銅字板"이 오도한 결과가 아닌가 한다. 또한, 혹자는 목판인쇄술이 800여 년 이어오면서 전문용어가 일반명사화된 영향을 받았을 것이라고 한다. 즉 활자본의 간기에 나타난 "刻·刊·雕" 등은 조각이 아닌 간행의 의미로 사용되었다. 같은 이치로 "銅版錫字" 또는 "活字銅板"도 동활자판을 당시의 습관적 방식으로 표현한 것이지 결코 다른 재질의 활자를 배열한 인판이 동인판이라는 것을 의미하지 않을 것이라고 주장한다. 아울러 "爲銅板錫字"나 (明)陸深 「金臺紀聞」의 "用銅鉛爲活字"("제V장 2.6 毘陵人의 「金臺紀聞」" 참조) 등 주석활자나 연활자에 대하여는 동활자의 합금이라면서, 제작 방법은 합금 동으로 육면체 활자 동체를 주조하여 문자를 조각하였다고 주장한다.[42]

제작 방법에 관하여 판본 실물을 직관법으로 세밀히 분석하면, 주조가 아닌 조각의 방법으로 제작하였음을 알 수 있다. 우선 판본 상에 활자로부터 인출된 같은 문자의 字樣이 모두 다를 뿐만 아니라, 자양마다 조잡하고 아름답지 못하다. 會通館이 인쇄한 여러 서적 중에 초기에 속하는 판본은 사용된 활자의 크기마저도 같지 않고 필획이 어긋난 경우가 많다. 이뿐만 아니라 자양마다 도각의 흔적이 역력하다. 후기의 판본은 활자의 크기가 비교적 고르고, 자양도 초기의 판본과 다르지만, 필획에는 여전히 날카로운 도각의 흔적이 있다 (「會通館印正錦繡萬花谷」·「會通館集九經音覽」·「記纂淵海」·「文

---

42) 汪桂海(2010), 109-113.

苑英華辨證」). 이는 활자의 크기가 달라서 조판하기에 불편하므로 기술상의 어려움과 자양의 아름다움을 개량하기 위하여 노력한 결과로 보인다. 이로 미루어 다소 개량되긴 하였으나, 도각의 흔적이 역력한 점에서 조각의 방법으로 제작하였음이 확실하다. 혹자는 금속의 일종인 주석을 조각하여 활자를 제작하는 방법에 의구심을 표하기도 한다. 그러나 저자의 주석활자 조각 실험 결과, 그 재질의 강도가 충분히 조각할 수 있는 정도임을 확인하였다(<사진 4> 참조).

<사진 4> 문자를 실험 조각한 주석활자와 그 인출 결과[43]

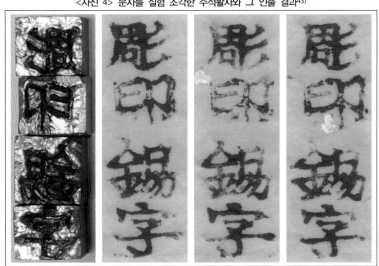

---

43) 인출에 사용한 묵즙은 日本 墨運堂의 "玄明" 초농묵액을 50%로 희석하였다. "玄明"은 석유화학 제품인 카본블랙을 이용한 洋煙墨이다. 기능성 첨가제를 혼합하지 않은 상태로 인출한 결과, 착묵 상태가 이상적이지 못한 묵색이 華씨 가문의 판본과 유사하다. 曹炯鎭, 「「白雲和尙抄錄佛祖直指心體要節」復原 硏究: 高麗時代 蜜蠟鑄造法 金屬活字印刷術」(파주: 한국학술정보(주), 2019), 451-452.

3.1.4 會通館 주석활자의 組版과 印出 技術

(1) 인판

인판 대부분은 변란·어미·판심 계선이 고착된 일체식이어서 네 꼭짓점에 틈이 전혀 없다. 「會通館集九經音覽」은 사변과 계선이 조립식인데, 광곽 꼭짓점에 결구가 거의 없을 만큼 밀착되어 있다. 광곽을 고정하기 위한 못 자국이 각 변에 2~3개씩 있다. 「文苑英華辨證」은 부분적으로 훼손되어 끊어지거나 깎인 곳이 보인다. 「宋諸臣奏議」·「錦繡萬花谷」·「文苑英華辨證」의 광곽을 살펴보면, 상변과 하변의 내측에 일정한 간격으로 홈이 파여 있는데, 이는 계선재를 배열하고 인출할 때 동요하는 것을 예방하기 위하여 사전에 활자판의 행간의 너비에 맞추어 조각하여 만든 것이다.

(2) 조판

「宋諸臣奏議」는 활자를 조밀하게 배열하였고, 「錦繡萬花谷」은 성기게 배열하였는데, 이는 인쇄 능률을 향상시키기 위하여 부단히 노력하였음을 보여주는 방증이다. 그러나 초기의 판본은 활자의 행과 열이 정연하지 않게 배열되어 있고, 기울어지거나 비뚤어진 문자가 적지 않다. 이러한 현상은 小字本이 大字本보다 훨씬 많다(「容齋隨筆」). 횡렬은 문자의 출입이 없을 만큼 맞추긴 하였으나, 가지런하지는 못한 편이다. 간혹 약간씩 삐뚤어진 문자가 있다(「會通館集九經音覽」). 또한, 어느 문자는 반밖에 인출되지 않았고 농담 차이도 크

다(「宋諸臣奏議」·「會通館印正錦繡萬花谷」·「記纂淵海」). 계선이나
광곽도 부분적으로 인출되지 않은 경우가 적지 않은데(「會通館集九
經音覽」), 이는 인판 상의 활자들의 인출면과 계선재의 높낮이가 고
르지 못하였음을 보여주는 것이다. 후기의 판본은 활자의 행과 열이
간혹 반듯하지 못한 부분이 있기는 하나, 대체로 정연한 편이어서(「文
苑英華辨證」), 초기의 판본과 비교하면 상당히 개선되었음을 알 수
있다. 「記纂淵海」은 판심에 권차의 卷이 탈락된 경우가 있다.

(3) 묵즙

묵색은 전·후기 구분할 것 없이 모두 고르지 못하여 농담의 차이
가 클 뿐만 아니라 모호한 부분이 많다. 이 모호한 부분은 인출 당시
의 묵즙 액체가 번진 결과로는 보이지 않고, 인출 후 건조된 문자에
남은 그을음이 번진 결과로 보인다. 특히 「宋諸臣奏議」의 묵색은 모
호하고 정결하지 못하며, 묵등에 가깝게 인출된 문자도 많으며, 맞
닿는 면으로 번지기도 하였으며, 지금도 손에 닿으면 그을음이 묻어
난다. 판면이 깨끗하지 못하고 여기저기 번진 흔적이 많다. 반면에
어느 엽은 4분의 1 정도가 문자 식별이 어려울 만큼 연한 곳도 있다.
「會通館集九經音覽」의 묵색은 대부분이 진한 상태인데, 활자의 문
자면에 착묵을 위한 조치로 보인다. 간혹 엽에 따라 약간의 농담에
차이가 보인다. 진한 엽은 묵적이 맞닿은 엽으로 번진 현상이 적지
않고, 손에 닿으면 까맣게 묻어나기도 한다. 이처럼 묵즙을 진하게
사용한 까닭에 인출되지 않은 문자는 없으나, 반대로 드물지만 까맣
게 먹 덩어리로 찍힌 문자가 있다. 그 결과 전반적인 묵색이 부드럽

지 못하고 편차가 있는 강렬한 분위기를 보여주고 있다. 목리는 없으나, 먹솔의 흔적이 있다. 광곽 주변에 잡묵도 간혹 있어서 판면이 깨끗하지 못하다.「文苑英華辨證」에는 문자를 식별할 수 없을 만큼 흐리게 인출된 경우도 적지 않다. 제63엽상엽 제1~4행 제7~9자의 12개 문자, 하엽 제9~14행 제3~10자의 40여 개 문자 등이다. 또한, 문자 필획의 가장자리 윤곽은 인출되고 필획 중심은 인출되지 않은 경우도 있다. 문자 이외의 부분에도 도처에 잡묵이 묻어있어서, 판면이 매우 지저분한 느낌을 준다. 이는 금속활자에 松煙墨이 고르게 도포되지 않는다는 기술적인 문제를 해결하지 못하고, 부득이 목판에 사용하는 송연묵을 그대로 사용한 결과로 보인다. 묵즙의 조제 기술도 고명하지 못하고 미숙하며, 묵즙을 처리하는 자세도 신중하지 못하였다.

3.2 華珵의 尙古齋

3.2.1 尙古齋의 印刷 事實

華燧의 叔父(<표 2> 참조)인 華珵(1438-1514)의 尙古齋도 금속활자로 2종의 서적을 인쇄하였다. 弘治 15(1502)년에 陸放翁의 「渭南文集」 50권(圖錄IV-서영 60)[44]과 「劍南續稿」 8권[45]을 인쇄하였다. 「渭南文集」은 좌우쌍변, 계선 있음. 판심: 백구, 상 하향 흑단어미, 판심제(渭南文集), 권차, 장차. 9행 17자, 소자쌍행, 판 크기: 19.1~20.1 × 12.8cm이다.

---

44) (淸)丁丙,「善本書室藏書志」(臺北: 廣文書局, 1967), 권30, 別集8, 集部9, 제25엽上엽, 渭南文集조.
45) 錢存訓(1982), 336.

<표 2> 無錫 華氏 世系表

無錫 華氏 隆亭宗	13대	14대	15대	16대
闕莊파	華珵 (尙古齋)	華鑄		
		華鉦		
	華玨			
鵝湖파	華方	華炯	華塾	
			華基	
			華堅 (蘭雪堂)	華鏡
				華錄
				華應龍
				華應鴻
		華燧 (會通館)	華塤	
			華奎	
			華壁	
		華炡(煜?)	華蒙	
			華晉	
			華升	
	華正			

3.2.2 尙古齋의 印刷 技術

康熙 「常州府志」 권25에

華珵이… 또 서적을 많이 수집하여 가지고 있고, 제작한 활자판도 심히 정밀하여, 매번 희귀서를 얻을 때마다 며칠이 되지 않아서 인본이 나왔다(華珵… 又多聚書, 所製活板甚精密, 每得秘書, 不數 日而印本出.).[46]

라고 하고 있고, 乾隆 「無錫縣志」 권33에도

---

46) 康熙 「常州府志」, 康熙34(1695)年刻本, 권25, 孝友, 제10엽.

華珵이... 또 서적을 많이 수집하여 가지고 있고, 제작한 활자판도 심히 정밀하여, 매번 희귀서를 얻을 때마다 며칠이 되지 않아서 인본이 나왔다(華珵... 又多聚書, 製活板甚精密, 每得秘書, 不數日 而印本出矣.).[47]

라고 하여 華珵을 칭찬하고 있다. 그러나 이에 사용된 활자를 살펴보면, 그 크기는 균일하지 못하고 다소 차이가 난다. 같은 문자의 字樣은 그다지 일치하지 않으며, 필획이 시작하거나 끝나는 곳과 꺾어지는 곳에 뾰족한 도각의 흔적이 있다. 문자의 행과 열이 그다지 바르지 않고, 묵색 또한 고르지 못하다. 즉 활자의 제작·조판 및 인출 기술이 會通館보다는 다소 발전하였으나 묵즙 문제는 여전히 해결하지 못하였다.

「渭南文集」에는 상하 문자의 필획이 교차하는 현상이 보인다. 예를 들면 권1 제3엽 제2행의 聲敎, 제4행의 逾盛, 권12 제13엽 제1행의 寢衰와 或傳, 권17 제15엽 제14행의 壽膏, 제18행의 楚多 등이다. 또한, 권31 제9엽상엽 제6행 제14자 識은 180도 뒤집혀 식자되었다.[48]

3.3 華堅·華鏡 부자의 蘭雪堂

3.3.1 蘭雪堂의 印刷 事實

華燧의 조카인 華堅과 그의 아들 華鏡의 蘭雪堂은 금속활자로 8종의 서적을 인쇄하였다. 正德 8(1513)년에 「白氏長慶集」 71권(圖

---

47) 乾隆 「無錫縣志」, 乾隆18(1753)年刻本, 권33, 義行, 제13엽下엽.

48) 鄒毅, 「證驗千年活版印刷術」(北京: 社會科學文獻出版社, 2010), 123.

錄IV-서영 61)[49)과 「元氏長慶集」 60권(圖錄IV-서영 62)을 인쇄하였다.[50) 正德 10(1515)년에 「蔡中郞文集」 10권, 「外傳」 1권(圖錄IV-서영 63)[51)과 「藝文類聚」 100권(圖錄IV-서영 64)[52)을 인쇄하였다. 正德 11(1516)년에 「春秋繁露」 17권(圖錄IV-시영 65)을 인쇄하였다.[53) 이 밖에 正德 연간에 인쇄한 것으로 (唐)馬總의 「意林」 5권・「容齋隨筆(五筆)」・(五代)杜光庭의 「廣成集」이 있다.[54) 「白氏長慶集」은 좌우쌍변, 계선 있음. 판심: 화구(蘭雪堂), 상 하향 흑단어미, 판심제(白氏文集), 권차, 장차. 16행 16자, 판 크기: 19.0 × 13.1cm이다. 「元氏長慶集」은 좌우쌍변, 계선 있음. 판심: 화구(蘭雪堂), 상 하향 흑단어미, 판심제(元集), 권차(권1과 권2에는 卷이 탈락됨), 장차, 하단에 "廣・時明・鄒杲(昶)・王奎・芦寬・刊字芦寬(2행)" 등의 자양이 있다. 7행 13자, 소자쌍행, 판 크기: 15.5 × 11.4cm이다. 「蔡中郞文集」은 사주단변, 간혹 좌우쌍변, 계선 있음. 판심: 백구, 간혹 화구(蘭雪堂), 상 하향 흑단어미, 판심제(伯喈集・伯皆・百皆・伯喈文集 또는 伯喈外傳), 권차, 장차. 7행 13자, 소자쌍행, 판 크기: 15.5 × 11.4cm이다.

이들 서적에는 간기가 목록 또는 판구에 각각 인출되어 있거나, 원형 "錫山"과 방형 "蘭雪堂華堅活字銅板印"의 小篆體 墨記가 목록 또는 권말에 묵색으로 날인되어 있다(<사진 5> 참조). 「白氏長慶集」

---

49) (淸)彭元瑞, 「欽定天祿琳琅書目」(臺北: 廣文書局, 1968), 권10, 明版集部, 제11엽下엽, 白氏長慶集조.

50) 張秀民(1989), 693. (中華民國)國立故宮博物院 편. 「國立故宮博物院善本舊籍總目」은 「元氏長慶集」 60권, 「補遺」 6권이 正德 10년 간행이라고 저록하고 있다.

51) (淸)陸心源, 「皕宋樓藏書志」(臺北: 廣文書局, 1968), 권67, 集部, 別集類1, 제1엽下엽, 蔡中郞文集조.

52) (日)森立之, 「經籍訪古志」, 子部, 類書類, 藝文類聚조.

53) (淸)葉德輝(1974), 권8, 明錫山華氏活字板, 205.

54) 張秀民(1989), 693.

은 목록에 "正德癸酉歲錫山蘭雪堂華堅活字銅板印行" 1행이, 목록과 권말에는 "錫山"과 "蘭雪堂華堅活字銅板印"이 있다. 「元氏長慶集」의 판심 위쪽에 "蘭雪堂"이, 목록 끝에는 "錫山"이, 각 권말에는 "錫山"과 "蘭雪堂華堅活字銅板印"이 있다. 「蔡中郎文集」의 목록에는 "正德乙亥春三月錫山蘭雪堂華堅允剛活字銅版印行"의 2행이 있고, 권5·6·8·9·10의 권말에는 "錫山"과 "蘭雪堂華堅活字銅板印"이 있고, 外傳의 권말에는 "錫山蘭雪堂華堅允剛活字銅版印"이 있다. 「藝文類聚」는 판심 위쪽에 "蘭雪堂"이, 목록 끝에는 "乙亥冬錫山蘭雪堂華堅允剛活字銅版校正印行"의 3행이 있다. 「春秋繁露」는 판심 위쪽에 "蘭雪

<사진 5> 蘭雪堂의
小篆體 墨記

堂"이, 간간이 "活字印行"이, 권말에는 "正德丙子季夏錫山蘭雪堂華堅允剛活字銅板校正印行"의 3행이 있다.

3.3.2 蘭雪堂의 印刷 技術

蘭雪堂 활자는 필서체이기는 하나, 자양이 고르지 못하고, 필의를 살리지 못하여, 어느 서체라고 할 수 없을 만큼 조잡하고 아름답지 못하며, 같은 문자의 자양이 비슷한 것도 있지만 매우 다른 것도 있다. 심지어 「元氏長慶集」과 「春秋繁露」에는 같은 문자가 크기마저도 다른 것이 있다. 「蔡中郎文集」의 서체를 보면, 문자의 크기가 서로 달라서 활자의 사면이 방정하지 않은 듯하다. 같은 문자의 자양

은 필획이 모두 다르고 뾰족하게 도각의 흔적이 있으며 또한 "刊字蘆寬"이란 자양이 있는 것으로 미루어 이 활자는 조각의 방법으로 제작하였을 것이다. 즉 활자의 제작 방법은 목판인쇄의 기술을 답습하여 조각하였을 가능성이 크다. 만약 주조 기술을 이용하였다 할지라도 그 기술이 미숙하여 주조해 낸 활자의 서체가 아름답지 못하고 조판하기에도 불편하므로 인쇄 능률을 높이기 위하여 조각하는 방식으로 바꿨을 것이다. 특이한 점은 中華民國 國家圖書館 소장본을 자세히 살펴보면,「蔡中郎文集」10권과「外傳」1권의 총 132엽 중에서 30여 엽이 목판본처럼 판면에 균열 흔적이 있으며, 목리도 판면 전체에 나타나고 있어서 복각본으로 오인할 정도이다. 필의를 살리지 못하는 수준의 도각술이다.

조판은 대·소 2종의 활자를 사용하여 한 행 안에 두 행의 활자를 배열하였는데, 대자의 경우 행렬이 가지런하고, 삐뚤어진 문자가 거의 없이 비교적 바르다. 육면체 동체를 제작한 후 조각한 것으로 보인다. 소자는 크기는 균일한 편이지만, 기울어지거나 삐뚤어진 문자가 많아서 정돈되지 못한 느낌이다. 특히 문자의 횡렬이 가지런하지 못하다. 조립식 광곽이지만, 인판의 네 꼭짓점은 틈이 없거나(「白氏長慶集」) 약간 벌어져 있다. 광곽은 사주단변인 판본도 있고 좌우쌍변인 판본도 있는 것으로 봐서 일정한 조판 원칙은 없었던 것으로 보이며, 그 기술은 점차 개선되고 있는 중이다. 묵색은 10여 문자씩 부분적으로 농담의 차이가 나타나는 점에서 조판술 역시 고명하지 못하다. 「元氏長慶集」의 판심 아래에 廣·時明·鄒杲(昶)·王奎·芦寬·刊字芦寬(2행) 등이,「蔡中郎文集」의 판심 아래에 魁·慶·員·廣 등의 인명이 기록되어 있는데,[55] 이는 조판공으로 보인다.56) 「蔡中郎文集」에는 상하 또는 좌우 문자의 필획이 교차하는 현상이 적지 않다. 예를 들면 상하 문자의 경우, 序言 제1엽 제2행의 漢蔡, 제5행의 門答, 제11행의 頌替述, 제2엽 제1행의 建安, 제7행의 元年, 제3엽 제4행의 宗廟, 제10행의 多相 등이다. 좌우 문자의 경우는, 目錄 제1엽 제13행의 碑碑, 제3엽 제10행의 君碑, 권1 제2엽 제11행의 職與, 제3엽 제1행의 域餕 등이다.57)

「白氏長慶集」은 각 엽마다 농담이 균일하지 않으며, 한 엽에서도 진하고 연한 부분이 혼재하고 있는 곳이 많다. 「元氏長慶集」은 3mm 정도로 넓은 광곽에 방향이 일정하지 않은 먹솔질 흔적이 역력하게 보인다. 활자의 문자면에도 묵즙이 고루 착묵하지 못하여 먹솔 흔적이 보인다. 잡묵도 많고 지저분한 곳도 있다. 엽에 따라 농담 차이가 크다. 묵등 문자도 있다. 전체적으로 묵즙이 고르게 도포되지 못하였다. 「蔡中郎文集」의 墨汁은 매우 향기롭고 묵색은 비교적 고르지만, 간혹 불분명한 곳이나 먹물이 문자의 주변에 번진 경우가 있다. 「藝文類聚」의 목록 마지막 엽에 있는 덮어 찍은 牌記의 묵색을 보면 금속활자에 사용하는 먹물을 아직도 조제해 내지 못했음을 알 수 있다. 교감은 자못 소홀히 한 듯 오류가 없는 엽이 없다(「蔡中郎文集」).58)

---

55) 王重民(1984), 506. 元氏長慶集조.

56) 목판본에서는 각수명이 조각된 현상을 적지 않게 볼 수 있다. 그러나 활자본에서는 일반적으로 이러한 인쇄 관련 작업자의 이름을 찾아보기 어렵다. 이 점에서 「元氏長慶集」・「蔡中郎文集」 등의 조판공 표시는 매우 드문 사례이다.

57) 鄒毅(2010), 122-123.

58) 張秀民(1989), 684.

3.4 華 모 씨의 印刷 事實

華씨라고만 지칭한 자가 弘治・正德 연간에 금속활자로 「史鑒」[59]
과 「晏子春秋」(圖錄IV-서영 66)[60]를 인쇄하였다.

3.5 華氏 家門의 校勘 態度

華씨 가문의 서적 인쇄 사업은 진실로 족히 藝苑의 미담이 될 만
하다. 그러나 수많은 서적을 인쇄함에 단점 또한 없을 수 없다. 서적
을 인쇄하는 과정에서 교감 작업은 서적의 품질을 좌우하므로 절대
적으로 소홀히 할 수 없다. 안타깝게도 華씨 가문의 서적 인쇄는 교
감이 정밀하지 않고, 또 간혹 자의적으로 원 저술의 내용을 삭제하
거나 고쳐서 후대로 하여금 그 진면목을 볼 수 없도록 하기도 하였
다. 예를 들면 (淸)張金吾의 「愛日精廬藏書志」에 수록된 宋本 趙汝
愚의 「國朝諸臣奏議」 150권 발문에

> 이 서적은 이 판본 외에 明 會通館의 활자본이 있는데 오류를 다
> 들 수 없을 정도이다. 예를 들면......(是書除此本外, 有明會通館活
> 字本, 謬誤不可枚擧, 如......).

라고 하면서 구체적인 예를 들고 있다. 오늘날에도 張秀民은 「宋
諸臣奏議」를 예로 들어서

> 본문과 小注의 (활자) 크기를 구분하지 않아서......본문이 마치 小

---

59) 錢存訓(1982), 337-338.
60) 張秀民(1989), 693.

注처럼 보인다. 脫文과 誤字가 권마다 다 있다(正文和小注, 不分大小,……看起來正文像小注, 脫文誤字, 每卷都有.).[61]

라고 비평하고 있다. 黃丕烈은 이르기를

甲集(「文苑英華纂要」) 중에 28엽이 결실되어 있는데, 華씨는 결실된 판본을 근거로 하여 간행하였다. 아울러 제29엽 첫 행의 "初賦" 두 자를 삭제하여 16권의 首葉이 되게 하였으니, 진실로 宋本이 아니면 어찌 위작임을 알 수 있겠는가(甲集(≪文苑英華纂要≫)中, 缺二十八葉, 華氏卽據缺失之本開雕, 幷削去第二十九葉首行初賦二字, 以當十六卷之首葉, 苟非宋本, 亦何從知其僞乎.).[62]

라고 하고 있다. (淸)于敏中・彭元瑞 등의 「天祿琳琅書目」 권10의 「白氏長慶集」 아래에 이르기를

활자판으로 서적을 제작하는 효과를 높이기 위하여, 이 서적은 한 행 안에 두 행의 활자를 각각 배열하여, 전체가 小註와 같아서, 드디어는 정연하지 못하게 된즉, 그 방법은 비록 우수하나, 그 기술은 아직 최선을 다하지 못하였다(因效其以活版製書, 其書於一行之中, 分列兩行之字, 全部皆如小註, 遂致叄差不齊, 則其法雖精, 而其製尙未盡善也.).[63]

라고 하고 있다. (淸)瞿鏞은 「鐵琴銅劍樓藏書目錄」 권19, 集部1에 수록된 校宋本 「元氏長慶集」에서 인용한 (淸)蒙叟의 발문에

「元氏長慶集」의 誤字는 無錫 華씨의 활자판에서 비롯되었는데, 得

---

61) 張秀民(1979), 84.

62) (中華民國)國立中央圖書館特藏組 편, 「國立中央圖書館善本題跋眞跡」 (臺北: 國立中央圖書館, 1982), 2855. 文苑英華辨證葉德輝手跋.

63) (淸)彭元瑞(1968), 卷10, 明版集部, 제12엽上엽, 白氏長慶集조.

水村의 冡宰가 소장한 宋刻本이라고 잘못 지칭하였다. 그로 인하
여 활자로 간행하였는데, 董씨가 배우지 못하여 따라서 오류를 범
하고 있다(≪元集≫誤字, 始於無錫華氏之活板, 謬稱得水村冡宰所
藏宋刻本, 因用活字印行, 董氏不學, 因之沿誤耳.).[64]

라고 하고 있다. (淸)黃丕烈의 「士禮居藏書題跋再續記」에 수록된
精抄本 「蔡中郞集」 10권에

활자본 같은 것은 이미 "路"를 잘못하여 "賂"로 하였다(若活字本
已訛路爲賂矣.).

라고 하고 있다. (淸)瞿鏞의 「鐵琴銅劍樓藏書目錄」에 수록된 抄校
本 「蔡中郞文集」 10권에 (淸)顧廣圻의 발문 3개가 있는데, 그중 하
나에

활자판은 行書寫本에 근거한 듯한데……시정할 곳이 매우 많다(活
字板似據一行書寫本, ……必多是正也.).[65]

라고 하고 있다. (淸)丁丙의 「善本書室藏書志」 권23, 集部2, 別集
類에 수록된 明 萬曆 庚辰(1580)년에 茅一相의 文霞閣이 판각한
「漢蔡中郞集」의 뒤에 기록하기를

「中郞集」은 내가 세 가지 판본을 수집하였다. 하나는 無錫의 華씨
가 간행한 11권 71수를 수록한 것으로, 전후가 잘못 뒤섞여서 읽
을 수 없을 지경이다. 둘째는 陳子器本인데 華씨의 오류를 답습하
고 있다. 마지막으로 兪씨의 汝成本을 얻었는데, 21수를 보충하였

---

64) (淸)瞿鏞, 「鐵琴銅劍樓藏書目錄」, 권19, 集部1, 元氏長慶集(校宋本), 제39엽下엽.

65) 梁子涵, "明代的活字印書(下)", 「大陸雜誌」, 33卷, 7期(1966. 10), 32.

고 6권을 깎았다. 그 간에 또한 누락된 것을 다소 補輯하니, 이후
에 비로소 中郞의 완전한 서책을 볼 수 있게 되었다(≪中郞集≫余
得三本, 一出無錫華氏, 爲卷十一, 得文七十有一首, 前後錯雜, 至不
可句讀. 再得陳子器本, 襲華之舊. 最後得兪氏汝成本, 益文二十有一,
而損卷爲六, 其間亦稍稍補輯遺漏, 今而後始覯中郞之完冊云.).66)

라고 하고 있다. 이 밖에 (淸)葉德輝도「書林淸話」권8, 明錫山華
氏活字板及明華堅之世家에서 구체적인 예를 들면서 華氏의 활자본
은 "판본이 좋지 않고(板本不善)", "교감도 나쁘다(校勘不善)"라고
비평하였는데

대체로 華氏는 그날그날 얻는 대로 인쇄하였다. 주인은 安國의 桂
坡館만큼 감별에 정통하지 못하였고, 교감자도 또한 岳荊谿만큼
전문적이지 못하여, 한갓 祕本으로 유전하였다. 간행한 후에는 또
많이 번각되었다. 그러므로 세인들이 무비판적으로 믿어서, 그 서
적을 더욱 중히 여겼다(蓋華氏當日隨得隨印, 主者旣無安桂坡之精
鑒, 校者亦非岳荊谿之專門, 徒以祕本流傳, 印行後又多爲人翻刻, 故
世人耳食, 益重其書耳.).

라고 말하고 있다. 또한, 華珵이 판각한 (宋)左圭의「百川學海」를
예로 들어서

宋本의 원래 차례를 임의로 바꿔서 세인의 웃음거리가 되었다. 대
체로 華氏가 간행한 서적은 모두가 근거할 수 없다(改竄宋本舊第
爲世所譏, 大約華氏所刻書, 均不必可據.).67)

라고 비평하고 있다.

---

66) (淸)丁丙(1967), 권23, 集部2, 別集類, 제4엽下엽, 漢蔡中郞集조.
67) (淸)葉德輝(1974), 권8, 明錫山華氏活字板及明華堅之世家, 207-209, 211.

인쇄 주체	인쇄 연도	활자 재료	인본 서적	비고	
1 華燧의 會通館	弘治 3(1490)년	朱錫	「會通館印正宋諸臣奏議」 150권	소자본	조 각
			「會通館校正宋諸臣奏議」 150권	대자본	
	弘治 5(1492)년		「錦繡萬花谷」120권	소자본	
	弘治 7(1494)년		「會通館印正錦繡萬花谷」 120권	대자본	
	弘治 8(1495)년		「容齋隨筆」74권·(宋)謝維新의 「古今合璧事類」63권	조각	
	弘治 9(1496)년		(宋)左圭의「百川學海」160권		
	弘治 10(1497)년		「音釋春秋」12권·「會通館 校正音釋詩經」20권		
	弘治 8-11(1498)년		華燧의「會通館集九經音覽」14권		
	弘治 14(1501)년		(漢)桓寬의「鹽鐵論」10권		
	弘治 16(1503)년		(宋)潘自牧의「記纂淵海」 200권		
	弘治 18(1505)년		華燧의「會通館校正音釋書經」 10권·「十七史節要」		
	弘治 연간		華燧의「音釋易經」4권·「詩 選」·「書經白文」·「詩經白文」		
	正德 원(1506)년		「會通館印正文苑英華纂要」 84권·「文苑英華辨證」 10권·「君臣政要」		
2 華珵의 尙古齋	弘治 15(1502)년	금속	陸放翁의「渭南文集」 50권·「劍南續稿」8권	조각	
3 華堅과 華鏡의 蘭雪堂	正德 8(1513)년	금속	「白氏長慶集」71권· 「元氏長慶集」60권	조각	
	正德 10(1515)년		「蔡中郎文集」11권· 「藝文類聚」100권		
	正德 11(1516)년		「春秋繁露」17권		
	正德 연간		(唐)馬總의「意林」5권·「容 齋隨筆(五筆)」·(五代)杜光 庭의「廣成集」		
4 華氏	弘治·正德 연간	금속	「史鑒」·「晏子春秋」		

4. 安國의 活字印刷

4.1 安國 桂坡館의 印刷 事實

江蘇省 無錫 지방 安國(1481-1534)의 桂坡館도 금속활자로 서적을 인쇄한 것으로 유명하다. 대부분이 嘉靖 연간(1522-1566) 초기의 것으로, 오늘날 10종의 판본이 알려져 있다. 가장 이른 것은 正德 16(1521)년에 인쇄한 (明)南京吏部尙書 廖紀가 편수한 「東光縣志」 6권이다. 이는 중국의 유일한 금속활자본 지방지라고 할 수 있다.[68] 嘉靖 3(1524)년에 「吳中水利通志」 17권(圖錄IV-서영 67)[69]과 「重校魏鶴山先生大全文集」 110권(圖錄IV-서영 68)[70]을 인쇄하였다. 嘉靖 연간에는 「顔魯公文集」 15권, 補遺 1권, 年譜 1권(圖錄IV-서영 69)[71]과 「古今合璧事類備要」 前集 69권, 後集 81권, 續集 56권, 別集 94권, 外集 59권(圖錄IV-서영 70)・「初學記」 30권・「春秋繁露」 17권・「五經說」 7권・「熊朋來集」・「石田詩選」 등을 인쇄하였다.[72]

이 중 「吳中水利通志」는 좌우쌍변, 계선 있음. 판심: 백구, 상 하향 흑단어미, 판심제(水利通志), 권차, 장차, 판심 하단에 "張". 8행 16자, 소자쌍행, 판 크기: 19.1 × 13.1cm이다. 그 권말에는 "嘉靖甲申(1524)錫山安國活字銅板刊行"의 간기가 있다. 「重校魏鶴山先生大全文集」의 각 권 제2행 아래에는 "錫山安國重刊"이, 「顔魯公文集」

---

68) 1. 錢存訓(1982), 338.
   2. 張秀民(1979), 86.

69) (淸)葉德輝(1974), 권8, 明安國之世家, 211.

70) 張秀民(1989), 693.

71) (淸)陸心源(1968), 권68, 別集類2, 제22엽上엽, 顔魯公文集조.

72) 錢存訓(1982) 338-339.

의 각 권에는 "錫山安國刊"이, 「古今合璧事類備要」의 각 권 앞에는 "錫山安國校刊"이 있다. 「重校魏鶴山先生大全文集」은 좌우쌍변, 계선 있음. 판심: 화구(錫山安氏館), 상 하향 흑단어미, 판심제(鶴山文集), 권차, 장차. 13행 16자, 판 크기: 18.9 × 12.8cm이다.

4.2 安國의 印刷 技術

4.2.1 安國 活字銅板의 재질과 제작 방법

(1) 재질

安國 桂坡館 활자의 재질에 관하여는 安國의 후손인 (淸)安璿의 「安氏家乘拾遺」에

> 영감님(安國)은 한가할 때, 매번 고서 중에 목판본이 적은 것을 찾으면 모두 동활자로 간행하였으므로 이름이 사방에 알려졌다. 오늘날 장서가들이 왕왕 가지고 있는 膠山 安씨가 간행한 것은 모두 동활자로 인출한 것이다(翁閑居時, 每訪古書中少刻本者, 悉以銅字翻印, 故名知海內. 今藏書家往往有膠山安氏刊行者, 皆銅字所刷也.).73)

라는 기록을 보면 동활자임을 알 수 있다. 혹자는 會通館과 같은 활자라고 하면서 동활자라고 하고 있다.74) 그러나 혹자는 인용문 중

---

73) 1. (淸)安璿,「安氏家乘拾遺」, 康熙17(1678)年安璿手稿本(上海圖書館 소장).: "先是, 廖冢宰欲刻 ≪東光縣志≫, 知翁家有活字銅板, 以書币來屬翁爲殺靑, 故契誼最深. 翁閑居時, 每訪古書中少刻本者, 悉以銅板翻印, 故名知海內. 今藏書家往往有膠山安氏刊行者, 皆銅板所刷也, 璿曾從賈人購≪顔魯公集≫, 乃先世故物. 公歿後, 六家以量分銅字, 各殘缺失次, 無所用矣." 이 인용문 중 2개의 "板"은 먹으로 동그랗게 지우고 그 옆에 "字"를 써넣었다.
 2. 王膚唐,「半知齋文集」(北京: 學苑出版社, 2001), 60-71, "安國桂坡館的盛衰"에서 인용한 필사본 「(安氏)家乘拾遺」(無錫圖書館 소장)에는 "每訪古書中少刻本者, 悉以銅活字翻印."으로 되어 있다.

의 "銅字" 또는는 "銅板"은 인판을 지칭하는 의미이며, 동활자를 의미하는 것이 아니라고 부인하고 있다.[75]

(2) 제작 방법

금속활자의 제작 방법에 대하여는 (淸)安紹傑의 「安我素先生年譜」[76] 외에도 (明)秦金의 安國墓誌銘에는 "활자동판을 주조하여 여러 귀중한 서적을 인출하여 널리 전하게 하였다(鑄活字銅板, 印諸秘書, 以廣其傳.)."라고 하여, 安國이 활자를 주조하여 동활자판을 만들었다고 하고 있다. 이에 비하여, 安國의 후손인 安吉은 활자를 조각하여 동활자판을 만들었다[77]고 하고 있어서 주장이 일치하지 않고 있다.

桂坡館의 판본 상에 나타난 서체를 직관하여 보면, 필획에 뾰족한 도각의 흔적이 있어서 주조한 활자처럼 둥그렇지 않고, 같은 문자의 자양이 일치하지 않으며, 어느 활자는 크기마저도 일치하지 않는다. 예를 들면 「吳中水利通志」 권1 제1엽의 小字인 湖와 五·「古今合璧事類備要」 권6 제1엽의 大字인 地와 小字인 石 등이 그것이다. 심지어 두 개의 서로 다른 서체를 사용한 활자도 있으니, 「顔魯公文集」 권13 제1엽 제6행 제10자와 제13행 제5자는 爲로 쓰고 있는 데 비하여, 제9행 제4자 및 제9자와 제12행 제11자는 爲로 쓰고 있다. 이는 활자의 제작 방법이 주조가 아닌 조각의 방법이었을 것이라는 점

---

74) 羅偉國, "華氏與銅活字", 上海新四軍歷史硏究會印刷印鈔分會 편. 「活字印刷源流」(北京: 印刷工業出版社, 1990), 160.

75) 辛德勇. "論所謂明銅活字印書于史初無徵驗-附論明代的金屬活字印本". 「中國印刷史硏究」. 北京: 生活·讀書·新知三聯書店, 2016. 6-10.

76) 錢存訓(1982), 329.

77) 張秀民(1979), 91.

을 짐작하게 한다.

4.2.2 安國의 금속활자 印出 技術

「吳中水利通志」·「重校魏鶴山先生大全文集」·「顔魯公文集」·
「古今合璧事類備要」 등 서적의 판심에 印人太·印人王 및 조판공
陸細·張嵩·李太·永寧·許亏·張矢·張賢 등의 성명이 있어서[78]
인쇄공이 누구였는가를 알 수 있다.

인판은 네 변이 고정되어 있고, 어미와 계선은 조립식인 부분 일
체식 인판을 사용하였다. 활자의 행과 열은 비교적 가지런하며, 활
자 배열은 곧기도 하고 비뚤어진 곳도 있다. 한 행 안에 3개의 작
은 활자를 조여 끼워서 배열한 것도 있으니, 「古今合璧事類備要」
권6 제1엽 제5행 제15자의 之物論·제6행 제13자의 之春辭·제7
행 제5자의 石博志·제8행 제8자의 爲抱子 등이 그것이다. 묵색은
비교적 떨어져서 분명하지 않게 찍힌 문자도 있고, 계선도 부분적
으로 찍히지 않았다. 이로 미루어 인출면의 높이가 고르지 못했음
을 알 수 있다. 또한 문자의 주위에 묵즙이 번진 흔적이 많은 점은
금속활자에 사용하는 油煙墨의 문제를 아직 해결하지 못했음을 시
사한다.

활자의 제작과 조판 기술은 會通館보다 우수하나, 여전히 이상적
인 수준에는 도달하지 못하였음을 알 수 있다.

---

78) 北京圖書館 편, 勝村哲也 복간 편(1983), 100-101.

4.2.3 安國의 校勘 態度

교감 작업의 신중성에 대하여 혹자는

華씨가 인쇄한 서적은 安國만큼 정밀하지 못하다(華氏所刻書不如
安國之精).79)

라고 하면서 양자를 비교하고 있다. (淸)錢謙益의 「春秋繁露」 발문에는

金陵本의 와탈을 錫山 安씨의 활자본을 얻어서 수백 자를 교정하
였다(金陵本譌舛, 得錫山安氏活字本校改數百字.).80)

라고 하고 있다. 杜信孚는 「明代版刻宗錄」의 自序에서

安國은 동활자로 서적을 인출함에 상당히 진지하여 착오나 누락
이 매우 적어서 품질이 매우 우수하다(安國用銅活字印書相當認眞,
錯漏很少, 所以質量很高.).81)

라고 평가하고 있다. 이 밖에도 (淸)葉德輝는 「書林淸話」에서 「四
庫全書總目提要」 "顏魯公集十五卷補遺一卷年譜一卷附錄一卷"의 提
要 내용을 인용하면서 安씨 桂坡館의 판본에 대하여 적잖게 호평을
보내고 있다.82)

---

79) 錢基博, 「版本通義」 (臺北: 商務印書館, 1973), 58.
80) (淸)葉昌熾, 「藏書紀事詩」 (臺北: 世界書局, 1980), 권3, 安國民泰조, 118.
81) 杜信孚, 「明代版刻宗錄」 (揚州, 江蘇廣陵古籍刻印社, 1993), 卷首, 自序(附: 明代版刻箋談), 제7엽上엽.
82) 1. (淸)葉德輝(1974), 권8, 明安國之世家, 212.
    2. (淸)紀昀等 奉勅纂, 「四庫全書總目提要」 (臺北: 商務印書館, 1978), 권149, 集部2, 別集類2,
    顏魯公集조, 3131.

4.2.4 安國 活字銅板의 행방

安國 活字銅板의 행방에 대하여는 (淸)安璿의 「安氏家乘拾遺」에

安國은 아들이 7명 있었는데, 일곱째 아들은 남에게 양자 가서 유
산을 분배받지 못했다. 남은 재산은 아들 6명이 나누었는데, 적자
3명이 6할을 받고, 서자 3명이 4할을 받았다. 동활자도 6명에게
4:6의 비율로 고루 나누니 각각 부족한 자투리가 되어 쓸모가 없
게 되었다. 그 후 그의 아들 安如山 집은 왜구를 만나서 모두 불
타버렸는데, 그중에는 분배받아온 동활자도 자연히 불타버렸다(安
國有七個兒子, 老七出嗣於人, 未得分遺産. 其餘田産爲六子所分, 三
位嫡子, 共得六分, 三位庶子, 共得四分. 其銅字也被六家四六均分,
各殘缺失次, 無所用矣. 所來他的兒子安如山家遭倭寇, 燒劫殆盡, 其
中瓜分得來的一部分銅字, 自然也在燒劫之內了.).[83]

라고 하여 安國의 사후, 아들 여섯 명이 다른 재산과 마찬가지로
活字銅板도 고루 나누는 바람에 각각 자투리가 되어 무용지물이 되
었음을 알 수 있다.

<표 4> 安國의 활자인쇄

	인쇄 주체	인쇄 연도	활자 재료	인본 서적	비고
1	安國의 桂坡館	正德 16(1521)년	銅	(明)廖紀의 「東光縣志」 6권	
		嘉靖 3(1524)년		「吳中水利通志」 17권・「重校魏鶴山先生大全文集」 110권	
		嘉靖 연간		「顏魯公文集」 17권・「古今合璧事類備要」 359권・「初學記」 30권・「春秋繁露」 17권・「五經說」 7권・「熊朋來集」・「石田詩選」	조각

---

83) (淸)安璿, 「安氏家乘拾遺」, 康熙17(1678)年安璿手稿本(上海圖書館 소장).

5. 小 結

이상에서 살펴본 바를 종합하면 다음과 같다.

(1) 九行本 詩集의 분석

成化·弘治·正德 연간에 江蘇省 지역에서 동활자로 인쇄한 것으로 보이는 九行本 詩集들을 분석하였다. 이에 관하여 향후 구체적인 연구가 요망된다.

(2) 華씨 가문 금속활자본의 평가

無錫 華씨 가문의 주석활자본은 모두 33종으로 중국에 있어서 활자인쇄의 유행을 주도하여, 오늘날까지도 적지 않은 금속활자본이 전래해 올 수 있도록 한 점은 긍정적으로 평가할 수 있다. 그러나 활자 제작·조판·인출 기술이 초솔하고, 교감이 자세하지 못할 뿐만 아니라, 또한 후대의 착오를 유도하기까지 할 정도로 판본이 우수하지 못한 부정적인 측면도 적지 않음을 알 수 있다.

(3) 安國 금속활자본의 평가

安國이 금속활자판으로 인쇄한 文集과 類書 등 각종 서적은 수량 면에서 華씨 가문보다 적은 10종이다. 그러나 활자의 제작과 조판 기술은 會通館보다 우수하고, 교감이 정밀하여 착오가 매우 적다.

그 결과 판본도 비교적 우수하고, 서품도 좋아서 華씨 가문의 각종 서적보다 좋은 평가를 받고 있다. 그러나 전반적인 인쇄기술 수준은 경험이 부족한 초보 단계를 면하지 못하고 있다.

(4) 華·安 양씨 가문 금속활자본의 가치

華·安 양씨 가문에서 금속활자로 인쇄한 각종 서적은 宋板이나 元板과 마찬가지로 세인에 의하여 귀하게 여겨졌다. 비록 활자판의 인출양은 목판처럼 많이 찍을 수는 없다. 그러나 활자본의 초쇄량은 목판본보다 많아서 「太平御覽」의 판심 아래에 있는 "仝(銅의 약자) 板活字印一百餘部"라는 자양에서도 알 수 있다("제V장 6. 萬曆年間 (1573-1619)" 참조). 그러나 인쇄가 끝난 후에는 인판을 헐어서 해체하므로, 많은 서적을 다시 인쇄하기는 쉽지 않다. 이 점은 安國이 「顔魯公文集」이나 「初學記」 등의 서적을 활자로 인쇄한 후에, 다시 목판으로 간행한 사실[84]에서도 잘 알 수 있다. 활자판은 이로 인하여 시간이 오래 흐를수록 유전해 오는 것이 더욱 희소해져서, 자연히 장서가의 귀중히 여기는 바가 되곤 하였다.

---

84) 錢存訓(1982), 331.

V

明 時代 後期의 活字印刷
· 明代後期之活字印刷

V. 明 時代 後期의 活字印刷・明代後期之活字印刷*

Typography in the Late Period of Ming Dynasty

〈초 록・摘 要・ABSTRACT〉

(1) 明 시대 후기의 활자를 이용한 서적 인쇄에 관한 문화사적 요소와 과학기술적 요소를 종합적으로 고구하였다.

(2) 활자인쇄가 유행한 지역은 연근해 지역의 도시뿐만 아니라 내륙 지역까지도 발전하였다.

(3) 활자의 재료는 銅・木 외에도 鉛・朱錫을 사용하였다.

(4) 활자본 서적의 내용은 經學・역사・철학・문학・과학 기술・예술・족보 등을 포함하고 있다.

(5) 인쇄 기술의 발달 수준은 우수한 경우와 미숙한 경우가 동시에 나타나는 과도기 현상을 보인다. 특히 금속활자에 사용하는 油煙墨을 개발하지 못하여 금속활자

(1) 綜合考究明代後期, 以活字印書之文化史與科學技術的因素.

(2) 活字印刷流行地區, 不但有沿海地區之都市, 而且發展至內陸地區.

(3) 活字之材料便使用銅・木・鉛・錫等.

(4) 活字本之內容包括經學・歷史・哲學・文學・科學技術・藝術・族譜等.

(5) 印刷技術之發展水平就爲同時出現優秀與未熟的過渡現象. 尤其尚未開發金屬活字所用油煙墨, 影響到金屬活字本之書品較差.

---

* 曺炯鎭, "明代後期之活字印刷", 「書誌學研究」 第15輯(1998. 6), 283-307.

본의 품질에 큰 영향을 미쳤다.

(6) 교감 태도는 간혹 우수한 경우가 있기는 하나 대체로 엄격하지 못하였다.

(7) 인쇄 기술을 연구하기 위해서는 현존 활자본 서적 외에 문헌 기록이나 인쇄용 실물이 전혀 남아 있지 않아서 간접 자료를 이용할 수밖에 없었다.

요어: 明 시대 후기, 활자인쇄, 활자 재료, 활자본 내용, 인쇄 기술 수준

(6) 校勘態度便偶有優秀的, 但大體不嚴格.

(7) 爲硏究印刷技術, 除現存活字本外, 不留存文獻記錄與印刷所用實物, 只好利用間接資料.

關鍵詞: 明代後期, 活字印刷, 活字材料, 活字本內容, 印刷技術水平

(1) This research conducted a comprehensive exploration of cultural history and scientific technology elements in book printing with typography in the late period of Ming Dynasty.

(2) Type printing had become popularized not only in the cities of coastal regions but also in inland areas.

(3) Bronze(Cu), wood, plumbum(Pb), and tin(Sn) were used as the material for the type.

(4) The contents of typed books covered a wide range of topics including the study of Chinese classics, history, philosophy, literature, scientific technology, art, and genealogy.

(5) The printing technology was in a transitional stage, with advanced and primitive printings appearing at the same time. In particular, the absence of Chinese oil ink for metal type until then had a serious impact on the quality of metal type edition.

(6) Proofreading standard was generally not thorough, with a few exceptions.

(7) Because there are no literature records or actual prints left except for type editions up to date, only the indirect documents were used in order to analyze the printing technology.

Key words: late period of Ming Dynasty, type printing, materials for type, contents of type edition, typography level.

1. 小緒

중국이 宋 시대에 활자인쇄 기술을 발명하여 서적 인쇄에 응용하기 시작한 이래, 明 시대 전기까지의 발달 상황은 앞의 제Ⅲ장과 제Ⅳ장을 통하여 그의 자세한 내용을 파악할 수 있다.

明 시대의 후기에 이르러서는 전기보다 훨씬 더 활발하게 활자를 조성하여 서적을 인쇄하였다. 그 결과 활자인쇄의 유행 지역·활자의 재료·활자본의 내용·인쇄 기술적인 요소 등에서 많은 변화와 발전을 이룩하였다. 明 시대의 활자본은 아직 해결하지 못한 중국의 활자인쇄 기술에 관한 여러 문제, 즉 활자의 재료와 제작 방법·組版 기술·墨汁의 성분·인출 방법·작업 분담과 능률 등을 연구하기 위한 기초 자료이다. 더 나아가 이에 관한 연구는 많은 교류가 있었을 것으로 추측되는 朝鮮과의 교류 사실을 구체적으로 규명하기 위하여 필수적으로 선행되어야 할 기초 연구일 만큼 의미 있는 작업이다.

본 장에서는 弘治 연간(1488-1505) 이후 明 시대 말기까지의 서적 인쇄에 관한 문화사적 요소와 인쇄 기술적 요소를 종합적으로 분석하여 체계를 세우고자 한다.

中國人自宋代發明活字印刷技術, 以應用印刷書籍以來, 到明代前期之發展情況, 便可由第Ⅲ章與第Ⅳ章了解其具體內容.

到了明代後期, 製作活字以印刷書籍就比前期更盛行. 其結果, 在活字印刷之流行地區·活字之材料·活字印本書籍之內容·印刷技術上諸因素等方面, 有了不少變化與發展. 明朝的活字印本書籍是爲了研究尚未解決之中國活字印刷技術上諸問題, 如活字之材料與製作方法·排板技術·墨汁的成分·刷印方法·工作分擔與效率等之基本又唯一的資料. 再者此研究是爲了具體究明可能多有過的中國與韓國之交流事實, 必須先作之基本工作.

本章便着重於此問題, 自弘治年間至明朝末期, 將書籍印刷之文化因素與科學技術因素綜合考究, 以整理系統.

2. 弘治年間(1488-1505)

2.1 孫鳳의 「陰何詩」

江蘇省 吳郡(지금의 蘇州)의 孫鳳은 弘治 15(1502)년에 동활자로 「陰何詩」를 인쇄하였다.[1]

江蘇省吳郡(現爲蘇州)孫鳳於弘治 15(1502)年以銅活字印≪陰何詩≫.[1]

2.2 金蘭館의 「石湖居士集」·「西菴集」

吳郡에 소재한 金蘭館은 弘治 16(癸亥, 1503)년에 동활자로 (宋)范成大의 「石湖居士集」 34권, 목록 1권 12책(圖錄V-서영 1)과 (明)孫蕡의 「西菴集」 10권(圖錄V-서영 2)을 인쇄하였다. 「石湖居士集」은 좌우쌍변, 계선 있음. 판심: 화구(弘治癸亥金蘭館刻)(소자 1행), 간혹 백구, 상 하향 흑단어미, 권차, 장차. 10행 21자, 소자상행, 판 크기: 20.7 × 14.2cm이다. 「西菴集」이 「石湖居士集」과의 차이점은 판 크기: 20.5 × 14.0cm이다.

이 활자의 제작 방법은 판구에 한 행으로 인쇄된 "弘治 癸亥년 金蘭館 조각"에서 알 수 있다. 목록 제11엽상엽의 送 4개, 권9 제5엽상엽 제1행 제3·4자의 鱗, 권9 제5엽상엽 제3행 제17자·제4행 제11자·제5행 제8자의 公처럼, 동일 문자의 필획 간 거리와 각도가 다른 점에서도 주조 활자가 아님을 알 수 있다. 이 활자의 서체는 아름답고 힘이 있으며 뾰족한 도각의 흔적

吳郡金蘭館於弘治16(癸亥, 1503)年以銅活字擺印(宋)范成大所撰≪石湖居士集≫34卷目錄1卷12冊(圖錄V-書影1), 與(明)孫蕡≪西菴集≫10卷(圖錄V-書影2)兩種. ≪石湖居士集≫爲左右雙邊, 有界. 版心: 花口(弘治癸亥金蘭館刻)(小字1行), 間有白口, 上下向黑單魚尾, 卷次, 葉次. 10行21字, 小字雙行, 板框高廣20.7 × 14.2cm. ≪西菴集≫與≪石湖居士集≫不同處爲板框高廣: 20.5 × 14.0cm.

此活字之製法, 由版心版口上印"弘治癸亥金蘭館刻"一行可以得知. 另據同一文字的筆劃間距離與角度不同, 如目錄第11葉上葉的4個送, 卷9第5葉上葉第1行第3·4字的鱗, 卷9第5葉上葉第3行第17字·第4行第11字·第5行第8字的公, 可知此活字竝非鑄造的. 其字體美觀秀勁, 有稜角. 文字大小就不管筆劃多寡, 皆不均勻. 也有同一文字的寫法不同之字(卷8第1葉上葉第5

---

1) 張秀民, 「中國印刷史」(上海: 上海人民出版社, 1989), 692.

이 있다. 문자의 크기는 필획의 다과에 상관없이 균일하지 않다. 동일 문자의 필획을 달리 쓴 경우도 있다(권8 제1엽 상엽 제5행 제21자와 제6행 제1자의 叢). 그러나 동일한 문자의 자양이 대체로 비슷한 점과 필의를 살리고 있는 점으로 보아 도각술이 상당히 고명하였음을 알 수 있다. 사용한 인판은 좌·우·상변은 고착식, 하변과 계선은 조립하고, 판구와 어미가 고정된 판심을 사용하였다. 광곽의 네 꼭짓점에는 틈이 벌어져 있지 않으며, 문자의 종행은 가지런한데, 횡렬은 다소 맞지 않고 있다. 삐뚤어지거나 반만 찍힌 문자가 있지만, 墨色의 농담은 상당히 균일한 편이고 판면이 훤하며 인본의 제작이 정교하여, 우수한 조판 기술이다. 묵색은 엽에 따라 차이가 크고, 묵즙이 문자면에 고르게 착묵되지 않아서 필획 간 농담 차이가 있고, 간혹 묵덩처럼 인출된 문자도 있고, 이중인출된 부분도 적지 않아서 墨汁의 조제 및 도포 기술은 신중하지 못하였음을 알 수 있다. 전체적으로는 明 시대 활자본의 대표작이라고 할 수 있다.

行第21字與第6行第1字的叢). 但同一字樣大體相近, 且能表現出筆意, 可見刻法相當高明. 其所用印板爲左·右·上邊就固着, 下邊與界線就組合, 版口與魚尾固着的版心. 板框四角無缺口, 文字的縱行整齊而橫列少不整. 雖有歪斜不正或印出一半的文字, 墨色相當均勻, 版面疏朗, 印本製作精雅, 可見排板技術優秀. 墨色便各葉濃淡差大, 墨汁在文字面着墨不均, 發生筆劃間濃淡不勻, 或有印得墨等之文字, 也不少重印之部分, 可見調墨技術及塗墨技術不大愼重. 大體上可說是明代活字版的代表作.

2.3 吳門 某氏의「文心雕龍」

吳門(지금의 蘇州)의 모 씨는 弘治17(1504)년에 목활자로 (梁)劉勰의「文心雕龍」을 인쇄하였다.[2]

吳門(現爲蘇州)某氏於弘治17(1504)年以木活字印(梁)劉勰撰≪文心雕龍≫.[2]

---

2) 張秀民, "元明兩代的木活字", 學海出版社編輯部 編, 「中國圖書版本學論文選集」(臺北: 學海出版社, 1981), 419.

2.4 碧雲館의 「鶡冠子」

碧雲館은 弘治 연간에 목활자로 (宋) 陸佃이 풀이한 「鶡冠子」 3권(圖錄V-서 영 3)을 인쇄하였다.[3] 사주단변, 계선 있음. 판심: 화구, 상하 하향 백쌍어미, 판심제(鶡冠子), 장차, 판심 아래쪽에 活字板·弘治年·碧雲館 등이 있다. 10행 20자, 판 크기: 20.5 × 13.7cm이다. 장차가 권차에 무관하게 연속되어 있다.

이 활자의 서체는 그다지 아름답지 않고, 문자 필획의 조각 기술도 그다지 고명하지 못하다. 조립식 인판을 사용하였는데, 네 꼭짓점과 변란 및 계선 간의 틈이 크게 벌어져 있다. 문자의 행렬은 비교적 가지런하고, 각각의 문자도 기울어지지 않게 배열되어 있다. 묵색은 그다지 고르지 않고 계선의 일부는 인출되지도 않아서, 판면의 높낮이가 고르지 못하여 조판 기술은 개선이 필요한 수준임을 알 수 있다. 교감에 관하여는 乾隆 황제가 "서체가 정교하지 않고 또 오류가 많다."[4]라고 한 말에서, 그 태도가 어떠하였는가를 알 수 있다.

碧雲館於弘治年間以木活字印(宋) 陸佃所解≪鶡冠子≫3卷(圖錄V-書影 3).[3] 四周單邊, 有界. 版心: 花口, 上下下向白雙魚尾, 版心題(鶡冠子), 葉次, 板心下方有活字板·弘治年·碧雲館等字樣. 10行20字, 板框高廣20.5 × 13.7cm. 葉次便不管卷次而連續排次.

其字體不太美觀, 刻字技術不太高明. 所用印板爲組合方式, 四角·邊欄與界線之間有大缺口. 文字的行列較整齊, 每字排得不歪斜. 墨色不太均勻, 部分界線未印出, 可見板面的高度不平, 排板技術仍應改進. 至於校勘, 由乾隆帝說他 '字體不工, 且多訛謬'[4] 得知其態度如何.

2.5 無名氏의 「分類夷堅志」

北京 琉璃廠 藻玉堂 서점의 주인인 王雨는 일찍이 (宋)洪邁의 「分類夷堅志」戊集 5권 1책(圖錄V-서영 4)을 입수하였다. 최근의 감정에 의하면, 이는 弘治 연간의 동활자본으로 판명

北平琉璃廠藻玉堂書肆主人王雨, 曾訪得一冊(宋)洪邁所撰≪分類夷堅志≫戊集5卷1冊(圖錄V-書影4), 據最近鑑定, 此爲弘治年間銅活字印本,[5] 但就其製造者·地點等則無從查考.

---

3) 張秀民(1981), 420-421.

4) (淸)慶桂 等 奉勅撰, 「淸宮史續編」, 卷94, 書籍20, 校刊, 第4葉上葉, 御製題武英殿聚珍版十韻有序.

되었다.[5] 그러나 이 활자의 제작자와
제작 지역 등에 대하여는 알 수 없다.

2.6 毘陵人의 「金臺紀聞」

鉛活字를 사용한 서적의 인쇄에 관하여 (明)陸深의 「金臺紀聞」에:

> 근래에 毘陵(지금의 江蘇省 常州)
> 사람이 銅과 鉛으로 활자를 만들었
> 다. 조판하여 인쇄하기는 교묘하고
> 편리하게 보이나, 활자를 배열함에
> 오류가 더욱 쉬웠다. 대체로 인쇄가
> 이미 필사만 못 하여, 마치 본래의
> 의미가 이동하고 바뀌어 제멋대로
> 조합하는 것 같으니, 또한 어찌 취
> 할 수 있겠는가? 이는 비록 작은 일
> 이지만, 그 변화를 볼 수 있겠다.[6]

라는 기록이 있다. 또한, 그 自序에는:

> 대개 乙丑(1505, 弘治 18)년 여름부
> 터 戊辰(1508, 正德 3)년 9월까지 한
> 권으로 기록하여 「金臺紀聞」이라 명
> 명하였다.[7]

라고 하였다. 이 「金臺紀聞」의 본문에서 언급한 "근래(近日)"는 自序에 나타난 연대로 미루어 보면, 마땅히 弘治·正德 연간을 지칭하고 있음을 알 수 있다. 그러므로 毘陵 사람이 弘治·正德 연간(1506-1521)에, 즉 無錫의 금속활자와 때마침 같은 시기에 鉛活

關於鉛活字印書, (明)陸深所撰≪金臺紀聞≫:

> 近日毘陵(現爲江蘇常州)人用銅鉛爲
> 活字, 視板印尤巧便; 而布置間訛謬尤
> 易. 夫印已不如錄, 猶有一定之義. 移
> 易分合, 又何取焉? 玆雖小故, 可以觀
> 變矣![6]

又其自序:

> 蓋自乙丑(1505, 弘治18年)之夏, 訖于
> 戊辰(1508, 正德3年)九月, 錄爲一卷,
> 題曰≪金臺紀聞≫.[7]

可知此≪金臺紀聞≫文中所言"近日"應是指弘治·正德年間. 故可說毘陵人在弘治·正德年間, 正與無錫銅版錫字同時代製造鉛活字, 印過≪金臺紀聞≫.

---

5) 魏隱儒, 「中國古籍印刷史」 (北京: 印刷工業出版社, 1984), 217.

6) (明)陸深, 「金臺紀聞」, 不分卷, 馮可賓, 「廣百川學海」 (臺北: 新興書局, 1970), 689-690.

7) (明)陸深(1970), 總669.

字를 제작하여 「金臺紀聞」을 인쇄한 적이 있었다고 말할 수 있다.

그의 조판 기술과 인출 기술은 매우 고명하지 못하다. 毘陵의 鉛활자본에 대하여는 본 사람이 없는 점으로 미루어, 당시의 인출 부수가 널리 보급할 수 있을 만큼 그다지 많지는 않았을 것으로 추측된다. 이것이 오늘날 중국 鉛활자의 남상이 될 것이다.[8] 이 활자는 아마도 순수한 납으로 만든 활자가 아니고 銅·鉛의 합금일 가능성이 크다. 왜냐하면, 순수한 납은 재질이 연하여 서적을 인쇄하기에 부적합하기 때문이다. 따라서 이는 마땅히 銅·鉛의 합금으로 활자를 제작한 시초라고 하여야 할 것이다.

但其排板技術及刷印技術不很高明. 至於毘陵鉛活字印本, 則沒人見過, 可猜想當時印得不會太多. 此爲今日中國鉛活字之濫觴.[8] 但這可能不是用純鉛造的活字, 而是銅鉛合金, 因純鉛質太軟, 不適合用於印書, 故此應說是用銅鉛合金製造活字之始.

2.7 弘治年間의 活字 關聯 記錄

弘治 연간의 활자 관련 기록은 2가지가 있다. 하나는 (明)唐錦의 「龍江夢餘錄」 권3에:

有關弘治年間活字之記錄有二. 一爲(明)唐錦≪龍江夢餘錄≫卷3:

근래에 여러 사람이 활자를 조각하여 동활자판을 만드니, 제법 사용에 편리하였다. 그 방법은 대개 慶曆 연간에 시작하였는데, 평민인 畢昇이 활판을 만들되 방법은 교니에 문자를 조각하고 불에 구워 견고하게 하여... 그 비용이 동활자보다 저렴하였다.[9]

近時大家多鐫活字爲銅印, 頗便於用. 其法蓋起于慶曆間. 時布衣畢昇爲活板, 法用膠泥刻字, 火燒令堅... 其費比銅字則又廉矣.[9]

---

8) (淸)葉德輝, 「書林淸話」(臺北: 世界書局, 1974), 卷8, 宋以來活字板, 201.

9) 1. (明)唐錦, 「龍江夢餘錄」 卷3, 弘治 17年 木板本.
   2. (明)謝啓元, 「謝先生雜記」, 稿本(中國 國家圖書館 所藏): 近時大家多鐫活字銅印, 頗便於用. 其法蓋起於慶曆間. 時布衣畢昇爲活板, 法用膠泥刻字, 火燒令堅. 作鐵板二, 密布字印, 一板印⊠, 一板布字, 更互用之, 瞬息可⊠本, 其費比銅字則又廉矣.

라고 하고 있다. 또 하나는 (淸)汪森의 「粤西叢載」 권23, "豢龍馴龍" 조에:

> 計宗道는 柳州 羅池인으로 甲科에 급제하여 관직은 衡州知府에 올랐다. 집에는 서적과 골동품이 매우 많았다. 또 銅鑄字가 있는데, 인판에 배열하여 인쇄하니 書刻 같았다.[10)]

라는 기록이 있다. 計宗道는 弘治 12(1499)년 진사로서 弘治 15년부터 正德 3(1508)년까지 常熟知縣을 역임할 때가 곧 江南에서 "근래에 여러 사람이 활자 동판을 조각"할 때이므로 집에 소장한 "銅鑄字"는 이와 관련 있지 않을까?

이들 기록에 의하여 弘治 연간에 동활자가 존재하였을 가능성을 짐작할 수 있다.

另一爲(淸)汪森≪粤西叢載≫卷23 "豢龍馴龍"條:

> 計宗道，柳州羅池人，登甲科，官至衡州知府，家積書籍及玩好之物極富. 其家有銅鑄字，合于板上印刷，如書刻然.[10)]

計宗道爲弘治12(1499)年進士，自弘治15(1502)年至正德3(1508)年任常熟知縣，此時即在江南 "近時大家多鐫活字銅印"之時，所以他家藏"銅鑄字"或與此有關?

由此可堆知弘治年間可能有銅活字.

<表 1> 弘治年間의 活字印刷

	印刷 主體	印刷 年代	活字 材料	印本 書籍	비고·說明
1	孫鳳	弘治 15(1502)年	銅	「陰何詩」	
2	金蘭館	弘治 16(1503)年	銅	(宋)范成大의 「石湖居士集」 35卷·(明)孫蕡의 「西菴集」 10卷	雕刻
3	吳門 某氏	弘治 17(1504)年	木	(梁)劉勰의 「文心雕龍」	
4	碧雲館	弘治年間	木	(宋)陸佃의 「鶡冠子」 3卷	
5		弘治年間	銅	(宋)洪邁의 「分類夷堅志」 戊集 5卷	北京 藻玉堂 王雨 入手
6	毘陵人	弘治·正德年間	銅·鉛	(明)陸深의 「金臺紀聞」	
7	計宗道	弘治年間	銅鑄字		

10) (淸)汪森, 「粤西叢載」 卷23, 豢龍馴龍條. 影印文淵閣「四庫全書」本.

3. 正德年間(1506-1521)

3.1 徐 某氏의「曹子建集」

長洲의 徐 모 씨는 正德 5(1510)년 이전에 동활자로 (魏)曹植의「曹子建集」10권 100여 부(圖錄V-서영 5)를 인쇄하였다.[11] 좌우쌍변, 계선 있음. 판심: 상흑구, 상 하향 흑단어미, 판심제(曹集), 권차, 장차, 하흑구. 9행 17자, 소자쌍행, 판 크기: 20.2 × 13.3cm이다. 판면의 분위기·판식 등이 九行本 詩集("제IV장 2.1.2 무명씨의 九行本 詩集" 참조)과 매우 흡사하나, 판심제·광곽 조립 방식 등 일부에서 차이점이 있다.

그 서체는 비교적 아름다운데, 필획에 뾰족한 도각의 흔적이 있다. 활자의 크기는 모두 같은데, 동일한 문자의 자양이 약간 차이가 나며 필획 간의 각도와 거리도 약간의 차이가 있다. 이로 미루어 이 활자의 제작 방법은 육면체 동체를 제작한 후에 조각한 것으로 보이는데, 조각 기법이 이미 상당한 수준에 도달하였다. 사용한 인판은 조립식인데, 네 꼭짓점에 틈이 거의 없다. 문자의 행렬은 가지런하며, 삐뚤어지게 식자된 문자도 거의 없다. 판면이 시원스럽고 묵색은 균일하지만, 간혹 먹이 손에 묻어나거나 반대로 연한 문자가 있다. 예를 들면 墨丁처럼 진한 경우는 권8 제10엽 제7~9행 제4~5자의 6개 문자, 제17엽 상엽 제7행 제3~4자 齒召, 제18엽상엽

長洲徐氏於正德5(1510)年以前，以銅活字印(魏)曹植所撰≪曹子建集≫10卷100餘部(圖錄V-書影5).[11] 左右雙邊，有界. 版心: 上黑口，上下向黑單魚尾，版心題: "曹集"，卷次，葉次，下黑口. 9行17字，小字雙行，板框高廣20.2 × 13.3cm. 版面氣分·板式等特徵與九行本詩集(叅見 "第IV章 2.1.2 無名氏之九行本詩集")很像，但版心題·邊框組合方式等部分有差別.

其字體較美觀，筆劃上有尖的稜角. 活字大小皆同，同一字樣不太吻合，筆劃之間角度與距離有差異. 其活字製法應爲先製作六面體胴體，後刻的，刻法已達到相當水準. 所用印板爲組合式，四角幾乎沒缺口. 文字的行列整齊，無排字排得歪斜. 版面淸朗，墨色均勻，不過沾手便黑，反而亦有偏淡文字. 比如像墨丁之字有卷8第10葉第7~9行第4~5字的6個文字，第17葉上葉第7行第3~4字的齒召，第18葉上葉的大部分文字等. 濃的文字有卷5第2葉上葉第6行第4字的蒙，卷6第6葉下葉第1~5行的闒闞微休疆，卷9第22葉下葉第1~4行第3字的岷條靈應等. 相反地淡的文字有卷5第11葉第2行第6字小字的實，第4行第7字小字的遇，第5行第5字的

---

11) 北京圖書館 原編, 勝村哲也, 復刊編,「中國版刻圖錄」(京都: 朋友書店, 1983), 99, 曹子集集條. 이「曹子建集」을 (中華民國)國立中央圖書館 편「國立中央圖書館善本書目」(臺北: 國立中央圖書館, 1967), 870에서는 "明九行本"이라고 하고 있다. 但(中華民國)國立中央圖書館編, 國立中央圖書館善本書目, (臺北: 國立中央圖書館, 1967), 870, 則將此書歸於明九行本.

의 대부분 문자 등이다. 진한 경우는 권
5 제2엽상엽 제6행 제4자 蒙, 권6 제6
엽하엽 제1~5행의 闔闢微休疆, 권9 제
22엽하엽 제1~4행 제3자의 岷條靈應
등이다. 반대로 연한 경우는 권5 제11엽
의 제2행 제6자 소자 實, 제4행 제7자
소자 遇, 제5행 제5자 平 등이다. 이로
미루어 동활자에 사용하는 油煙墨을 아
직 조제해 내지 못하였으나, 조판·松煙
墨의 도포, 인출 등의 기술은 상당히 고
명한 수준인 것으로 보인다. 제IV장
2.1.2 무명씨의 九行本 詩集과는 비교할
수 없는 우수한 기술 수준이다.

平等. 愚以爲雖銅活字所用油煙墨仍未
調製成功, 但其排板·調松煙墨·刷印
等技術相當高明. 此便不可與第IV章
2.1.2 無名氏之九行本詩集相比的優秀
技術水平.

3.2 東湖書院의「古文會編」·「續古文會編」·「會魁試卷」과
錢夢玉의「三試卷」

東湖書院은 正德 5년에 목활자로 黃
希武가 편집한「古文會編」을 인쇄하였다.
또 嘉靖 16(1537)년에는 (明)海虞(지금
의 江蘇省 常熟)의 錢璠이 편집한「續
古文會編」5권을 인쇄하였는데, 매 엽
의 판심 아래쪽에 "東湖書院活字印行"
의 刊記 한 행이 있다.[12] 간행 연대 미
상의 (明)薛應旂의「會魁試卷」도 있
다.[13] 常熟의 錢夢玉은 일찍이 東湖書
院의 목활자로 자신의 스승인 (明)薛應
旂가 會魁에 합격한「三試卷」을 인쇄
하였다.[14] 이로부터 宋·元 시대에 이
미 적지 않은 서원이 목판본 서적을
간행하였으나, 활자본을 간행한 것은
明 시대에 시작한 사실을 알 수 있다.

東湖書院於正德5年以木活字印黃
希武所輯≪古文會編≫. 又於嘉靖16
(1537)年印(明)海虞(現爲江蘇常熟)
錢璠編輯≪續古文會編≫5卷, 每葉板
心下方有'東湖書院活字印行'一行.[12] 亦
有刊年未詳之(明)薛應旂≪會魁試卷≫.[13]
常熟人錢夢玉曾以東湖書院木活字
印行其師(明)薛應旂及第會魁的≪三
試卷≫.[14] 可知宋·元代有不少書院
刻書, 而書院有活字本者則起于明代.

---

12) 張秀民(1989), 679.

13) 張秀民·韓琦 共著,「中國活字印刷史」(北京: 中國書籍出版社, 1998), 126.

14) (明)李詡,「戒庵漫筆」, 卷8.

3.3 朱應登의「鮑參軍集」

朱應登이 正德 5년에 목활자로 (宋) 鮑照의 「鮑叅軍集」을 인쇄하였다.[15]

朱應登於正德5年以木活字印(宋)鮑照所撰≪鮑叅軍集≫.[15]

3.4 無名氏의「韋庵奏疏」

무명씨는 正德 9(1514)년에 목활자로 (明)涂棐의 「韋庵奏疏」 1권 1책을 인쇄하였다. 앞머리에 "正德九年五月九日衢人方豪序"가 있다. 좌우쌍변, 계선 있음. 판심: 백구, 어미·판심제 모두 없음, 장차. 10행 24자, 소자쌍행, 판 크기: 17.5 × 12.2cm, 책 크기: 26.7 × 16.5cm이다.

동일 문자의 자양이 다르다. 도각 흔적은 역력하나, 목리는 보이지 않는다. 묵색이 금속 또는 도활자의 분위기와 유사하다. 도각술이 우수한 문자와 그렇지 못한 문자가 섞여 있다. 필서체의 필의를 표현하지 못하는 수준이다. 사변이 고착된 인판을 사용하여 활자를 밀집하여 식자한 결과 문자의 횡렬이 가지런하지 못하고, 삐뚤어진 문자도 많으며, 인출면의 높이가 균일하지 못하여 문자에 따라 농담의 차이가 크다. 우수하지 못한 조판술이다. 묵색은 엽에 따라 차이가 크고, 이중 인출된 엽도 있다. 간혹 묵등처럼 인출된 문자도 있고, 광곽의 묵색도 균일하지 못한 점으로 미루어 인출술 역시 우수하지 못하다. 교정이 엄밀하지 못한 문자가 있다. 예를 들면 제14엽

無名氏於正德9(1514)年以木活字印(明)涂棐≪韋庵奏疏≫1卷1冊. 書前有"正德九年五月九日衢人方豪序". 左右雙邊, 有界. 版心: 白口, 魚尾與版心題皆無, 葉次. 10行24字, 小字雙行, 板框高廣17.5 × 12.2cm, 書本高廣26.7 × 16.5cm.

同一文字的字樣不同. 刀刻痕迹明顯, 但木理就看不見. 墨色就類似金屬或陶活字的氣分. 混有刻得好與刻得不好的文字. 刀刻術就表現不出楷體字筆意的水平. 用過四邊固定的印版, 緊密排活字之結果, 文字的橫列不整齊, 也多歪斜不正之字, 印面高度不平不均, 各個文字的濃淡差大. 可見不大優秀的排版術. 墨色就各葉差大, 也有重印的葉. 間有印得像墨等之字, 框廓墨色也不均勻, 印出術也不優秀. 校正不徹底之處亦有, 如第14葉下葉第2行第2字的祖, 第7行第2字的祖, 第32葉下葉第3行第1字的祖, 第33葉上葉第2行第1字的祖.

---

15) 張秀民(1989), 681.

하엽 제2행 제2자의 祖, 제7행 제2자
의 祖, 제32엽하엽 제3행 제1자의 祖,
제33엽상엽 제2행 제1자의 祖 등이다.

3.5 韓襲芳의 「諸葛孔明心書」

慶元教諭인 瓊臺의 韓襲芳은 正德
12(1517)년에 동활자로 (蜀)諸葛亮의
「諸葛孔明心書」 1권(圖錄V-서영 6)을
인쇄하였다. 이 서적에는 "浙江省 慶
元學教諭인 瓊臺의 韓襲芳이 銅板으
로 간행함."이라고 표제하고 있다. 韓
襲芳이 이 서적의 앞에 있는 題識에서
"이에 활자판으로 간행하였다."라고 하
고 있고, 그 끝에 "正德 12년 丁丑年
여름 4월의 길일에 瓊臺의 韓襲芳이
浙東書舍에서 제하다."라고 쓴 내용에
서 서적을 인쇄한 사실을 알 수 있다.

慶元教諭瓊臺人韓襲芳於正德12
(1517)年以銅活字印(蜀)諸葛亮所撰
《諸葛孔明心書》1卷(圖錄V-書影6),
此書題 "浙江慶元學教諭瓊臺韓襲芳銅
板印行". 書前有韓氏題識, 稱 "兹用活
套書板翻印", 末書 "正德拾二年丁丑夏
四月之吉, 瓊臺韓襲芳題于浙東書舍.",
由此可知其印書事實.

3.6 建寧府의 「史記」

建寧府는 正德 13(1518)년에 목활
자로 (漢)司馬遷의 「史記」를 인쇄하
였는데, 卷四十八陳涉世家의 "八"字
가 거꾸로 인쇄되어 있다.[16]

이처럼 철저히 교감하지 못하여 본
의 아니게 나타난 오식이 오늘날에는
활자본임을 입증하는 중요한 증거가
되고 있음을 알 수 있다.

建寧府於正德13(1518)年以木活字印
(漢)司馬遷所撰《史記》, 卷四十八陳涉
世家之 "八"字倒排[16]

由此可知如上校勘徹底不到, 意外出
現的錯誤, 今可證明活字本的證據.

---

16) 1. 張秀民(1989), 680.
   2. 張秀民・韓琦 共著(1998), 28-31.

3.7 無名氏의 「三子口義」

南京 國子監의 학생인 胡旻은 목활
자를 소유하고 있었는데, 혹자는 동활자
라고 여기고 있다. 南京의 무명씨가 正
德 13년에 이 활자를 빌려서 (宋)林希逸
의 「三子口義」를 인쇄하였는데, 혹자는
「莊子鬳齋口義」라고 칭한다.17) 胡旻 자
신은 이 활자로 무슨 서적을 인쇄하였
는가는 알 수 없다.

南京國子監生胡旻有木活字, 或以爲
是銅活字, 南京有人於正德13(1518)年借
它來印(宋)林希逸所撰≪三子口義≫,
或稱≪莊子鬳齋口義≫.17) 對於胡氏本
人印何書便無從査考.

3.8 陳沐의 「對牀夜話」

陳沐은 正德 16(1521)년에 목활자로
(宋)范晞文의 「對牀夜話」를 인쇄하였다.18)

陳沐於正德16(1521)年以木活字印(宋)
范晞文所撰≪對牀夜話≫.18)

3.9 崑山 無名氏의 「水東日記」

正德 연간에 목활자로 인쇄한 (明)葉
盛의 「水東日記」는 崑山에서 인쇄한
것으로 보인다.19)

正德年間以木活字印的(明)葉盛的
≪水東日記≫, 疑爲崑山排印.19)

---

17) 1. 張秀民, "明代的銅活字", 喬衍琯·張錦郎 共編, 「圖書印刷發展史論文集續編」 (臺北: 文史哲
　　出版社, 1979), 88.
　　2. 張秀民(1981), 419.

18) 張秀民(1989), 681.

19) 張秀民(1981), 419.

<表 2> 正德年間의 活字印刷

	印刷 主體	印刷 年度	活字 材料	印本 書籍	비고·說明
1	長洲 徐 某氏	正德 5(1510)年 以前	銅	(魏)曹植의「曹子建集」10卷	100餘 部
2	東湖書院	正德 5(1510)年	木	黃希武의「古文會編」	東湖書院 所有 活字
		嘉靖 16(1537)年		(明)錢璠의「續古文會編」5卷	
				(明)薛應旂의「會魁試卷」	
	常熟 錢夢玉			(明)薛應旂의「三試卷」	
3	朱應登	正德 5(1510)年	木	(宋)鮑照의「鮑參軍集」	
4		正德 9(1514)년	木	(明)涂禾의「韋庵奏疏」1卷	
5	韓襲芳	正德 12(1517)年	銅	(蜀)諸葛亮의「諸葛孔明心書」1卷	
6	建寧府	正德 13(1518)年	木	(漢)司馬遷의「史記」	
7		正德 13(1518)年	木(銅?)	(宋)林希逸의「三子口義」 (「莊子鬳齋口義」)	胡旻 所有 活字
8	陳沐	正德 16(1521)年	木	(宋)范晞文의「對牀夜話」	
9	崑山 某氏	正德年間	木	(明)葉盛의「水東日記」	

4. 嘉靖年間(1522-1566)

4.1 潘恩의「玄覽堂續鈔」와「玄覽堂詩鈔」

雲間의 潘恩은 嘉靖 6(1527)년에 목활자로 자신의「玄覽堂續鈔」4권을 인쇄하였다.[20] 隆慶 3(1569)년에는「玄覽堂詩鈔」(圖錄V-서영 7)를 인쇄하였다.[21] 사주단변, 계선 있음. 판심: 화구(玄覽堂詩鈔卷一), 상 하향 백단어미, 장차. 10행 21자, 판 크기: 19.3 × 14.2cm이다.

雲間人潘恩於嘉靖6年以木活字印自撰≪玄覽堂續鈔≫4卷.[20] 隆慶3年又印≪玄覽堂詩鈔≫(圖錄V-書影7).[21] 四周單邊, 有界. 版心: 花口(玄覽堂詩鈔卷一), 上下向白單魚尾, 葉次. 10行21字, 印版高廣: 19.3 × 14.2cm.

---

20) 張秀民·韓琦 共著(1998), 126.

21) 張秀民 著, 韓琦 增訂,「中國印刷史」(浙江: 浙江古籍出版社, 2006), 554.

같은 문자의 자양이 차이가 크고, 목리와 도각의 흔적이 보인다. 장체자의 필의를 살리지 못하는 우수하지 못한 도각술이다. 필획이 굵어진 문자가 많고, 목리도 분명한 점에서 많이 사용한 활자이다. 조립식 광곽에 결구가 없고, 문자의 행렬이 가지런하며, 기울어지거나 삐뚤어지거나 반만 찍힌 문자가 없다. 묵색의 농담은 약간의 차이가 있으나, 고명한 조판술이다. 묵즙은 많은 엽에서 번져서 서품이 아주 떨어졌다.

同一文字的字樣差大, 木理與刀刻痕迹明顯. 表現不出匠體的筆意之不大優秀的刀刻術. 據筆劃變粗的文字多, 木理又明顯, 可知此活字爲使用過得不少. 組合方式邊框沒缺口, 文字行列整齊, 無歪斜不正或印出一半之文字. 墨色濃淡雖稍微差, 但可算爲高明排版術. 墨汁便在不少葉擴散, 結果書品變差.

4.2 宗室西亭者의「二錄」

崇禎 6(1633)년 목판본「吳興藝文補」권39에 수록된 張朝瑞의 "宋登科錄後序"에 판본의 원류를 서술하면서:

崇禎6(1633)年刻本≪吳興藝文補≫卷39所收張朝瑞"宋登科錄後序"敍述板本源流時說:

嘉靖 壬午(1522년)에 汀에서 巴陵을 지키는 관리 君文相은 郡의 學宮에서 판각하고, 汴梁의 宗室西亭者는 활자판으로「二錄」을 인출하여 세상에 행하게 하였다.

嘉靖壬午(1522年), 汀守巴陵胥君文相刻于郡之學宮, 汴有宗室西亭者, 聯活字爲板, 印≪二錄≫行于世.[22]

라고 언급하고 있다.[22] 이에서 汴梁(지금의 開封)의 宗室西亭者가 嘉靖壬午년에「二錄」을 간행하였음을 알 수 있다. 그러나 활자의 재질이나 간행 서명은 알 수 없다.

可知汴梁(現爲開封)宗室西亭者於嘉靖壬午活字印≪二錄≫. 但未知活字材料與所刊書名.

---

22) 艾俊川, "從文獻角度看羅振玉舊藏銅活字", 「中國出版史硏究」 2018年 第2期(2018). 10.

4.3 無名氏의 「立齋外科發揮」

무명씨는 嘉靖 7(1528)년에 목활자
로 (明)薛己의 「立齋外科發揮」를 인쇄
하였다.[23]

無名氏於嘉靖7(1528)年以木活字印
(明)薛己≪立齋外科發揮≫.[23]

4.4 無名氏의 「讀易備忘」

무명씨는 嘉靖 15(1536)년에 동활자
로 (明)黃潛翁의 「讀易備忘」 4권(圖錄V-
서영 8)을 인쇄하였다.[24] 좌우쌍변, 계
선 있음. 판심: 흑구, 상하 하향 흑쌍어
미, 판심제(讀易備忘), 권차, 장차: 11행
23자, 판 크기: 18.9 × 12.7cm, 책 크기:
25.6 × 16.0cm이다.

동일 문자의 자양이 각각 다르고,
도각의 흔적이 있으며, 필획 윤곽이 주
조 활자처럼 원활하지 않다. 목리는 보
이지 않고, 묵색이 금속활자의 분위기
로 미루어 조각한 금속활자로 보인다.
필서체의 미감을 충분히 살리지 못하
는 도각술이다. 조립식 인판이지만, 결
구는 없다. 문자의 횡렬이 다소 가지런
하지 못하고, 삐뚤어진 문자가 적지 않
다. 문자에 따라서 농담 차이가 크다.
계선과 광곽은 많이 떨어져 있고, 부분
적으로 계선이 인출되지 않은 곳이 많
다. 인출면을 균일하게 고르지 못하였
다. 묵색은 묵즙이 문자의 필획 사이에
과다하게 도포되어 진하게 번지거나,
반대로 연하여 모호한 문자가 거의 모
든 엽에서 보인다. 금속활자용 묵즙을

無名氏於嘉靖15(1536)年以銅活字
印(明)黃潛翁≪讀易備忘≫4卷(圖錄V-
書影8).[24] 左右雙邊, 有界. 版心: 黑
口, 上下下向黑雙魚尾, 版心題(讀易備
忘), 卷次, 葉次. 11行23字, 板框高
廣爲18.9 × 12.7cm, 書本高廣爲25.6 ×
16.0cm.

同一文字的字樣各個不同, 有刀刻
痕迹, 筆劃輪廓不像鑄造活字圓滑. 據
沒有木理, 且金屬活字氣分的墨色, 可
見雕刻的金屬活字. 表現不出楷體字美
感的刀刻術. 組合方式印版沒缺口. 文
字的橫列稍不整齊, 歪斜的文字又不
少. 各文字的濃淡差大. 界線與框廓不
緊接, 部分界線沒印出得多. 印出面弄
得不均勻. 墨色就在文字筆劃間將墨汁
塗得過多, 濃又擴散, 相反地淡又模糊
的文字幾乎每葉都有. 也許尚未調製成
功金屬活字所用墨汁. 處處有不少雜墨,
讓書品變差. 排版與印出技術皆不優秀.

---

23) 張秀民(1989), 681.

24) 張秀民(1989), 681.

개발하지 못한 듯하다. 곳곳에 잡묵이
많아서 서품을 떨어뜨린다. 조판술과
인출술이 우수하지 못하다.

4.5 蜀府의 「欒城集」

蜀府는 嘉靖 20(1541)년에 成都에
서 목활자로 (宋)蘇轍의 「欒城集」 50
권, 後集 24권, 三集 10권(圖錄V-서영
9)을 인쇄하였다.[25] 서발문에 "교정
간행하여, 널리 전하고자", "우리 황
명의 四川 전하가 판각하였다."라고
하고 있어서 목판본으로 오해하기 쉽
다. 사주단변, 계선 있음. 판심: 화구
(欒城集, 欒城後集, 또는 欒城三集), 상
하향 백단어미, 권차, 장차. 10행 20자,
소자쌍행, 판 크기: 19.0 × 14.3cm이다.

활자는 두 종류의 크기로 구분되는
데, 크기는 각각 균일하다. 서체는 方
體字로 수려하고 힘은 있으나 아름답
지는 못하다. 문자의 횡렬은 가지런하
고 조판도 삐뚤어지지 않았으나, 어느
문자는 분명하게 인쇄되지 못하였다.
광곽의 네 꼭짓점에 틈이 크게 벌어져
있으며, 간혹 반만 인출된 문자도 있
다. 묵색은 고르지 못하여 농담의 차이
가 크다. 이로 미루어 목재를 먼저 육
면체로 조성한 후, 문자를 조각한 것으
로 보인다. 조각술은 고명하지 못하다.
조판 기술도 비교적 떨어져서, 높이가
다소 다른 활자로 인출면을 고르게 조

蜀府於嘉靖20(1541)年以木活字印
(宋)蘇轍≪欒城集≫50卷後集24卷三
集10卷(圖錄V-書影9).[25] 因其序跋
中稱 "校正鋟梓, 以廣其傳", "我皇明
蜀殿下所刻也.", 容易誤解爲雕板. 四
周單邊, 有界. 版心: 花口(欒城集, 欒
城後集, 或欒城三集), 上下向白單魚尾,
卷次, 葉次. 10行20字, 小字雙行, 板框
高廣19.0 × 14.3cm.

活字大小可分二種. 尺寸就各均勻. 其
字體爲秀勁方體字, 而不美觀, 文字的
橫列整齊, 排得不歪斜, 但有的印不清
楚, 邊欄四角有大缺口, 而且有的字印
出一半, 墨色不均勻, 濃淡相差很大.
愚以爲先做好木子而後再刻字, 其刻法
不高明. 排板技術較差, 以高度稍不均
的活字, 未能排得版面均勻, 且單一活
字的字面弄得不平(某一邊高於另一邊),
使得僅能印出此活字的部分而已. "季
子"誤排爲 "李子".

25) 1. (淸)繆荃孫, 「藝風藏書續記」(臺北: 廣文書局, 1967), 卷6, 詩文第8上, 別集, 第19葉下葉.
    2. 張秀民(1981), 418.
    3. (淸)楊紹和, 「楹書隅錄」, 卷5, 集部下, 31, 明銅活字本欒城集條는 동활자본이라고 하였다. 說
      此爲銅活字本.

판하지 못하였다. 또한, 간혹 활자의
문자면도 평평하게 배열하지 못하여
문자 필획의 일부분만 인출된 경우도
있다. "季子"를 "李子"로 오식하였다.

4.6 Chaggi Momet의 證言

嘉靖 29(1550)년경에 중국에 가본 적
이 있는 페르시아의 상인 Chaggi Momet
는 "그들(중국인)은 인쇄술을 가지고 있
었고, 그들의 서적은 인쇄한 것이었다."
라고 말하였다. 그 후 그가 이탈리아의
San Giuliano에서 Thomaso Giunti의 인
쇄소에서 주석활자와 螺絲壓印機로 서
적을 인쇄하는 장면을 참관할 때, "내가
본 바에 의하면 중국의 것과 매우 비슷하
다."라고 말하였다.[26] 혹자는 이 상인의
말에 근거하여 중국은 明 시대에 주석활자
로 서적을 인쇄하였다고 여기고 있다.[27]

大約於嘉靖29(1550)年到過中國的
波斯(Persia)商人嘉奇・黙德說 "他們
(中國人)有印刷術, 他們的書是印成的".
後來當他在意大利三久良諾叁觀湯麥
索・蓋梯的印刷所, 看到錫活字(tin types)
與螺絲壓印機印書時說 "照我看來同中
國的很相像",[26] 有人據此人之言而認爲
中國明朝亦有錫活字印書法.[27]

4.7 姚奎의 「通書類聚尅擇大全」・「墨子」

芝城(지금의 福建省 建寧)의 姚奎
는 嘉靖 30(1551)년에 동활자로「通書
類聚尅擇大全」(圖錄V-서영 10)을, 이
듬해에는 (宋)墨翟의「墨子」 15권(圖
錄V-서영 11)을 藍墨으로 인쇄하였다.
전자에는 "芝城 近軒의 姚奎가 편찬하
고, 建邑 蒲澗의 王以寧이 교정하여
간행하였다."라는 刊記가 있으며, 권16

芝城(現爲福建建寧)人姚奎於嘉靖
30(1551)年以銅活字印≪通書類聚尅擇
大全≫(圖錄V-書影10), 且於次年藍印
(宋)墨翟所撰≪墨子≫15卷(圖錄V-書影
11). 前者題 "芝城近軒姚奎纂輯, 建邑
蒲澗王以寧校刊.", 卷16第45葉下葉
第7行有 "嘉靖龍飛辛亥春正月穀旦芝
城銅板活字印行"一行, 後者卷8末葉有

---

26) Ramusio, Givo-battista, "*Hajji Mahomd's Account of Cathay as Delivered to messer*", Henry Yule
Cathay & The Thither, Vol. 1. note XVIII(cira. 1550): 219.

27) 張秀民,「中國印刷術的發明及其影響」(臺北: 文史哲出版社, 1980), 70-71.

제45엽하엽 제7행에는 "嘉靖 연간 용이 날던 辛亥年 봄 정월 穀旦에 芝城에서 동판활자로 간행하다."라는 간기 한 행이 있다. 후자에는 권8의 末葉에 "嘉靖 31(1552)년 壬子年 늦여름의 길일, 芝城의 동판활자."라는 간기 한 행(<사진 1> 참조)과 권15의 末葉에 "嘉靖 壬子年 7월 15일 乙未의 길일, 芝城의 동판활자."라는 간기 한 행이 각각 있어서 서적 인쇄 사실을 알 수 있다. 「通書類聚剋擇大全」은 사주단변, 계선 있음. 판심: 화구(권수), 상하 내향 흑쌍어미, 판심제(편명), 장차. 12행 24자, 대자 6행 12자, 판 크기: 19.2 × 13.1cm, 책 크기: 25.5 × 15.4cm이다.

동일 문자의 자양이 각각 다르다. 대·소자 모두 도각의 흔적이 역력하지만, 금속활자의 묵색이다. 소자는 간혹 마감 수정의 흔적인 듯한 빗살무늬가 보인다. 장체자의 미감을 충분히 살리지 못하고 있다. 조립식 인판의 꼭짓점에 1~2mm의 결구가 있다. 문자의 횡렬은 가지런하지 못하고, 삐뚤어지거나 기울어져서 일부 필획이 연하게 인출된 문자가 있다. 권16 제12엽하엽 제3행의 人, 제4행의 避·在·家·忌 등이다. 광곽과 활자의 높이 차이로 일부 광곽이 인출되지 않았다. 묵색은 無錫 華氏에 비하면 고른 편이나, 간혹 진한 엽이 혼재하고, 잡묵도 간혹 보인다. 조판과 인출 기술이 우수한 편은 아니다.

「墨子」에도 서체는 수려하고 힘이 있으며, 필획에 뾰족한 도각의 흔적이 있다. 활자의 크기는 고르다. 같은 문자의 자양이 비록 일치하지는 않으나 대단히 근사하여, 이 활자의 제작 방

"嘉靖三十一(1552)年歲次壬子季夏之吉, 芝城銅板活字"一行(叅見<照片1>), 又卷15末有 "嘉靖壬子歲夷則月中元乙未之吉, 芝城銅板活字"字樣, 可知其印書事實.「通書類聚剋擇大全」爲四周單邊, 有界. 版心: 花口(卷數), 上下內向黑雙魚尾, 版心題(篇名), 葉次. 12行24字, 大字6行12字, 印版高廣爲19.2 × 13.1cm, 書本高廣爲25.5 × 15.4cm.

<사진·照片 1>
「墨子」의 刊記

同一文字的字樣各個不同. 大·小字皆有明顯的刀刻痕迹, 但墨色就金屬活字氣分. 小字就間有像修整痕迹的斜線紋樣. 未能充分表現匠體字的美感. 組合方式印版的四角有1~2mm的缺口. 文字的橫列不整齊, 又有歪斜不正, 部分筆劃印得太淡, 如卷16第12葉下葉第3行的人, 第4行的避·在·家·忌. 框廓

법은 조각한 것임을 알 수 있다. 변란의 네 꼭짓점에 틈이 벌어져 있으며, 문자의 횡렬이 가지런하고, 문자마다 삐뚤어지지 않고 바르게 조판되어 있다. 계선은 없으며, 묵색은 균일하다. 이로 미루어 조각 기술·조판 기술·묵즙 조제 및 도포 기술 등이 우수하여, 전자보다 많이 발전하였음을 알 수 있다.

與活字之高度不平, 部分框廓沒印出. 墨色就比無錫華家均勻, 但間有濃的葉混在, 又可見到雜墨. 排版與印出技術皆不算優秀.

≪墨子≫也字體秀勁, 有尖的稜角, 活字大小均勻, 同一字樣雖不吻合, 但非常相近, 可推測其製法爲刻的. 邊欄四角有缺口, 文字的橫列整齊, 每字排得不歪斜而正. 無排界線, 墨色均勻, 可見刻法·排板·調墨技術優秀, 可知其比前者發展得多.

4.8 張 某氏의 「開元天寶遺事」

建業(지금의 南京)의 張 모 씨는 弘治·正德·嘉靖 연간(1522-1566)에 동활자로 (五代)王仁裕의 「開元天寶遺事」 2권(圖錄V-서영 12)을 인쇄하였다. 卷上의 제1엽상엽 제2행에 "建業張氏銅板印行"이라는 刊記 1행이 있다. 이는 宋 시대의 嚴州本을 저본으로 한 것이다. 北京 國家圖書館 소장 판본에는 明 시대의 저명한 예술가인 文徵明의 玉蘭堂印이 있는데, 文씨는 嘉靖 38(1559)년에 90세를 일기로 작고하였다.[28] 따라서 이는 嘉靖 연간 이전에 인쇄한 것임을 알 수 있다.

이 활자의 서체는 扁體로 뾰족한 도각의 흔적이 있으며, 같은 문자의 자양이 일치하지 않는다. 활자의 크기도 고르지 않고, 문자의 횡렬도 그다지 가지런하지 못하다. 묵색은 비교적 뒤떨어진다. 이로 미루어 이 활자는

建業(現爲南京)張氏約於弘·正或嘉靖年間以銅活字印(五代)王仁裕所撰≪開元天寶遺事≫2卷(圖錄V-書影12). 卷上首葉上葉第2行有"建業張氏銅板印行"一行, 乃以宋嚴州本做爲底本. 北京國家圖書館所藏版本裏有明代著名藝術家文徵明之玉蘭堂印, 文氏卒于嘉靖38(1559)年, 年90歲.[28] 故可知此書爲嘉靖以前所印.

其字體爲扁體, 有稜角, 同一字樣不吻合. 活字大小不一致, 文字的橫列不太整齊. 墨色較差. 疑爲此活字可能是刻的, 刻法不高明, 排印技術·調墨技術亦不太高明.

---

28) 張秀民(1989), 687.

조각한 것으로 보이는데, 조각술은 그다지 고명하지 못하다. 조판 기술과 묵즙 조제 및 도포 기술 역시 그다지 고명하지 못하다.

4.9 麗澤堂의 「璧水群英待問會元」

蘇州의 麗澤堂은 正德·嘉靖 연간에 목활자로 (宋)建安의 劉達可가 편찬한 「璧水群英待問會元」 90권(圖錄V-서영 13)을 인쇄하였다. 좌우쌍변, 계선 있음. 판심: 상흑구, 상하 하향 흑쌍어미, 판심제(待問), 권차, 장차, 하흑구. 11행 23자, 소자쌍행, 판 크기: 19.3 × 12.9cm이다. 권말에 "麗澤堂活板印行, 姑蘇胡昇繕寫, 章鳳刻, 趙昻印"이라는 刊記 4행이 있어서,[29] 자본 서사자·각자공·조판공이 누구인가를 알 수 있다. 혹자는 弘治 연간에 蘇州에서 간행한 것으로 추론하였다.[30]

인본을 자세히 살펴보면 서체는 그다지 아름답지 못하고, 활자의 크기도 그다지 균일하지 않다. 광곽이 고정된 인판 안에 활자를 조밀하게 심어서 문자의 횡렬이 가지런하지 못하며, 모든 엽에 걸쳐서 거의 모든 문자가 삐뚤어지게 배열되어 있다. 묵색 또한 균일하지 않다. 이로 미루어 이 활자는 한 장의 목판에 문자를 조각한 후, 톱으로 잘라서 조성한 것으로 보인다. 그러므로 활자의 문자면 이외에 활자의 크기·높이가 모두 일치하지 않아서, 조판할 때는

蘇州的麗澤堂於正德·嘉靖年間以木活字印(宋)建安劉達可所編≪璧水群英待問會元≫90卷(圖錄V-書影13). 左右雙邊, 有界. 版心: 上黑口, 上下下向黑雙魚尾, 版心題(待問), 卷次, 葉次, 下黑口. 11行23字, 小字雙行, 板框高廣19.3 × 12.9cm. 卷末印 "麗澤堂活板印行, 姑蘇胡昇繕寫, 章鳳刻, 趙昻印"四行,[29] 可知其底本書寫人·刻字排印工人. 或推此本爲明弘治年間在蘇州刊行.[30]

從印本看, 其字體不大美觀, 活字大小不太均勻, 在邊欄固定的印版裏, 將活字排得很密, 結果文字的橫列不整齊, 全葉每活字幾乎都排得歪斜. 墨色亦不均勻. 愚以爲此活字是先用整板刻字, 再鋸開成活字. 故除字面外, 活字大小·高度都不一致, 排板時, 先在印板上鋪蜂蠟等可黏住活字的印蠟, 然後將活字排在印蠟上, 但其技術不太高明.

---

29) 北京圖書館 原編, 勝村哲也 復刊編(1983), 99, 璧水郡英待問會元條.

30) 徐憶農, 「活字本」(南京: 江蘇古籍出版社, 2002), 105-110.

인판에 밀랍 등 활자를 부착시킬 수 있는 인납을 먼저 깐 연후에, 활자를 그 위에 배열하였을 것이다. 그러나 그 기술은 그다지 고명하지 못하였다.

4.10 無名氏의「毛詩」

무명씨가 正德·嘉靖 연간에 동활자로「毛詩」4권(圖錄V-서영 14)을 남색 묵즙으로 인쇄하였다.[31] 좌우쌍변, 계선 있음. 판심: 세흑구, 상 하향 흑단어미, 장차. 9행 17자, 판 크기: 18.6 × 12.1cm. 唐風, 山有樞篇의 제49엽하엽 제9행 제11자 "自"가 시계방향으로 90도 눕혀져 있다. 宋 휘를 피하여 匡·筐의 말획을 생략하였다. 이는 곧「天祿琳琅書目」後編에 "宋活字本"이라고 저록된 판본이다. 張秀民은 明목활자본이라고 하였다.[32]

동일 문자의 자양이 각각 다르고, 크기가 다른 경우도 적지 않다. 필획이 예리하고, 목활자처럼 보이는 묵색이 있는 점으로 미루어 활자의 문자면을 거칠게 마무리한 듯하다. 조립식 광곽의 꼭짓점은 간혹 1mm 정도의 틈이 있기도 하지만, 거의 밀착하고 있다. 문자의 횡렬이 간혹 가지런하지 못하고, 약간씩 삐뚤어진 문자가 보이지만, 인출 상태는 비교적 양호하다. 묵즙이 균일하게 착묵되지 못한 부분과 도포량이 다소 과하여 필획이 굵게 인출된 부분이 많다.

正德·嘉靖年間有以銅活字排藍印≪毛詩≫4卷(圖錄V-書影14),[31] 左右雙邊, 有界, 細黑口, 上下向黑單魚尾, 葉次, 9行17字, 印版高廣爲18.6 × 12.1cm. 唐風, 山有樞篇之第49葉下葉第9行第11字的"自"就順時針方向橫排. 宋諱匡·筐二字缺末筆. 此卽≪天祿琳琅書目≫後編著錄爲宋活字本者. 張秀民以爲此爲明木活字本.[32]

同一文字的字樣各個不同, 也不少大小不同之文字. 據筆劃有稜角, 且像木活字的墨色, 可知修活字的文字面修得很粗. 組合方式的邊框四角間有1mm左右的缺口, 但大部分沒缺口. 文字橫列間不整齊, 又有稍微歪斜之文字, 但刷印狀態就比較良好. 因墨汁不均勻塗布, 又塗得過量, 不少筆劃印得粗.

---

31) 魏隱儒(1984), 211.

32) 張秀民 著, 韓琦 增訂(2006), 537-538.

4.11 鈐山堂의 「歷官表奏」

鈐山堂은 嘉靖 연간에 목활자로 (明)嚴嵩의 「歷官表奏」16권 2책(圖錄IV-서영 15)을 인쇄하였다. 사주단변, 계선 있음. 판심: 화구(歷官表奏), 상 하향 흑단어미, 권차, 장차, 서사명(鈐山堂). 12행 20자, 소자단행(소자는 臣 1자뿐이다.), 판 크기: 15.4 × 22.3cm.

동일한 문자의 자양이 다르고, 목리와 도각의 흔적이 역력하여 필획의 끝이 날카롭다. 한눈에 목활자본임을 알 수 있다. 장체자의 단정한 필의를 표현하고 있다. 조립식 광곽의 결구는 0.5~2mm 정도이다. 상·하변 광곽에 문자의 행 간격으로 홈을 파서 계선재를 끼워 넣을 수 있도록 하였다. 2장의 인판을 사용하다가, 권14부터는 3장을 사용하였다. 문자의 횡렬에 약간의 가지런하지 못한 부분과 삐뚤어진 문자도 간혹 보이나, 대체로 바르게 조판된 점에서 방정한 육면체 활자이다. 문자의 묵색은 간혹 부분 필획이 인출되지 않은 경우가 있으나, 대체로 잘 인출되었다. 묵색은 간혹 진한 엽과 묵즙이 과하여 번진 문자가 보인다. 권3 제9엽·권4 제1·9엽 등에서 이중인출된 현상이 보인다. 그러나 전반적으로 균일한 묵색을 유지하고 있다. 도각·조판·인출 등 기술이 우수한 수준이다.

鈐山堂於嘉靖年間以木活字印(明)嚴嵩所撰≪歷官表奏≫16卷2冊(圖錄V-書影15). 四周單邊, 有界. 版心: 花口(歷官表奏), 上下向黑單魚尾, 卷次, 葉次, 書肆名(鈐山堂). 12行20字, 小字單行(小字僅有臣1字), 板框高廣15.4 × 22.3cm.

同一文字的字樣不同, 木理與刀刻痕迹明顯, 筆劃末端很尖. 一看就知其爲木活字本. 能表現出匠體字的端正筆意. 組合方式框廓的缺口有0.5~2mm左右. 在上·下邊框的文字行格間隔上, 挖凹槽以插進界線材. 開頭就用二張印版, 自卷14起用三張. 文字橫列稍微不整齊, 又間有歪斜文字, 但據大體排得整齊, 可知其爲六面體方正的活字. 文字墨色就間有部分筆劃沒印出, 但大部分就印得好. 墨色便間有濃的葉與墨汁塗得過量而擴散的文字. 卷3第9葉·卷4第1·9葉就有重印現像. 但全般的墨色就維持均勻. 刀刻·排版·印出等技術皆優秀的水平.

4.12 無名氏의 「杜氏通典纂要」·「藝文類聚」

開州 晁瑮의 寶文堂은 嘉靖 연간에 "常州銅板"으로 인쇄한 (唐)杜佑의 「杜氏通典纂要」와 (唐)歐陽詢의 「藝文類聚」를 소장하고 있었다.33) 혹자는 이를 동활자판이라 하였다.34)

開州人晁瑮藏有嘉靖年間以"常州銅板"所印(唐)杜佑所撰≪杜氏通典纂要≫與(唐)歐陽詢所撰≪藝文類聚≫兩種.33)或以爲此爲銅活字版.34)

4.13 無名氏의 「石熊峰集」

무명씨는 嘉靖 연간 이전에 목활자로 (明)石珤의 「石熊峰集」을 인쇄하였다.35)

嘉靖年間以前有以木活字排印(明)石珤≪石熊峰集≫.35)

<표 3> 嘉靖年間의 活字印刷

	印刷 主體	印刷 年度	活字材料	印本 書籍	비고·說明
1	潘恩	嘉靖 6(1527)年	木	(明)潘恩 「玄覽堂續鈔」 4卷	
		隆慶 3(1569)년		(明)潘恩 「玄覽堂詩鈔」	
2	宗室西亭者	嘉靖 壬午(1522年)		「二錄」	
3		嘉靖 7(1528)年	木	(明)薛己의 「立齋外科發揮」	
4		嘉靖 15(1536)년	銅	(明)黃潛翁의 「讀易備忘」 4권	
5	蜀府	嘉靖 20(1541)年	木	(宋)蘇轍의 「欒城集」84卷	大·小 活字 2種
6		嘉靖 29(1550)年 頃	朱錫?		Persia人 Chaggi Momet의 證言
7	姚奎	嘉靖 30(1551)年	銅	「通書類聚尅擇大全」	王以寧 校正
		嘉靖 31(1552)年		(宋)墨翟의 「墨子」15卷	藍印

---

33) (明)曹瑮, 「曹氏寶文堂書目」(上海: 古典文学出版社, 1957), 卷中, 90.

34) 張秀民(1979), 87.

35) 張秀民·韓琦 共著(1998), 126.

	印刷 主體	印刷 年度	活字材料	印本 書籍	비고·說明
8	張 某氏	弘治-嘉靖年間	銅	(五代)王仁裕의 「開元天寶遺事」 2卷	
9	麗澤堂	正德·嘉靖年間	木	(宋)劉達可 編纂 「璧水群英待問會元」 90卷	胡昇繕寫, 章鳳刻, 趙昻印.
10		正德·嘉靖年間	銅	「毛詩」 4卷	藍印
11	鈐山堂	嘉靖年間	木	(明)嚴嵩의 「歷官表奏」 16권	
12		嘉靖年間	銅	(唐)杜佑의 「杜氏通典纂要」·(唐)歐陽詢의 「藝文類聚」	晁瑮의 寶文堂 所藏.
13		嘉靖年間 以前	木	(明)石珤의 「石熊峰集」	

5. 隆慶年間(1567-1572)

5.1 談愷의 「太平廣記」

無錫의 談愷는 隆慶 2(1568)년 이전에 (宋)李昉 등이 奉勅 監修한 「太平廣記」 500권, 目錄 10권을 활자로 인쇄하였다. 이 類書의 인쇄 사실에 대하여는 目錄 권1의 書題 뒤에:

無錫人談愷於隆慶2(1568)年以前排印(宋)李昉等奉勅監修之≪太平廣記≫500卷目錄10卷. 至於其印書之事則此書目錄卷1書題後題:

宋 시대의 翰林學士中順大夫戶部尚書上柱國賜紫金魚袋인 李昉 등이 편찬하고, 明 시대의 資善大夫都察院右都御史인 談愷가 교정 간행하였으며, 姚安府知府인 秦汴·德州知州인 强仕·石東山人인 唐詩가 함께 교정하였다.

宋翰林學士中順大夫戶部尚書上柱國賜紫金魚袋李昉等編, 明資善大夫都察院右都御史談愷校刊, 姚安府知府秦汴·德州知州强仕·石東山人唐詩同校.

라고 설명하고 있다. 「太平御覽」("6.3 游榕의 「文體明辨」과 周堂의 「太平御

≪太平御覽≫(詳見 "6.3 游榕의 「文體明辨」과 周堂의 「太平御覽」)擺印

覽」 참조)은 隆慶 2년부터 萬曆 2(1574)년 사이에 활자로 인쇄되었는데 그 장소는 無錫이었다. 이 활자는 隆慶 2년 이전에 조각되어 無錫의 顧甯巖과 秦虹川 두 사람이 각각 절반씩 가지고 있었는데, 秦汴과 秦虹川이 어떤 관계인지는 지금 알 수 없다. 그러나 談愷도 또한 無錫 출신이므로 「太平御覽」과 「太平廣記」가 같은 동활자로 인쇄되었을 가능성은 대단히 크다.36) 그러나 혹자는 여전히 「太平廣記」는 목활자로 인쇄된 것이라고 여기고 있다.37)

於隆慶2年至萬曆2(1574)年之間, 其地在無錫. 其字削成於隆慶2年以前, 無錫人顧甯巖·秦虹川二家各有其半, 今不知秦汴與秦虹川有何關係? 然談愷亦無錫人, 故≪御覽≫與≪廣記≫爲用同一套活字擺印, 極有可能.36) 但仍有人以爲此書是以木活字擺印的.37)

5.2 黃美中의 「鳳洲筆記」

海虞의 黃美中은 隆慶 3(1569)년에 목활자로 (明)王世貞의 「鳳洲筆記」 24권을 교정한 후 인쇄하였다.
권17의 권두제에 "洲"자가 탈락되어 있다.38) 서명조차도 틀린 곳이 있어서 교정 태도가 어떠하였는가를 엿볼 수 있다.

海虞黃美中於隆慶3(1569)年以木活字校印(明)王世貞所撰≪鳳洲筆記≫24卷.
卷17卷首書名"鳳"字下, 漏掉 "洲"字.38) 連書名都弄錯了, 可見其校印態度如何.

5.3 何玄之의 「海叟集」

何玄之는 隆慶 4(1570)년에 목활자로 (明)袁凱의 「海叟集」을 인쇄하였다.39)

何玄之於隆慶4(1570)年以木活字印(明)袁凱≪海叟集≫.39)

---

36) 王重民, 「中國善本書目提要」 (臺北: 明文書局, 1984), 394-395, 太平廣記條.

37) 張秀民(1981), 421.

38) 張秀民(1981), 419, 422.

39) 張秀民(1989), 681.

5.4 陳善 部下의「黔南類編」·「公文批詳」

錢唐의 陳善이 雲南省 布政使로 재직할
때, 현지의 부하가 隆慶 5(1571)년에 雲南에
서 목활자로 그의 시문집인「黔南類編」8권
과 부록「公文批詳」2권을 인쇄하였다.[40]
「黔南類編」의 서문은 해서체 대자로, 그 판
심에 "陳敬所刊"이 있다. 본문은 匠體字인
데, 동일인의 조각인지는 알 수 없다.

錢塘人陳善官雲南布政使時, 當地的
屬官於隆慶5(1571)年在滇中以木活字
印他的詩文≪黔南類編≫8卷, 附≪公
文批詳≫2卷.[40] ≪黔南類編≫序文爲楷
書大字, 其板心有"陳敬所刊". 正文爲
匠體活字, 未知是否同一人所刻.

5.5 族譜 印刷工의「曾氏宗譜」

강남지역의 족보 인쇄공이 隆慶 5년에
목활자로「曾氏宗譜」를 인쇄하였다.[41]

江南地區譜匠於隆慶5年以木活字
印≪曾氏宗譜≫.[41]

5.6 吳夢珠의「國朝文纂」

吳夢珠는 隆慶 6(1572)년에 목활자로
(明)張士瀹이 편집한「國朝文纂」50권을
인쇄하였다.[42]

吳夢珠於隆慶6(1572)年以木活字印
(明)張士瀹所輯≪國朝文纂≫50卷.[42]

5.7 念初堂의「函史」

廬陵(지금의 合肥) 陳嘉謨의 念初堂은
隆慶 연간(1567-1572)에 동활자로 (明)
鄧元錫의「函史」를 인쇄하였다.[43] 이 활

廬陵(現爲合肥)陳嘉謨念初堂於隆
慶年間, 以銅活字排印(明)鄧元錫所撰
≪函史≫.[43] 此活字爲楷書.[44]

---

40) 張秀民(1981), 420.

41) 張秀民(1989), 682.

42) 張秀民(1989), 681.

43) 魏隱儒(1984), 217.

자의 서체는 해서체이다.44)

5.8 無名氏의 「四友齋叢說」

무명씨는 隆慶 연간에 활자로 (明) 何良俊의 「四友齋叢說」16권(圖錄IV-서영 16)을 인쇄하였다.45) 사주단변, 계선 있음. 판심: 화구(叢說), 상 하향 백단어미, 권차, 장차. 9행 18자, 판 크기: 18.0 × 13.6cm이다. 앞머리에 何良俊의 자서가 있는데, 그 끝에 "隆慶 己巳(3, 1569)년 九日 東海 何良俊 香巖精舍에서 쓰다."라고 있다.

有人於隆慶年間, 以活字排印(明)何良俊所撰≪四友齋叢說≫16卷(圖錄V-書影16).45) 四周單邊, 有界. 版心: 花口(叢說), 上下向白單魚尾, 卷次, 葉次. 9行18字, 板框高廣18.0 × 13.6cm. 首有何良俊自序, 其末署 "隆慶己巳(3, 1569)九日東海何良俊書於香巖精舍".

<표 4> 隆慶年間의 活字印刷

	印刷 主體	印刷 年度	活字材料	印本 書籍	비고·說明
1	談愷	隆慶 2(1568)年 以前	銅, 木?	(宋)李昉 奉勅監修 「太平廣記」510卷	秦汴·强仕·唐詩 校正
2	黃美中	隆慶 3(1569)年	木	(明)王世貞의 「鳳洲筆記」24卷	
3	何玄之	隆慶 4(1570)年	木	(明)袁凱의 「海叟集」	
4	陳善의 部下	隆慶 5(1571)年	木	(明)陳善의 「黔南類編」8卷·「公文批詳」2卷	
5	族譜 印刷工	隆慶 5(1571)年	木	「曾氏宗譜」	
6	吳夢珠	隆慶 6(1572)年	木	(明)張士瀹의 「國朝文纂」50卷	
7	念初堂	隆慶年間	銅	(明)鄧元錫의 「函史」	
8		隆慶年間		(明)何良俊의 「四友齋叢說」16卷	

---

44) 張秀民, "中國活字印刷簡史", 上海新四軍歷史硏究會印刷印鈔分會 編, 「活字印刷源流」(北京: 印刷工業出版社, 1990), 46.

45) 徐憶農(2002), 121-123.

6. 萬曆年間(1573-1619)

6.1 顧從德 芸閣의 「松籌堂集」

上海 顧從德의 芸閣은 萬曆 원년에 목활자로 (明)楊循吉 의 「松籌堂集」 12권을 인쇄하였다.[46]

上海顧從德雲閣於萬曆元(1573)年以木活字印(明)楊循吉的《宋籌堂集》12卷.[46]

6.2 玉樹齋의 「越吟」

玉樹齋는 萬曆 원년에 목활자로 (明)浙江 鄞縣 包大炯의 詩詞集인 「越吟」 1권(圖錄IV-서영 17)을 인쇄하였다.[47] 묵즙은 藍色을 사용하였다. 사주단변, 계선 있음. 판심: 화구(玉樹齋), 상 하향 백단어미, 장차: 9행 20자, 판 크기: 19.6 × 11.8cm이다.

문자의 크기는 균일한데, 동일 문자의 자양이 대단히 흡사하고, 도각의 흔적과 목리가 보인다. 장체자의 필의를 살리고 있다. 육면체 목자를 먼저 제작한 후, 필획을 조각한 것으로 보인다. 문자의 행렬이 가지런하며, 기울어지거나 삐뚤어지거나 일부 필획만 찍힌 문자가 없다. 묵색도 대체로 균일한 편이다. 광곽의 꼭짓점은 결구가 거의 없이 밀착되어 있다. 묵색은 농담 차이가 엽에 따라서 약간씩 나타나고 있다. 26엽 중에서 2엽은 번진 부분이 있고, 4~5엽에서 번진 문자가 보인다. 도각술과 조판술은 우수하지만, 인출술은 약간 떨어진다.

玉樹齋於萬曆元年以木活字藍印(明)浙江鄞縣包大炯所作詩詞集《越吟》1卷(圖錄IV-서영 17).[47] 四周單邊, 有界. 版心: 花口(玉樹齋), 上下向白單魚尾, 葉次. 9行20字, 印版高廣爲19.6 × 11.8cm.

文字大小均勻, 同一文字的字樣非常相似, 有刀刻痕迹與木理. 能表現出匠體文字的筆意. 據以上幾點, 可推知先製作六面體木子, 再刻筆劃. 文字行列整齊, 沒有歪斜不正, 或印出部分筆劃之字. 墨色亦大體均勻. 邊框四角幾乎沒缺口. 各葉墨色濃淡稍微差別. 共26葉中, 有2葉墨汁擴散, 4~5葉上有墨汁擴散文字. 刀刻與排版技術優秀, 調墨便稍微差.

---

46) 張秀民(1989), 680.

47) 「越吟」, 明萬曆元年玉樹齋木活字藍印本, 中華民國國立故宮博物院圖書館所藏.

6.3 游榕의 「文體明辨」과 周堂의 「太平御覽」

無錫에 거주하는 福建 출신의 游榕과 福建의 서적상인 饒世仁은 隆慶·萬曆 연간(1573-1619)에 無錫에서 동활자를 제작하여 서적을 여러 종 인쇄하였다. 福建의 饒世仁과 游廷桂 등은 隆慶 2년에서 5년 사이에 無錫에서 饒世仁과 游榕이 제작한 동활자로 (宋)李昉 등이 편찬한 「太平御覽」 1,000권(圖錄V-서영 18)의 인쇄를 10분의 1~2정도 진행하다가 중도에 포기하고 말았다. 그때 常熟의 周光宙는 萬曆 원(1573)년에 이 활자의 절반을 구입하였고, 나머지 절반은 無錫의 顧肖巖과 秦虹川이 소유하게 되었다. 周光宙와 그의 아들 周堂은 顧·秦 양씨와 상의한 끝에 饒世仁으로부터 宋本 「太平御覽」의 절반을 구입하고 顧·秦 양씨가 소장하고 있는 「太平御覽」의 나머지 절반을 빌려서 완질로 맞추어 저본으로 삼고 嚴訥이 소장하고 있는 史館本으로 교정한 후, 饒世仁과 游廷桂에게는 조판을 부탁하고 無錫의 趙秉義와 劉冠에게는 無錫에서 계속 인쇄하도록 하였다. 周光宙가 이미 고령이어서 완성을 보지 못하고 죽자, 周堂이 이를 계승하였다. 萬曆 2년에 드디어 총 100여 부를 완성하여 顧·秦 양 씨와 분배하였다.[48]

이 판본의 판식은 사주단변, 계선 있음. 판심: 화구(太平御覽), 상 하향 백단어미, 권차, 장차, 판심 하단: "宋板校正閩游(혹은 饒)氏全板活字印一

居於無錫的福建人游榕與福建書商饒世仁於隆慶·萬曆年間在無錫製銅活字, 印書數種. 閩人饒世仁·游廷桂等於隆慶2年至5年之間, 在無錫用饒世仁·游榕所製銅活字擺印(宋)李昉等所編≪太平御覽≫1000卷(圖錄V-書影18), 成十之一·二, 閩人卽散去. 時有常熟人周光宙於萬曆元(1573)年已購得此套活字之半, 它半則爲無錫人顧肖巖·秦虹川二家所得. 周光宙與其子堂, 乃商於顧·秦二氏, 從饒世仁購得半部宋板≪太平御覽≫, 又借顧·秦二氏所藏之半部, 合成全書作爲底本, 校以嚴訥所藏史館本, 仍請饒世仁·游廷桂整擺, 錫山趙秉義·劉冠在無錫繼續排印. 周光宙年歲已高, 未竟而卒, 堂乃繼之. 至萬曆2年共印成100餘部, 遂與顧·秦二家分有.[48]

此本板式爲四周單邊, 有界. 版心: 花口(太平御覽), 上下向白單魚尾, 卷次, 葉次, 版心下方: "宋板校正閩游(或饒)氏全板活字印一百餘部"小字2行. 11行22

---

48) 1. 王重民(1984), 355-356, 太平御覽條; 445, 文體明辨條에서 引用한 "太平御覽 周堂序".
    2. (淸)葉德輝, "書林餘話", 葉德輝(1974), 卷下, 34-35, 總368-369.

百餘部" 소자 2행. 11행 22자, 소자쌍
행, 판 크기: 20.8 × 14.6cm, 책 크기:
27.8 × 17.9cm이다. 周堂의 序文 끝에
는 "福建의 饒世仁과 游廷桂가 조판
하고 無錫의 趙秉義와 劉冠이 인출하
다."라는 간기 2행이 있다. 目錄 권5
에는 대자로 된 "宋板校正, 福建游氏
梓製活板, 排印一百餘部"의 두 행이
있고 다른 곳에는 "饒氏仝板" 또는
"宋板校正, 饒氏銅板活字印行壹百餘
部"라는 간기가 있기도 하다. 이는 福
建의 조판공과 無錫의 인출공이 같이
협력하여 이룬 성과라고 할 수 있다.
또한, 서적 인쇄는 활자의 배열·인판
의 제작·인출 등의 공정을 분담하여
협력으로 이루어지는 것이지, 결코 한
사람에 의하여 모든 작업이 이루어지
는 것이 아님도 알 수 있다.

　游榕은 이보다 먼저 자신이 활자를
소유하고 있던 萬曆 원년에 이미 (明)吳
江 徐師曾의 「文體明辯」 61권, 卷首 1
권, 목록 6권, 부록목록 2권, 부록 14
권(圖錄V-서영 19)을 인쇄한 적이 있
었다. 歸安의 茅乾이 교정하였는데 그
안에는 "建陽游榕活板印行" 또는 "閩
建陽游榕製活板印行"이라고 표시하고
있다.[49] 사주단변, 계선 있음. 판심: 화
구(文体明辨), 상 하향 백단어미, 권차,
장차. 10행 19자, 소자쌍행, 판 크기:
18.5 × 14.0cm, 책 크기: 26.6 × 17.7cm이
다. 화구의 서명 한자가 권두제와 다르다.
　이 두 저술에 사용된 활자의 大字와
小注를 인쇄한 小字를 비교하여 보면,
서체는 모두 똑같은데 아름답고 힘이
있으며, 필획에는 뾰족한 도각의 흔적이

字, 小字雙行, 印版高廣爲20.8 × 14.6cm,
書本高廣爲27.8 × 17.9cm. 周堂序文末有
"閩中饒世仁·游廷桂整擺, 錫山趙秉
義·劉冠印行"兩行. 目錄卷5有"宋板
校正, 福建游氏梓製活板, 排印一百
餘部."大字兩行, 有些地方又作"饒氏
仝板"或"宋板校正, 饒氏仝板活字印行
壹百餘部". 這可說是一部福建排字工
與無錫印刷工雙方合作的成果, 且可知
排字·擺版·刷印是分工合作, 竝非一
人經手其事.

　游榕在此之前, 即於保有此活字之
萬曆元年已印過(明)吳江徐師曾所撰
≪文體明辯≫61卷卷首1卷目錄6卷附
錄目錄2卷附錄14卷(圖錄V-書影19),
歸安茅乾校正, 書裏題 "建陽游榕活板
印行"或"閩建陽游榕製活板印行".[49] 四
周單邊, 有界. 版心: 花口(文体明辨),
上下向白單魚尾, 卷次, 葉次. 10行19字,
小字雙行, 印版高廣爲18.5 × 14.0cm, 書
本高廣爲26.6 × 17.7cm. 花口書名文字與
卷首題不同.

　今觀這兩部書的大字與小注小字,
其字體一模一樣秀勁, 筆劃有稜角, 活
字大小有若干差異, 同一字樣不太吻合,
且游榕自己稱"梓製活板", 其製法應爲

---

49) 張秀民(1989), 689.

있다. 활자의 크기는 약간의 차이가 있다. 동일한 문자의 자양이 그다지 일치하지 않는다. 또한, 游榕도 스스로 "조각하여 제작한 활자판"이라고 말한 점으로 미루어 그 제작 방법은 조각한 것으로 보인다. 장체자의 미감을 충분히 표현하지 못하고 있다. 사용한 인판은 조립식이며, 조판 형식과 책지·먹 등도 두 저술이 대부분 같다. 광곽의 네 꼭짓점에 틈이 2~4mm 벌어져 있고, 문자의 횡렬도 가지런하지 못하다. 문자 간의 농담 차이가 크고, 어느 문자는 삐뚤어지게 조판되어 있고 심지어는 "死"처럼 90도 눕혀져 있는 것도 있다. 문자가 배열된 부분의 계선은 인출되지 않았고, 판면의 묵색도 비교적 수준이 떨어진다. 상·하변 광곽 밖으로 일정한 거리를 두고 평행한 잡묵이 있는 것으로 보아 광곽을 조이기 위하여 사방의 외곽에 버팀목으로 지지하였다. 상·하 문자의 필획이 교차하는 현상이 있다. 권699 제1엽상엽 제1행과 제9엽하엽 제1행의 覽卷이다. 묵즙을 도포한 후 책지를 인출면에 얹을 때 조심하지 않아서, 문자가 이중으로 인출되는 현상도 많이 나타나고 있다. 이로 미루어 조각술·조판 기술·묵즙 조제 및 도포 기술이 華燧나 安國[50]보다는 발전하였으나, 여전히 고명하지는 못하였다. 교감에 대하여 혹자는 이 판본은 비록 "宋板校正"이라고 표시하고 있기는 하지만, 교정 작업을 경솔히 하여서 탈락되거나 잘못된 문자가 적지 않다고 말하는 점[51]에 비하여, 또 다른 혹자는 이 판본을 다른 목판본

刻的. 不能充分表現出匠體字的美感. 所用印板爲組合方式, 排印格式·紙墨等也多相同. 版框四角有2~4mm的缺口, 文字的橫列不太整齊, 個別文字間的濃淡差大. 有的個別字排得歪斜, 甚至有橫排的, 如"死"字. 排文字部分的界線未印出, 版面墨色較差. 據上下邊框之外面, 在保持一定距離上, 有與邊框平行的雜墨, 可知爲了支撐邊框, 使用了支撐木條. 可見上下文字筆劃交叉現像, 如卷699第1葉上葉第1行與第9葉下葉第1行之覽卷. 刷墨後覆上冊紙時, 不小心而引起文字重複現象多, 可見刻法及排印技術·調墨技術較華燧·安國爲進步,[50] 不過仍然不太高明. 其校勘則或說這部雖標明宋板校正, 而校對馬虎, 脫誤錯字不少,[51] 另說這部與其他刻本相校, 則此活字本與今≪四部叢刊≫三編之影印宋刻本最相近, 而其異者往往較宋本爲善.[52] 這兩部書可能不在建陽印, 而是在江蘇·浙江兩省印. 他們的工作流動性很大, 此與活字印刷初期的德國一部分的流動印工四散到歐洲各國印書情況相似, 此亦開後來譜匠挑着活字擔, 走游江浙鄉鎮間爲人家排印家譜的先聲了. 由此可知游·饒氏所製銅活字, 雖數次易主而未離無錫·常熟之間, 且游·饒仍傭於是役, 繼續工作, 七·八年間印成鉅書數種, 其成績實不在華·安之下. 至於除了此兩部書傳世之外, 其還有印過哪些書, 則已不可考了.

---

50) 曺炯鎭, "明代 無錫 華·安 兩氏 家門의 活字印刷", 「季刊書誌學報」 第15號(1995. 3), 95-120.

51) 張秀民(1989), 689.

과 대교하여 보면 오늘날「四部叢刊」三
編의 영인송각본에 가장 가까우며, 서로
다른 부분 중에는 왕왕 宋本보다 좋은
경우도 있다[52]고 말한다. 이 두 저술은
아마 建陽에서 인쇄하지 않고, 江蘇省
과 浙江省에서 인쇄한 듯하다. 그들의
작업 반경은 매우 큰데, 이는 독일의 활
자인쇄 초기에 일부 유동적인 인쇄공이
사방으로 퍼져서 유럽의 각국에서 서적
을 인쇄하던 상황과 비슷하다. 이는 또
한 훗날의 족보 인쇄공이 활자와 인쇄
도구를 짊어지고 강남 일대의 고을을 두
루 다니면서 남의 족보를 인쇄하여 주던
기풍을 연 선구이기도 하였다. 이로 미루
어 游·饒 양씨가 제작한 동활자는 비록
여러 번 주인이 바뀌었지만, 無錫과 常
熟 지역을 벗어나지는 않았다. 游·饒
양 씨는 7~8년간 꾸준히 이 작업에 고
용되어 종사한 결과 거질의 서적 여러
종을 인쇄하였으니, 그 성과는 실로 華·
安 양 씨에 못지않다. 현존하고 있는 이
두 종의 서적 외에 또 어떠한 서적을 인
쇄하였는가에 대하여는 알 수 없다.

6.4 益府의「辨惑編」·「辨惑續編」

益府는 萬曆 2년에 목활자로 (元)
謝應芳의「辨惑編」4권, 부록 1권(圖
錄V-서영 20)과 (明)顧亮의「辨惑續
編」7권, 부록 2권(圖錄V-서영 21)을
인쇄하였다.[53]「辨惑續編」의 서에 이
어진 "編輯大意"와 후서 말미에 "益

益府於萬曆2年以木活字印(元)謝應
芳所撰≪辨惑編≫4卷附錄1卷(圖錄V-
書影20). 同年又印(明)顧亮所撰≪辨惑
續編≫7卷附錄2卷(圖錄V-書影21).[53]
接≪辨惑續編≫序而來的 "編輯大意"
與後序末尾有"益藩活字印行"1行. 四

---

52) 王重民(1984), 355-357, 太平御覽條.

53) 張秀民(1981), 418.

藩活字印行" 1행이 있다. 사주쌍변, 계선 있음. 판심: 화구(辨惑編, 續編上卷, 또는 辨惑續編), 상하 내향 백쌍어미, 「辨惑續編」의 권1 제1엽까지는 상하 하향 백쌍어미, 권차, 장차: 8행 17자, 소자쌍행, 판 크기: 「辨惑編」은 21.4 × 14.4cm, 「辨惑續編」은 20.9 × 14.2cm이다.

이 활자의 필서체는 고풍스럽게 힘이 있고 아름다우며, 크기가 균일하다. 같은 문자의 자양이 대단히 비슷하게 조각되어 어느 문자는 거의 일치하고 있어서, 도각술이 대단히 고명함을 알 수 있다. 이로 미루어 이 활자는 우선 목재를 육면체로 켜서 사면과 높이를 고르게 손질한 다음, 문자를 조각한 것으로 보인다. 목리가 간혹 보이고 도각의 흔적이 역력하다. 필의를 충분히 표현하는 고명한 도각술이다. 조립식 인판을 사용하였는데, 광곽의 네 꼭짓점에 간혹 1mm 정도 약간의 틈이 벌어져 있다. 문자의 횡렬은 가지런하고, 삐뚤어진 문자도 없다. 「辨惑編」 권1의 전반부는 묵색도 균일하지 않고 농담 차이도 심하게 나타나고 있고, 간혹 묵즙을 많이 도포하여 번진 문자도 있으나, 판면이 훤하며 먹의 향기도 매우 진하면서, 농담도 균일하여 목판본보다 더 우수하다. 인판에 조립된 활자면의 높이가 지극히 고르고, 조판 기술과 묵즙 도포 기술도 대단히 고명하다. 교감도 역시 대단히 신중하여 잘못 인쇄된 문자는 다른 종이에 새로 인쇄하여 붙였다. 예를 들면 「辨惑編」 권1 제29 엽하엽의 제2행 제4·5字는 屠浮를 浮屠로 교정하였다. 또는 새로운 종이를 오려 붙인 후 써넣기도 하였다. 예

周雙邊, 有界. 版心: 花口(辨惑編, 續編上卷, 或辨惑續編), 上下內向白雙魚尾, ≪辨惑續編≫的卷1第1葉以前爲上下下向白雙魚尾, 卷次, 葉次. 8行17字, 小字雙行, 印版大小:≪辨惑編≫爲21.4 × 14.4cm, ≪辨惑續編≫爲20.9 × 14.2cm.

其楷體文字古勁美觀, 大小均勻, 同一字樣刻得非常相近, 有的幾乎吻合, 可見其刻字技術非常高明. 愚以爲此活字可能先鋸好木子, 將木子裁得四方與高度均勻, 再刻字在木子上. 偶見木理, 刀刻痕迹明顯. 能表現筆意之高明刀刻術. 使用組合方式印板, 版框四角偶有1mm小缺口, 文字的橫列整齊, 無歪斜不正之字. ≪辨惑編≫卷1之前半墨色, 雖不大均勻, 濃淡也差大, 又間有因塗墨塗得過量, 而擴散的文字, 但版面疏朗, 墨味頗香, 墨色均勻, 比雕板尤過之, 可見印板上活字高度平均無比, 排板技術·調墨技術非常高明. 校勘亦非常謹愼, 印錯之字是在別的紙張上重新印而貼上, 如≪辨惑編≫卷之1第29葉下葉第2行第4·5字的屠浮改爲浮屠, 或先貼新紙片再抄上去, 如≪辨惑編≫附錄首葉上葉第4行第5·6字的生先改爲先生, ≪辨惑續編≫目錄篇題的編續改爲續編, 卷之3第4葉下葉第4行第13至16之4個字的食肉飮酒改爲飮酒食肉, 卷之7首葉下葉第3行第2·3字的不人改爲人不. 且不必要之字是用木等蓋去, 而原字仍隱然可見, 如≪辨惑編≫卷之4第29葉下葉第6行第15字的於等. 總之, 可說是明代活字版之傑作.

를 들면 「辨惑編」 부록 제1엽상엽의 제4행 제5·6字는 生先을 先生으로, 「辨惑續編」 目錄篇題의 編續은 續編으로, 권3 제4엽하엽의 제4행 제13~16字는 食肉飮酒를 飮酒食肉으로, 권7 제1엽하엽의 제3행 제2·3字는 不人을 人不로 고쳤다. 또한, 불필요한 문자가 들어간 경우는 木等으로 덮어 찍었는데, 원래의 문자가 은연중에 보이기도 한다. 예를 들면 「辨惑編」 권4 제29엽하엽의 제6행 제15字인 於 등이 그것이다. 종합적으로 여러 요소를 살펴보면 이 판본은 明 시대 활자본의 걸작이라고 할 수 있다.

6.5 三餘齋의 「詩史」

三餘齋는 萬曆 2년에 목활자로 董傳信의 「詩史」 10권을 인쇄하였다.[54]

三餘齋於萬曆2年以木活字印董傳信≪詩史≫10卷.[54]

6.6 無名氏의 「思玄集」

무명씨는 萬曆 2년에 목활자로 (明) 桑大協의 「思玄集」 16권 6책(圖錄V-서영 22)을 인쇄하였다.[55] 宋 휘인 匡의 말획을 생략하였다. 사주단변, 계선 있음. 판심: 화구(思玄集), 상하 내향 흑쌍어미, 권차, 장차. 10행 21자, 소자쌍행, 판 크기: 19.6 × 12.5cm, 책 크기: 26.4 × 16.5cm이다.

동일 문자의 자양이 다르지만, 유사

無名氏於萬曆2年以木活字印(明)桑大協≪思玄集≫16卷6冊(圖錄V-書影 22).[55] 宋諱匡就缺末筆. 四周單邊, 有界. 版心: 花口(思玄集), 上下內向黑雙魚尾, 卷次, 葉次. 10行21字, 小字雙行, 印版高廣爲 19.6 × 12.5cm, 書本高廣爲 26.4 × 16.5cm.

同一文字的字樣不同而類似. 刀刻痕

---

54) 張秀民(1989), 681.

55) 張秀民(1989), 681.

하다. 도각의 흔적은 역력하지만, 목리 는 묵색이 진하여 드물게 보인다. 장 체자의 미감을 제법 살리고 있다. 조 립식 인판 꼭짓점의 결구는 1～3mm 정도이다. 일부 광곽이 활자와의 높이 차이로 인하여 인출되지 않은 곳이 있 다. 문자의 횡렬이 다소 가지런하지 못하고, 삐뚤어진 문자도 간혹 보이지 만, 전반적으로 문자의 농담 차이가 거의 없다. 묵색은 간혹 진하거나 번 진 엽이 있으나, 전반적으로 균일하다. 간혹 판면 밖에 잡묵이 보이나, 판면 이 깨끗하여 서품도 좋은 편이다. 도 각・조판・인출 등의 기술이 대체로 우수하다.

迹明顯, 木理就因墨色濃而少見. 能表現 出匠體字的美感. 組合方式印版的四角 有1～3mm左右的缺口. 部分邊框因與 活字高度不同而未印出. 文字橫列稍不 整齊, 間有歪斜文字, 但幾乎沒有文字 間濃淡差別. 墨色就間有或濃或擴散之 葉, 但大體均勻. 版面外面間有雜墨, 版 面就乾淨, 書品就好. 刀刻・排版・印 出等技術皆優秀.

6.7 嚴 某氏의 「春秋國華」

吳郡의 嚴 모 씨는 萬曆 3(1575)년에 목활자로 (明)嚴訥의 「春秋國華」(圖錄 V-서영 23)를 인쇄하였다.[56] 서는 필 서체, 본문은 장체로 활자가 다르다. 서의 판식은 사주단변, 계선 있음. 판 심: 화구(春秋國華), 상 하향 흑단어 미, 판심제(序), 장차. 7행 14자, 판 크 기: 18.8 × 12.2cm이다. 본문의 판식은 사주단변, 계선 있음. 판심: 화구(春秋 國華), 상 하향 백단어미, 판심제(왕조 명), 장차. 9행 20자, 소자쌍행, 판 크 기: 18.7 × 12.1cm이다.

같은 문자의 자양이 다르고, 도각의 흔 적이 역력하며, 목리도 보여서 한눈에 목 활자임을 알 수 있다. 도각술은 그다지 고

吳郡嚴氏於萬曆3(1575)年以木活字 印(明)嚴納≪春秋國華≫(圖錄V-書影 23).[56] 序爲楷體, 正文爲匠體, 用過 不同活字. 序文板式爲四周單邊, 有界. 版心: 花口(春秋國華), 上下向黑單魚 尾, 版心題(序), 葉次. 7行14字, 印版 高廣爲18.8 × 12.2cm. 正文板式爲四 周單邊, 有界. 版心: 花口(春秋國華), 上 下向白單魚尾, 版心題(王朝名), 葉次. 9行20字, 小字雙行, 印版高廣爲18.7 × 12.1cm.

同一字樣刻得不同, 刀刻痕迹明顯, 也 見木理, 一看就知爲木活字. 其刻字技 術不大高明. 文字大小不大均勻, 文字

---

56) 張秀民(1989), 680.

명하지 못하다. 문자의 크기가 균일하지 못하고, 횡렬이 약간씩 가지런하지 못하다. 기울어지거나 삐뚤어진 문자가 전반적으로 나타나고, 반만 찍힌 문자도 간혹 보이며, 농담의 차이가 크게 나타나고 있다. 조립식 인판을 사용하였는데, 광곽의 네 꼭짓점에 1~3mm 정도 틈이 벌어져 있다. 조판술 역시 그다지 고명하지 못하다. 묵색은 엽에 따라 농담이 균일하지 않고, 간혹 너무 진하여 묵등에 가까운 문자도 보인다. 인출 기술 역시 그다지 고명하지 못하다.

的橫列稍不整齊, 常見歪斜不正之字, 偶見印出一半之文字, 濃淡亦差大. 使用組合方式印板, 版框四角有1~3mm缺口. 排版術亦不大高明. 各葉墨色濃淡不均, 偶見過濃而成像墨等之文字, 印出技術亦不大高明.

6.8 朱仁倣의 「新刻史綱歷代君斷」

福建의 朱仁倣은 萬曆 4(1576)년에 목활자로 (明)李備의 「新刻史綱歷代君斷」 6권(圖錄V-서영 24)을 인쇄하였다.

이 활자는 匠體字로 필획이 가늘고 아름다우며, 크기도 균일하고, 같은 문자의 자양이 비교적 비슷하여 도각술이 고명한 것을 알 수 있다. 문자의 행렬은 가지런하고 삐뚤어진 문자도 없는데, 일부 필획이 인출되지 않은 문자가 쉽게 보인다. 광곽의 네 꼭짓점에는 약간의 틈이 있다. 묵색은 균일한데 엽에 따라 진하고 연한 농담의 차이를 보이며, 묵즙이 종이에 침투하여 번진 경우도 있다. 예를 들면 권3의 제33엽은 마치 묵즙이 다른 엽에 사용한 것과 다른 듯하다. 이로 미루어 조판 기술은 우수하나 묵즙 도포 기술은 비교적 떨어짐을 알 수 있다.

福建人朱仁倣于萬曆4(1576)年以木活字印(明)李備所撰≪新刻史綱歷代君斷≫6卷(圖錄V-書影24).

其字體爲匠體, 筆劃細瘦美觀, 大小均勻, 同一字樣相近, 可見刀法高明. 文字的行列整齊, 無歪斜不正之字, 但容易見到部分筆劃沒印出之文字. 版框四角有小缺口, 同一板上文字的墨色均勻, 但有的葉較濃, 有的較淡, 且有墨汁滲透紙張而浸染之情形, 如卷之3第33葉, 好像所用的墨汁與其他葉不同, 可見其排印技術優秀, 但調墨技術較差.

6.9 崧齋의 「唐詩類苑」

崧齋는 萬曆 14(1586)년에 목활자로 仁和의 (明)卓明卿이 纂輯한 「唐詩類苑」 100권(圖錄V-서영 25)을 인쇄하였다.[57] 사주단변, 계선 있음. 판심: 화구(唐詩類苑), 상 하향 백단어미, 권차, 부차, 장차, 판심 아래쪽에 "崧齋雕印"이 있다. 10행 20자, 소자쌍행, 판 크기: 18.6 × 13.8cm이다.

비교적 아름다운 匠體字이다. 문자의 크기는 균일하나, 간혹 약간 작은 문자가 있다. 이는 도각술도 떨어진 점으로 미루어, 조판할 때 준비하지 못한 활자를 임시로 보각해 넣은 것으로 보인다. 같은 문자의 자양이 일치하지 않고 도각의 흔적은 역력하고, 목리도 보이나, 필획 간의 각도와 거리는 매우 비슷하여 도각술이 고명함을 알 수 있다. 광곽의 네 꼭짓점에는 커다란 틈이 벌어져 있지만, 문자의 행렬은 가지런한 편이며, 삐뚤어진 문자가 간혹 보인다. 묵색은 농담 차이가 심하고, 분명하게 인출되지 않은 문자가 간혹 있고, 대체로 균일하지 못한 편이어서 조판 기술과 묵즙 도포 기술이 우수하지 못함을 알 수 있다. 교감은 정밀하여, 만약 잘못 인쇄된 문자가 있으면 오려내고 새로운 종이를 뒷면에 붙인 후 활자로 찍어 넣었다.

崧齋於萬曆14(1586)年以木活字印 (明)仁和卓明卿所輯≪唐詩類苑≫100 卷(圖錄V-書影 25).[57] 四周單邊, 有界. 版心: 花口(唐詩類苑), 上下向白單魚尾, 卷次, 部次, 葉次, 版心下端有"崧齋雕印", 10行20字, 小字雙行, 版框高廣爲18.6×13.8cm.

其字體爲較美觀的匠體, 活字大小皆同, 而間有較小的字, 刀法亦差, 疑爲排板時, 未備這個字, 而臨時補刻的. 同一字樣不吻合, 刀刻痕迹明顯, 木理也看得見, 而筆劃之間的角度與距離很相近, 可見刀法高明. 邊欄四角有大缺口, 但文字的行列較整齊, 間有歪斜不正之字. 墨色則濃淡差大, 間有不淸楚之處, 大體不均勻, 可見排印及調墨技術不大高明. 校勘便嚴謹, 若有印錯之字, 先挖掉而從背面將紙片貼上後, 用活字補蓋.

---

57) 「唐詩類苑」은 사실은 (明)張之象이 纂輯한 것인데, 卓明卿이 그 原稿를 竊取해 가서 刊行하였다. ≪唐詩類苑≫實卽(明)張之象纂輯, 而卓明卿竊取其原稿以刊行的. 「四庫全書總目提要」, 卷192, 集部45, 總集類存目2, 唐詩類苑200卷條.

6.10 Europe人 傳道師의 「日本派赴羅馬之使節」

유럽인 전도사가 萬曆 18(1590)년에 마카오에서 서양의 기계식 연활자로 포르투갈의 예수교 선교사인 Eduardo de Sande가 지은 라틴어 「日本派赴羅馬之使節」을 출판하였다. 이는 유럽인이 중국에서 서양의 기계식 연활자를 처음으로 사용하여 서적을 인쇄한 것이다. 이후 100년 동안 예수교 선교사들이 한문 또는 라틴어로 간행한 서적이 매우 많다.58) 그러나 이것은 서양인이 서양 문자의 금속활자로 인쇄한 것으로, 다만 중국에서 인쇄하였을 따름이다.

歐洲傳教士於萬曆18(1590)年在澳門以機械式鉛活字出版了葡萄牙人耶穌會士孟三德(Eduardo de Sande)所撰拉丁文≪日本派赴羅馬之使節≫. 這是歐洲人在中國首次使用西洋鉛活字印書. 自後一百年間, 耶穌會士用漢文及拉丁文印行之書籍甚夥.58) 但這是西歐人用西方歐文金屬活字排印的, 只是在中國印刷的而已.

6.11 李登의 「冶城眞寓存稿」

南京의 李登은 萬曆 25(1597)년에 소장하고 있던 목활자 "合字"로 자신의 「冶城眞寓存稿」 8권을 수백 부(圖錄V-서영 26)나 인쇄하였다.59) 사주단변, 계선 있음. 판심: 화구(書), 상 하향 흑단어미, 장차. 9행 17자, 판 크기: 20.9 × 12.9cm, 책 크기: 26.4 × 16.6cm이다.

동일 문자의 자양이 각각 다르고, 목리가 보인다. 다소 작은 문자가 섞여 있다. 필서체에서 장체자로 전환되는 서체의 미감을 충분히 살리지 못하는 도각술이다. 조립식 인판의 결구는 1~2mm 정도로 사변이 방정하지

南京人李登於萬曆25(1597)年以家藏木活字 "合字"印其所撰≪冶城眞寓存稿≫8卷數百本(圖錄V-書影26).59) 四周單邊, 有界. 版心: 花口(書), 上下向黑單魚尾, 葉次, 9行17字, 版框高廣爲20.9 × 12.9cm, 書本高廣爲26.4 × 16.6cm.

同一文字的字樣各個不同, 有木理. 混有大小稍微小的文字. 表現不出楷體轉匠體之字體美感的刀刻術. 組合方式印版有1~2mm左右的缺口, 又四邊稍微不方正歪斜. 文字的橫列不整齊, 歪斜不正而沒印出部分筆劃之文字不少. 文字

---

58) 加特 著, 向達 譯, "高麗之活字印刷術", 「圖書館學季刊」 第2卷 第2期(1928. 3), 255.

59) 1. 王重民(1984), 656, 冶城眞寓存稿條.
　　 2. 張秀民(1981), 419.

못하고 약간씩 기울어져 있다. 문자의 횡렬이 가지런하지 못하고, 삐뚤어지거나 기울어져서 일부 필획이 인출되지 않은 문자도 적지 않다. 문자의 농담 차이가 심하여 인출면이 고르지 못했음을 한눈에 알 수 있다. 계선도 부분적으로 인출되지 않은 현상이 거의 모든 엽에서 나타나고 있다. 묵색은 도포량이 과하여 진하면서 번진 엽이 적지 않으며, 반대로 제대로 인출되지 않은 문자도 보인다. 판면의 일부, 특히 "有葉下"의 좌하귀 부분이 인출되지 않은 경우가 간혹 보인다. 이처럼 이웃하고 있는 부분의 농담 차이가 반복적으로 나타나는 이유는 인출장이 습관적으로 묵즙 도포를 부주의한 결과로 보인다. 조판술과 인출술 역시 우수하지 못한 수준이다.

的濃淡差大, 一看就知活字文字面不平. 部分界線印不出現像便幾乎每葉都有. 墨色便塗布量過多, 濃又擴散之葉不少, 反而沒印出部分筆劃的文字也有. 間有版面的一部分, 尤其"有葉下"的左下角部分沒印出來的現像. 如此部分濃部分淡的現像反復出現之理由應爲依印出匠的習貫, 不注意塗墨的結果. 排版術與印出術也皆不優秀的水平.

6.12 無名氏의 「嚴陵洪氏宗譜」

무명씨는 萬曆 33(1605)년에 목활자로 「嚴陵洪氏宗譜」 1책(圖錄V-서영 27)을 인쇄하였다. 좌우쌍변, 계선 있음. 판심: 화구(嚴陵洪氏宗譜), 상 하향 흑단어미, 권차, 장차. 16행 28자, 소자쌍행, 판 크기: 30.9 × 24.5cm, 책 크기: 41.5 × 32.6cm이다.

동일 문자의 자양이 약간 다르기는 하나 매우 흡사하다. 문자의 크기는 균일하다. 문자 필획에 도각의 흔적이 있으나, 필서체의 미감을 충분히 표현하고 있는 매우 고명한 도각술이다. 조립식 인판인데, 꼭짓점에 결구가 없다. 문자의 행렬은 가지런하고, 삐뚤어

無名氏於萬曆33(1605)年以木活字印≪嚴陵洪氏宗譜≫1冊(圖錄V-書影27). 左右雙邊, 有界. 版心: 花口(嚴陵洪氏宗譜), 上下向黑單魚尾, 卷次, 葉次, 16行28字, 小字雙行, 版框高廣爲30.9 × 24.5cm, 書本高廣爲41.5 × 32.6cm.

同一文字的字樣稍微不同, 但非常類似. 文字大小就均勻. 文字筆劃有刀刻痕迹, 而充分表現出軟體文字的美感, 可見非常高明的刀刻術. 組合方式印版的四角沒有缺口. 文字行列整齊, 歪斜文字都幾乎沒有. 各個文字的墨色有若干差別. 墨色濃淡便或有墨汁塗布量過

진 문자는 거의 없다. 문자의 묵색은 약간의 차이가 보인다. 묵색 농담은 간혹 묵즙이 많이 도포되어 번진 문자가 있으나, 전반적으로 균일한 편이어서 조판술과 함께 인출술도 우수한 수준이다.

多而擴散的文字, 但可算大體均勻, 排版與印出技術皆算優秀水平.

6.13 族譜 印刷工의 「沙南方氏宗譜」·「俞氏統會大宗譜」· 「遂邑純峰張氏宗譜」

강남지역의 족보 인쇄공이 萬曆 34 (1606)년에 해서체 목활자로 (明)劉曰謙과 方啓運이 纂修한 「沙南方氏宗譜」 5권을 인쇄하였다. 萬曆 39(1611)년에는 「遂邑純峰張氏宗譜」를 인쇄하였다.[60] 또 萬曆 38(1610)년에 인쇄한 (明)俞時育이 纂修한 「俞氏統會大宗譜」 3권도 있다.[61]

江南地區譜匠於萬曆34(1606)年以楷體木活字印(明)劉曰謙與方啓運共纂修之≪沙南方氏宗譜≫5卷, 又有於萬曆39(1611)年印≪遂邑純峰張氏宗譜≫.[60] 另有萬曆38(1610)年所印(明)俞時育所纂修≪俞氏統會大宗譜≫3卷.[61]

6.14 徐兆稷의 「世廟識餘錄」

嘉定의 徐兆稷은 萬曆 연간 초기에 목활자를 빌려서 자기 부친인 (明)徐學謨가 편집한 「世廟識餘錄」 26권(圖錄V-서영 28)을 100부 인쇄하였다.[62] 宋 휘인 匡의 말획을 생략하였다.

이 활자의 서체는 아름답다. 문자의 횡렬은 가지런하여 삐뚤어진 문자도 없는 점으로 미루어 활자의 네 측면이 반듯한 듯하다. 광곽의 네 꼭짓

嘉定人徐兆稷, 於萬曆初期借得木活字印了他父親(明)徐學謨所輯≪世廟識餘錄≫26卷100部(圖錄V-書影28).[62] 宋諱匡就缺末筆.

其字體美觀, 文字的橫列整齊, 無歪斜之字, 可見活字四面可能方正. 邊欄四角有缺口, 墨色較差, 蓋刻工的刀法是不錯, 但排板技術較差, 印板上的活

---

60) 張秀民(1989), 682.

61) 北京圖書館 編,「北京圖書館古籍善本書目」(北京: 書目文獻出版社, [1987]), 526.

62) 張秀民(1981), 419.

점에 틈이 벌어져 있고, 묵색도 비교적 떨어진다. 대체로 각수의 도각술은 우수하나, 조판 기술이 비교적 떨어져서 인판에 조판된 활자의 높낮이 즉, 인출면이 고르지 못한 결과다.

字高度不平.

6.15 張佳胤의 「東巡雜詠」

四川의 張佳胤은 萬曆 연간 초기에 목활자로 자신의 「東巡雜詠」 1권(圖錄 V-서영 29)을 인쇄하였다.[63] 사주단변, 계선 있음. 판심: 백구, 상 하향 백단어미, 장차. 9행 18자, 소자쌍행, 판 크기: 17.6 × 12.3cm이다.

동일한 문자의 자양이 다르고, 도각의 흔적이 역력하다. 목리는 보이지 않으면서 금속활자 분위기의 묵색으로 보아 단단한 목질을 사용하였다. 장체자의 필의를 살릴 수 있는 우수한 도각술이다. 조립식 광곽의 결구는 5mm 정도로 매우 큰 편이다. 문자의 행렬은 가지런하고, 삐뚤어진 문자는 없으나, 간혹 기울어지게 조판된 문자가 있고, 문자 간의 농담 차이가 크다. 보통 수준의 조판술이다. 묵색은 번지거나 잡묵은 없지만, 손에 닿으면 검정이 묻어나고 번진다.

四川人張佳胤于萬曆初期以木活字印了其所撰《東巡雜詠》1卷(圖錄V-書影 29).[63] 四周單邊 有界 版心: 白口, 上下向 白單魚尾, 葉次. 9行18字, 小字雙行, 印版高廣爲17.6 × 12.3cm.

同一文字的字樣不同, 刀刻痕迹明顯. 據看不到木理, 且有金屬氣分的墨色, 可推知用過堅硬的木質. 能表現出匠體的筆意, 可知優秀的刀刻術. 組合方式版框的缺口有相當大的5mm左右. 文字行列整齊, 無歪斜的字, 但間有排得不正之字, 文字間的濃淡差大. 普通水平的排版術. 墨色便無擴散之葉或雜墨, 但觸手就變黑又擴散.

6.16 萬曆年間의 活字 關聯 記錄

江蘇省 潤州의 問經堂은 목활자로 (宋)包拯의 「宋孝肅包公(拯)奏議」

江蘇省潤州問經堂以木活字印(宋)包拯《宋孝肅包公(拯)奏議》10卷.[64]

---

63) 張秀民(1981), 420.

10권을 인쇄하였다.[64]

이탈리아인 Matteo Ricci의 저서 「天主實義」 권상에서:

> 또 구리로 주조한 활자를 보니, 본래 각 한 개씩인데, 이어서 구절을 이루고 배열하여 문장을 이룰 수 있다.[65]

라고 하였다. 「天主實義」는 萬曆 31 (1603)年의 自序가 있다. 이로 미루어 萬曆 후기에 동활자가 있었음을 짐작할 수 있다.

무명씨는 목활자로 「潛學稿」 7권 6책(圖錄V-서영 30)을 인쇄하였다. 사주쌍변, 계선 없음. 판심: 판심 계선 없음, 백구, 어미 없음, 판심제(潛學稿), 권차, 장차, 일자(十五日), 하단: 眞福. 10행 21자, 소자쌍행, 광곽 내곽이 거의 인출되지 않아서 인판 측정이 어렵다. 판 크기: 19.5 × 13.6cm 이다. 판심 하단에 "十二日貳池·初二日安·初二日貳福·貳眞·祖·三貞" 등의 문자가 불규칙하게 나타난다.

같은 문자의 자양이 다르고, 도각의 흔적과 목리가 보인다. 필서체의 필의를 충분히 살리지 못하는 수준이다. 문자의 행렬은 대체로 가지런하나, 전반적으로 약간씩 기울어지거나 삐뚤어져서 정돈되지 않은 느낌이다. 일부 필획이 인출되지 않은 문자도 있고, 농담의 차이도 크며, 광곽보다 활자의 인출면이 높아서 내곽이 거의 인출되지 않았다. 조립식 인판의 결구는 대부분 2～3mm 정도인데 7mm도

伊大利人利瑪竇所撰≪天主實義≫卷上:

> 又觀銅鑄之字, 本各爲一字, 而能接續成句, 排成一篇文章.[65]

≪天主實義≫有萬曆31(1603)年自序. 由此可堆知萬曆後期有銅活字.

無名氏以木活字印「潛學稿」7卷6冊(圖錄V-서영 30). 四周雙邊, 無界. 版心: 無版心界線, 白口, 無魚尾, 版心題(潛學稿), 卷次, 葉次, 日子(十五日), 下段: 眞福. 10行21字, 小字雙行, 因內廓幾乎沒印出, 不容易量印版高廣. 印版高廣爲19.5 × 13.6cm. 版心下段有 "十二日貳池·初二日安·初二日貳福·貳眞·祖·三貞"等文字出現得不規則.

同一文字的字樣不同, 可見刀刻痕迹與木理. 表現不出軟體文字的筆意. 文字行列就大體整齊, 但大部分文字稍微歪斜不正, 沒整頓之感. 也有沒印出部分筆劃的文字, 墨色濃淡亦差大, 因活字印出面比邊框高, 沒印出大部分內框組合方式印版缺口有2～3mm, 間有7mm. 墨色便大體濃, 常出現文字筆劃連接情況, 反而也可見墨色淡又擴散的葉. 可能刻活字筆劃刻得淺, 印出筆劃四圍的胴體痕迹, 版面不乾淨. 排版術·調墨

---

64) 張秀民·韓琦 共著(1998), 115.

65) Matteo Ricci(利瑪竇), 「天主實義」 卷上, 萬曆 35年 燕貽堂刻本.

있다. 묵색은 대체로 진하게 사용하여
이웃하는 문자의 필획이 연접한 경우
가 있는 반면에 연하면서 번진 엽도
보인다. 문자면의 조각 깊이가 얕은
듯, 필획 사방의 동체 흔적이 인출된
잡묵이 많아서 판면이 지저분하게 보
인다. 조판술·인출술 역시 우수하지
못한 수준이다.

術皆不優秀.

<표 5> 萬曆年間의 活字印刷

	印刷 主體	印刷 年度	活字 材料	印本 書籍	비고·說明
1	顧從德 芸閣	萬曆 元 (1573)年	木	(明)楊循吉의「松籌堂集」 12卷	
2	玉樹齋	萬曆 元 (1573)年	木	(明)包大炯의「越吟」1卷	藍印
3	游榕	萬曆 元 (1573)年	銅	(明)徐師曾의「文體明辨」 84卷	茅乾 校正
	周光宙· 周堂	萬曆 2(1574)年		(宋)李昉 等의「太平御覽」 1,000卷	大·小活字 2種 / 饒世仁· 游廷桂 組版, 趙秉義· 劉冠 印出, 100餘 部
4	盆府	萬曆 2(1574)年	木	(元)謝應芳의「辨惑編」5卷· (明)顧亮의「辨惑續編」9卷	
5	三餘齋	萬曆 2(1574)年	木	董傳信의「詩史」10卷	
6		萬曆 2(1574)年	木	(明)桑大協의「思玄集」16권	
7	嚴 某氏	萬曆 3(1575)年	木	(明)嚴訥의「春秋國華」	
8	朱仁儆	萬曆 4(1576)年	木	(明)李備의「新刻史綱歷代君斷」 6卷	匠體字
9	崧齋	萬曆 14(1586)年	木	(明)卓明卿의「唐詩類苑」100卷	匠體字

	印刷 主體	印刷 年度	活字材料	印本 書籍	비고·說明
10	유럽인·歐洲人	萬曆18(1590)年	機械式鉛活字	(포르투칼·葡萄牙)Eduardo de Sande의 「日本派赴羅馬之使節」	마카오·澳門
11	李登	萬曆25(1597)年	木	(明)李登의 「冶城眞寓存稿」 8卷	數百 部
12		萬曆33(1605)년	木	「嚴陵洪氏宗譜」	
13	族譜印刷工	萬曆34(1606)年	木	(明)劉日謙·方啓運의 「沙南方氏宗譜」 5卷	楷書體
		萬曆38(1610)年		(明)兪時育의 「兪氏統會大宗譜」 3卷	
		萬曆39(1611)年		「邃邑純峰張氏宗譜」	
14	徐兆稷	萬曆年間初期	木	(明)徐學謨의 「世廟識餘錄」 26卷	100 部
15	張佳胤	萬曆年間初期	木	(明)張佳胤의 「東巡雜詠」 1卷	
16	問經堂	萬曆年間	木	「宋孝肅包公(拯)奏議」 10卷	
		萬曆年間後期	銅		Matteo Ricci (利瑪竇)
		萬曆年間	木	「潛學稿」 7권	

7. 天啓年間(1621-1627)

7.1 無名氏의 「武備誌」

무명씨는 天啓 원(1621)년에 湖州에
서 활자로 (明)茅元儀의 「武備誌」 240
권을 인쇄하였다.[66]

無名氏於天啓元(1621)年在湖州排
印(明)茅元儀≪武備誌≫240卷.[66]

7.2 林☒華의 「續刻蔀齋公文集」·「福建鹺政全書」

福州의 林☒華는 天啓 7(1627)년에 오래도록 후손에 전하기 위하여 목활자로 6대조인 (明)榜眼 林誌의 「續刻蔀齋公文集」 15권(圖錄V-서영 31)과 (明)周昌晉의 「福建鹺政全書」 2권 4책(圖錄V-서영 32)을 인쇄하였는데, 후자에 사용된 크고 작은 활자는 상당히 다르다.[67] 「續刻蔀齋公文集」은 사주단변, 계선 있음. 판심: 백구, 상 하향 백단어미, 권차, 장차. 11행 21자, 판 크기: 19.4 × 13.0cm 이다. 「福建鹺政全書」의 2권 4책은 상권 2책, 하권 2책인데, 제2책의 장차가 1로 시작하여 실질적으로는 4권인 셈이다. 사주단변, 계선 없음. 판심: 화구(鹺政全書), 상 하향 흑단어미, 권차, 장차. 10행 17자, 판 크기: 19.8 × 13.9cm이다.

같은 문자의 자양이 유사하기도 다르기도 하고, 도각 흔적과 목리가 보인다. 문자의 크기가 필획의 다과에 따라 균일하지 않다. 장체자의 필의를 살릴 수 있는 우수한 수준이다. 조립식 광곽의 결구가 1~5mm 정도로 큰 곳이 있다. 그러나 문자의 행렬은 가지런하고, 기울어지거나 삐뚤어지거나 반만 찍힌 문자가 없다. 묵색은 약간의 차이가 있으나, 대체로 균일하여 고명한 조판술이다. 묵색은 균일한 편인데, 간혹 번진 엽이 있고, 묵즙이 과하게 도포되어 묵등처럼 인출된 문자가 있어서 우수하지 못하다.

福州人林☒華於天啓7(1627)年以木活字壽梓其六世祖(明)榜眼林誌的《續刻蔀齋公文集》15卷(圖錄V-書影31)與(明)周昌晉所撰《福建鹺政全書》2卷(圖錄V-書影32), 後者所用大小活字十分懸殊.[67] 「續刻蔀齋公文集」爲四周單邊, 有界. 版心: 白口, 上下向白單魚尾, 卷次, 葉次. 11行21字, 印版高廣爲 19.4 × 13.0cm. 《福建鹺政全書》2卷4冊爲上卷2冊, 下卷2冊, 而第2冊的葉次以1開始, 故實爲4卷. 四周單邊, 無界. 版心: 花口(鹺政全書), 上下向黑單魚尾, 卷次, 葉次. 10行17字, 印版高廣爲19.8 × 13.9cm.

同一文字的字樣或類似或差大, 見到刀刻痕迹與木理. 文字大小就依筆劃多寡而不均. 能表現出匠體字筆意之優秀水平. 組合方式邊框四角有5mm較大的缺口. 但文字行列整齊, 無歪斜不正或僅印出一半之文字. 墨色有若干差別, 但大體均勻 可知高明排版術. 墨色便算均勻, 間有墨汁擴散之葉, 且墨汁塗得過量, 印成了像墨等的文字, 可知印出技術不大優秀.

---

66) 張秀民(1989), 680.

67) 1. 張秀民(1981), 420.
  2. 張秀民(1989), 681.
  3. (中華民國)國立故宮博物院 編, 「國立故宮博物院善本舊籍總目」(臺北: 國立故宮博物院,)은 「續刻蔀齋公文集」을 萬曆 연간으로 저록하였다.

7.3 無名氏의「無名老儒校活板初盛中唐詩絶句」

무명씨는 天啓 연간(1621-1627) 이전
에 목활자로「無名老儒校活板初盛中唐
詩絶句」를 인쇄하였다.[68]

無名氏於天啓年間以前以木活字
排印≪無名老儒校活板初盛中唐詩
絶句≫.[68]

<표 6> 天啓年間의 活字印刷

	印刷 主體	印刷 年度	活字材料	印本 書籍	비고·說明
1		天啓 元(1621)年		(明)茅元儀의「武備誌」240卷	
2	林⊠華	天啓 7(1627)年	木	(明)林誌의「續刻蔀齋公文集」15卷·(明)周昌晉의「福建鹺政全書」2卷	
3		天啓年間	木	「無名老儒校活板初盛中唐詩絶句」	

8. 崇禎年間(1628-1644)

8.1 族譜 印刷工의「方氏宗譜」

강남지역의 족보 인쇄공은 崇禎 8
(1635)년에 목활자로 (明)方望 등이 纂修
한「方氏宗譜」2권(圖錄V-서영 33)을 인
쇄하였다.[69] 사주쌍변, 계선 있음. 판심:
화구(方氏宗譜), 어미 없음, 권차, 장차.
11행 23자, 판 크기: 25.0 × 18.9cm이다.
동일 문자의 자양이 다르고, 도각
의 흔적이 보인다. 문자의 크기는 약

江南地區譜匠於崇禎8(1635)年以
木活字印(明)方望等纂修之≪方氏宗
譜≫2卷(圖錄V-書影33).[69] 四周雙邊
有界. 版心: 花口(方氏宗譜), 無魚尾, 卷
次, 葉次. 11行23字, 印版大小爲25.0 ×
18.9cm.
同一文字的字樣不同, 有刀刻痕迹. 文
字大小就有稍微不同, 但大體均勻. 組

---

68) 張秀民·韓琦 共著(1998), 131.

69) 北京圖書館 編([1987]), 511.

간의 오차가 있지만 대체로 균일한 편이다. 조립식 광곽의 결구가 1~2mm 정도 보인다. 문자의 행렬은 가지런하지 못하다. 약간씩 삐뚤어진 문자가 간혹 보인다. 일부 문자의 필획이 연하거나 문자의 묵색에 약간의 차이가 있으나, 대체로 균일하게 인출되었다. 묵색은 엽에 따라 진하거나 연하여 차이가 보인다. 묵즙이 다소 과하게 도포되어 필획 간이 번진 듯한 경우가 간혹 보인다.

合方式版框的四角有1~2mm左右的缺口. 文字行列便不大整齊. 有若干歪斜不正之文字. 部分筆劃印得淡, 或文字的墨色有若干差別, 但印得大體均勻. 各葉的墨色濃淡便稍有差別. 墨汁塗得稍過, 間有筆劃間擴散的文字.

8.2 中央政府의 「邸報」

北京에서 발행하던 중앙정부의 관보인 「邸報」는 崇禎 11(1638)년부터 모두 목활자로 간행하였다. 이는 활자로 신문을 인쇄한 최초의 사례이다. 袁棟은 "오늘날 「邸報」는 활자로 인쇄하는데, 여러 번 인출하고 교체하기 편하기 때문이다. 부득이 오류가 있음은 양해를 바란다."라고 하여 교정이 철저하지 못했음을 고백하였다.[70] 이 목활자는 白楊나무와 버드나무의 목재를 사용하였다. 淸 시대 말기의 「京報」까지도 여전히 이 나무의 목재를 이용하여 조각한 활자로 인쇄하였다.[71]

崇禎11(1638)年起, 中央政府在北京發行的≪邸報≫(政府公報), 亦皆以木活字印行. 此爲用活字印報紙的最早例子. 袁棟說 "近日≪邸報≫往往用活版配印, 以便樓印樓換, 乃出於不得已, 即有訛謬, 可以情恕也.", 可知告白校勘徹底不到.[70] 此木活字是用白楊木或柳木刻的, 直到淸末≪京報≫仍是用楊木・柳木刻的活字來擺印.[71]

---

70) 1. (淸)顧炎武,「亭林文集」, 卷3, 與公肅甥書.
　　2. (淸)袁棟,「書隱叢說」, 卷13.

71) 1. 秀川,「中國印刷術史話」(香港: 商務印書館, 1977), 35.
　　2. 張秀民(1981), 422.

8.3 朝宗書室의 「宋李忠定公奏議選」

朝宗書室은 崇禎 12(1639)년에 목활자로 「宋李忠定公奏議選」을 인쇄하였다. 사주단변, 계선 있음. 판심: 백구, 상 하향 흑단어미, 판심제(宋李忠定公奏議), 권차, 장차(소자), 하단에 소자 "朝宗書室". 9행 24자, 소자쌍행, 판 크기: 19.4 × 12.2cm이다.

장체자 문자의 자양이 동일하지 않으며, 도각의 흔적이 역력하고, 후반부에서는 드물지만 목리도 보여서 목활자임을 알 수 있다. 문자의 크기와 묵색이 균일한 점에서 높이까지 균일한 육면체 동체를 조성한 후 조각한 것으로 보인다. 도각술은 필의를 살릴 수 있는 우수한 수준이다. 문자의 행렬은 가지런하고, 기울어지거나 삐뚤어져서 반만 찍힌 문자가 없고, 광곽 꼭짓점의 결구는 2mm 정도이다. 여러 개의 인판을 반복 사용한 흔적이 보인다. 묵색은 약간의 농담 차이는 있으나, 대체로 균일한 편이다. 목리가 거의 나타나지 않고, 묵색 농담도 균일하여 많이 사용한 활자는 아님을 알 수 있다.

朝宗書室於崇禎12(1639)年以木活字印≪宋李忠定公奏議選≫. 四周單邊, 有界. 版心: 白口, 上下向黑單魚尾, 版心題(宋李忠定公奏議), 卷次, 葉次(小字), 下段有小字 "朝宗書室". 9行24字, 小字雙行, 印版高廣爲19.4 × 12.2cm.

其匠體文字之字樣不同, 刀刻痕迹明顯. 後半便間看到木理, 可知爲木活字. 據文字大小與墨色皆均勻, 可知其活字爲先製作尺寸均勻之六面體木子, 而後再雕刻. 刀法就能表現筆意的優秀水準. 文字的行列整齊, 無歪斜不正或印出一半之文字, 邊欄四角的缺口爲2mm. 反復使用過幾張印版. 墨色則雖偶有不勻之處, 但大體上均勻. 幾乎沒見木理, 墨色濃淡均勻, 可見用得不多之活字.

<표 7> 崇禎年間의 活字印刷

	印刷 主體	印刷 年度	活字 材料	印本 書籍	비고·說明
1	族譜 印刷工	崇禎 8(1635)年	木	(明)方望 等의 「方氏宗譜」 2卷	
2	中央政府	崇禎 11(1638)年-	木	「邸報」	
3	朝宗書室	崇禎 12(1639)年	木	「宋李忠定公奏議選」	

9. 其他

9.1 出版者 未詳의 木活字本

明 시대의 목활자본이지만, 출판자를 알 수 없는 것[72)]이 있다.

(1) 弘治 연간

(宋)劉宰의 「漫塘劉先生文集」 22권 (圖錄V-서영 34)이 있다. 좌우쌍변, 계선 있음. 판심: 백구, 어미 없음, 권차, 장차. 8행 16자, 판 크기: 20.5 × 12.6cm이다.

같은 문자의 자양이 다르고, 도각의 흔적이 역력하며, 목리도 보여서 곧 목활자본임을 알 수 있다. 광곽 꼭짓점의 결구는 2~5mm로 제법 크다. 권 1 제25엽 이전까지는 2장의 인판을 사용하다가, 그 이하부터는 4장을 사용하였다. 활자와의 높이 차이로 광곽의 일부가 인출되지 않았다. 장체자이지만 문자의 행렬은 가지런하고, 기울어지거나 삐뚤어진 문자가 없다. 문자마다 농담의 차이가 크지 않다. 일부 필획이 인출되지 않은 문자가 간혹 보인다. 도각술과 조판술 모두 우수하다. 간혹 묵즙이 번진 문자가 있기는 하나, 대체로 연한 묵색이 균일하여 판면이 깨끗하다. 권19 제6엽의 "甘"자는 눕혀져 있다. 釀·玄·絃·弦·弘·泓·徽·茲·竟·鏡·敬·眞·鎭 등은 말획을 생략하여 宋 황제의 휘를 피하고 있다. 茲는 말획을 생략하지 않기도 하였다.

明木活字本中山版者未詳者如下:[72)]

(1) 弘治年間

有(宋)劉宰≪漫塘劉先生文集≫22卷 (圖錄V-書影34). 左右雙邊, 有界. 版心: 白口, 無魚尾, 卷次, 葉次. 8行16字, 印版高廣爲20.5 × 12.6cm.

同一文字的字樣不同, 刀刻痕迹明顯, 看出木理, 一看就知其爲木活字本. 邊框四角的缺口就很大爲2~5mm. 卷1第25葉以前就用二張印版, 其以後就用過四張. 框廓高度與活字不同, 部分框廓沒印出. 匠體文字的行列整齊, 沒歪斜不正之文字. 各文字的濃淡差不大. 或有沒印出部分筆劃的文字. 刀刻術與排版術皆優秀. 間有墨汁擴散的文字, 大體淡的墨色均勻, 版面乾淨. 此書卷19第6葉'甘'字倒排. 釀·玄·絃·弦·弘·泓·徽·茲·竟·鏡·敬·眞·鎭等宋諱多缺末筆. 茲便也有沒缺筆.

---

72) 1. 張秀民(1989), 680-681
   2. 張秀民(1981), 420-421.
   3. 魏隱儒(1984), 217-218.

(2) 正德 연간

(宋)石門 洪覺範의 「天廚禁臠」(圖錄V-서영 35)·(宋)劉辰翁이 批點한 해서체의 「須溪先生批點孟浩然集」 등이 있다.
「天廚禁臠」은 같은 문자의 서체가 長體이기도 하고 扁體이기도 하며, 도각술도 그다지 고명하지 못하다. 문자의 횡렬은 그다지 가지런하지 않고, 대부분의 문자가 삐뚤어지게 배열되어 있다. 광곽의 네 꼭짓점은 큰 틈이 벌어져 있고, 묵색도 인쇄 상태가 모호하다.

(3) 嘉靖 연간

(明)閔文振이 편집한 「異物彙苑」과 明 시대 초기에서 嘉靖 연간 이전에 인쇄한 (宋)羅大經의 「鶴林玉露」 6(圖錄V-서영 36)권이 있다.
혹자는 「異物彙苑」에 대하여 사용한 활자가 선명하고 우아하며 판식을 보아도 無錫에서 인쇄한 「太平御覽」과 지극히 흡사한 점을 들어 같은 활자를 사용한 것이라고 여기기도 한다.[73] 「鶴林玉露」에 거꾸로 인쇄된 "馳"이 있다.

(4) 隆慶 연간

「東陽盧氏家乘」과 「太平廣記」 500권, 목록 10권, 80책(圖錄V-서영 37)이 있다.
「太平廣記」는 隆慶 2년 이전의 談愷本에 의거하여 인쇄하였는데, 행자 수가 비교적 조밀하다. 사주단변, 계선 있음. 판심: 화구(太平廣記), 권차, 어미 없음, 장차. 12행 22자, 소자쌍행,

(2) 正德年間

有(宋)石門洪覺範≪天廚禁臠≫(圖錄V-書影35); (宋)劉辰翁批點之楷體≪須溪先生批點孟浩然集≫等.
≪天廚禁臠≫則同一個字或長或扁, 刻法不太高明, 文字的橫列不太整齊, 大部分字排得歪斜不正, 邊欄四角有大缺口, 墨色印得模糊不淸.

(3) 嘉靖年間

有(明)閔文振所輯≪異物彙苑≫; 明初至嘉靖以前所印(宋)羅大經撰≪鶴林玉露≫6卷(圖錄V-書影36).
對≪異物彙苑≫, 有人說其所用活字疏朗雅秀, 觀其板式, 極似無錫擺印≪太平御覽≫, 以爲所用爲同種活字.[73] ≪鶴林玉露≫有"馳"就倒排.

(4) 隆慶年間

有≪東陽盧氏家乘≫與≪太平廣記≫500卷, 目錄10卷, 80冊(圖錄V-書影37).
≪太平廣記≫則據隆慶2年以前所印談愷本排印, 行字較密. 四周單邊, 有界. 版心: 花口(太平廣記), 卷次, 無魚尾, 葉次. 12行22字, 小字雙行, 印版高廣爲20.1 × 15.6cm, 書本高廣爲26.7 ×

---

73) 王重民(1984), 374, 異物彙苑條.

판 크기: 20.1 × 15.6cm, 책 크기: 26.7 × 18.1cm이다. 동일 문자의 자양이 다르고, 도각의 흔적과 목리가 보인다. 문자의 크기는 균일하나, 장체자의 미감을 충분히 살리지 못하는 도각술이다. 조립식 인판의 결구가 제법 크다. 심지어 광곽이 부분적으로 인출되지 않은 곳도 많다. 좌우 변란의 굵기가 계선과 비슷하다. 활자를 밀착 배열하여 문자의 횡렬이 가지런하지 못하고, 삐뚤어지거나 기울어져서 일부 필획이 인출되지 않은 문자가 적지 않다. 문자의 묵색 농담이 차이가 크다. 묵색은 번진 문자가 있기는 하나, 기본적으로 착묵은 문제되지 않는다. 판면과 변란 밖에 잡묵이 간혹 보인다. 조판술과 인출술 모두 우수하지 못하다.

18.1cm. 同一文字的字樣不同, 可見刀刻痕迹與木理. 文字的大小就均匀, 但未能充分表現出匠體字美感. 組合方式印版的缺口相當大. 甚至未印出部分邊框也多. 左右邊框的粗度與界線差不多. 將活字密集排列, 文字橫列不整齊, 且歪斜不正, 印不出部分筆劃的文字不少. 文字的墨色濃淡差大. 墨色雖有擴散的文字, 但基本上沒有着墨問題. 版面與邊框外面間有雜墨. 刀刻 · 排版 · 印出等技術皆不優秀.

(5) 萬曆 연간

(5) 萬曆年間

武林에서 100여 부를 인쇄한 (明)豫章魏顯國의 「歷代史書大全」 520권 · (元)楊朝英이 편집한 「朝野新聲太平樂府」 9권 3책 · (明)方大鎭의 「田居記」 등이 있다.

「朝野新聲太平樂府」는 활자가 필사체로 작고, 문자의 필획이 粗拙하며 필획을 생략한 경우도 많다. 반엽 11행인데, 제3책 말엽은 12행이다. 자수는 18~22자까지 고르지 않다. 行字가 가지런하지 못하고, 균일하지 못한 묵색은 보편적 현상이다.[74]

有在武林所印(明)豫章魏顯國≪歷代史書大全≫520卷100餘部; (元)楊朝英輯≪朝野新聲太平樂府≫9卷3冊; (明)方大鎭≪田居記≫等.

≪朝野新聲太平樂府≫便楷體小活字, 字劃潦草, 多簡筆. 半葉11行, 第3冊末葉爲12行. 每行爲18至22字不等. 行字歪斜, 墨色不均匀就普遍現象.[74]

---

74) 1. 張秀民(1990), 48.
　　2. 張秀民 · 韓琦 共著(1998), 30.

(6) 崇禎 연간

「壬午平海紀」와 (明)袁芾와 徐馨이 纂修한 「袁氏宗譜」가 있다. 「袁氏宗譜」의 판심에는 기다란 흑어미 아래에 큰 흑색 원형이 있고, 장차는 없다.

(6) 崇禎年間

有《壬午平海紀》與(明)袁芾與徐馨共纂修之《袁氏宗譜》. 《袁氏宗譜》之版心有長黑魚尾, 其下有大黑圓圈, 無葉次.

9.2 刊行 年代 未詳者

간행 연대를 알 수 없는 활자본으로 다음의 것들이 있다.

無法詳考印行年代的活字本則如下:

(1) 목활자본

郭相奎가 武林에서 100여 부를 인쇄한 (明)鄧元錫의 「函史」·虞山의 榮荊堂이 인쇄한 (宋)黃震의 「慈溪黃氏日抄」 31권·福建書房의 詹佛美가 인쇄한 (明)詹萊의 「招搖池館集」 10권·畢 모 씨가 인쇄한 (唐)李嶠의 「李嶠集」과 (唐)劉長卿의 「劉隨州集」·夏 모 씨가 인쇄한 夏子陽·王士楨 공편 「使琉球錄」·種松書屋이 인쇄한 (五代)李瀚의 「蒙求集註」 4권(圖錄V-서영 38)·[75] 長州의 韓 모 씨가 인쇄한 (魏)曹植의 「曹子建集」 10권·常熟의 趙用賢이 인쇄한 「十子」·張溥가 편집하고 인쇄한 「百三家集」(「漢魏六朝百三名家集」).[76] (明)吳從先의 「小窗艶記」·(明)許學夷의 「詩原辨體」 등이다.[77]

「蒙求集註」는 사주쌍변, 계선 있음.

(1) 木活字本

郭相奎在武林印(明)鄧元錫《函史》100餘部; 虞山榮荊堂印(宋)黃震《慈溪黃氏日抄》31卷; 福建書房詹佛美印(明)詹萊《招搖池館集》10卷; 畢氏印(唐)李嶠《李嶠集》與(唐)劉長卿《劉隨州集》; 夏氏印夏子陽·王士楨共編《使琉球錄》; 種松書屋印(五代)李瀚《蒙求集註》4卷(圖錄V-書影38).[75] 長州韓氏印(魏)曹植《曹子建集》10卷; 常熟人趙用賢印《十子》; 張溥印自己編《百三家集》(《漢魏六朝百三名家集》).[76] (明)吳從先《小窗艶記》·(明)許學夷《詩原辨體》等.[77]

《蒙求集註》爲四周雙邊, 有界. 版心

---

75) 張秀民(1989), 680-681.

76) 張秀民(1981), 419.

77) 張秀民·韓琦 共著(1998), 131.

판심: 화구(種松書屋), 간혹 흑구, 상하향 흑단어미, 권차, 장차, 흑구의 경우 간혹 하단에 "種松書屋". 판 크기: 18.6 × 13.1cm이다.

같은 문자의 자양이 다르고, 도각의 흔적과 목리가 역력하여 목활자임을 알 수 있다. 장체자이지만, 필의를 살리지 못하고 있다. 문자의 행렬은 가지런하여 육면체 목자를 제작한 후 필획을 조각하였을 것이다. 그러나 기울어지게 식자되어 반만 인출된 문자가 많다. 내·외곽의 길이가 같은 광곽의 꼭짓점에는 결구가 크게 벌어져 있다. 광곽의 내·외곽을 바꾸어 사용한 경우도 있다. 광곽이 인출되지 않은 경우도 있다. 묵색은 엽에 따라 차이가 있는데, 연하면서 번진 엽도 있다. 묵즙 사용에 부주의하여 문자와 광곽의 주위가 지저분하다. 이중인출된 경우가 있다. 활자 제작·조판·인출 기술이 그다지 우수하지 못하다.

(2) 동활자본

嘉靖 초기의 장서가인 常熟 楊儀의 五川精舍가 인쇄한 (宋)王珪의 「王岐公宮詞」(圖錄V-서영 39)·(淸)瞿中溶의 「古泉山館題跋」에 수록된 것으로 祁東의 李모 씨가 인쇄한 「王狀元標目唐文類」 12권(圖錄V-서영 40) 등이 있다.

「王狀元標目唐文類」에 대하여 「天一閣書目」은 목활자본이라지만,[78] 권1 제2행에는 "祁東李氏銅板印行"이 있다. 사주단변, 계선 있음. 판심: 화구(卷一), 상하 하향 백쌍어미, 장차. 판

花口(種松書屋), 間有黑口, 上下向黑單魚尾, 卷次, 葉次, 黑口時, 在下段間有 "種松書屋". 印版高廣爲18.6×13.1cm.

同一文字的字樣不同, 刀刻痕迹與木理明顯, 可知此爲木活字. 但表現不出匠體字之筆意. 文字行列整齊, 可知先製作六面體木子, 後刻筆劃. 但不少文字排得歪斜, 只印出一半. 內·外邊框長度相同的四角有相當大的缺口. 也有內·外邊框顚倒用, 也有沒印出邊框. 各葉的墨色不均, 也有墨色淡又擴散的葉. 不大主意使用墨汁, 文字與邊框周圍不乾淨. 也有印得重疊現像. 活字製作·排版·刷印技術皆不大優秀.

(2) 銅活字本

有嘉靖初藏書家常熟楊儀的五川精舍印(宋)王珪所撰≪王岐公宮詞≫(圖錄V-書影39); (淸)瞿中溶≪古泉山館題跋≫載有祁東李氏印≪王狀元標目唐文類≫12卷(圖錄V-書影40).

針對「王狀元標目唐文類」, 雖≪天一閣書目≫著錄木活字本,[78] 但在卷1第2行有 "祁東李氏銅板印行" 8個字. 四周單邊, 有界. 版心: 花口(卷一), 上下下向白雙魚尾, 葉次. 印版高廣爲

---

78) 張秀民(1979), 88, 91. 「王狀元標目唐文粹」는 「天一閣書目」에 明 時代의 木活字本이라고 著錄되어 있다.

크기: 18.6 × 12.8cm, 책 크기: 25.0 × 15.4cm이다. 동일 문자의 자양이 유사하기도 일치하지 않기도 하고, 필획 윤곽이 날카로워서 주조한 활자는 아닌 듯하다. 활자의 크기는 간혹 작은 문자가 있으나, 대체로 균일하다. 해서체 문자의 필의를 충분히 표현하지 못하고 있다. 조립식 광곽의 꼭짓점에 2~5mm의 제법 큰 결구가 있다. 문자의 횡렬은 가지런하지 못하고, 삐뚤어지거나 기울어져서 일부 필획이 인출되지 않은 문자가 간혹 있다. 인출면의 높이 차이로 인하여 문자에 따라 묵색에 차이가 있다. 묵색은 엽에 따라 농담의 차이가 크게 나타나고 있으며, 한 엽 내에서도 부분적으로 농담 차이를 보이는 엽도 있다. 묵즙 도포량이 과하여 번진 문자가 있으며, 한 문자의 필획에 따라서 농담 차이가 나타난 문자도 있다. 뒤로 갈수록 문자의 필획이 굵어지고, 판면도 깨끗하지 못하다. 묵색이 진한 부분은 묻어나기도 하고 번져서 유연묵이 아니었음을 알 수 있다. 활자 제작술·조판술·인출술 모두 우수한 수준은 아니다.

五雲溪館이 인쇄한 「襄陽耆舊集」 1권과 (陳)徐陵 편집의 「玉臺新詠」 10권(圖錄V-서영 41)도 있다.79) 「玉臺新詠」은 좌우쌍변, 계선 있음. 판심: 화구(五雲溪館活字), 상 하향 흑단어미, 권차, 장차. 10행 19자, 판 크기: 18.5 × 13.0cm이다.

「王岐公宮詞」(扁體)와 「玉臺新詠」의 서체를 살펴보면, 뾰족한 도각의 흔적이 있으며 같은 문자의 자양이 비슷하다. 그러나 필획 간의 각도와 거리는

18.6 × 12.8cm, 書本高廣爲25.0 × 15.4cm. 同一文字的字樣或類似或不一致, 筆劃有稜角, 不像鑄造活字. 活字大小就間有較小文字, 但大體均勻. 未能充分表現出楷體字的筆意. 組合方式邊框的四角有2~5mm相當大的缺口. 文字橫列不整齊, 且間有歪斜不正而部分筆劃未印出之文字. 因印出面的高度不平, 出現墨色濃淡不同的文字. 墨色便各葉濃淡差大, 一葉內也有各部分濃淡不同. 有墨汁塗得過量而擴散的文字, 也有各筆劃的濃淡不同之文字. 越後面, 文字筆劃越粗, 版面越不乾淨. 觸到墨色濃的部分就變黑又擴散, 可知其非油煙墨. 活字製作·排版·刷印等技術皆非優秀水平.

五雲溪館印≪襄陽耆舊傳≫1卷與(陳)徐陵所輯≪玉臺新詠≫10卷(圖錄V-書影41).79) ≪玉臺新詠≫爲左右雙邊, 有界. 版心: 花口(五雲溪館活字), 上下向黑單魚尾, 卷次, 葉次. 10行19字, 板框高廣爲18.5 × 13.0cm.

今觀≪王岐公宮詞≫(扁體)與≪玉臺新詠≫之字體, 則有稜角, 同一字樣相近. 但筆劃之間的角度與距離仍有差異, 疑爲刻的. 文字的橫列整齊, 無歪斜的

79) (淸)葉德輝(1974), 202-203.

여전히 차이가 있어서 조각한 것으로 보인다. 문자의 횡렬은 가지런하며 삐뚤어진 문자도 없다. 광곽의 네 꼭짓점은 긴밀하게 밀착되어 있다. 묵색은 비교적 떨어져서 어느 문자의 중간에 묵즙이 도포되지 않아서 인출되지 않기도 한 점(「王岐公宮詞」) 등으로 미루어, 이 활자의 도각술과 조판 기술은 이미 상당히 고명한 수준에 도달하였으나, 금속활자에 사용하는 묵즙은 여전히 개발하지 못하여 일부 문자의 필획이 모호하게 인출된 것(「玉臺新詠」)을 알 수 있다.

字, 邊欄四角無缺口. 墨色較差, 有的字中間無沾墨而未印出(≪王岐公宮詞≫), 可見此活字之刻法·排印技術已達到相當高明的地步, 但金屬活字所用墨仍未調製出來, 有的字印得筆劃模糊不清(≪玉臺新詠≫).

(3) 활자본

崑山의 吳大有가 인쇄한 (宋)陳思 편집의 「小字錄」 1권(圖錄V-서영 42)이 있다.[80] 좌우쌍변, 계선 있음. 판심: 흑구, 상 하향 흑단어미, 판심제(小字錄), 장차. 9행 17자, 판 크기: 20.0 × 13.1cm이다. 전체 56엽 중에서 제12·34·35·38엽을 제외한 52엽은 2개의 인판을 사용하였다.[81]

「小字錄」의 서체는 뾰족한 도각의 흔적이 있으며, 같은 문자의 자양은 그다지 일치하지 않고, 어느 문자는 활자의 크기까지도 같지 않다. 예를 들면 帝·諱 등이다. 또한, 묵색과 필획의 굵기 등이 금속활자의 특징을 가지고 있는 것으로 미루어 조각하여 제작한 동활자가 아닌가 짐작한다. 문자의 횡렬은 가지런하고 삐뚤어진 문자도 없다. 판면의 묵색은 비교적 균일하여 조판 기술이 역시 좋았음을 알 수 있다.

(3) 活字本

崑山吳大有印(宋)陳思所輯≪小字錄≫1卷(圖錄V-書影42).[80] 左右雙邊, 有界. 版心: 黑口, 上下向黑單魚尾, 版心題(小字錄), 葉次. 9行17字, 板框高廣爲20.0 × 13.1cm. 共56葉中, 除第12·34·35·38葉之52葉便用2個印版.[81]

≪小字錄≫之字體有尖的稜角, 同一字樣不太吻合, 有的連活字大小都不同, 如帝·諱等字. 且由墨色·筆劃的粗細有金屬活字之特色, 疑爲刻製的銅活字. 文字的橫列整齊, 無歪斜之字, 版面墨色較均勻, 可見排印技術亦好.

80) (淸)葉德輝(1974), 202-203.

81) 鄒毅, 「證驗千年活版印刷術」(北京: 社會科學文獻出版社, 2010), 59.

9.3 明 時代의 銅活字本

明 시대의 동활자본이라고만 알 수 있는 것으로 (唐)韓愈가 짓고 (宋)朱熹가 攷異한 「朱文公校昌黎先生集外集」·(宋)林銊의 「漢雋」·(漢)韓嬰의 「韓詩外傳」 10권(圖錄V-서영 43) 등이 있다.[82]

「韓詩外傳」은 좌우쌍변, 계선 있음. 판심: 백구, 상 하향 흑단어미, 권차, 장차. 10행 21자, 판 크기: 20.6 × 14.2cm이다. 자세히 살펴보면, 활자는 구양순체로 같은 문자의 자양이 다르며, 도각의 흔적은 보이나, 목리는 보이지 않는다. 균일한 크기의 문자 행렬이 가지런한 점에서 균일한 육면체 동체를 제작한 후 조각한 듯하다. 광곽의 사변은 고착식, 판심과 계선은 조립하는 부분 일체식 인판을 사용하였다. 기울어지거나 삐뚤어진 문자가 없다. 제작 방법과 조판 기술이 비교적 고명하다. 전체적인 묵색은 금속활자 분위기이다. 간혹 묵즙을 도포한 후 책지를 얹을 때 부주의하여 모호하거나 겹쳐서 인쇄되기도 하여, 판면이 깨끗하지 못한 점으로 미루어 인출 기술은 비교적 떨어진다.

明 시대의 「內閣書目」에 「銅板經」 1책이 저록되어 있는데, 일명 「列宿演義」라고 한다. 혹자는 이를 동활자본이라고 의심한다. 이의 출처 등은 알 수 없다.[83]

只知爲明銅活字本者, 有(唐)韓愈撰(宋)朱熹攷異之《朱文公校昌黎先生集外集》; (宋)林銊撰《漢雋》; (漢)韓嬰撰《韓詩外傳》10卷(圖錄V-書影43).[82]

《韓詩外傳》爲左右雙邊, 有界. 版心: 白口, 上下向黑單魚尾, 卷次, 葉次. 10行21字, 印版高廣爲20.6 × 14.2cm. 細査其字體爲歐體, 同一文字的字樣不同, 可見刀刻痕迹, 而見不到木理. 據均勻的文字行列整齊, 可知先製作大小均勻的六面體胴體, 後刻筆劃. 用過四邊爲固着, 版心與界線爲組合的部分一體方式印版. 無歪斜不正之文字. 活字製法與排板技術較高明. 全體墨色爲金屬活字氣分. 間有塗墨後, 不小心覆蓋紙張, 印得模糊又重疊, 版面不太乾淨, 可見刷印技術較差.

明《內閣書目》載《銅板經》一冊, 又名《列宿演義》. 或疑其爲銅活字本. 其他關于其出處等諸項便未知.[83]

---

82) 張秀民(1989), 694.

83) 張秀民·韓琦 共著(1998), 46.

9.4 明 時代의 木活字本

明 시대의 목활자본이라고만 알 수
있는 것으로는 (明)太倉 趙樞生의「含
玄先生集」·(明)朱象衡의「筆道通會」[84]·
(明)勞堪의 「柴桑問答」·(明)儲巇의
「柴墟文集」,[85] (淸)明成祖의「神僧傳」
과 (楚)李耳의 대자본「老子」,[86] 강남
일대의 족보 인쇄공이 인쇄한「新安兪氏
統宗譜」,[87]「編輯史記」 17권·「淮南
子」·「大觀證類本草」·「紺珠集」·
(宋)歐陽文忠公의 「歸田錄」·(晉)阮籍
의「詠懷詩」·「梅亭四六」·「於少保萃忠傳」
등이 있다.[88]「含玄先生集」의 권말에 "品
三系書刻"이 있어서 서각인을 알 수 있다.
특이한 坊刻本으로「資治通鑑綱目
前篇」이 있다. 적지 않은 서엽의 책판
이 상하 두 장의 목판을 결합하여 구
성되었다. 이는 목재를 절약하기 위하
여 사용하는 방법이다. 그런데 천두
상의 문자는 활자로 별도로 인출해 넣
었다. 그 결과 묵색이 목판본 본문과
다르며, 농담도 균일하지 못하다.[89]
「存存稿舊編續編」(圖錄V-서영 44)
은 사주쌍변, 계선 있음. 판심: 화구
(石初集), 상 하향 흑단어미, 권차; 장
차: 10행 20자, 소자쌍행, 판 크기: 21.5 ×
14.7cm, 책 크기: 28.2 × 18.8cm이다. 동
일 문자의 자양이 다르고, 도각의 흔

只知爲明木活字本者, 有(明)太倉趙
樞生撰≪含玄先生集≫·(明)朱象衡
≪筆道通會≫[84]·(明)勞堪≪柴桑問
答≫·(明)儲巇≪柴墟文集≫,[85] (淸)明
成祖≪神僧傳≫, (楚)李耳撰大字本
≪老子≫,[86] 江南地區譜匠排印≪新安
兪氏統宗譜≫,[87] ≪編輯史記≫17卷·
≪淮南子≫·≪大觀證類本草≫·
≪紺珠集≫·(宋)歐陽文忠公≪歸田錄≫
·(晉)阮籍≪詠懷詩≫·≪梅亭四六≫·
≪於少保萃忠傳≫等.[88] ≪含玄先生集≫
卷末有"品三系書刻", 可知其書刻人.

有一種異樣的坊刻本爲≪資治通鑑
綱目前篇≫, 不少書葉便以上下兩個板
木拼合而成. 此便爲了節省木料所用方
法. 不過其天頭上文字就以活字套印上
去的. 其結果, 墨色與刻本部分不同,
濃淡又不均匀.[89]

≪存存稿舊編續編≫(圖錄V-書影
44)爲四周雙邊, 有界. 版心: 花口(石初集),
上下向黑單belt尾, 卷次, 葉次, 10行20字 小
字雙行, 印版高廣爲21.5 × 14.7cm, 書本
高廣爲28.2 × 18.8cm. 同一文字的字樣
不同, 刀刻痕迹明顯. 看不到木理, 竝

---

84) 1. 張秀民(1981), 419.
    2. 張秀民·韓琦 共著(1998), 122.

85) 魏隱儒(1984), 218.

86) 張秀民·韓琦 共著(1998), 115·120.

87) 北京圖書館 編([1987]), 526, 496.

88) 張秀民·韓琦 共著(1998), 112·121-124·129.

89) 鄒毅(2010), 114-115.

적은 역력하다. 목리가 보이지 않고, 금속활자의 묵색 분위기로 보아 단단한 목재에 새로 조각한 활자이다. 장체자의 미감을 충분히 살리지 못하는 수준이다. 조립식 인판의 꼭짓점에 1mm 이내의 결구가 있다. 문자의 행렬이 그다지 가지런하지 못하고, 문자의 농담에 다소 차이가 있다. 삐뚤어진 문자는 소자에서 매우 드물게 보일 뿐, 대자에는 거의 없고, 기울어진 문자는 약간씩 보인다. 묵색은 간혹 번진 문자가 있으나, 전반적으로 균일한 편이다.

有金屬活字墨色氣分, 可堆知此爲用堅硬的木材來新刻的活字. 未能充分表現出匠體字的美感. 組合方式印版的四角有1mm以內之缺口. 文字行列不大整齊, 文字濃淡有若干差別. 歪斜文字便在小字很少看到, 大字就幾乎沒有, 排不正的文字偶有. 墨色就間有墨汁擴散的文字, 但大體均勻.

9.5 明 時代의 活字本

明 시대의 활자본이라고만 알 수 있는 것이 있다.

只知爲明代活字本者如下:

(1) 正德·嘉靖 연간

(1) 正德·嘉靖年間

蘇州에서 인쇄한 (齊)晏嬰의 「晏子春秋」 8권[90]이 있다. 좌우쌍변, 계선 있음. 판심: 백구, 상 하향 흑단어미, 판심제(晏子), 장차. 9행 18자, 판 크기: 16.2 × 11.4cm이다. 본문과 주석의 문자 크기가 같아서 "○"로 구분하고 있다.

사용된 활자의 서체는 주로 扁體인데 간혹 長體가 섞여 있을 만큼 필법이 균일하지 않아서 그의 자본을 한 사람이 쓴 것이 아닌 듯하다. 활자를 매우 조밀하게 배열하여 판면이 붐비는 듯하고 활자마다 약간씩 삐뚤어져 있다. 묵색도 역시 균일하지 못하여 인쇄 기

有在蘇州所印(齊)晏嬰撰≪晏子春秋≫8卷.[90] 左右雙邊, 有界. 版心: 白口, 上下向黑單魚尾, 版心題(晏子), 葉次. 9行18字, 板框高廣爲16.2 × 11.4cm. 正文與注文之字大小相同, 以 "○"相隔.

其所用活字之字體爲扁體爲主, 間有長體, 筆法不太相同, 疑其底本不是一人所寫的. 將活字排得很密, 版面擁擠, 每字排得多多少少都有歪斜. 墨色亦不均勻, 可見印刷技術不高明.

---

90) 北京圖書館 原編, 勝村哲也 復刊編(1983), 98, 晏子春秋條.

술이 고명하지 못함을 알 수 있다.

상하 문자의 필획이 교차하는 현상이 적지 않다. 제10~12엽을 예로 들면, 제10엽 제16행의 安簡, 제18행의 危覆, 제11엽 제7행의 誅賞, 제12엽 제1행의 隨其, 제6행의 之事, 제10행의 之爲讀, 제12행의 夫昔 등이다.[91]

(2) 崇禎 연간

(明)耿如杞의 「世篤堂稿」[92]가 있다.

(3) 기타

이 밖에도 (明)曹昭의 「格古要論」 3권·(唐)王勃의 「王勃詩」 1권(圖錄V-서영 45)·[93] 지질과 묵색이 매우 깨끗한 「此齋初稿」 1권(圖錄V-서영 46)·[94] (宋)方達辰의 「蛟峰先生文集」 14권(圖錄V-서영 47)·[95] (北齊)劉晝의 「劉子」·(晉)葛洪의 「西京雜記」·[96] 「劉子表注」·(明) 曹學佺의 「詩經質疑」·[97] (宋)樂雷發의 「雪磯叢稿」·「頌詩錄」·[98] 「高常侍集」[99] 등이 있다.

「王勃詩」의 판식은 좌우쌍변, 계선 있음, 흑구, 상 하향 흑단어미, 판심제 (王詩), 장차, 10행 17자, 소자쌍행, 판

上下文字筆劃交叉又現像不少, 舉第10至12葉爲例, 有第10葉第16行之安簡, 第18葉之危覆, 第11葉第7行之誅賞, 第12葉第1行之隨其, 第6行之之事, 第10行之之爲讀, 第12行之夫昔等.[91]

(2) 崇禎年間

有(明)耿如杞撰≪世篤堂稿≫.[92]

(3) 其他

有(明)曹昭撰≪格古要論≫3卷; (唐)王勃撰≪王勃詩≫1卷(圖錄V-書影45);[93] ≪此齋初稿≫1卷(圖錄V-書影46), 是紙墨頗朗潔;[94] (宋)方達辰撰≪蛟峰先生文集≫14卷(圖錄V-書影47);[95] (北齊)劉晝撰≪劉子≫; (晉)葛洪撰≪西京雜記≫;[96] ≪劉子表注≫; (明)曹學佺撰≪詩經質疑≫;[97] (宋)樂雷發撰≪雪磯叢稿≫; ≪頌詩錄≫.[98] ≪高常侍集≫等.[99]

≪王勃詩≫之板式爲左右雙邊, 有界, 黑口, 上下向黑單魚尾, 版心題(王詩), 葉次, 10行17字, 小字雙行, 印版高廣:

---

91) 鄒毅(2010), 122.

92) 魏隱儒(1984), 218. 「北京圖書館古籍善本書目」, 2435에는 淸活字本이라 하고 있다.

93) (中華民國)國立中央圖書館 編(1967), 549, 877, 956.

94) 王重民(1984), 679, 此齋初稿條.

95) 北京圖書館 原編, 勝村哲也 復刊編(1983), 101, 蛟峰先生文集條.

96) 張秀民(1981), 421.

97) 魏隱儒(1984), 218, 233.

98) 張秀民(1989), 682.

99) 鄒毅(2010), 123.

크기: 18.5 × 13.8cm이다. 「此齋初稿」
는 사주단변, 계선 있음, 백구, 어미와
판심제 없음, 장차, 8행 16자, 소자쌍
행, 판 크기: 19.3 × 12.8cm이다. 같은
문자의 자양이 다르고, 도각의 흔적이
역력하며, 세심히 관찰하면 목리도 보
인다. 문자의 일부 필획이 파손된 점
에서 목활자로 보인다. 묵색의 분위기
로 보아 단단한 목질의 재료를 사용하
였다. 古勁한 필서체의 필의를 살리고
있어서 우수한 도각술이다. 조립식 광곽
으로 1mm 정도의 결구가 보인다. 문자
의 행렬은 가지런하다. 삐뚤어진 문자는
없으나, 일부 필획이 인출되지 않은 경
우가 보인다. 우수한 조판술로 간주할
수 있다. 묵색은 문자마다 엽마다 모두
균일하고, 판면이 깨끗하여 인출 기술은
우수한 수준임을 알 수 있다.

「詩經質疑」는 권9 卷末題의 質자
가 뒤집혀 있다. 이상의 각종 판본에
사용된 활자의 서체는 각각 달라서
구양순체인 것도 있고 匠體字인 것(「格
古要論」)도 있다. 그러나 대부분의 문
자에 뾰족한 도각의 흔적이 있으며
같은 문자의 필획 간의 거리와 각도
도 각각 다르다. 또한, 같은 문자의 필
법이 현저하게 다른 경우도 있는데 「蛟
峰先生文集」 권4 首葉상엽의 於 등이
다. 만약 하나의 주형에서 주조해 낸 것
이라면 이러한 현상은 없을 것이다. 따
라서 조각의 방법으로 조성한 듯하다.
그의 도각술은 고명하기도 하고(「格古
要論」·「王勃詩」) 또는 고명하지 않기
도 하다(「蛟峰先生文集」).

활자의 재료에 대하여는 각 판본
상의 문자에 나타난 묵색의 흔적이
목판본과 달라서 銅으로 조성한 것이

18.5 × 13.8cm. 「此齋初稿」爲四周單邊,
有界, 白口, 魚尾與版心題皆無, 葉次,
8行16字, 小字雙行, 印版高廣: 19.3 ×
12.8cm. 同一文字的字樣不同, 刀刻痕
迹明顯, 仔細觀察就可看到木理. 文字
的部分筆劃被破損, 可知此爲木活字.
據墨色氣分, 可推知用過木質堅硬的材
料. 能表現出古勁的楷體字筆意, 可知
優秀的刀刻術. 組合方式版框有1mm左
右的缺口. 文字行列整齊, 無歪斜文字,
但有部分筆劃沒印出之字. 可算優秀的
排版術. 墨色就每字每葉皆均勻, 版面
乾淨, 可知優秀水平的刷印術.

≪詩經質疑≫卷9卷尾題中的質字
倒排. 這些印本所用活字的字體皆不同,
或爲歐體, 或爲匠體(≪格古要論≫). 不
過大部分文字皆有稜角, 同一字樣的筆
劃之間距離與角度各不同, 亦有同一個
字的寫法有明顯差別, 如≪蛟峰先生文
集≫卷之4首葉上葉之於字等. 若是從一
個鑄範鑄造出來, 應無此類情形, 故
疑其爲刻的, 其刻法則或高明(≪格古
要論≫·≪王勃詩≫), 或不太高明(≪蛟
峰先生文集≫).

活字材料則由各印本上文字的墨痕
與雕板不同, 疑爲銅作的. 也有板本其
文字的橫列或整齊, 排得不歪斜, 邊欄

아닌가 한다. 문자의 횡렬은 가지런하며 삐뚤어진 문자도 없고 광곽의 네 꼭짓점에 틈이 없는 판본(「王勃詩」·「蛟峰先生文集」)이 있는가 하면 문자의 횡렬도 가지런하지 못하고 삐뚤어진 문자도 많으며 광곽의 네 꼭짓점에 큰 틈이 있는 판본(「格古要論」)도 있다. 묵색은 그다지 균일하지 못한 점으로 미루어 조판된 인출면의 높낮이가 고르지 못하였거나(「蛟峰先生文集」) 묵즙이 번져서 손에 묻어나기도 하는 경우(「格古要論」)도 있어서 묵즙 조제 및 도포 기술이나 인출 기술이 비교적 떨어짐을 알 수 있다.

「高常侍集」에는 상하 문자의 필획이 교차하는 현상이 보인다. 권2 제1엽 제1행의 常侍, 제6행의 峰携, 제2엽 제9행의 贈崔 등이다.

四角無缺口(≪王勃詩≫·≪蛟峰先生文集≫), 也有板本其文字的橫列不太整齊, 排得歪斜不正, 邊欄四角有大缺口(≪格古要論≫). 墨色不太均勻, 可能版面高度不平(≪蛟峰先生文集≫), 或墨汁浸染, 沾手便黑(≪格古要論≫), 可見調墨技術·刷印技術皆較差.

≪高常侍集≫有上下文字筆畫交叉現像, 如卷2第1葉第1行之常侍, 第6行之峰携, 第2葉第9行之贈崔等.

<표 8> 其他의 活字印刷

	印刷 主體	印刷 年度	活字 材料	印本 書籍	비고·說明
1		弘治年間	木	(宋)劉宰의 「漫塘劉先生文集」 22卷	
		正德年間		(宋)洪覺範의 「天廚禁臠」	
				(宋)劉辰翁의 「須溪先生批點孟浩然集」	
		嘉靖年間		(明)閔文振의 「異物彙苑」	「太平御覽」과 同種 活字?
		嘉靖年間 以前		(宋)羅大經의 「鶴林玉露」 6卷	
		隆慶年間		「東陽盧氏家乘」	
				「太平廣記」 500卷	
		萬曆年間		(明)魏顯國의 「歷代史書大全」 520卷	100餘 部
				(元)楊朝英의 「朝野新聲太平樂府」 9卷	
				(明)方大鎭의 「田居記」	

印刷 主體	印刷 年度	活字 材料	印本 書籍	비고·說明
	崇禎年間		「壬午平海紀」	
			(明)袁芾·徐馨 纂修의「袁氏宗譜」	
2	郭相奎		木	(明)鄧元錫의「函史」	100餘 部
	榮荊堂		(宋)黃震의「慈溪黃氏日抄」31卷	
	福建書房 詹佛美		(明)詹萊의「招搖池館集」 10卷	
	畢 某氏		(唐)李嶠의「李嶠集」· (唐)劉長卿의「劉隨州集」	
	夏 某氏		夏子陽·王士楨 共編「使琉球錄」	
	種松書屋		(五代)李瀚의「蒙求集註」 4卷	
	韓 某氏		(魏)曹植의「曹子建集」 10卷	
	趙用賢		「十子」	
	張溥		「百三家集」(「漢魏六朝百三名家集」)	
			(明)吳從先의「小窗艷記」	
			(明)許學夷의「詩原辨體」	
	楊儀 五川精舍	嘉靖年間 初期	銅	(宋)王珪의「王岐公宮詞」	
	李 某氏		「王狀元標目唐文粹」 12卷	天一閣書目에는 明木活字本
	五雲溪館		「襄陽耆舊集」 1卷·(陳)徐陵의 「玉臺新詠」 10卷	
	吳大有		(宋)陳思의「小字錄」 1卷	
3			銅	(唐)韓愈 찬, (宋)朱熹 攷異의 「朱文公校昌黎先生集外集」	
			(宋)林鉞의「漢雋」	
			(漢)韓嬰의「韓詩外傳」 10卷	
			「銅板經」(「列宿演義」)	
4			木	(明)趙樞生의「含玄先生集」	
			(明)朱象衡의「筆道通會」	
			(明)勞堪의「柴桑問答」	
			(明)儲巏의「柴墟文集」	
			(淸)明成祖의「神僧傳」	
			(楚)李耳의「老子」	대자본

印刷 主體	印刷 年度	活字 材料	印本 書籍	비고・說明
族譜 印刷工			「新安兪氏統宗譜」	
			「編輯史記」 17권	
			「淮南子」	
			「大觀證類本草」	
			「紺珠集」	
			(宋)歐陽文忠公의 「歸田錄」	
			(晋)阮籍의 「詠懷詩」	
			「梅亭四六」	
			「於少保萃忠傳」	
			「資治通鑑綱目前篇」	천두 문자
			「存存稿舊編續編」	
5	正德・ 嘉靖年間 崇禎年間		(齊)晏嬰의 「晏子春秋」 8卷	
			(明)耿如杞의 「世篤堂稿」	
			(明)曹昭의 「格古要論」 3卷	
			(唐)王勃의 「王勃詩」 1卷	
			「此齋初稿」 1卷	
			(宋)方達辰의「蛟峰先生文集」14卷	
			(北齊)劉晝의 「劉子」	
			(晉)葛洪의 「西京雜記」	
			「劉子表注」	
			(明)曹學佺의 「詩經質疑」	
			(宋)樂雷發의 「雪磯叢稿」	
			「頌詩錄」	
			「高常侍集」	

10. 小 結

이상에서 서술한 내용을 종합하면 다음과 같이 요약할 수 있다.

綜上所述, 可歸納出下面幾項結論:

(1) 활자본 수량의 증가

(1) 活字本數量之增加

130여 종의 판본 분석을 통하여 문화사적 요소와 과학기술적 요소를 종합적으로 고구하였다. 그중에는 1,000권에 달하는 「太平御覽」도 포함하고 있다.

透過分析一百三十多種板本, 綜合考究文化史與技術史之要素. 其中包括一千卷之《太平御覽》.

(2) 활자인쇄 유행 지역의 광범화

(2) 活字印刷地區之廣範流行

明 시대 후기에 활자를 사용하여 서적을 인쇄한 지역은 대체로 無錫·蘇州·杭州·南京·建昌·福州 등의 연근해 도시에서 주로 유행하였고, 江西·四川·雲南 등의 내륙 지역까지도 발전하였다. 특히 蘇州·常熟·太昌 일대에서 성행하였음을 알 수 있다.

明代後期使用活字印書的地方已流行於無錫·蘇州·杭州·南京·建昌·福州等沿海城市, 且發展到江西·四川·雲南等內地, 尤其以蘇州·常熟·太昌一帶較爲盛行.

(3) 활자 재료의 다양화

(3) 活字材料之多種多樣

동활자를 이용하여 인쇄한 서적 이외에, 목활자본도 현존하는 판본이 많이 있다. 이 밖에도 鉛활자와 朱錫활자를 사용하기도 하였다. 그러나 동활자는 크게 유행하지는 못하였는데, 이는 정부가 화폐를 동으로 만든 까닭에 민간에서 동 제품을 임의로 제작하는 것을 금지한 결과, 동활자도 그 영향을 받았을 것이기 때문이다.

除了銅活字印書外, 尚有木活字印書, 皆有印本傳世, 亦用過鉛活字·錫活字. 但銅活字便沒能廣範流行, 此因政府以銅作爲貨幣, 故嚴禁民間不可隨用銅製作其他銅製品, 結果銅活字亦受其影響之故.

(4) 활자본 내용의 광범화

활자를 이용하여 인쇄한 서적의 내용이 더욱 광범하여져서 經學·역사·철학·문학·소설·과학 기술·예술 등에까지 걸쳐있다. 그중에 가장 많은 경우는 시문집이다. 또한, 강남지역에서는 목활자로 족보를 인쇄하는 기풍이 유행하기 시작하였다.

(5) 인쇄 기술 발달의 과도성

본 연구에서 우수하다거나 고명하다고 언급한 것은 여타의 중국 활자 인본과 비교하여 얻은 결과다. 만약 이를 조선의 여러 활자 인본과 비교하면 세밀히 검토하기 이전에 이미 전체적인 모습만 보아도 한눈에 알 수 있을 만큼 미숙한 수준이다. 그 이유로는 두 가지를 들 수 있다.

첫째는 사회 배경이다. 중국은 독서 인구가 많고 수요도 꾸준하여 활자인쇄가 부적합한 까닭에 이에 관한 관심도 적어서 자연히 기술상의 발달을 기대할 수 없었다. 둘째는 특히 금속활자의 경우, 유연묵의 개발과 응용이 늦어져서 금속활자의 기술 수준이 답보 상태를 면하지 못하였다. 전반적인 서적 인쇄의 기술적인 측면을 보면 비록 꾸준히 개량되어 가는 점을 발견할 수 있으나, 인쇄 품질은 그다지 높지 못하다. 간혹 한두 종의 인쇄 기술이 비교적 고명한 경우가 있기는 하지만, 대부분이 활자의 제작 기술·조판 기술·묵즙 조제 및 도포 기술 등이 모두 그다지 고명하지 못하다. 서체는 아름답지 못하고, 필획은 정교하

(4) 活字本書籍內容之廣泛

以活字印書的內容也更爲廣泛, 有經學·歷史·哲學·文學·小說·科學技術·藝術, 其中最多的是詩文集. 另江南地區已開始流行用木活字印家譜之風氣.

(5) 印刷技術發達的過渡現象

本文所提技術優秀或高明者便爲與其他中國活字印本相比而所得結果. 若將此之技術水平比起朝鮮活字之諸板本, 尙未仔細觀察之前, 已自全貌氣分看得出其未成熟之處. 其理由有二:

一爲社會背景, 中國有不少讀書人口, 書籍之需求量亦大又不斷地需要, 不太適合活字印刷, 自然對活字印刷之關心亦不大, 無法期待技術發展. 二爲尤其對金屬活字, 油煙墨之開發與應用較晩, 結果免不了金屬活字印刷技術水平停滯不前. 大體上印刷技術則雖在繼續改進, 但印刷的品質不高, 除一·二家技術較高明外, 大部分的活字製造技術·排板技術·調墨技術皆不太高明. 有的字體不美觀, 有的筆劃不精巧, 文字行列歪斜不正. 有的墨色忽濃忽淡等, 不同水平之技術混在一起更是普遍. 尤其是銅活字的墨色更差. 此乃有其原因的. 本來印本上墨色的勻否是由排板技術與墨汁的成分而決定的. 排活字排得高度不平, 或活字字面的沾墨情形不佳, 印

지 못하며, 문자의 행렬도 삐뚤어져 바르지 못하다. 묵색의 농담이 큰 차이를 보이는 것은 보편적인 현상이다. 특히 동활자의 묵색은 더욱 떨어지니, 이에는 그만한 원인이 있다. 본래 인본 상의 묵색의 균일 여부는 조판 기술과 묵즙의 성분에 의하여 결정된다. 활자의 높낮이가 고르지 않게 조판되어 인출면이 고르지 않거나, 활자의 문자면에 도포되는 묵즙의 상태가 양호하지 않으면, 인출해 낸 묵색은 균일할 수가 없기 때문이다.

出來的墨色無法均勻.

(6) 묵즙 조제 기술의 답보성

중국은 줄곧 금속활자에 사용하는 油煙墨을 개발해 내지 못하여 금속활자본의 묵색에 지대한 영향을 미쳐왔다. 이에 비하여 목활자는 목판인쇄에 사용하는 松烟墨을 그대로 습용할 수가 있었다. 이 점이 바로 금속활자와 목활자의 가장 큰 차이점 중의 하나다. 그 결과 조판 기술상의 조그마한 차이가 인출된 판본 상의 묵색에는 의외로 매우 큰 차이로 나타났다.

(6) 調墨技術之停滯不前

中國一直沒調製成功金屬活字所用之油煙墨, 對銅活字印本的墨色有極大的影響, 而木活字便仍可沿用雕板印刷所用之水墨. 這一點是銅活字與木活字二者之間的最大不同. 結果排板技術只差一點, 所印出的墨色却相差很大.

(7) 교감 태도의 경솔성

서적 인쇄에 있어서 교감 작업은 집필자의 의도를 전달하기 위한 가장 중요한 과정이다. 이는 인쇄 기술상의 미숙으로 인한 결과보다도 더 막심한 해독을 끼칠 수 있기 때문이다. 明 시대의 활자본은 간혹 교감이 우수한 경우가 있기는 하나, 대체로 교감의 자세가 엄격하지 못한 편이다. 간혹 활자가 탈락되어 공란이 된 경우도 있고, 간혹 활자

(7) 校勘態度之不謹愼

書籍印刷程序上之校勘工作是爲了表現著者的本意, 最要緊的過程. 此便爲比印刷技術未成熟所致結果, 導致莫大不良影響之故. 明代的活字印本間有校勘精緻之書籍, 但大體上校勘不精, 有時漏排成空格, 有的把字橫擺或倒置等脫字錯字不少. 這些偶然的錯誤, 今日竟成鑑定活字本的有力證據了.

가 눕혀 있거나 뒤집혀 있는 등의 경우
도 적지 않다. 그런데 이러한 우연한 실
수가 오늘날에는 도리어 활자본임을 판
별하는 유력한 증거가 되기도 한다.

(8) 인쇄 기록의 부재와 실물의 失傳

활자의 인쇄 기술, 특히 금속활자의
인쇄 기술을 판단하기 위하여는 현존하
고 있는 결과물인 활자본 서적 외에 증
빙할 수 있는 문헌 기록도 거의 없고
활자나 인쇄 용구 등 인쇄에 사용된 실
물은 더더욱이 전무한 실정이다. 이로
인하여 금속활자의 기술적인 여러 문제
를 지금까지도 연구하지 못하고 있다.
예를 들면 금속활자의 재료는 황동인가
청동인가 아니면 다른 금속인가? 활자
의 제작 방법은 주조였는가 조각이었는
가? 더 나아가 어떻게 활자를 배열하고
어떻게 조판하였는가? 어떻게 묵즙을
도포하고 어떻게 인출하였는가? 인쇄
작업은 어떻게 분담하였으며 인쇄 능률
은 어떠하였는가? 등이다. 이러한 문제
들은 아직도 활자본에 나타난 결과와
단편적인 문헌 기록을 통한 추론, 그리
고 기타 간접 자료에 의하여 그 일 단
면을 추측할 수 있을 따름이다.

(8) 印刷記載的不存與實物之失傳:

對活字之印刷技術, 尤其金屬活字印
刷技術, 現在除現存印本書籍外, 少有
文獻之詳細記載, 也全無活字・印刷工
具等印刷所用實物可徵. 因此金屬活字板
的種種技術問題, 至今難以考究. 如金屬
活字的質料是黃銅抑靑銅抑其他金屬?
其製法爲鑄範抑鐫刻? 再者, 如何排字?
如何擺板? 如何使墨? 如何刷印? 印
刷工作如何分擔? 工作效率如何?等, 僅
能憑藉活字印本上所留痕迹與文字上
的推敲, 以及就其他間接資料加以臆測
一二而已.

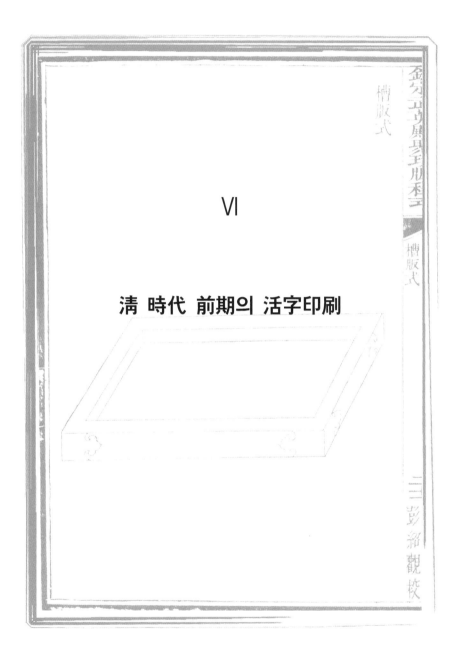

VI

清 時代 前期의 活字印刷

VI. 淸 時代 前期의 活字印刷*

Typography in the Early Period of Qing Dynasty

〈초 록〉

淸 시대 전기의 활자인쇄에 나타난 특징을 종합하면 다음과 같다.

(1) 활자인쇄의 주체는 중앙정부를 비롯하여 書肆와 書院 및 개인에게까지
도 파급되었다.

(2) 활자본의 내용은 經學·史部·子部를 비롯하여 문학 작품·類書·천문·
수학·음악·정부의 「官報」까지를 포함하고 있다.

(3) 동활자의 유행 지역은 北京·江蘇省·臺灣省에까지 퍼져나갔다. 활자
인쇄 기술 수준도 明 시대보다 훨씬 우수하였다.

(4) 목활자의 유행 지역은 北京·江蘇省·浙江省·安徽省·四川省·福建
省에까지 광범위하게 성행하여 활자인쇄의 대부분을 차지하였다. 유행
시기는 주로 乾隆 연간 이후였다. 山東省에서는 磁活字를 사용하여
(宋)畢昇의 교니활자를 계승하였다.

---

* 曹炯鎭, "淸代 前期의 活字印刷", 「한국문헌정보학회지」 제29집(1995. 12), 345-382.

(5) 활자인쇄의 기술은 기본적으로 畢昇의 방법을 이용하였다. 활자의 제작 기술은 서체의 미관까지도 표현할 수 있을 만큼 숙련되었다. 조판 기술은 목판본과도 견줄 수 있을 만큼 향상되었다. 묵즙 조제 기술도 활자 발명 초기보다 장족의 발전을 이룩하였다.

(6) 교감 태도는 간혹 소홀히 한 경우가 있으나, 여러 방법으로 오류를 정정하여 오늘날의 귀감이 될 만하였다.

(7) 內府의 동활자본인 「古今圖書集成」의 인쇄 기술 수준으로 미루어, 정부의 지원이 활자인쇄 기술의 발전에 지대한 공헌을 한다는 사실도 알 수 있었다.

요어: 淸 시대 전기, 활자인쇄 주체, 활자본 내용, 활자 유행 지역, 인쇄 기술 수준

<ABSTRACT>

The characteristics of typography in the early period of Qing Dynasty are summarized as follows.

(1) The agent of type printing spread to the central government, bookstores, private academies, and individuals.

(2) The contents of the typed books included Chinese classics, fields of history, and fields of philosophy as well as literary works, encyclopedia, astronomy, mathematics, music, and the official gazette.

(3) The popularity of bronze type had extended to the region of Beijing, Jiangsu province and Taiwan province. The typography of Qing Dynasty was of much higher quality than that of Ming Dynasty.

(4) The popular areas of wooden type printing were widespread in Beijing, Jiangsu province, Zhejiang province, Anhui province, Sichuan province,

and Fujian province, with these regions accounting for most of the type printing. It was mostly after the Qianlong's reign that the wooden type printing became popularized. In Shandong province, Sheng Bi clay type was succeeded by ceramic type.

(5) Sheng Bi's method was basically used as for typography. The technique of making type was skilled enough to express the aesthetics of the character style. The typesetting technology had improved enough to match that of woodblock edition. The technology for preparing Chinese ink also made great progress than in the early days of type invention.

(6) The criteria for proofreading were sometimes loose, but errors had been corrected in several ways, making them an example of today

(7) Judging from the level of printing technology of *Gujin tushu jicheng* (Compilation of Books in Past and Present), that is, the bronze type edition by the administration of procurement, it can be inferred that government support contributes greatly to the development of typography.

Key words: early period of Qing Dynasty, agent of type printing, contents of type edition, popular areas of type, typography level

1. 小 緒

중국에서 활자를 사용한 서적의 인쇄는 宋 시대에 시작하여 西夏 國과 元 시대에도 계속되었으나, 그의 실물은 오늘날 최대 14종밖에 전하지 않는다. 활자인쇄가 성행하여 그의 실물이 다수 현존하고 있 는 것은 明 시대와 淸 시대의 일이다. 그 가운데 淸 시대의 활자인 쇄는 금속활자·목활자·土활자 등을 모두 포함하고 있을 뿐만 아 니라, 그 발달 양상이 문화사적으로나 기술사적으로 朝鮮과 대단히 흡사하여, 이를 비교 연구할 만한 충분한 가치가 있다. 본 장에서는 이를 위하여 우선 淸 시대의 前期에 해당하는 順治(1644-1661)·康 熙(1662-1722)·雍正(1723-1735)·乾隆(1736-1795)·嘉慶 연간(1796-1820) 의 활자인쇄 기술에 대하여 살펴보고자 한다.

2. 順治 연간(1644-1661)

淸 시대에 이르러 활자본의 간행은 順治 연간에 시작하였다. 목활 자로 인쇄한 (明)孫蕡의 「義門鄭氏道山集」·(明)張國維의 「忠敏公 遺文」 등이 있다.[1] 그러나 이 목활자의 제작자와 인출 지역 등은 모 두 밝혀내지 못하였다.

---

1) 1. 魏隱儒, 「中國古籍印刷史」(北京: 印刷工業出版社, 1984), 225.
   2. 張秀民·韓琦 공저, 「中國活字印刷史」(北京: 中國書籍出版社, 1998), 127.

<표 1> 順治 연간의 활자인쇄

인쇄 주체	인쇄 연도	활자 재료	인본 서적	비고
1	順治 연간	木	(明)孫蕡의 「義門鄭氏道山集」	
			(明)張國維의 「忠敏公遺文」	

3. 康熙 연간(1662-1722)

3.1 雲閣의 「幾亭全書」

雲閣은 康熙 4(1665)년에 목활자로 (明)陳龍正의 「幾亭全書」를 인쇄하였다.[2]

3.2 무명씨의 「草廬吳文正公集」

康熙 9(1670)년에 목활자로 (元)吳澄의 「草廬吳文正公集」 49권, 外集 3권, 目錄 1권, 卷首 1권(圖錄Ⅵ-서영 1)을 인쇄하였다. 이 안에는 "羊城梓人陳邦予 黃丘周謹鐫"[3]이라는 간기가 있어서 각수가 누구인지를 알 수 있다. 혹자는 이 저술의 서명과 권수를 「臨川吳文正公集」 49권, 道學基統 1권, 外集 3권, 年譜 1권이라고 하였다. 사주단변, 계선 없음. 판심: 화구(吳文正公集), 상 하향 흑단어미, 권차, 장차. 10행 21자, 판 크기: 23.8 × 15.5cm, 본문과 주석을 ○으로 구분하고 있다. 광곽 꼭짓점에 缺口가 있고, 어미가 판심 계선과 떨어

---

2) 張秀民·韓琦 공저(1998), 126.

3) 田淵正雄, "淸代木活字版印刷技術考", 「ビブリア」 第75號(1980), 441.

져 있다.4) 모두 7개의 인
판을 사용하였다. 권6 제
13 · 15 · 28엽과 권7 제4 ·
32엽과 권8 제4 · 5 · 20엽
의 문자의 횡렬이 가지런
하지 못하다. 권8 제4엽하
엽 제10행의 "之"는 활자
의 식자 상태가 우측으로
기울어져서 문자 좌상귀의
가장자리가 잡묵으로 인출
되었다. 권7의 권말제를

<사진 1> 계선 지지용 횡목 흔적

말엽하엽 제5행에 배열하여 제6행 이하는 공백이다. 따라서 권말제
를 식자한 이후 계선을 지지하기 위하여 제6~10행의 공간에는 계
선이나 頂木으로 충전하지 않고 2개의 횡목으로 충전하였다. 이 현
상이 은은하게 잡묵으로 인출되어 있다(<사진 1> 참조). 광곽 밖으
로 일정한 거리를 두고 평행한 잡묵이 있는 것으로 보아 광곽을 조
이기 위하여 사방의 외곽에 버팀목으로 지지하였다.5)

3.3 芥子園의「芥子園畵傳」

芥子園은 康熙 18(1679)년에「芥子園畵傳」제1집 5권 5책을, 康
熙 40(1701)년에 제2집 10권 4책과 제3집 5권을 채색 套板인쇄 방

---

4) 徐憶農,「活字本」(南京: 江蘇古籍出版社, 2002), 134.

5) 鄒毅,「證驗千年活版印刷術」(北京: 社會科學文獻出版社, 2010), 57 · 88 · 93 · 95 · 100.

법으로 인쇄하였다. 이는 嘉慶 5(1800)년과 그 이후 여러 차례 중간되었다. 문자 부분은 사주단변, 어미 없음, 9행 20자. 도화 부분은 起手式 35엽과 畫譜 66엽으로 구분되어 있다. 이 중 채색 도화는 36폭으로 黑·紅·黃·墨綠·翠綠·赭·灰의 7색을 사용하고 있고, 아울러 농담(饅板 인쇄)까지 표현하고 있다. 대부분의 투인 부분은 목판본이지만, 활자를 병용한 경우가 드물게 보인다. 문자와 도화 부분을 막론하고 거의 모든 엽의 광곽 꼭짓점에 분명한 결구가 보이고, 광곽의 크기가 균일하지 않으면서 약간 틀어져 있다.[6]

3.4 錢陸燦 吹藜閣의「文苑英華律賦選」

虞山(지금의 常熟) 錢陸燦의 吹藜閣은 康熙 25(1686)년에 동활자로 자신이 선집한「文苑英華律賦選」4권(圖錄 VI-서영 2)을 인쇄하였다. 속표지, 목록 제1엽 제1행 아래, 권4 말행 등에 각각 "吹藜閣同板"의 5자가 있다(<사진 2> 참조). 同板은 銅板의 약자이다. 仝板으로 쓰기도 한다.

錢 씨는 自序에서

<사진 2>
「文苑英華律賦選」의 속표지

이에 다소 선발하고 골라서 건네준 활판이 세상에 행하게 되었다 (于是稍加簡汰, 而授之活板, 以行于世.).

---

6) 鄒毅(2010), 164.

라고 말하고 있어서 이 동활자가 자신의 것인지 타인으로부터 빌려온 것인지 알 수 없다. 현재까지 알려진 바로는 이 판본이 淸 시대 최초의 동활자본이다. 판면이 수려하고 아름다우며 인쇄도 분명한 이 동활자는 아마 蘇南 일대에서 사용된 듯하다.[7] 이러한 의견에 대하여, 혹자는 최근 동인판을 사용한 목활자본이라고 주장하고 있다. 그 근거로는 "同板"이 銅活字版이라는 증거가 없고, 자양에 도각의 흔적이 있는 점, 필획이 목리처럼 끊어진 현상(<사진 3> 참조), 신구 활자가 혼용된 점, 광곽의 꼭짓점에 나타난 缺口가 점차 커지는 현상은 목활자를 사용할수록 많이 팽창되어 나타난 결과라는 점(<사진 4> 참조), 康熙 18년부터 민간에서 5근 이상의 銅器 주조를 엄격히 금지하던 시기라는 점 등을 들고 있다. "吹藜閣同板"은 판면의 좌하귀에 있는 것으로 보아 소유주 또는 판권자를 표시한 것이되 공동 소유로 보인다는 것이다.[8] 그러나 이는 실험으로 증명된 주장이 아니므로 검증을 필요로 한다. 왜냐하면, 금속활자판에 목활자를 혼용한 경우가 허다하며, 광곽의 꼭짓점에 나타나는 결구가 목활자의 팽창에 의하여 나타나기보다는 광곽을 밖에서 안으로 조이는 힘의 크기에 따라서 나타나는 경우가 대부분이기 때문이다. 板式은 사주단변, 계선 있음. 판심: 상흑구, 상하 내향 흑쌍어미, 판심제(英華律賦), 권차, 장차, 하흑구. 10행 18자, 판 크기: 20.2 × 13.7cm, 책 크기: 26.6 × 17.4cm이다.

---

7) 張秀民, "淸代的銅活字", 喬衍琯·張錦郎 공편, 「圖書印刷發展史論文集續編」(臺北: 文史哲出版社, 1979), 96.
8) 艾俊川, "不足凭信的吹藜阁铜版", http://blog.sina.com.cn/s/blog 5ce786b50100hdkq.html(2009. 11. 27).

<sajin 3> 필획이 끊어진 현상   <사진 4> 광곽 꼭지점의 缺口가 커지는 현상

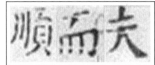  

동일 문자의 자양이 다르다. 해서체이지만 도각의 흔적이 있는 문
자도 있고, 주조 활자처럼 필획 윤곽이 원활한 문자도 있다. 묵적 역
시 목리처럼 보이는 문자와 금속 느낌의 문자가 혼재하고 있다. 필
획이 굵은 문자와 가는 문자가 섞여 있다. 금속활자에 목활자를 보
충한 듯하다. 전반적인 분위기는 목활자본보다 금속활자본의 느낌이
강하다. 조립식 인판의 꼭짓점에 1~2mm의 결구가 있다. 문자의 행
렬, 특히 횡렬이 가지런하지 못하다. 삐뚤어진 문자 또는 기울어져
서 일부 필획이 인출되지 못한 문자가 적지 않다. 문자의 농담은 제
법 차이가 있다. 묵색은 묵즙이 다소 과한 엽이 보인다. 그러나 활자
면에 착묵하는 문제는 이미 해결한 듯하다. 하나의 문자만 보면 우
수한 듯하나 판면 전체를 살펴보면, 활자의 제작·조판·인출 기술
모두가 그다지 우수하지 못하다.

3.5 如是山房의「金甁梅」

福建省의 如是山房은 康熙 34(1695)년에 목활자로「金甁梅」34
권, 卷首 1권을 인쇄하였다. 이는 전질을 인판 3개로 인출하였다.[9]

---

9) 田淵正雄(1980), 442.

3.6 張九儀의 「嚴陵張九儀增釋地理琢玉斧巒頭歌括」

嚴陵의 張九儀는 康熙 40년에 목활자로 「嚴陵張九儀增釋地理琢玉斧巒頭歌括」 4권 4책(圖錄VI-서영 3)을 간행하였다. 본문 중에 삽도가 적지 않다. 康熙 辛巳(40, 1701)년 (淸)陳綵의 발문이 있다. 판식이 독특하다. 좌우 엽을 마치 두 개의 인판처럼 광곽을 조판하였다. 사주쌍변, 계선 없음, 어미 없음, 9행 20자, 소자단행. 문자 크기가 균일하지 않고, 기울어지게 식자되기도 하였다. 문자의 횡렬이 가지런하지 못하고, 묵색 농담이 균일하지 않다. 광곽 꼭짓점에 결구가 보인다. 조판을 완료한 후, 인판을 견고하게 조이기 위한 인판 조임 끈10)이 인판을 가로로 관통하고 있음이 보인다. 이 인판 조임 끈은 대체로 문자 부분을 피하고 있으나, 적지 않은 엽에서 광곽·문자·삽도 등을 관통하고 있다(<사진 5> 참조).11) 한국 활자본에는 보이지 않는 중국 활자본만의 특징이다.

<사진 5> 인판 조임 끈 흔적

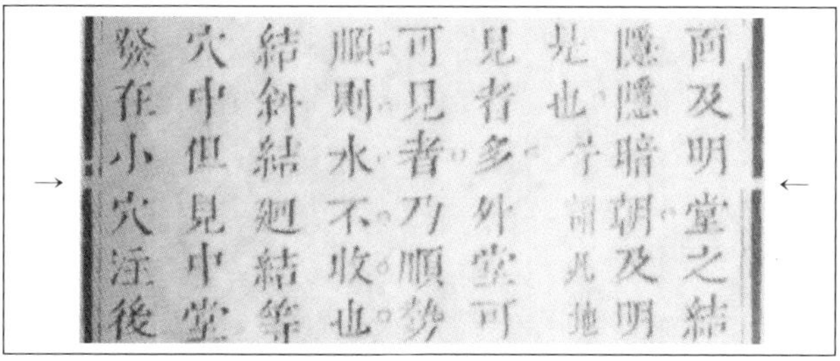

---

10) 인판 조임 끈은 질긴 명주실 등에 기름을 먹여서 묵즙이 묻지 않도록 처리한 후에 완성된 인판을 가로로 묶는 용도로 사용하므로 인출하여도 책지에는 묵선으로 나타나지 않는다. 예외적으로 기름 처리를 충분히 하지 못하여 묵선이 나타나는 경우가 있다.

11) 鄒毅(2010), 110.

3.7 內府의 銅活字와 銅活字本 10종

3.7.1 동활자 제작 및 「古今圖書集成」 간행 기관

「古今圖書集成」을 편찬, 간행하기 위하여 康熙 55(1716)년에 古
今圖書集成館을 설립하고, 陳夢雷의 청구를 받아들여 內府 武英殿
에 銅字館을 설립하였다. 何人龍의 주청문과 蔣廷錫의 주청문 내용
에 의하면, 이 두 기관은 동일한 장소에 설립된 같은 기관이되 「古
今圖書集成」의 인쇄에 관하여는 古今圖書集成館이라 하고, 동활자
제작에 관하여는 銅字館이라고 하여 銅字館은 古今圖書集成館의 별
칭인 셈이다. 또한, 康熙 59(1720)년의 內閣 문서(檔案)에는 武英殿
銅板館을 언급하고 있는데,[12] 이 역시 古今圖書集成館의 별칭이다.

3.7.2 동활자의 제작 연대

內府 동활자의 제작 연대에 관하여 「淸宮史續編」에는

> 우리 淸 왕조는 康熙 연간 때부터 「古今圖書集成」을 어명으로 편
> 찬하고 동활자판 방식을 시작하였으니, 작업량은 반으로 줄고 효
> 과는 배로 늘어서 역사에 모범이 되었다(我朝自康熙年間, 御纂
> ≪古今圖書集成≫, 爰創銅字版式, 事半功倍, 允堪模範千秋.).[13]

라고 하고 있다. 영국인 Lionel Giles(齋爾兹)는 자신이 영문으로
편찬한 「古今圖書集成索引」의 서론에서

---

12) 1. (淸)元成 등, 「續纂淮關統志」, 권13, 光緒 32年 목판본.
　　2. (淸)胤禛, "世宗憲皇帝硃批諭旨", 권223, 影印文淵閣四庫全書(臺北: 商務印書館, 1986).
13) (淸)慶桂 등 奉勅撰, 「淸宮史續編」, 권94, 書籍20, 校刊, 제1엽上엽.

雍正 황제의 諭旨를 보면, 이 책은 康熙 황제가 죽을 때에 이미 완성되었음이 나타나는데, 원고가 이미 완성되어 인쇄를 기다리고 있을 뿐만 아니라, 활자도 또한 이미 제작되었다(觀雍正上諭, 是書 顯已完成於康熙帝歿時, 不但稿已完成待印, 字模亦已製就.).[14]

라고 말하고 있다. 또 혹자는

淸 왕조의 康熙 연간에 황제의 명으로 동활자를 조각하였다(淸康 熙間, 勅刻銅活字.).[15]

라고 말하고 있다. 이상과 같이 상술한 여러 학자들은 康熙 연간 의 말기라고만 언급하고 있고, 어느 해라고는 명시하지 않고 있다. 현재까지 알려진 최초의 內府 동활자 인본은 康熙 52(1713)년에 인 출한 「星曆考原」이다.[16] 이에 의하면 늦어도 1713년에는 이미 內府 에 동활자가 있었음을 알 수 있다.

또한, 康熙 59년에 인쇄 수량을 지시한 것은[17] 동활자 제작과 인 쇄용지 등이 준비 완료되어 인쇄를 대기하고 있음을 의미한다. 즉 康熙 55년에 銅字館을 설립한 이래 59년 초 인쇄를 준비하도록 지 시한 점으로 미루어 內府는 이 3년여간에 동활자 제작을 완료한 것 으로 보인다.

---

14) 萬國鼎, "古今圖書集成考略", 劉家璧 편, 「中國圖書史資料集」(香港: 龍門書店, 1974), 715.

15) 屈萬里 · 昌彼得 공저, 「圖書板本學要略」(臺北: 華岡出版有限公司, 1978), 63.

16) (民國)陶湘 편, 「故宮殿本書庫中華民國二十二年存目」, 卷中, 儀象, 제1엽下엽.

17) 項旋, "淸代內府銅活字考論", 「自然科學史硏究」 제32권 제2기(2013. 6). 256-257.

3.7.3 동활자의 제작 방법

이 동활자의 제작 방법이 조각인가 주조인가에 대하여는 서로 다른 기록들이 있다.

3.7.3.1 주조설

(淸)吳長元의 「宸垣識略」에는

> 활자판(內府 武英殿의 동활자)은 줄곧 구리로 주조한 것으로, 「圖書集成」을 인쇄하기 위하여 제작한 것이다(活字板(內府武英殿銅活字)向係銅鑄, 爲印≪圖書集成≫而設.).[18]

라고 하고 있다. 泉州 龔顯曾의 「亦園脞牘」에는

> 康熙 연간의 武英殿 활자판은 구리를 주조하여 활자를 만들었다(康熙中, 武英殿活字板範銅爲之.).[19]

라고 하고 있다. (淸)包世臣은 「安吳論書」에서

> 康熙 연간에 內府는 동활자 수량 백 수십만 개를 정교하게 주조하여, 서적을 조판 인쇄하였다(康熙中, 內府鑄精銅活字百數十萬, 排印書籍.).[20]

라고 말하고 있다. (淸)劉錦藻는 「皇朝續文獻通考」에서

---

18) (淸)吳長元, 「宸垣識略」, 권3, 皇城一, 제24엽下엽.

19) (淸)龔顯曾, 「亦園脞牘」, 90, 亦園子版書.

20) (淸)包世臣, 「安吳論書」, 「咫進齋叢書」, 제2집, 光緖9(1883)年刻本.

> 취진판이 처음 행해진 시작은 조정의 신하인 金簡에서 나왔는데,
> 康熙 때 활자를 주조하여 「圖書集成」을 조판하여 편찬(인쇄)한 것
> 과 비교하면 방법이 비교적 간단하였다(聚珍版創行之始, 出于廷臣
> 金簡, 然較康熙朝範銅鑄字排纂≪圖書集成≫, 法較簡矣.).[21]

라고 하여 주조하였음을 말하고 있다. 이에 대하여 적극적으로 동
의하는 연구도 있다.[22] 한편 최근에는「古今圖書集成」의 자적을 분
석하여 주조를 주장하기도 하였다. 즉 청동과 황동은 단단하여 조각
하기에 부적합하다. 중국 3000년 銅문화에서도 최근의 동인장 외에
조각한 기물은 거의 없다. 동활자의 세밀한 필획을 예리한 칼날로
조각하기란 쉽지 않고, 두툼한 칼날로 쐐기처럼 쪼아서 필획을 양각
해야 한다. 교차하는 필획이 끊어지는 것을 피하려면, 교차점을 돌
아서 분리 조각하여야 한다. 조화를 이루지 못하면 양측의 절반짜리
필획이 맞지 않아서 어긋난다. 이러한 현상은 明 시대의 朱錫활자본
인 「武元衡集」의 자적이 조각한 금속활자라는 특징을 말하고 있다
(<사진 6>과 제IV장 2.2 <사진 2·3> 참조).「古今圖書集成」經濟滙
編 禮儀典 제89권 제35엽의 자적을 확대해 보면 ① 문자에 동이 흘
러내린 흔적으로 표면에 날카로운 가시가 있다(化). ② 기포나 모래
알갱이의 흔적이 필획 중간이나(妹), 필획 한쪽에 나타난다. ③ 일부
필획이 굽은 현상은 주조할 때 주물사가 변형하여 나타난 흠결이다.
悽의 가로획 3개에 두드러지게 나타나고 있다. ④ 어미자에 나타난 도
각 흔적이 주조에 반영되어 나타난다. 而의 가로획이 세로획으로 돌아
가는 부분의 미세한 도각 흔적은 나무 어미자의 흠결이 주조에 반영된

---

21) 劉錦藻, 「皇朝續文獻通考」, 권270.

22) 潘吉星, 「中國金屬活字印刷技術史」(瀋陽: 遼寧科學技術出版社, 2001), 92-98.

것이다(<사진 7> 참조). 「古今圖書集成」의 활자가 주조한 것임에도 동일한 자양이 없는 점은 아마도 인출에 필요한 충분한 목활자를 여러 개 조각하여 한판으로 주조한 결과일 것이다.[23] 그러나 이러한 주장은 문헌 연구에 의한 추측이며, 오늘날의 사고로 과거의 현상을 꿰어맞춘 듯하다. 따라서 이 주장이 인정받기 위하여는 실험으로 증명할 필요가 있다. 왜냐하면 ④ 어미자에 나타난 도각 흔적은 주조 과정에서 중화되어 주조 활자에는 거의 나타나지 않기 때문이다.

<사진 6> 「武元衡集」 조각 활자의 자적

<사진 7> 「古今圖書集成」의 자적에 나타난 특징

3.7.3.2 조각설

이에 반하여 乾隆 황제는

康熙 연간에 「古今圖書集成」을 편찬하여, 동활자를 조각하여 활자판을 만들었다(康熙年間編纂≪古今圖書集成≫, 刻銅字爲活板.).[24]

---

23) 艾俊川, "清康熙內府銅活字鑄造初探". 「中國出版史硏究」 2019년 제2기(2019). 146-153.

24) (淸)慶桂 등 奉勅撰, 「淸宮史續編」, 권94, 書籍20, 校刊, 제4엽上엽.

라고 말하고 있다. 乾隆 황제의 언급이 당연히 신빙성이 높을 것이다. 「大淸會典事例」에는

조판공의 매월 공임은 銀錢 3량 5전이고, 동활자를 조각하는 각수의 글자당 공임은 銀錢 2푼 5리이다(擺字人, 每月每人工食銀三兩五錢, 刻銅字人, 每字工銀二分五釐.).25)

라고 기록하고 있다. 이 각수의 공임은 명조체인 宋體字나 해서체인 軟體字를 조각하는 것보다 비싸기가 이미 수십 배에 달한다. 금속은 단단하여 목판보다 조각하기가 어려우므로 공임이 몇 배 높은 것은 자연스러운 일이다. 당시 동활자를 주조하는 사람이라고 하지 않고, "동활자를 조각하는 사람(刻銅字人)"이라고 한 점으로 미루어 봐도 이 동활자는 조각한 것임을 알 수 있다. 다시금 프랑스 Stanilaj Julien의 주장에 의하면 康熙 황제가 유럽 기독교 전도사의 건의를 받아들여 동활자 약 25만 개를 조각하도록 명령하였다고 여기고 있다. 영국의 목록학자 波拉特는 서적에 인출된 같은 문자의 字跡이 현저히 구별되는데(<사진 8> 참조), 이는 실제로 주조한 활자에서 출현이 불가능하다고 지적하고 있다.26) 이는 이 동활자가 틀림없이 조각된 것이지, 주형을 이용하여 주조한 것이 아니라는 점을 의미하고 있다. 이 밖에 일부 학자들도 內府의 동활자는 조각한 것이지 주조한 것이 아니라고 말하고 있다.27) 최근의 연구에서 활자와 부속물

---

25) (淸)托津 등 奉勅撰, 「大淸會典事例」, 권1199, 內務府, 書籍碑刻, 제1엽上엽-제2엽下엽.

26) 張秀民, "淸代的銅活字", 95.

27) 1. 屈萬里·昌彼得 공저(1978), 63.
2. 史梅岑, 「中國印刷發展史」(臺北: 臺灣商務印書館, 1977), 131. 史梅岑은 여기에서 內府의 동활자는 조각한 것이라고 말하고 있다. 또 李之鼎이 「叢書擧要」에서 "武英殿本은 聚珍版銅活字로 하였는데, 구리를 조각하여 제작한 것이 가장 아름답다(殿本以聚珍銅字, 其圖鏤銅爲之

의 종류를 언급하면서 조각을 주장하기도 하였다. 즉 有字銅子(활자)와 無字銅子(문자가 없는 빈 공간의 충전용으로 사용하는 동육면체인 銅丁)가 있는데, 無字銅子는 대량으로 주조하고, 이것을 조각하여 有字銅子를 만들었다는 것이다.[28]

<사진 8> 「古今圖書集成」 동일 문자의 자적[29]

또한, 현존하고 있는 「古今圖書集成」의 인본으로부터 그 서체를 자세히 직관해 보면, 뾰족한 도각의 흔적이 있어서 주조한 활자의 필획이 둥그스름한 점과 다르다. 이상 여러 학자의 견해와 활자본

者最佳)"라고 말한 것도 인용하고 있다.
3. 張秀民, "淸代的銅活字", 93-102.
4. 盧錫菊, "淸代盛世之皇室印刷事業", 「中國圖書文史論集」(北京: 現代哲出版社, 1992), 3-74.
5. 翁連溪, "談淸代內府的銅活字印書", 「故宮博物院院刊」 2003년 제3기(2003. 5), 79-85.
6. 曹洪軍, "≪古今圖書集成≫版本硏究", 「故宮博物院院刊」 2007년 제3기(2007. 5). 53-66.

28) 項旋(2013), 257-260. 그러나 이에 대한 반론이 있다. 즉 활자와 부속물의 수량과 중량을 비교하여, 有字銅子 1,015,433개의 중량은 28,820근, 無字銅子 308,520개는 7,500근, 이를 1,015,433개로 환산하면 24,685근으로 활자보다 4,135근이 가볍다. 無字銅子가 활자 조각용이 되려면 필획을 만들기 위하여 파내는 만큼 더 무거워야 하므로 無字銅子는 활자 조각용이 아니다. 艾俊川(2019), 143-146.

29) Tsien Tsuen-Hsuin, *Paper and Printing*, Joseph Needham, *Science and Civilization in China*, Vol. Ⅴ:1(Cambridge: Cambridge University Press, 1985), 219.

실물을 통한 고증에 근거하면, 內府의 동활자는 수작업으로 조각한 것임을 긍정할 수 있다. 상술한 吳長元·龔顯曾·包世臣·劉錦藻 등의 주조했다는 견해는 자연히 부인될 수밖에 없다.

3.7.4 동활자의 종류와 수량

이 동활자의 수량에 대하여 (淸)包世臣은 「安吳論書」에서 백 수십만 개라고 하였고, Stanilaj Julien은 25만 개라고 하였고, 麥高文은 23만 개라고 여기고 있다.[30] 錢存訓도 25만 개 전후라고 말하고 있다.[31] 그러나 이들 모두 근거한 바가 무엇인지는 제시하지 않았다. 乾隆 18(1753)년 6월 14일 內務府愼刑司叅奏將管理武英殿御書處 관리 永忠의 죄를 다스리는 문서에 의하면, 雍正 11(1733)년 銅字庫에 有字銅子 1,015,433개, 無字銅子 188,404개가 소장되어 있었다. 그 후 乾隆 9(1744)년 鑄爐處에 이관할 때 永忠과 鄭三格은 有字銅子 1,015,433개만 이관하고, 無字銅子 188,404개는 이관하지 않았다.[32] 그런데 乾隆 6(1741)~9(1744)년의 3년간 武英殿 銅字庫의 庫掌을 맡은 崔毓奇는 '銅字庫의 동활자가 1,015,433개라는 점 외에 동활자판 부속으로 대·소 동쟁반 700개, 광곽 계선재 980근, 활자까지 모두 29,800여 근이 있었다. 또 何玉柱 집에서 가져온 것은 銅子 308,520개 7,500근이다.'라고 설명하고 있다.[33]

동활자는 대·소 2종의 활자가 있다. 서체는 가로획은 가늘고 세

---

30) 張秀民·韓琦 공저(1998), 87.

31) 錢存訓, "中國歷代活字本", 古籍鑑定與維護研習會專集編輯委員會 편, 吳哲夫 집행편집, 「古籍 鑑定與維護研習會專集」(臺北: 中國圖書館學會, 1985), 215.

32) 項旋(2013), 258.

33) 艾俊川(2019), 145.

로획은 굵은 方形 宋體字이다. 본문용 대자의 크기는 대략 10.0 × 10.0mm의 방형이고, 주석용 소자는 대략 10.0 × 5.0mm 정도이다. 「古今圖書集成」의 판식은 반엽 9행 20자, 소자쌍행, 10,000권, 약 1억 6천 개의 문자, 약 444,000여 엽, 권마다 평균 44엽 정도이다.[34] 이로부터 「古今圖書集成」 인출용 동활자는 대·소 2종의 有字銅子가 1,015,433개, 無字銅子가 188,404개 또는 308,520개였음을 알 수 있다.

다시금 武英殿銅活字本 「松鶴山房詩集」과 「松鶴山房文集」의 서체를 보면 宋體字이지만 필획이 굵은 顏眞卿체에 가깝고, 필획이 비교적 草拙하다. 대·소 2종과 구두점 활자가 있다. 「古今圖書集成」과 서로 다른 점에 근거하면, 당시 內府의 동활자는 실제로 한 조만이 아니었음을 알 수 있다.

3.7.5 동활자의 간행 서적

福州 출신의 陳夢雷는 康熙 52년에 北京의 皇三子 誠親王 胤祉의 邸閣에서 內府의 동활자를 빌려서 자신의 저술인 「松鶴山房詩集」 9권과 「松鶴山房文集」 20권(圖錄VI-서영 4)을 인쇄하였다.[35] 사주단변, 계선 있음, 10행 20자. 이 판본은 내용 중에 帝曰·聖主 등 존칭을 표현해야 할 용어가 등장하면 擡頭法을 사용하여 상변 광곽의 필요한 부분을 꺾어서 본문 위로 배열하였다.[36]

---

34) 曹洪軍, "康雍乾三朝中央機構刻印書硏究", 박사학위 논문, 南京師範大學(中國古典文獻學), 2006년. 59. 이 논문에는 약 44,400여 엽이라 하여 실수한 듯하다. 실제로 「古今圖書集成」 본문 10,000권은 총 414,019엽이다. 艾俊川(2019), 152.

35) 張秀民, 「中國印刷史」(上海: 上海人民出版社, 1989), 716.

36) 張秀民, "淸代的銅活字", 上海新四軍歷史硏究會印刷印鈔分會 편, 「活字印刷源流」(北京: 印刷工

이 밖에 內府의 동활자로 인쇄한 서적으로 천문 曆法·수학·음악에 관한 여러 종이 있다. 陶湘이 편찬한 「故宮殿本書庫中華民國二十二年存目」에는 "「數理精蘊」 53권(上編 5권, 下編 40권, 表 8권), 康熙年 銅活字印;「律呂正義」 5권(上編 2권, 下編 2권, 續編 1권)(圖錄Ⅵ-서영 5), 康熙年 銅活字印;「星曆考原」 6권, 康熙 52년 勅撰, 銅活字印"이라고 저록하고 있다. 이 외에도 「欽若曆書」 42권(上編 16권, 下編 10권, 表 16권), 康熙年 銅活字印;「妙圓正修知覺永明壽禪師心賦選註」·「御選寶筏精華」·「金屑一撮」이 있다.[37] 皇三子 誠親王 胤祉가 편찬한 「欽若曆書」(康熙 연간 동활자본)·「數理精蘊」·「律呂正義」(康熙 53, 1714년 동활자본)를 총칭하여 「律曆淵源」이라 한다. 「欽若曆書」는 후에 「曆象考成」으로 개명하였다. 혹자는 「數理精蘊」은 康熙 52년 또는 雍正 원(1723)년에 인쇄하였고;「律呂正義」는 雍正 2(1724)년에 인쇄하였다고 하고 있다.[38] 「律呂正義」는 사주쌍변, 계선 있음. 판심: 화구(御製律呂正義上篇), 상 하향 백단어미, 類目(소자), 卷次(소자), 장차. 9행 20자, 소자쌍행. 판 크기: 20.6 × 13.6cm. 책 크기: 27.5 × 18.1cm이다. 이와 달리 화구와 어미가 律呂正義上篇, 상하 내향 백쌍어미로 된 판본이 있다. 동일 문자의 자양은 자세히 살피지 않으면 주조로 착각할 만큼 미세한 차이가 있다. 九·之 등 문자 말획의 모양에서 날카로운 도각의 흔

業出版社, 1990), 162-163. 9행 20자라고 하고 있으나, 「松鶴山房文集」序, 제1엽상엽의 서영을 보면 10행 20자이다.

37) 1. (民國)陶湘 편, 「故宮殿本書庫中華民國二十二年存目」, 卷中, 儀象, 1.
　　2. (中國)故宮博物院圖書館·遼寧省圖書館 공편, 「淸代內府刻書目錄解題」(北京: 紫禁城出版社, 1995).
　　3. 翁連溪 편, 「淸代內府刻書圖錄」(北京: 北京出版社, 2004).

38) 1. 張秀民(1989), 724. 「律曆淵源」 3종의 雍正2년본은 康熙 연간 동활자본의 복각본이다.
　　2. 張秀民·韓琦 공저(1998), 84.

적이 있다. 전반적인 묵색은 전형적인 금속활자의 분위기이다. 광곽
과 계선이 고착된 인판에 판심과 본문을 조판하였다. 대·소자 모두
문자의 행렬이 가지런하고, 삐뚤어진 문자도 없다. 문자에 따라 묵
색에 약간의 차이가 있다. 간혹 상·하변 광곽의 내변과 활자 또는
이웃한 문자 간에도 높이 차이로 부분 필획이 인출되지 않은 곳이
있다. 北京大學圖書館 소장본(NC6730, 3213) 下編 簫의 제27엽상
엽 제5행 제17·18자의 上字, 제4행 제14자의 相 등이 그것이다. 이
러한 현상은 활자의 확실한 증거가 될 것이다. 묵색은 목판본으로
착각할 만큼 대부분이 균일하다. 세심히 살피면 간혹 드물게 묵즙이
다소 많이 도포된 엽이나 문자가 보이기는 하나, 전반적인 묵색은
유연묵을 개발하여 금속활자의 인출에 전혀 문제가 없었음을 알 수
있다. 도각술·조판술·인출술이 모두 고명한 수준이다.

3.7.6 동활자본 「古今圖書集成」의 편찬과 인쇄 연대

(1) 「古今圖書集成」의 편찬 연대

陳夢雷가 皇三子 誠親王 胤祉의 스승이던 康熙 40년부터 45(1706)
년 사이에 王府와 본인의 장서를 이용하여 「滙編」을 편찬하였다. 康
熙 45년에 "進滙編啓"를 올려 御製序文을 앞에 붙이고 간행을 희망
하였다.39) 康熙 55년에 「古今圖書集成」으로 서명을 하사하여 古今

---

39) (淸)陳夢雷, 「松鶴山房文集」, 권2, 進滙編啓: "自揣五十年來無他嗜好, 唯有日抱遺編, 今何幸大
慰所懷, 不揣蚊力負山, 逐以一人獨肩斯任. 謹於康熙四十年十月爲始, 領銀雇人繕寫. 蒙我王爺殿
下頒發協一堂所藏鴻祕, 合之雷家經·史·子·集約計一萬五千餘卷, 至此四十五年四月內, 書得告
成. 分爲滙編者六, 爲志三十有二, 爲部六千有零. 凡在六合之內, 巨細畢擧. 其在≪十三經≫·
≪二十一史≫者, 只字不遺. 其在稗史·子集者, 十亦只刪一二, 以百篇爲一卷, 可得三千六百餘卷,
若以古人卷帙計之, 可得萬餘卷. 雷五載之內目營手檢, 無間晨夕, 幸而綱擧目張, 差有條理, 較之

圖書集成館을 설립하고, 康熙 황제의 지원 하에 誠親王 胤祉와 陳夢雷는 80여 명을 동원하여 「古今圖書集成」을 증보하는 한편 동활자 제작을 준비하였다. 康熙 58(1719)년 4월 「古今圖書集成」의 편찬 작업을 거의 완성하였다. 康熙 61(1722)년 11월, 康熙 황제가 죽고 雍正 황제(皇四子 胤禛)가 권력투쟁의 곡절을 거쳐서 즉위하자 蔣廷錫에 의하여 雍正 3(1725)년에 완성하였다. 陳夢雷가 康熙 40년 「滙編」을 편찬하면서부터는 25년 만이지만, 康熙 55년에 古今圖書集成館을 설립하면서부터는 10년 만이다.

(2) 「古今圖書集成」의 인쇄 연대

雍正 연간에 이르러서 이 활자로 陳夢雷가 편찬한 「古今圖書集成」10,000권, 目錄 40권 등 모두 10,040권(圖錄Ⅵ-서영 6), 약 1억 6,000만 자를 인쇄하여, 본문 5,000책과 목록 20책으로 나누어 장정하고, 각각 520함과 2함에 나누어 보관하였다.

그러나 인쇄 연대에 대하여 여러 학자들의 견해가 일치하지 않고 있다. 武英殿 聚珍版의 앞머리에 수록된, 乾隆 황제가 武英殿의 출판 활동을 위하여 쓴 "御製題武英殿聚珍版十韻詩"의 '毀銅昔悔彼'의 주석에

> 康熙 연간에 「古今圖書集成」을 편찬하고, 동활자를 조각하여 활자판을 만들어, 조판 인쇄하는 작업을 끝마치고, 이를 武英殿에 보관하였다(康熙年間編纂《古今圖書集成》, 刻銅字爲活版, 排印藏工, 貯之武英殿.).

前代《太平御覽》·《册府元龜》, 廣大精詳, 何止十倍?".

라고 설명하고 있다. 張淦은 "古今圖書集成再考"에서 이에 근거하여 「古今圖書集成」은 康熙 연간에 이미 인출되었다고 여기고 있다.[40] 그러나 이 견해는 일찍이 부인된 바 있다.[41] 혹자는 「古今圖書集成」이 雍正 4(1726)년에 조판 인쇄되었다고 하고 있다.[42] 또 다른 자는 현재 卷首에 실린 雍正 3년 12월 蔣廷錫 등의 校刊告成表文과 雍正 4년의 御製序에 근거하여 雍正 3~4년에 완성되었다고 하고 있다.[43] 그러나 또 다른 혹자는 雍正 6(1728)년에 인쇄하였다고 하고 있다.[44] 雍正 4년에서 6(1728)년 사이에 완성되었다고 하는 자도 있다.[45]

「古今圖書集成」은 그 권질의 방대함으로 말미암아 1~2년에 다 인쇄할 수 없을 것이다. 따라서 혹자는 인쇄를 개시한 해를 기준으로 하고, 혹자는 인쇄를 종료한 해를 기준으로 하였을 것으로 추측할 수 있다. 御製古今圖書集成序에 의하면, 「古今圖書集成」은 陳夢雷 등이 康熙 59년 초에 諭旨를 받들면서부터 정식으로 인쇄하기 시작하여, 康熙 61년에도 계속되었다. 그러나 康熙 황제에 이어 雍正 황제가 즉위하자 古今圖書集成館 총재인 蔣廷錫이 陳夢雷를 이어서 雍正 원년 정월 초8일부터 27일까지 陳夢雷의 인쇄물을 점검하였다. 그 결과 9,621권을 인쇄 완료하였고, 379권이 남았다. 이는

---

40) 張淦, "古今圖書集成再考", 「新中華」 第4卷, 第4期.

41) 胡道靜, "古今圖書集成情況‧特點及其作用", 王秋桂‧王國良 공편, 「中國圖書‧文獻學論集」(臺北: 明文書局, 1983), 470, 481, 註15.

42) 저자 미상, 「中國古典文獻學」(臺北: 木鐸出版社, 1983), 52.

43) 1. 張秀民, "清代的銅活字", 94.
     2. 錢存訓(1985), 215.

44) 胡道靜(1983), 464.

45) 劉國鈞, "宋元明清的刻書事業", 學海出版社編輯部 편, 「中國圖書板本學論文選集」(臺北: 學海出版社, 1981), 389.

陳夢雷가 책임지던 古今圖書集成館이 3년이 안되어 전체의 96.2%를 완성하였으니, 매월 평균 적어도 267권을 인쇄한 것이다. 蔣廷錫은 60여 명을 동원하여 나머지 379권을 계속 인쇄하여 雍正 원년에 모두 인쇄를 마쳤다. 그 후 1인당 10권씩 분담하는 방식으로 착오를 교정하되, 1권에 10여 엽 이상 착오가 있어서 다시 인쇄한다면 10분의 4는 미완성인 셈이었다. 雍正 황제는 蔣廷錫의 인쇄 계획에 대하여 다시 인쇄할 필요가 없음을 지시하고, 불가피한 곳이 있으면 여러 의견 들어서 시행하도록 하였다. 蔣廷錫 등은 교정에 집중하여, 3년간에 3,000여 권 수십만 자를 교정하였다.[46] 또 접어서 장정해야 하므로, 雍正 3년 12월에 이르러서 蔣廷錫이 비로소 校刊告成表文을 올렸으며, 雍正 4년에는 또 御製序文을 덧붙였다고 할 수 있다. 사주쌍변, 계선 있음, 계선 폭 1.5cm. 판심: 화구(古今圖書集成), 상하향 백단어미, 類目(소자), 卷次(소자). 9행 20자, 소자쌍행, 대자 크기 10.0 × 10.0mm, 소자 7.0 × 5.0mm, 「律呂正義」의 극소자 5.0 × 4.0mm, 「古今圖書集成」 乾象典 表格 중자 8.0 × 8.0mm, 인판 크기: 20.5 × 13.5cm. 활자의 규격이 일률적이어서 동일 인원이 동일한 시기에 동일한 표준에 맞추어 제작하였음을 알 수 있다.

3.7.7 동활자본 「古今圖書集成」의 인쇄 부수

이에 대하여도 견해가 일치하지 않고 있다. 혹자는 60부라고 하고, 혹자는 64부라고 하고 있으며, 외국인 중에는 30부 또는 100부라고 하는 자도 있다.[47] 또한, 66부라고 하는 자도 있다.[48] 乾隆 34(1769)

---

46) (清)胤祉, "御製古今圖書集成序", 「御製古今圖書集成」(上海: 中華書局, 1934), 제1책.

년 軍機處檔案에도 66부라 하고 있고, 光緖 연간(1875-1908)에 上海
同文書局이 석인본을 출판할 때에도 銅版本이 66부라고 하면서 黃紙
와 開化紙에 인쇄한 두 가지 인본이 있다고 하였다.[49]

　　그러나 淸 왕조 內務府의 奏請査武英殿修書處餘書請將監造司庫
等官員議處摺에 의하면, 雍正 3년 12월에 이미 교정을 완료하고 진
상본을 장황하는 외에 나머지는 장정 중이었다. 雍正 6년에 드디어
64부와 견본 1부를 완료하였다. 이로써 古今圖書集成館을 설립한
康熙 55년부터 雍正 6년까지 10여 년 만에 內府는 동활자를 제작하
고 「古今圖書集成」을 인쇄 완료하였다.[50] 「議處摺」은 정산한 이후
를 책임지는 보고서로서 물자 조달과 보관을 책임지는 문제에 관련
되므로 정확하지 않을 수가 없다.

3.7.8 동활자의 형태와 인쇄 기술

(1) 형태

　　이 활자는 비록 일일이 조각한 것이지만 동일한 문자의 자양이 매
우 유사하고, 문자면의 크기도 모두 같다. 활자의 형태에 관하여는
(朝鮮)李圭景의 「五洲衍文長箋散稿」에

---

47) 張秀民, "淸代的銅活字", 94.

48) 1. 秀川, 「中國印刷術史話」(香港: 商務印書館, 1977), 41.
　　2. 錢存訓(1985), 215.

49) 張秀民・韓琦 공저(1998), 86-87.

50) (淸)內務府, "奏請査武英殿修書處餘書請將監造司庫等官員議處摺", 乾隆 41年 4月 18日, 「史料
旬刊」(北京: 故宮博物院文獻處: 1930).

중국의 활자는 武英殿 聚珍字가 가장 우수하다. 활자의 배면이 오
목하지 않고 평평하며, 구멍을 뚫어서 꿰었다. 그러므로 字行 사
이에 틀을 세워, 한 줄에서 나온 것 같아서, 거의 옆으로 배열되거
나 기울어지지 않았다. 우리나라의 활자판 방식은 크기도 하고 작
기도 하며, 혹은 두텁기도 하고 얇기도 하고, 또 활자의 배면이 오
목한 데다, 구멍을 뚫지도 않고 꿰지도 않았으므로, 字行이 어긋
났다(中原活字, 以武英殿聚珍字爲最, 字背不凹而平, 鑽孔貫串, 故
字行間架, 如出一線, 少不橫斜矣. 我國字式, 則或大或小, 或厚或薄,
又凹字底, 不鑽不貫, 故字行齟齬.).[51]

라는 기록이 있다. 여기에서 李圭景이 언급한 武英殿 聚珍字가
"구멍을 뚫어서 꿰었다(鑽孔貫串)."라는 설명은「武英殿聚珍版程式」
에 의하면, 정확하지 않음을 알 수 있다. 武英殿 聚珍版 목활자는 구
멍을 뚫지 않았다("5.7 乾隆의 武英殿 聚珍版" 참조). 따라서 李圭景
이 언급한 "武英殿 聚珍字"는 武英殿 聚珍版 목활자가 아니고「古
今圖書集成」을 인출한 內府의 동활자인데, 이 동활자가 武英殿 銅
字館에서 제작되고, 武英殿 銅字庫에 보관됨으로 인하여 오해한 것
으로 보인다.[52] 이에 의하면 배면이 평평하고 방정한 육면체의 동체
측면에 구멍을 뚫었음을 알 수 있다. 이 같은 문헌 기록에 대하여,
당시 100만 개에 이르는 동활자에 구멍을 뚫고 꿰어서 조판한다는
것은 거의 불가능하다. 이는 행간에 계선재를 관통하여 심어서 조판
한 것으로 해석하여야 한다는 주장이 있다.[53]

---

51) 李圭景,「五洲衍文長箋散稿」, 권24. 鑄字印書辨證說.

52) 이재정은 (元)王禎의「農書」에서 언급한 철사로 꿰어서 행을 만든 주석활자("제Ⅲ장 5.1 朱錫
活字" 참조)를 혼동한 듯하다고 하였다. 이재정. "조선 후기 중국 활자 제작 방식의 도입과 활
자의 구입".「규장각」38집(2011. 6). 13.

53) 鄒毅(2010), 85.

(2) 인쇄 기술

「律呂正義」를 자세히 직관하면, 묵색의 전반적인 분위기는 금속 활자이다. 동일 문자의 자양이 매우 유사하지만 일치하지 않고, 필획의 윤곽에 뾰족한 도각의 흔적이 역력하여 조각한 것임을 알 수 있다. 문자의 크기가 균일하고 바른 점에서 육면체 동체를 제작한 후 조각한 것으로 보인다. 장체자이기는 하나 필의를 살리고 있고, 정성을 다한 대단히 고명한 수준이다. 문자의 행렬은 활자를 구멍에 꿰어서 조판해서인지 가지런하고, 삐뚤어지거나 기울어지거나 반만 찍힌 문자가 없다. 광곽·계선·어미가 모두 빈틈없이 연결되어 있고, 묵색이 문자보다 진한 점에서 일체식 인판의 행간에 활자를 심어서 인출한 듯하다. 이때 광곽·계선의 높이가 활자보다 높았는지, 문자의 묵색은 약간 연하고 광곽은 유독 진하여 따로 인출한 것처럼 농담의 차이가 큰 엽이 많다. 그러나 간혹 문자와 계선 틈새에 고인 묵즙이 반영된 점과 계선과 문자가 겹치는 현상이 없는 점에서 투인 방식으로 인출한 것은 아님을 알 수 있다. 묵색의 농담은 활자본임을 알 수 있는 정도의 차이는 있으나, 전반적으로는 균일한 편이어서 금속활자용 묵즙을 개발하여 사용한 것으로 보인다. 이로 미루어 조판과 인출 기술이 대단히 고명하였음을 알 수 있다. 역시 정부가 주도하는 활자인쇄 기술이 개인과 차이가 있음을 알 수 있다.

3.7.9 동활자의 행방

이는 원래 內府가 소유하고 있던 동활자인데, 「古今圖書集成」의 인쇄가 끝나고 보급되기 시작한 이후 다른 서적을 더 인쇄한 적이 없다. 「大淸會典事例」에 의하면 武英殿에 銅字庫를 설치하고 庫掌 1명과 拜唐阿 2명의 관원을 배치하여 전문적으로 이 대량의 동활자와 銅盤 등 부속물을 관리하도록 하였다. 그러나 그 후 관리자에 의하여 부단히 절도되고 말았다. 관리자는 이 사실이 발각되어 처벌받을 것을 두려워한 나머지, 北京 수도의 金貨가 비싼 때를 틈타 이동활자를 녹여 동전을 주조할 것을 건의하였다. 그리하여 乾隆 9년에 동활자 창고에 남아있던 동활자・동쟁반 등은 전부 동전으로 주조되는 운명을 맞게 되었다.[54]

이 동활자의 행방에 대하여 北京 雍和宮의 三世佛 주조에 사용되었음을 설명하는 새로운 문헌이 발견되었다. 軍機處 檔案 乾隆 23(1758)년 4월 초8일 奏議에 의하면 乾隆 23년에 內府의 동활자는 이미 훼멸되었음을 알 수 있다.[55] 더 나아가 軍機處 檔案 乾隆 25(1760)년 6월 초4일에 의하면, 乾隆 9년 雍和宮을 喇嘛廟로 고친 후, 대량의 불상을 제작하였다. 이때 和親王의 주청을 乾隆 황제가 乾隆 9년 11월 초6일에 윤허하여 銅字庫에 보존되어 있던 대・소 2

---

54) 1. (淸)托津 등 奉勅撰, 「大淸會典事例」, 권1199, 內務府, 書籍碑刻, 제1엽下엽: "武英殿庫作. 原定: 銅字庫, 庫掌一員, 拜唐阿二名, 專司銅字銅盤及擺列等事. 雇擺字人, 每月每人工食銀三兩五錢. 刻銅字人, 每字工銀二分五釐⋯ 乾隆九年奏准, 將銅字庫所貯銅字銅盤, 交該處銷毀, 所有該處庫掌・拜唐阿, 仍留本處分派各作行走.".

  2. (淸)乾隆, "御製題武英殿聚珍版十韻詩", '毀銅昔悔彼'의 주석: "歷年旣久, 銅字或被竊缺少, 司事者懼干咎, 適値乾隆初年, 京師錢貴, 遂請毀銅字供鑄, 從之. 所得有限, 而所耗甚多, 已爲非計, 且使銅字尙存, 則令之印書, 不更事半功倍乎! 深爲惜之.".

55) (淸)軍機處上諭檔, 乾隆 23年 4月 初8日, 第2條, 中國第一歷史檔案館, 盒號: 580, 冊號: 2.

종의 有字銅子 1,015,433개 27,860근을 鑄爐處에 인계하여, 乾隆 10(1745)년 정월 23일 이를 전부 雍和宮의 三世佛 주조에 사용하였다.[56] 이때 無字銅子 188,404개는 永忠과 鄭三格이 鑄爐處에 인계하지 않고 和親王의 환심을 사기 위하여 불법적으로 和親王에게 주었는데, 和親王이 修書處를 관리할 때 자기가 거주하고 있는 中和宮에 진열할 銅爐나 銅獅子의 주조에 사용하였다.[57]

이 동활자의 정확한 행방에 대하여는 「大淸會典事例」와 軍機處 檔案의 기록 내용에 차이가 있어서, 진일보한 연구가 필요하다.

이상 서술한 바에서 중국은 정부 기관이 주동적으로 금속활자를 제작하여 서적을 인쇄한 것은 18세기에 이르러 비로소 시작되었다는 사실을 알 수 있다.

3.8 徐志定 眞合齋의 「周易說略」·「蒿庵閑話」

山東省 泰安 徐志定의 眞合齋는 康熙 57(1718) 년 겨울에 磁活字를 창제하여, 이듬해 봄에 (淸)張爾岐의 「周易說略」 8권(圖錄VI-서영 7) 과 「蒿庵閑話」 2권(圖錄VI-서영 8)을 차례로 인쇄하였다. 玄의 말획을 생략하여 康熙 황제 의 玄燁을 피휘하였다. 「周易說略」의 표지에 "泰山磁版" 4자가 횡서되어 있고(<사진 9> 참 조[58]), 「蒿庵閑話」의 권말에는 "眞合齋磁版"

<사진 9>
「周易說略」의 표지

---

56) (淸)軍機處上諭檔, 乾隆 25年 6月 初4日, 第2條, 中國第一歷史檔案館, 盒號: 583, 冊號: 2.
57) 朱家溍, "關于淸代宮史硏究及原狀陳列的幾個問題", 「故宮退食錄」(北京: 北京出版社, 1999), 380.
58) 張秀民 저, 韓琦 增訂, 「中國印刷史」(浙江: 浙江古籍出版社, 2006), 576.

이 있다. 좌우쌍변, 계선 없음. 판심: 화구(周易說略), 상 하향 흑단 어미, 권차, 장차. 9행 20자, 소자쌍행이다.

「周易說略」에 수록된 徐志定의 서문에 의하면, 「周易說略」은 자신이 창제한 자활자로 인쇄한 최초의 서적이며, 자활자판 「周易說略」은 또 이 저술의 첫 번째 판본이다. 徐志定은 재삼 "磁刊" 또는 "磁版"이라고 언급하고 있고, 또 초벌구이 도기에 유약을 입혀 재벌구이한 이후 비로소 자기라고 하는 점으로 미루어, 徐志定이 활자를 구워낼 때 유약을 입혔을 것이지만, 혹은 유약을 입히지 않은 채 재벌구이를 하였을 수도 있다. 이 때문에 "磁版"이라고 지칭하고, 泥版이나 陶版이라고 칭하지 않고 있다. 磁활자의 강도에 대하여는 서문에서 "무술(1718)년 겨울에 우연히 磁版을 창제하였는데 나무보다 더 견고하다(戊戌冬, 偶創磁刊, 堅致勝木)"라고 언급한 점에서 목질보다 단단함을 알 수 있다.

혹자는 이에 대하여 磁版이지 磁활자로 인쇄한 것이 아니라고 하면서 다음을 근거로 들고 있다.[59] ① 「周易說略」과 「蒿庵閑話」가 모두 "泰山磁版" 또는 "磁刊"이라고만 표시하였고, 활자라고 설명하거나 排字·排印 등의 자양이 없다. ② 「周易說略」의 판면을 살펴보면 권1 제5엽하엽 제1행 "經雖從鄭王本尚不沒此"의 10개 문자는 좌우 두 편으로 나누어진 듯 세로 방향으로 균열되어 있다. 제48엽은 좌상귀에서 우하귀 방향으로 균열되었다. 이러한 균열 현상은 제33·34엽과 권7 제10엽 및 「蒿庵閑話」의 권1 제22·23엽 등에서도 발견할 수 있는데, 목판본의 대부분이 가로 방향인 현상과 달리 불규칙하다.

---

59) 陶寶慶, "是磁版還是磁活字版?", 上海新四軍歷史硏究會印刷印鈔分會 편, 「活字印刷源流」(北京: 印刷工業出版社, 1990), 251-255.

③ 간혹 인출할 때 책지가 접히면 균열 현상처럼 나타날 수 있는데, 이 판본은 책지가 접힌 현상이 없다. ④ 계선이나 문자의 종행이 활처럼 휜 현상은 자판의 생산과정인 재료 선별 – 반죽 – 태토 조성 – 건조 – 초벌구이 – 유약 – 소성 등에서 재료의 품질, 반죽의 균일도, 태토의 두께, 건조 속도, 소성과 냉각의 속도, 기타 기술상의 요인 등으로 인하여 휘어짐·요철·균열·변형 등의 현상이 나타날 수 있다. 특히 평평한 자판은 이러한 현상이 나타날 가능성이 더 크다. ⑤ 묵색의 농담이 균일하지 않은 점은 목질보다 단단한 자판의 표면이 매끄럽고 빛나서 묵즙의 표면장력 현상으로 나타나는 결과이다. ⑥ 徐志定의 서문에 의하면, "무술년 겨울에 우연히 자간을 창제하여(戊戌冬, 偶創磁刊)", "기해(1719)년 봄에 쉽게 완성하였다(己亥(1719)春而易先成)"라고 하였다. 翟金生의 泥활자("제VII장 2.32 翟金生의 「泥板試印初編」..." 참조)가 제작에 30년 소요된 점에 비추어 볼 때, 徐志定이 磁활자로 간행하였다면 '무술년 겨울 전의 康熙 모년 모월에 처음 자간을 창제하여(戊戌冬之前, 康熙某年某月始創磁刊)'라고 해야 했을 것이다. 이는 활자가 아니고 자판이기에 겨울에 창제하고 봄에 완성할 수 있었다. ⑦ 피휘자를 비롯하여 자양이 같은 문자를 자세히 분석하면 역시 차이점을 발견할 수 있다.

그러나 ① 활자본에서도 이렇게 균열이 간 현상을 발견할 수 있다. 즉 乾隆 말년의 목활자본인 「京畿金石考」("5.16 孫星衍 問字堂의 「京畿金石考」" 참조)는 권상 제14엽의 趙孟頫撰 4자가 모두 균열로 인하여 벌어져 있다. 특히 趙는 거의 走肖 2자로 나누어져 있을 정도이고, 나머지 3자도 상당히 크게 균열되어 있다. ② (淸)會稽 金埴의 「巾箱說」에

康熙 56(1717)-57년 사이에 泰安州에 한 선비가 있었는데, 그 이름은 잊었으나, 점토를 이겨서 글자를 만들어 활자판으로 만들 수 있었다(康熙五十六七年間, 泰安州有士人, 忘其姓名, 能鍛泥成字, 爲活字版.).[60]

라고 말하고 있다. 여기서 말하는 "泰安의 선비"는 곧 徐志定을 지칭한다. 이 밖에도 이유를 들면서 활자판임을 주장하고 있는 이가 있다. ③ 즉「周易說略」권6 끝의 濟卦에 "上九象曰飮酒濡首, 不不知節也."[61]라고 되어있는데, 두 개의 "不" 자가 있어서 의미가 통하지 않는다. 이는 당연히 조판공이 "亦不知節也"의 "亦" 자를 "不" 자로 잘못 배열한 결과로 보아야 마땅하다. ④ 행간이 기울어져서 곧지 못한 곳이 많다. 「蒿庵閑話」의 권1 제45엽에서 제48엽까지는 行線이 거의 활처럼 굽었으며, 글자 배열도 비뚤어져 있다. 문자의 크기도 고르지 못하여, 어느 것은 지나치게 큰 모습을 나타내고 있다. 네 광곽의 꼭짓점이 벌어져 있다. ⑤ 「周易說略」과 「蒿庵閑話」 두 서적을 대조해 보면 같은 문자의 크기가 큰 것은 크고 작은 것은 작은 현상이 동일하고 해서체의 서체도 일치하여 어긋나지 않는다. ⑥ 묵색의 농담은 고르지 못한데, 간혹 한 면의 같은 행 안에 연달아 있는 문자들도 착묵된 농담의 정도가 대단히 다르다. ⑦ 그리고 徐志定의 서문에 겨울에 "磁刊"을 창제하여 봄에 이미 서적이 완성되었다고 하였는데, 만약에 활자가 아닌 磁版이라면 어떻게 그만큼 신속

---

60) 이어지는 문장은 다음과 같다. "予初聞之, 矜爲創造之奇, 而不知其有本也. 及檢宋沈存中括 《筆談》云: 慶曆中, 有畢昇爲活字版, 用膠泥燒成. 乃知巧心妙手, 在前人蚤已爲之. 按昇即活字版之始. 得書之易, 洵藝林樂事也. 填特表而出之." (淸)金埴,「巾箱說」(北京: 中華書局, 1982), 161. 혹자는 이 기록이 수록된 원전을 金埴의 「不下帶編」이라고 한다. 何步云, "中國活字小史", 上海新四軍歷史研究會印刷印鈔分會 편,「活字印刷源流」(北京: 印刷工業出版社, 1990), 67.
61) 張秀民(1989), 697.

하게 할 수 있었겠는가?[62] ⑧ "磁刊" 또는 "磁版" 이라고만 언급하고 磁活字 또는 排印이라고 하지 않은 이유는 장구한 세월 동안 이어져 내려온 목판인쇄의 영향일 뿐이다. 따라서 이는 磁版이 아니고 활자판으로 보아야 마땅하다.

이에 대하여 최근에는 판면에서 균열을 발견할 수 있는 점은 활자를 제작하여 점토 위에 조판한 후 다시 불에 구워서 완성한 자판으로 인출할 경우 균열이 나타날 수 있고, 동일한 특징이나 결함을 가진 문자가 동일 엽에도 나타나고 다른 엽에도 나타나는 점에 근거하여 주형으로 주조한 자활자라고 주장하고 있다.[63]

이 泰山의 자활자판은 상대적으로 활자 배열이 비교적 가지런하고 묵색도 고른 편이어서, 安徽省 涇縣 翟金生의 일가가 道光 24(1844)년부터 咸豊 7(1857)년까지 泥活字로 인쇄한 각종 판본과 비교하면 상당히 정교한 편으로 보기도 한다.

이 밖에 磁版 서적에 관한 기록으로 (淸)王士禎의 「池北偶談」을 들 수 있다. 이의 瓷易經 조에

> 益都의 翟 모라는 진사가 饒州府의 관리로 추대되었는데, 대단히 횡포가 심하였다. 하루는 가마를 소유하고 있는 사람들을 모아서 靑瓷 「易經」 1부를 만들도록 하였다. 그 법식이 西安의 石刻 「十三經」처럼 정교하였다. 대체로 여러 번 바꾼 끝에 완성되었다. 蒲城 王孝齋의 綵官 益都令이 일찍이 이를 보았다(益都翟進士某,

---

62) 1. 朱家濂, "淸代泰山徐氏的磁活字印本", 學海出版社編輯部 편, 「中國圖書板本學論文選集」(臺北: 學海出版社, 1981), 441-445.
   2. 張秀民, "淸代涇縣翟氏的泥活字印本", 學海出版社編輯部 편, 「中國圖書板本學論文選集」(臺北: 學海出版社, 1981), 449.
   3. 魏隱儒(1984), 243-244.

63) 1. 徐憶農(2002), 137.
   2. 艾俊川, "談活字本的鑑定-以排印工藝特徵爲中心", 「文津學志」 제3집(2006), 65-66.

爲饒州府推官, 甚暴橫. 一日, 集窰(窯)戶, 造靑瓷易經一部, 楷法精
妙, 如西安石刻≪十三經≫式, 凡數易, 然後成. 蒲城王孝齋綜官益
道令, 曾見之.).[64]

라는 기록이 있다. 그러나 이 청자 「易經」은 아마도 문자를 磁版
위에 써서 유약을 입힌 후 불에 구워서 만든 것이지[65] 자활자로 인
쇄한 것은 아닌 듯하다.

3.9 중앙정부의 木活字本 「搢紳錄」·「京報」

康熙 연간에 北京의 중앙정부가 계간으로 발행하는 중앙정부와
지방정부의 직원 명부, 즉 職官錄인 「搢紳錄」은 목활자로 간행한 것
이다. 이는 붉은색 표지로 장정하여 「紅皮曆書」 또는 「紅面書」라고
도 한다. J. F. Davis(德庇時, 1795-1890)는 계간이라고 하였다. 또한,
北京의 중앙정부가 발행한 신문이라고 할 수 있는 「京報」(정부 公
報, Peking Gazette)는 明 시대 「邸報」의 방법을 그대로 답습하여 淸
시대 말기까지 이어졌다. 이 신문에 주목한 J. D. Ball(波乃耶,
1847-1919)는 이 활자를 백양목이나 버드나무로 제작하였다고 하였
다.[66] 현존본 중 현재 알려진 가장 이른 연도는 乾隆 연간 설이 있
고,[67] 同治 4(1865)년 설이 있다.[68] 수록 내용은 관리들에 관한 것
으로 통치자의 내부 참고를 위한 것이 대부분이다. 발행 부수는 많

---

64) (淸)王士禎, 「池北偶談」, 권23, 談異7之4, 瓷易經조.

65) 張秀民(1989), 697.

66) 張秀民 저, 韓琦 增訂(2006), 597-598.

67) 何步云(1990), 72.

68) 張秀民, "中國活字印刷簡史", 上海新四軍歷史硏究會印刷印鈔分會 편. 「活字印刷源流」(北京: 印
刷工業出版社, 1990), 26.

지 않고, 소책자 형식으로 2~3엽 내지 6~7엽 정도이다. 활자의 크기는 그다지 크지 않지만 크기가 균일하지 않다. 삐뚤어진 행렬과 문자, 묵색 농담의 차이, 오자 등이 거의 모든 엽에서 나타난다. 황색 얇은 겉표지에는 "京報"라는 빨간색 인장과 발행자인 "모모報房"이 찍혀있다. 당시 紅面·黃面·黑面이 있었는데, 곧 공무원 명부·曆書·신문을 지칭한다.[69]

3.10 康熙 연간의 木活字本 6종

康熙 연간의 목활자본으로만 알려진 것으로 芸閣이 인쇄한 (淸)金崇謙의 「觀復庵詩稿」·(淸)施琅의 「靖海記」 1권·(明)沈德符의 「萬厤野薖編」(圖錄Ⅵ-서영 9)·(淸)彭孫貽의 「平寇志」·(明)周汝登의 「東越證學錄」·(淸)馮兆張의 「馮氏錦囊祕錄」 등이 있다.[70] 南京圖書館 소장본 「萬厤野獲編」 30권. 厤은 曆의 古體. 사주단변, 계선 있음. 판심: 화구(萬厤野獲編), 상하 내향 흑쌍어미, 권차, 장차, 하흑구. 10행 23자, 판 크기: 14.7 × 9.9cm이다. 광곽 꼭짓점에 缺口가 있고, 어미와 판심 계선, 하흑구와 하변 광곽도 떨어져 있다. 묵색 농담이 균일하지 못하다. 弘治를 宏治로 하여 乾隆 황제를 피휘한 점에서 이 활자는 乾隆 연간에 제작하였고, 그 후에 간행한 것으로 짐작된다.[71] 판면 중에 문자가 없는 공간에 채워 넣은 頂木이 인출된 잡묵이 권10 제4·23엽, 권13 제9엽에 보인다. 권10 제27엽상엽

---

69) 張秀民·韓琦 공저(1998), 77-78.

70) 1. 魏隱儒(1984), 225.
   2. 張秀民·韓琦 공저(1998), 114-122·127.

71) 徐憶農(2002), 151-152.

제2행 제20자의 卓과 권12 제12엽하엽 제5행 제10자의 重은 180도 뒤집혀 식자되어 있다(<사진 10> 참조). 권12 제34엽하엽 제5행 제1 자 少의 식자 상태가 우측으로 기울어져서 활자 좌상귀의 가장자리 가 잡묵으로 인출되었다.[72)]

<사진 10> 「萬曆野獲編」의 교정 실수 현상

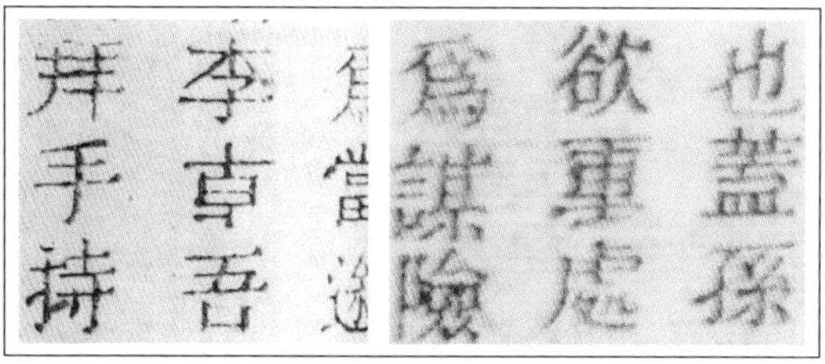

3.11 康熙 연간의 活字本 「蘭雪堂古事苑定本」

康熙 연간에 활자로 간행한 것으로 鄧志謨의 「蘭雪堂古事苑定本」 이 있다. 좌우쌍변, 백구, 9행 21자. 광곽의 꼭짓점에 결구가 있고, 어미와 판심 계선이 떨어져 있다. 묵색 농담이 균일하지 못하다. 조 판을 완료한 후, 인판을 견고하게 조이기 위한 인판 조임 끈이 인판 을 가로로 관통하고 있음이 보인다.[73)]

---

72) 鄧毅(2010), 79-81·88.

73) 鄧毅(2010), 111.

<표 2> 康熙 연간의 활자인쇄

	인쇄 주체	인쇄 연도	활자 재료	인본 서적	비고
1	雲閣	康熙 4(1665)년	木	(明)陳龍正의 「幾亭全書」	
2		康熙 9(1670)년	木	(元)吳澄의 「草廬吳文正公集」(「臨川吳文正公集」) 54권	
3	芥子園	康熙 18(1679)년	木	「芥子園畫傳」 20권	문자 부분
4	錢陸燦의 吹藜閣	康熙 25(1686)년	銅	錢陸燦의 「文苑英華律賦選」 4권	
5	如是山房	康熙 34(1695)년	木	「金瓶梅」 35권	인판 3개
6	張九儀	康熙 40(1701)년	木	「嚴陵張九儀增釋地理琢玉斧巒頭歌括」 4권	
7	內府	康熙 52(1713)년	銅	(淸)陳夢雷의 「松鶴山房詩集」 9권·「松鶴山房文集」 20권·「星曆考原」 6권	조각, 대·소 활자 1,015, 433개
		康熙 연간, 康熙 52(1713)년 또는 雍正 원(1723)년		「數理精蘊」 53권	
		康熙 연간, 康熙 53(1714)년 또는 雍正 2(1724)년		「律呂正義」 5권	
		康熙 연간		「欽若曆書」(「曆象考成」) 42권·「妙圓正修知覺永明壽禪師心賦選註」·「御選寶筏精華」·「金屑一撮」	
		康熙 59년-雍正 4(1726)년		(淸)陳夢雷의 「古今圖書集成」 10,040권	65부
8	徐志定의 眞合齋	康熙 58(1719)년	磁	張爾岐의 「周易說略」 8권·「蒿庵閑話」 2권	
9	중앙정부	康熙 연간	木	「搢紳錄」(「紅皮曆書」 또는 「紅面書」)·「京報」	
10	芸閣	康熙 연간	木	(淸)金崇謙의 「觀復庵詩稿」	
				(淸)施琅의 「靖海記」 1권·(明)沈德符의 「萬麻野獲編」·(淸)彭孫貽의 「平寇志」·(明)周汝登의 「東越證學錄」·(淸)馮兆張의 「馮氏錦囊祕錄」	
11		康熙 연간		鄧志謨의 「蘭雪堂古事苑定本」	

4. 雍正 연간(1723-1735)[74]

4.1 汪亮采 南陔草堂의 「唐眉山詩集」

歸安 汪亮采의 南陔草堂은 雍正 3년에 목활자로 (宋)唐庚의 「唐眉山詩集」(圖錄Ⅵ-서영 10)을 인쇄하였다.

표지에 "南陔草堂藏版"이 있고, 책 끝에 "湖城潘大有刊"이라는 간기가 있어서 인쇄공이 누구인지를 알 수 있다. 이에 사용한 활자의 서체는 해서체로 아름답고, 크기도 모두 균일하며, 같은 자양의 필획이 매우 비슷하다. 인판은 조립식을 사용하였는데, 네 꼭짓점이 견고하게 밀착되어 있다. 문자의 행과 열이 가지런하고, 기울어지게 배열된 문자도 없으며, 묵색도 균일하다. 이로 미루어 도각술·조판 기술 및 묵즙 도포 기술이 대단히 고명하여 목판과 어깨를 겨룰 수 있을 만큼 아름답다.

4.2 무명씨의 「後山居士詩集」·「後山先生逸詩」

嘉善의 陳唐은 雍正 3년에 목활자로 자신이 重訂한 (宋)陳師道의 「後山居士詩集」 6권, 正集 目錄 1권과 「後山先生逸詩」 5권, 逸詩 目錄 1권, 詩餘 1권을 간행하였다. 좌우쌍변, 계선 있음. 판심: 상흑구, 상 하향 흑단어미, 판심제(後山詩集), 권차, 장차, 하흑구. 9행 21자, 소자쌍행이다.

---

74) 雍正 8(1730)년에 江寧의 啓盛堂書房은 「精鐫銅板四書體注」 5책을 간행하였는데, "간행 비용을 아끼지 않고 동판을 정교하게 간행하여 자적이 단정하다(不惜工本, 將銅板精刊, 字跡端楷)."라고 칭하고 있지만, 이는 활자판이 아닌 동판(整板)으로 보인다. 張秀民·韓琦 공저 (1998), 93.

「後山居士詩集」의 권2 제3엽 제3행부터 시작되는 "次韻蘇公兩湖徒魚三首"의 마지막 수인 "瓶懸甃間終一碎"의 碎와 권6 제9엽상엽 말행의 끝 자인 天은 모두 옆으로 눕혀서 식자되어 있다. 그러나 같은 활자로 인쇄한 다른 판본과 대비해 보면, 이 두 문자는 모두 올바르게 교정되어 있다. 이로 미루어 전자는 初刷本이고, 후자는 교정한 후에 다시 인쇄한 校訂本임을 알 수 있다. 문자는 軟體字를 사용하였다. 조판 상태는 가지런하고 고르며 기울어지거나 삐뚤어진 감이 없다.75)

4.3 施 모 씨의 「吳都文粹」

婁東의 施 모 씨는 雍正 연간에 목활자로 (宋)鄭虎臣의 「吳都文粹」를 간행하였다.76)

4.4 무명씨의 「濟人立效」·「秋崖集」·「蹇愚集」

무명씨는 雍正 연간에 목활자로 「濟人立效」·「秋崖集」(「秋崖小稿」와 같은 저술?)·(淸)連城璧의 「蹇愚集」을 간행하였다.77)

<표 3> 雍正 연간의 활자인쇄

	인쇄 주체	인쇄 연도	활자 재료	인본 서적	비고
1	汪亮采의 南陔草堂	雍正 3(1725)년	木	(宋)唐庚의 「唐眉山詩集」	

75) 魏隱儒(1984), 225-226.

76) 張秀民·韓琦 공저(1998), 131.

77) 張秀民·韓琦 공저(1998), 122·125·127.

	인쇄 주체	인쇄 연도	활자 재료	인본 서적	비고
2		雍正 3(1725)년	木	(宋)陳師道의 「後山居士詩集」 7권· 「後山先生逸詩」 7권	
3	施 모 씨	雍正 연간	木	(宋)鄭虎臣의 「吳都文粹」	
4		雍正 연간	木	「濟人立效」·「秋崖集」·(淸)連城璧의 「蹇愚集」	

5. 乾隆 연간(1736-1795)

5.1 呂撫의 「精訂綱鑑二十一史通俗衍義」

浙江省 新昌의 呂撫(1671-1742)는 乾隆 원(1736)년에 자신이 제
작한 교니활자 최대 7,000개로 자신의 작품인 「精訂綱鑑二十一史通
俗衍義」 26권(圖錄Ⅵ·서영 11)을 인쇄하였다.[78] 그 권25에 인쇄 방
법을 상세히 소개하고 있다. 이를 요약하면 다음과 같다.

> 충분히 끓인 찰수수쌀 죽과 햅면화 섬유를 정제한 교니와 고루 반
> 죽하여 교니의 점착력을 강화한다. 잘 반죽된 교니를 기성의 책판
> 에 인착하거나 「字彙」대로 필요한 문자를 별도로 찍어서 음각(정체
> 자) 문자의 字母를 도장처럼 만든다. 그늘에서 건조하여 「字彙」대로
> 행과 격을 나누어 배열한다. 문자면에 문자를 써서 선별하기 쉽게
> 하고, 배면에는 행격의 기호를 써서 환원하기 편하게 한다. 인쇄할
> 때에는 숙성된 오동나무 기름으로 교니를 잘 반죽하되 도끼 방망이
> 로 천만번을 찧어서 건조할 정도로 습하지 않게 하여 점착력을 높
> 인다. 기름으로 반죽한 교니를 얇고 네모진 판으로 만들고, 붉은색
> 으로 格板을 그려서 교니 판에 작은 칸을 표시한다. 목판에 기름을
> 얇게 칠한 후, 교니 판을 모두 (판식에 맞게) 잘라서 목판에 깔고,

---

78) 「中國古籍善本書目」(中國古籍善本書目編輯委 편, 上海: 上海古籍出版社, 1998), 子部, 小說類,
長篇講史, 8934번에 이 저술을 "淸正氣堂活字印本, 天津圖書館藏"이라고 저록하고 있다.

바깥쪽에 광곽을 만들고, 자모를 선별하여, 미리 설계한 판식대로
자와 선을 사용하여 칸에 맞추어 차례로 찍는다(양각반체자). 자모
중에 문자면이 높은 것은 벽돌로 약간 갈아서 평평하게 한다. 평평
하고 곧게 찍되, 1행을 찍을 때마다 조각칼로 깨끗이 구분한다. 만
약 삐뚤어진 곳이 있으면 자모로 바르게 조정하여 평평하고 작은
대나무 조각으로 빈 곳을 채워서 견고하게 하고, 붓으로 다시 오동
나무 기름을 칠하여 구두점을 만든다. 견고하게 건조되기를 기다
렸다가 책지로 평평하게 인출하니 비용도 저렴하고 작업량도 많이
줄었다. 아들인 維垣·維城·維基, 조카인 維藩·維封·維榮, 가까운
이웃인 兪說再 등과 처음 실험하여 만들었는데, 활자가 배나무·대
추나무보다 견고하였다……대체로 한 명은 활자를 선별하고, 두
명은 인출하니 매일 4엽을 얻을 수 있다. 형제·벗·학생들과 함께
만들어서 장인을 쓰지 않아도 신속하게 완성하였다. 선비들이 서
적을 쉽게 얻는 방법은 이보다 더한 것이 없다.79)

呂撫의 교니활자 인쇄 방법은 畢昇 이후 알려진 활자인쇄의 기본
적인 과정과 다른 독특한 부분이 있다. 원문에 기록된 핵심 요소를
요약 정리하면 다음과 같다.

(1) 활자 재료: 차조 쌀·햅면화 섬유·교니·오동나무 기름 등이다.
(2) 활자 제작 방법: 양각반체자 목판에 교니를 인착하여 음각정
　　체자의 자모를 제작한다. 이 자모로 교니 판에 찍어서 양각반
　　체자의 활자판을 제작한다.

---

79) 1. (淸) 呂撫, 「精訂綱鑑二十一史通俗衍義」, 乾隆 원(1736)년 呂撫 교니활자본, 권25, 제11엽:
　　"撫因思一法, 以秫米粉和水捻成團, 如梅子大, 入滾湯內, 煮令極熟. 去湯, 用小木捶練成薄糊,
　　待牽絲不斷, 以大梳梳彈過新熟綿花和勻. 乃和漂過燥泥粉, 放厚板上, 用斧杵千百下, (寧)硬無
　　軟. 用兩開方銅管, 借他人刻就印版, 或照≪字彙≫, 將要字另刊齊印, 造成(單個字母, 如圖書
　　(圖章)狀. 陰乾待燥, 照≪字彙≫分行分格排定. (字母)面寫本字, 以便尋印, 背寫行格馬(碼)子,
　　以便退還. 然後以熟桐油練漂過細泥, 用斧杵千萬下, 寧燥毋濕. 待極粘膩, 屈絲不斷, 將油泥打
　　成薄薄方片, 用飛丹刷格板, 以泥片印成細格. 乃用木板刷薄油一層, 以泥片切齊鋪板上. 先做
　　外方線, 撮字母, 依書樣用尺用線, 照格逐字印之. 其字母有高者, 用磚略磨平之, 印以平直爲
　　主. 每印一行, 用刻字小刀割淸一行. 若有歪斜, 用字母套移端正, 再用平頭小竹針於空處築實,
　　用筆再塗桐油做圈點. 待堅燥訖, 用沙뚱沙平刷에, 價甚廉而工甚省. 因與兒維垣·維城·維基,
　　姪維藩·維封·維榮, 及親鄰兪說再等, 始試爲之, 堅於梨棗… 大抵一人撮, 二人印, 每日可得
　　四葉. 率昆弟友生爲之, 不用梓人, 雖千篇數月立就. 士人得書之易, 無以加於此矣."

　　2. 白莉蓉, "淸呂撫活字泥板印書工藝", 「文獻」 1992년 제2기(1992. 6).

(3) 자모 수량: 반복하여 사용할 수 있으므로 문자 당 1개로 충분하다. 따라서 문장 인출을 위하여는 3,000개 정도, 서적 인출을 위하여는 7,000개 정도가 필요하다.

(4) 광곽과 계선: 목판에 교니 판을 깔고, 그 바깥쪽에 광곽을 만든다. 계선은 없다.

(5) 조판 방법: 광곽 안의 교니 판에 작은 칸을 표시하여 자모로 찍을 수 있도록 한다. 서적의 문자에 따라서 음각정체자의 자모를 교니 판의 작은 칸에 찍어서 양각반체자의 교니 인판을 제작한다.

(6) 인출 방법: 건조된 교니 인판으로부터 직접 인출한다.

(7) 해판: 활자는 인판 한 엽이 한 판으로 되어있으므로 해판 과정이 없다.

(8) 보관 방법: 자모를 보관하되, 한자의 부수에 따라 구분하여 보관한다.

呂撫의 인쇄 기술상 특징은 다음과 같다. ① 활자를 재사용하는 것이 아니고, 자모를 재사용하는 점이다. ② 복수로 준비하여야 하는 활자와 달리, 자모는 문자 당 1개만 준비하면 가능하다. ③ 자모를 재사용하므로 자모의 재료가 견고할 필요가 있어서 차조 쌀과 면화 섬유를 교니에 혼합하였다. ④ 자본 필사・조각 과정・소성 과정 등이 생략되었으므로 비용도 저렴하고 작업량도 많이 줄어서 편리한 방법이다. ⑤ 조판 과정을 거의 생략한 셈이다. 왜냐하면, 교니 판에서 자모로 인착하면서 활자판이 이루어지기 때문이다. ⑥ 해판 과정이 없다. ⑦ 인출이 끝난 인판은 책판처럼 보관하여 재사용할 수 있다. ⑧ 활자와 인판이 결합된 전무후무한 인쇄 방법이다.

이들이 제작한 교니 자모는 교니에 면화 섬유를 혼합한 결과 배나무·대추나무보다 견고하였다고 하니 그 강도를 짐작할 수 있다.[80] 당시의 시각에서 전반적인 기술 과정을 기록으로 남긴 점은 대단한 안목을 가졌다고 평가할 수 있다. 다만 오늘날의 시각에서 아쉬운 점은 ① 자모의 재료별 혼합 비율과 수분의 함량, ② 음각정체자 자모의 형태와 크기, ③ 교니 판의 두께, 즉 활자의 높이, ④ 양각반체자의 활자판을 제작할 때의 주의사항 등에 관한 설명이 부족한 점과 ⑤ 인출한 서적 1종 외에 인쇄 관련 실물이 현존하지 않는다는 점이다. 인쇄한 서적이 더 있는지는 알 수 없다. ⑥ 이는 목판인쇄와 활자인쇄의 요소를 혼합한 방식으로 활자의 범주에 포함되는가의 문제는 활자인쇄의 4요소에 비추어 검토가 필요하다.

5.2 무명씨의 「奉節縣志」

무명씨는 乾隆 10년에 목활자로 乾隆 「奉節縣志」를 인쇄하였다.[81]

5.3 李 모 씨의 「李鷺洲文集」

李 모 씨는 乾隆 13(1748)년에 목활자로 (淸)李茹旻의 「李鷺洲文集」을 인쇄하였다.[82]

---

80) 저자는 고려 시대 사찰의 금속활자 주조를 위한 주형 재료의 이상적인 구성 성분 비율을 추출하기 위하여 다양한 점토 재료와 기능성 재료의 비율을 실험한 적이 있다. 그 결과, 점토에 혼합한 종이 섬유의 중량 비율 0.5~2%가 주형의 균열을 방지하는 탁월한 기능을 발휘할 수 있음을 확인하였다. 2%의 종이 섬유를 혼합한 주형은 소성하지 않아도 완전히 건조되면 기왓장보다 더 단단해진다. 면화 섬유는 종이 섬유보다 더 섬세하고 치밀하므로 점토와 반죽하기에는 더 힘들겠지만, 완전건조되면 더 단단해질 것으로 짐작된다. 면화 섬유를 혼합한 점토는 茶壺를 설계하여 시제품을 제작할 때 사용하고 있다. 曺炳鎭, 「「白雲和尙抄錄佛祖直指心體要節」 復原 硏究: 高麗時代 蜜蠟鑄造法 金屬活字印刷術」(파주: 한국학술정보(주), 2019), 140-416.

81) 張秀民·韓琦 공저(1998), 119.

5.4 酌雅齋의 「酌雅齋四書遵注合講」

曹咸寧의 酌雅齋는 乾隆 24(1759)년에 활자로 「酌雅齋四書遵注合講」 6책을 간행하였다. 간기에 銅板四書遵注合講, 太末翁克夫滙閱, 酌雅齋藏板 등의 자양이 있다. 판면이 상하 양단으로 구분되어 있다. 상단은 크고 하단은 작다. 한 엽이 좌우 반엽에 각각 4개의 변란을 배치하여 마치 판심이 없는 2개의 인판처럼 보인다. 좌우엽 각각 사주쌍변, 어미 없음, 상단: 소자 26행 32자, 하단: 9행 17자, 소자쌍행. 제1책의 말미 7엽은 상하단이 통합되었다. 소자 26행 53자, 판 크기: 23.8 × 16.5cm. 광곽의 꼭짓점에 결구가 있고, 상하 문자의 필획이 교차하는 경우가 있다.[83]

5.5 무명씨의 「剡中集」

무명씨는 乾隆 28(1763)년에 목활자 대자로 「剡中集」을 인쇄하였다.[84]

5.6 樂 모 씨의 「太平寰宇記」

樂 모 씨는 乾隆 32(1767)년에 목활자로 (宋)樂史의 「太平寰宇記」 200권, 目錄 2권(圖錄VII-서영 12)을 인쇄하였다. 사주단변, 계선 없지만, 간혹 있음. 판심: 화구(太平寰宇記), 상 하향 흑단어미, 권차, 장차. 9행 22자, 소자단행, 판 크기: 21.1 × 13.5cm. 책 크기: 26.4 × 16.4cm이다.

---

82) 張秀民・韓琦 공저(1998), 127.

83) 鄒毅(2010), 150.

84) 張秀民・韓琦 공저(1998), 131.

같은 문자의 자양이 각양각색이고, 도각의 흔적과 목리가 역력하게 보여서 목활자임을 알 수 있다. 장체자의 심미적 감각을 찾아볼 수 없을 정도로 우수하지 못한 도각술이다. 간혹 필획이 유달리 굵은 문자는 많이 사용한 결과인 듯하다. 조립식 인판의 네 꼭짓점의 결구는 1mm 이내로 거의 밀착하고 있다. 문자가 없는 판면에 5mm 정도의 굵은 계선이 인출된 점으로 미루어 조판할 때에는 활자보다 높이가 낮은 계선을 사용하였다. 문자가 없는 부분이나 계선을 인출하고자 하는 곳에서는 얇은 계선을 사용하였다. 문자의 행렬은 가지런하고, 삐뚤어지거나 기울어져서 반만 찍힌 문자도 거의 없다. 이로 미루어 조판술은 우수하다. 판면의 묵색은 간혹 진한 문자가 보이고, 농담의 차이도 약간씩 나타나고 있으며, 묵즙의 도포량이 과다하여 번진 엽과 필획 간의 반점도 간혹 나타나고 있어서 인출술은 우수하지 못한 수준이다. 권110의 권두제가 "太平寰宇記"로, 권136의 제1·2엽 판심 장차가 "一百三七"로 잘못되어 있다. 권111·112·120(권말제 포함)·142~146·148(권말제 포함)·151·152의 권두제 중의 "寰"은 필획이 추가된 문자를 사용하였다.

5.7 乾隆의 武英殿 聚珍版

5.7.1 武英殿 聚珍版 木活字의 제작 동기·연대·수량

乾隆 황제는 「四庫全書」를 찬수할 때, 「四庫全書」 중의 「永樂大典」으로부터 수집한 모든 희귀한 逸書를 「武英殿聚珍版叢書」로 간행하여 유통시키고자 하였다. 그러나 武英殿 銅字庫에 보관하던 동활자는 이미 유실되었거나 동전 또는 三世佛로 개주되어 존재하지 않았

다. 이번에 인쇄하려는 서적은 종류가 많아서 목판으로 간행하기에도 용이하지 않았다. 이러한 상황에서 서적 4종을 목판본으로 간행해본 경험이 있는 金簡(1724?-1794)은 목활자를 제작하여 간행하는 편이 훨씬 경제적이라고 판단하여 목활자로 인출할 것을 건의하였다. 그리하여 乾隆 38(1773)년 10월 28일에 乾隆 황제가 재가한 이후부터 乾隆 39(1774)년 4월 26일까지 약 6개월 동안 크고 작은 두 종류의 "棗木(대추나무) 활자"를 모두 253,500개를 제작하였다.[85]

5.7.2 「武英殿聚珍版程式」

金簡은   戶部右侍郎總管內務府大臣正藍旗滿洲副都統管理武英殿御書處奉宸苑事務四庫全書副總裁의 직책으로서 武英殿 聚珍版의 간행 사업을 관리 감독하면서, 자신의 인출 경험과 그 과정을 「武英殿聚珍版程式」[86](圖錄VI-서영 13)으로 집필하여 聚珍版으로 乾隆 41(1776)년에 간행하였다. 이에는 聚珍版의 간행 과정, 즉 成造木子에서부터 刻字·字櫃·槽版·夾條·頂木·中心木·類盤·套格·擺書·墊版·校對·刷印·歸類·逐日輪轉辨法에 이르기까지 상세하게 서술되어 있다.

5.7.3 武英殿 聚珍版의 간행 서적

武英殿에서 목활자로 인쇄한 서적은 乾隆 39년 4월 26일 활자를

---

85) (淸)金簡,「武英殿聚珍版程式」, 奏議, 乾隆三十八年十月二十八日조.

86) (淸)金簡,「武英殿聚珍版程式」, (淸)紀昀 등 總纂.「景印文淵閣四庫全書」(臺北: 商務印書館, 1983), 제673책.

다 조각한 이후부터 39년 10월까지 4종을 인쇄하였고, 39년 12월에 또 1종을 인쇄하였다. 인출한 모든 서적은 계속 황제에게 진상되었는데, 3년 동안에 약 30여 종의 서적을 조판하여 인쇄하였다.[87] 乾隆 59년(1794)년까지「武英殿聚珍版叢書」138종 2,300여 권을 인쇄하였다. 그러나 이 138종 안에는 聚珍版으로 인쇄하기 전인 乾隆 38년 4월에 목판으로 인쇄한「易緯」·「漢官舊儀」·「魏鄭公諫續錄」·「帝範」의 4종이 포함되어 있다. 그러므로 목활자판은 당연히 乾隆 38년 10월부터 59년까지 인쇄한 134종이다. 이들 판본의 맨 앞에는 "御製題武英殿聚珍版十韻^{有序}" 2엽이 있다. 嘉慶 연간에 또 계속하여 周煌의「續琉球國志略」·「乾隆八旬萬壽盛典」·「吏部則例」등 8종을 단행본으로 인출하였다. 그 내용은 극소수의 고대 또는 金·元 시대의 저작[88] 이외에 宋 시대에 경전을 해석한 저작과 宋 시대 인물의 別集이 대부분이다. 또한「東觀漢記」·「兩漢會要」·「唐會要」·「五代會要」·「水經注」·「元和郡縣志」·「輿地廣記」·「農書」(圖錄 VI-서영 14)·「醫方」·「古算經」등[89] 輿地志와 과학 기술 분야의 저술이 있다.「叢書」에 포함되지 않는 이들 18종은 "聚珍版 單行本" 이라 칭한다.「叢書」중 乾隆 55(1790)년의「萬壽衢歌樂章」(圖錄VI-서영 15)은 묵색 문자마다 그 아래에 소활자로 宮·商·角·徵·羽 를 주묵으로 채색인쇄(套板인쇄)하였다. 乾隆의「御選明臣奏議」는 "弘"은 피휘하였지만, "禛"은 피휘하지 않았다.[90]

---

87) (淸)金簡,「武英殿聚珍版程式」, 奏議, 乾隆三十九年十二月二十六日조; 四十一年十二月二十二日조.

88) 張秀民(1989), 703.

89) 張秀民, "淸代的木活字", 喬衍琯·張錦郎 공편,「圖書印刷發展史論文集續編」(臺北: 文史哲出版社, 1979), 109.

90) 張秀民, "中國活字印刷簡史", 49-50. 淸 시대 주요 황제의 廟諱는 다음과 같다. 世祖順治福臨, 聖祖康熙玄燁, 世宗雍正胤禛, 高宗乾隆弘曆, 仁宗嘉慶顒琰, 宣宗道光旻寧, 文宗咸豊奕詝, 穆宗

5.7.4 武英殿 聚珍版의 판식

「武英殿聚珍版叢書」134종의 판식은 모두 같은데 사주쌍변, 계선 있음. 판심: 화구(서명), 상 하향 흑단어미, 권차, 장차, 하단 좌반부에 소자 교정자명(일부 판본은 교정자명이 없다.). 9행 21자, 소자쌍행, 인판 크기: 18.5 × 11.6cm(판본 또는 소장처의 환경에 따라 약간의 오차가 있다.). 판본마다 목록 또는 본문 제1엽 제1행 아래에 "武英殿聚珍版"의 6자가 있다. 嘉慶 연간에 간행한 단행본 8종의 판식은 반엽에 7·8·9·11행 등이고 매 行에 20·21·25자 등으로 각각 다르다.[91] 활자본 이전에 간행한 목판본 4종은 10행 21자이다.

5.7.5 武英殿 聚珍版의 간행 부수

「武英殿聚珍版叢書」는 저술마다 連四紙(連史紙)와 竹紙로 인쇄하였다. 전자로는 약 5부 내지는 20부 정도 인쇄하여 궁중 안에 진열하는 데 제공하고, 후자로는 약 300부 정도 인쇄하여 대부분은 정가대로 보급하여 유통시키고 간혹은 진열하기도 하였다.[92] 혹자는 궁중 진열용으로 연사지로 5부, 죽지로 15부를 인쇄하고, 추가로 죽지에 300부를 인쇄하여 지방 5개 省에 교부하였다고 한다.[93] 이를 세칭 內聚珍版이라 한다. 지방정부는 이를 목판으로 복각하여 유통하였는데, 이 복각 취진판을 세칭 外聚珍版이라 한다.

同治載淳, 德宗光緖戴湉, 恭宗宣統溥儀.

91) 1. (淸)陶湘, "武英殿聚珍版叢書目錄",「圖書館學季刊」第3卷 第1·2合期(1929. 6), 205-217.
   2. 魏隱儒(1984), 228.

92) (淸)金簡,「武英殿聚珍版程式」, 奏議, 乾隆三十九年四月二十六日조; 三十九年十二月二十六日조.

93) (淸)章乃煒,「淸宮述聞」.: "乾隆三十九年奏明, 凡聚珍館擺印各書, 刷印連四紙書五部·竹紙書十五部, 以備陳設. 又刷印竹紙書三百部, 發交江南·江西·浙江·廣東·福建五省通行."

5.7.6 武英殿 聚珍版의 인쇄 과정과 기술

5.7.6.1 인쇄 과정

이의 활자인쇄 기술에 대하여 활자의 제작, 활자 보관과 문선, 조판 방법, 광곽·계선·문자의 인출 방법 등 기본 과정은 <표 4>에 王禎과 비교하여 서술한다.

<표 4> 王禎과 武英殿 聚珍版의 인쇄 방법

	王禎	武英殿 聚珍版
활자 제작 방법	목판에 문자를 가득히 조각하고, 가는 톱으로 켠 후 다듬어 마무리하였다.	낱낱의 육면체 木子를 만들고, 銅漏子에 통과시킴으로써 규격을 확인한 후, 자양을 목자 위에 붙여서 문자를 조각하였다.
활자 보관 용기와 문선	轉輪排字盤을 발명하여 監韻에 따라 字母를 분류하고, 큰 글씨로 표시하였다. 활자를 선별(문선)할 때, 좌우에 각각 轉輪盤을 하나씩 두고 돌리면서 활자를 선별하였다.	字櫃를 사용하였다. 康熙字典을 따라서 우선 12支名으로 나누어 12개의 큰 목제 字櫃를 제작하고, 각각의 字櫃에는 서랍을 10행 20개씩 200개를 만들었다. 서랍마다 크고 작은 8칸으로 나누어, 4종의 활자를 대자와 소자로 구분하여 보관하였다. 각각의 서랍 앞면에는 部首와 문자 및 필획 수를 표시하였다. 활자를 선별(문선)할 때 사람이 이동해야 하는 불편이 있지만, 대량의 활자 보관에 적합하였다.
조판 방법	조판할 때 여러 가지 작은 죽편을 삽입하여 인판을 견고하게 조였다.	조판할 때 종잇조각을 삽입하여 인판을 견고하게 조였다.
광곽· 계선· 문자의 인출 방법	목판에 변란을 만들되 우변은 비워둔다. 활자 배열 후, 대나무 계선재와 우변재를 안치하고 나무쐐기로 견고히 하여 인출한다.	배나무 목판에 판식대로 변란과 계선을 조각하여 광곽·계선·판심을 인출한 후, 그 안에 문자를 인출해 넣었다. 따라서 광곽의 네 꼭짓점이 틈 없이 붙어 있어서, 활자본의 꼭짓점에 큰 틈이 있는 것과 다르다. 그러나 계선과 문자가 겹치는 현상이 드물게 나타날 수 있다.

(1) 활자의 제작은 木子를 木床(각인대)에 10개 5행의 50개씩을 한꺼번에 고정하여 문자를 조각하였다. (2) 조판을 위하여 필요한 활자를 선별하는 문선은 원고를 들고 있는 사람이 문자를 불러주면, 활자 관리인이 字櫃(활자 보관함)에서 해당 문자를 찾아서 類盤(목제 활자 쟁반)에 담아 건네주었다. (3) 조판은 변란·계선과 문자를 따로 인출하므로, 활자보다 높이가 낮은 楠木(녹나무) 槽版(인판틀)에 활자만 배열하였다. 문자가 없는 공란은 頂木(공란 충전용 각목)을 길이에 맞게 재단하여 충전하였다. 대체로 대자는 1인이 하루 2판 정도, 소자는 1판 정도 조판하였다. (4) 인출은 사전에 설계된 판식대로 조각한 梨木(배나무) 套格으로 변란과 계선을 인쇄하고, 이 格紙(변란·계선지)에 문자를 인쇄해 넣었다. 즉 한 엽을 두 번 인쇄하여 완성하는 套板 인쇄 방식을 이용하였다. 이 때문에 문자가 계선과 겹쳐서 인쇄된 현상을 볼 수 있다. 예를 들면 中華民國 國家圖書館 소장 乾隆 47(1782)년에 인쇄한 「意林」 권1, 제1엽상엽의 제3행·제7엽하엽의 제9행·제8엽하엽의 제6행·제10엽하엽의 제1·2행·제14엽상엽의 제5∼9행·권3, 제1엽상엽의 제3·6행(圖錄VI-서영 16)과 「農書」 권6, 제1엽(<사진 11> 참조) 등이다. 「山谷內集詩註」 권1, 제1엽상엽의 제5행·「絜齋毛詩經筵講義」 권3, 제6엽하엽의 제8·9행 제21자(圖錄VI-서영 17)·「儀禮識誤」 권2, 제16엽하엽의 말행 제2∼5자(圖錄VI-서영 18) 등에서도 볼 수 있다. 四川大學圖書館 소장 「悅心集」 4권 2책의 권1 제9엽상엽 하단, 제31엽상엽 상단, 권2 제28엽상엽 하단, 권3 제11엽상엽 제5행 제1자 無, 권4 제20엽상엽 제3∼4행 제1자 戒自도 동일한 현상이고, 「止堂集」 18권 4책의 권1 제3엽상엽 제6행의 소자 2행 "紹熙元年四月"의 年은

왼편 계선과 겹쳐있고, 제8엽상엽의 9개 행과 제8엽하엽의 2·6·7 행은 제1자가 모두 광곽과 겹쳐있다. 제11엽하엽 제5행 제21자의 非, 9행 21자의 藏, 권3 제21엽상엽 제2행 제21자의 獲, 제21엽하엽 제8행 제21자의 乎, 권4 제10엽하엽 제7행 소자의 좌측행, 제11엽 하엽 제9행 제21자의 利 등에서도 확인할 수 있다. 雲南大學圖書館 소장(經11-2) 乾隆 42(1777)년 간행한 (魏)鄭小同의 「鄭志」 3권 1책 에서도 같은 현상을 발견할 수 있다. 날씨가 너무 무더워서 활자가 묵즙으로 인하여 팽창하면 잠시 쉬면서 인판에 바람을 쐬인 후 작업 을 계속하였다.

<사진 11> 武英殿 聚珍版 「農書」의 문자와 계선·광곽이 겹치는 현상

우변과 제1행 	권6 제1엽상엽과 하엽  

(5) 교정은 교정지 한 장을 인출하여 틀린 문자 등을 교정하고, 다시 재교정지를 인출하여 확인하였다. 또한, 당시의 편집과 검열을 담당한 여러 문신들이 업무를 마치는데 급급한 나머지 각 韻에 산견하는 고서를 다 수집하지 못하여 통용되던 각본과의 차이점을 교감하지 못하였다. 심지어 통용본은 전질이 아니고 「永樂大典」 중에는 전질이 있는데도, 이 또한 점검을 소홀히 하여 그 逸文을 보충하지 못하였다.[94] (6) 환원(歸類)은 인출이 끝난 槽版 내의 활자를 모두 추출하여 부수별로 類盤에 담아 字櫃의 원래 서랍으로 환원하였다. 매년 말에 字櫃 내의 활자를 점검하여 수량을 확인하고, 잘못 분류된 활자를 바로잡았다. 武英殿 聚珍版 인쇄의 특징 중 두드러진 하나는 작업 과정별 안배 방법(逐日輪轉辦法)을 채택한 것이다. 허사·숫자·상용문자 등은 충분한 수량의 활자를 준비하였지만, 서적마다 많이 사용하는 문자가 있어서 유사한 서적이 몰리면 아무리 많은 활자를 준비하였다 할지라도 전체 인쇄 과정이 순조롭게 진행되지 못한다. 따라서 문선·조판·교정·인출·환원 등의 과정을 날자 별로 안배하여 어느 한 부분이 지체됨으로써 전체 과정에 영향을 주지 않도록 하였다. 이를 위하여 10일간의 작업 과정을 예시하였다.

이 武英殿 聚珍版은 (元)王禎의 방법에 기초하여 개량 발전한 것이다("제III장 5.2 王禎의 목활자" 참조). 즉 활자 제작의 절차, 변란과 계선의 인쇄 방법, 조판 방법 등이 그러하고, 또 중요한 의미를 지닌 활자보관용 字櫃도 轉輪排字架를 개량한 것이다.

---

94) (淸)葉德輝, 「書林淸話」(臺北: 世界書局, 1974), 권9, 武英殿聚珍板之遺漏, 241.

5.7.6.2 인쇄 기술

이러한 과정을 통하여 인출된 판본을 자세히 살펴보면 그 기술 수준을 파악할 수 있다. 모든 판본에서 같은 문자의 자양이 유사한 경우와 차이 나는 경우가 혼재하여 동일하지 않은 점은 다수의 각수에 의하여 활자가 제작되었기 때문일 것이다. 새로 제작한 활자여서 목리는 거의 보이지 않지만 도각의 흔적은 역력하다. 전형적인 장체자의 필의를 표현하고 있는 우수한 수준의 도각술이다.

乾隆 39년 인출한 「悅心集」 4권 2책은 묵색 농담에 차이가 있고, 문자의 행렬은 가지런하지만, 간혹 권1 제1엽하엽의 제12자 이하 하반부의 횡렬은 가지런하지 못하다. 삐뚤어진 문자도 있고(권1 제1엽 하엽 6~9행, 제10엽하엽 제9행 제10~11자와 제19~21자), 계선은 없는 듯이 거의 인출되지 않은 점이 특징이다. 투인의 특징인 문자와 계선이 겹친 부분도 있다. 묵색은 고른 편이나, 간혹 문자의 한쪽이 연하게 인출된 현상을 볼 수 있다. 판심 하단에 교정자명이 없다. 「四書章句」는 행간에 "O"의 문장부호를 사용하였다.[95] 「碧溪詩話」 10권 1책의 경우, 간혹 문자의 일부가 인출되지 않은 현상이 보인다. 맨 뒤에 있는 "原跋" 제3·4엽의 판심 어미 아래의 "原跋"이 跋은 탈락되고 原만 인출되어 있다. 武英殿 聚珍版의 조판 기술은 內府의 동활자만큼 정교하지 않았음을 알 수 있다.

木子의 균일한 규격을 확인하였으므로 조판된 인출면의 높이는 균등할 것이다. 그런데 묵색은 인출 상태가 분명하지 않은 곳이 있다. 간혹 「絳帖平」처럼 문자가 없는 공간에 충전한 頂木이 인출된

---

95) 鄒毅(2010), 174.

잡먹이 보이는 경우도 있다(圖錄VI-서영 19).96) 아마도 묵즙으로 인출할 때 소홀히 한 결과로 보인다. 「止堂集」 18권 4책은 문자의 행렬은 여타의 취진판과 대동소이하다. 다만 많이 사용한 듯한 문자의 묵색이 약간 연하고, 진한 엽과 연한 엽이 있어서 약간의 농담 차이가 보인다. 계선과 겹친 문자도 있다. 간혹 문자의 필획 사이에 묵즙 반점이 보인다. 즉 권4 제15엽하엽 제9행 제21자의 讀, 제16엽상엽 제8행 제21자의 爲, 권6 제14엽하엽 제1행 제21자의 惟, 권7 제3엽 하엽 제3~8행의 제1자, 권8 제11엽하엽 제1~9행의 제21자 모두, 권10 제2엽하엽 제9행 제1자의 氏, 권11 제12엽하엽 제6행 제21자의 人, 권16 제10엽상엽 제3행 제21자의 脫, 제10엽하엽 제3・6~9행 제21자 등이다. 뒤로 갈수록 문자의 일부 필획이 인출되지 않은 현상이 간혹 나타나고, 묵색이 진하거나 번지거나 잡묵이 있는 엽이 자주 나타난다. 이에서 인출 기술이 활자인쇄 과정 중에서 차지하는 비중이 얼마나 중요한가를 알 수 있다.

5.7.7 武英殿 聚珍版 활자의 행방

이 진귀한 목활자는 그 후 武英殿에 오래도록 보관되기만 하고 충분히 활용되지 못하다가, 드디어 당직 위병들에 의하여 불쏘시개로 사용되어 內府의 동활자와 같은 운명을 맞았다.97)

---

96) 艾俊川(2006), 68.

97) (淸)金梁, 「淸帝外紀」, 제103엽.

5.8 臨嘯書屋의 「能改齋漫錄」

臨嘯書屋은 乾隆 40(1775)년에 목활자로 (宋)吳曾의 「能改齋漫錄」
을 인쇄하였다.[98]

5.9 무명씨들의 「盛京通志」·「紹興戊辰同年小錄」·「寶祐丙辰登科錄」

무명씨는 乾隆 44(1779)년에 목활자로 乾隆 「盛京通志」를 인쇄하
였다. 인쇄 지역이 北京으로 짐작된다.[99]

다른 무명씨는 乾隆 48(1783)년에 목활자로 (宋)王佐의 榜進士 題
名錄인 「紹興戊辰同年小錄」(圖錄VI-서영 20)과 (宋)文天祥의 榜進士
題名錄인 「寶祐丙辰登科錄」(圖錄VI-서영 21)을 인쇄하였다.[100] 「紹
興戊辰同年小錄」은 사주단변, 계선 있음. 판심: 백구, 상 하향 흑단어
미, 장차. 대자 7행 14자, 소자 15행 26자, 본문은 3단으로 구분, 부
록은 2단으로 구분, 판 크기: 18.9 × 18.7cm, 책 크기: 22.5 ×
20.3cm이다. 「寶祐丙辰登科錄」은 본문이 2단으로 구분되어 있다.
동일 문자의 자양이 다르고, 목리와 도각의 흔적이 역력하여 목활자
본임을 알 수 있다. 장체자의 미감을 충분히 살리지 못하는 도각술
이다. 조립식 인판의 결구는 1~3mm 정도이다. 문자의 횡렬이 가지
런하지 못하고, 삐뚤어지거나 부분 필획이 인출되지 않은 문자가 간
혹 보인다. 문자에 따라 농담의 차이도 다소 보인다. 교감을 소홀히
한 듯 인명에서까지 오자가 상당히 많고, 활자가 부족한 듯 공란으로

---

98) 張秀民·韓琦 공저(1998), 123.

99) 張秀民·韓琦 공저(1998), 119.

100) 張秀民·韓琦 공저(1998), 115.

비워둔 탈자도 적지 않다. 「寶祐丙辰登科錄」의 제76엽상엽 제5행의 貫은 반시계방향으로 90도 눕혀져 있다. 묵색은 엽에 따라 다소의 차이가 있는데, 너무 연한 엽도 있고, 묵즙 도포량이 과하여 번진 엽도 간혹 보인다. 조판술과 인출술 모두 우수하지 못한 수준이다.

5.10 무명씨의 「吳興合璧」

무명씨는 乾隆 52(1787)년에 목활자로 「吳興合璧」 4권 1책(圖錄 VI-서영 22)을 인쇄하였다. 사주단변, 계선 있음. 판심: 화구(吳興合璧), 상 하향 흑단어미, 권차, 편명(소자), 장차. 9행 19자, 소자쌍행, 판 크기: 18.3 × 13.0cm, 책 크기: 24.9 × 15.9cm이다.

동일 문자의 자양이 다르고, 필획 윤곽에 날카로운 각이 있어서 도각의 흔적이 역력하다. 목리가 보이지 않는 이유는 새로 제작한 활자인 때문으로 보인다. 전형적인 장체자를 방정하고 단정하게 조각하여 미감을 살린 도각술이다. 조립식 광곽의 결구는 1mm 정도이다. 문자의 행렬은 가지런하며, 삐뚤어지거나 기울어진 문자가 거의 없다. 문자의 농담 차이는 약간 정도로 우수한 조판술이다. 묵색은 간혹 차이나는 엽과 드물게 번진 문자가 있지만, 대체로 판면이 깨끗하고 잡묵도 거의 없다. 인출 태도 역시 신중하고 우수한 수준이다.

5.11 紫陽書院의 「婺源山水游記」

安徽省 婺源에 위치한 紫陽書院은 乾隆 55년에 목활자로 山長 周鴻의 「婺源山水游記」(圖錄VI-서영 23)를 인쇄하였다.[101]

---

101) 1. 張秀民, "淸代的木活字", 107.

이 활자의 서체는 匠體字로 필획이 아름답고, 활자의 크기도 모두 같아서 문자의 행과 열이 가지런하며 삐뚤어진 문자도 없다. 비록 계선이 간혹 분명하지 않게 인출되었고, 네 꼭짓점도 약간 틈이 벌어져 있다. 그러나 묵색은 균일하여 인출면의 높낮이가 고르다는 것을 짐작하게 한다. 이상으로부터 도각술·조판 기술·묵즙 도포 기술이 상당히 고명하여 목판본과 함께 그 아름다움을 견줄 만하다.

5.12 程偉元 萃文書屋의 「紅樓夢」

江蘇省 蘇州 程偉元의 萃文書屋은 乾隆 56(1791)년과 57(1792)년의 두 차례에 걸쳐 목활자로 (淸)曹霑·高鶚의 「紅樓夢」120回(圖錄VI-서영 24·25)를 인쇄하였다.[102] 각각 程甲本과 程乙本이라 칭한다. 그런데 上海圖書館에 소장된 「紅樓夢」은 程甲本·程乙本과 일치하지 않아서 程丙本이라 칭하는데, 간행 시기는 程乙本과 같은 乾隆 57년이면서 한 계절 늦을 뿐이다.[103] 사주쌍변, 계선 있음. 판심: 화구(紅樓夢), 상 하향 흑단어미, 회차(소자), 장차. 10행 24자, 판 크기: 16.5 × 10.9cm이다.

이 활자의 서체는 匠體字로 활자의 크기는 모두 같은데, 같은 문자의 자양은 그다지 일치하지 않고 있다. 문자의 행과 열은 비교적 가지런하다. 광곽의 네 꼭짓점은 크게 벌어져 있다. 많은 부분의 계선이 인출되지 않았다. 묵색도 그다지 균일하지 못하며 분명하게 찍히지 않은 문자도 있으니, 인출면의 높낮이가 고르지 못한 결과일

---

　2. 北京圖書館 원편, 勝村哲也 복간 편, 「中國版刻圖錄」(京都: 朋友書店, 1983), 102.

102) 魏隱儒(1984), 228-230.

103) 徐憶農(2002), 49.

것이다. 이로 미루어 도각술과 조판 기술이 그다지 고명하지 못함을 알 수 있다. 乾隆 57년에 인출한 程乙本의 引言에

> 친구 중에 빌려서 베껴 보려고 하는 자가 매우 많았는데, 베끼기는 진실로 곤란하고, 목판으로 간행하기에는 시일이 필요하여, 짧은 시간에 활자를 모아서 인쇄하였다. 급하게 여러 동호인에게 공개하고자 하였기 때문에, 첫 번째 인쇄할 때는 자세히 교정하지 못하여 간혹 오류가 있었다. 이제 다시금 각각의 원본을 모아서, 자세히 교열하여 오류가 없도록 개정하였으니 양해를 바란다(綠友人借抄爭觀者甚夥, 抄錄固難, 刊板亦需時日, 姑集活字印刷, 因急欲公諸 同好, 故initinit時不及細校, 間有紕繆, 今復聚集各原本, 詳加校閱, 改訂無訛, 惟 識者諒之.).[104]

라고 말하고 있다. 이로부터 공기를 재촉하는 것이 인쇄 기술과 교감 작업에 얼마만큼 막대한 부정적 영향을 미치는가를 알 수 있다.

5.13 周秉鑑 易安書屋의 「甫里逸詩」·「假年錄」·「甫里聞見集」

周秉鑑의 易安書屋은 乾隆 58(1793)년에 목활자로 (淸)許狒의 「甫里逸詩」 2권 100부(圖錄VI-서영 26)와 「假年錄」 4권(권3에 "甫里遺文"이라고 표시) 및 「甫里聞見集」 1권을 인쇄하였다.[105] 이 활자는 그의 친구로부터 선물로 받은 6,000여 개이다.[106]

이 활자의 서체는 해서체로 아름답다. 문자의 행과 열은 가지런하고 기울어지거나 삐뚤어진 문자도 없다. 그러나 묵색이 고르지 못하

---

104) 「紅樓夢」, "引言", 乾隆57年程偉元萃文書屋木活字本(程乙本).

105) 1. 張秀民(1989), 707.
   2. 魏隱儒(1984), 231.
   3. 張秀民·韓琦 공저(1998), 131.

106) 張秀民, "中國活字印刷簡史", 51.

여 간혹 묵등으로 찍힌 문자가 있다. 이로써 도각술과 조판 기술은
비교적 좋으나, 묵즙 도포 기술은 비교적 뒤떨어짐을 알 수 있다.

5.14 무명씨의 「蝱蛞雜記」

무명씨는 乾隆 58년에 목활자로 (淸)竹勿山石道人의 「蝱蛞雜記」
를 인쇄하였다.[107]

5.15 內府의 朱墨套印本 「雍正硃批諭旨」

內府는 乾隆 초년에 목활자로 「雍正硃批諭旨」 360권 120책(圖
錄VI-서영 27)을 인쇄하였다. 본문은 묵색, 주석・구두점・직선은
주색으로 채색인쇄, 즉 套板印刷한 활자본이다. 내용이 雍正
13(1735)년 5월까지 기록되어 있고, 乾隆 황제 이름인 "弘"을 피휘
한 점으로 미루어 乾隆 초년에 인쇄한 것으로 보인다. 사주쌍변,
계선 없음. 판심: 화구(朱批諭旨)(소자), 상 하향 흑단어미, 권차, 장
차, 인쇄공명. 10행 21자, 소자쌍행, 판 크기: 21.0 × 16.2cm. 10행
의 행간에 주색 소자 행을 추가하기도 하였다. 판심의 문자나 변란
이 반복된 점에서 여러 개의 인판을 사용하였다. 여러 서사가 번인
하였다.[108] 동일한 문자의 자양이 다르고, 도각의 흔적이 역력한
점에서 목활자본으로 보인다.

---

107) 張秀民・韓琦 공저(1998), 129.

108) 1. 鄒毅(2010), 162.
　　　2. 張秀民・韓琦 공저(1998), 102.

5.16 孫星衍 問字堂의「京畿金石考」

孫星衍의 問字堂은 乾隆 연간에 목활자로 자신이 저술한「京畿金石考」2권(圖錄Ⅵ-서영 28)을 인쇄하였다.[109] 판식은 좌우쌍변, 계선 있음. 판심: 화구(京畿金石考),[110] 상 하향 흑단어미, 권차, 장차. 10행 24자, 판 크기: 16.7 × 11.0cm이다. 책지는 죽지인데 楮가 약간 포함되어 있다.

동일 문자의 자양이 다르고, 도각의 흔적이 역력하다. 문자의 크기가 약간 큰 경우가 섞여 있다. 匠體字의 미감을 충분히 살리지 못하여 그다지 고명하지 못한 도각술이다. 조립식 광곽의 네 꼭짓점에 틈이 크게 벌어져 있다. 문자의 횡렬이 가지런하지 못하고, 기울어지거나 삐뚤어진 문자가 많으며, 반만 보이거나 한쪽 부분이 찍히지 않은 문자가 많다. 문자에 따라서 묵색의 농담도 차이가 크다. 묵즙이 번지기도 하였고 농도가 진한 엽과 연한 엽이 섞여 있다. 이로 미루어 조판 기술과 묵즙 도포 기술 역시 고명하지 못함을 알 수 있다.

5.17 周永年의「儒藏」

濟南의 周永年은 乾隆 연간에 활자로「儒藏」을 인쇄할 것을 제창하였다. 중국의 學宮·書院 및 명산의 고찰 등 무릇「儒藏」이 있는 곳은 모두 활자를 한 조씩 보유하고 있으면서 필요한 서적을 인쇄하였다. 그런데 周永年은 활자판으로 서적을 대량으로 생산하여 유통

---

109) 中國科學院圖書館 編,「中國科學院圖書館藏中文古籍善本書目」(北京: 科學出版社, 1994), 191, 史部, 金石類, 總類(史851.002).

110) 北京圖書館 編,「北京圖書館古籍善本書目」(北京: 書目文獻出版社, [1987]), 1084, 史部, 金石類, 總類(02644)에는 白口라고 저록하고 있다.

시키려고 하였으니,111) 이는 대규모로 유교 경전을 인쇄하기 위하여 활자를 채택하도록 주창한 최초의 인물이다.

5.18 公愼堂의 「題奏事件」·「轅門抄」·「題奏全錄」·「題奏全稿」

公愼堂은 乾隆 연간부터 嘉慶 연간에 이르기까지 수십 년간 목활 자로 官報라고 할 수 있는 「題奏事件」(圖錄VI-서영 29)을 독립된 낱 장으로 매일 3장씩 발행하였다. 동종 활자로 간행한 것으로는 「轅門 抄」·「題奏全錄」·「題奏全稿」 등이 있다. 「題奏事件」은 사주단변, 광곽이 없는 경우도 있다. 계선 없음. 판심: 화구(題奏事件), 상 하향 흑단어미, 장차. 14~15행 20~22자, 소자쌍행, 판 크기: 24.2 × 16.4cm, 책 크기: 26.0 × 20.5cm이다.

활자의 재질에 대하여 양론이 있다. 목활자본의 증거로는 ① 문자 가 없는 공간에 충전한 頂木·夾條의 흔적이 반영된 잡묵이 대부분의 판면에 나타나서 武英殿 聚珍版의 「絳帖平」의 잡묵과 유사하고, ② 문자가 없는 공백 부분에 잡묵이 넓게 반영되어 있으며, ③ 동일한 자 양이 다른 엽에 반복하여 출현하는 점이다. 예를 들면 「題奏事件」 嘉 慶 6(1801)년 11월 초7일 제3엽 제17행, 12일 제1엽 제15행, 24일 제 3엽 제22행의 듭이다. 권두에 있는 書名·년월·"公愼堂"·판심의 "題奏事件"은 계속 반복 사용되면서 날짜만 교체한 점이다.112)

그러나 이 같은 주장에 대하여, 활자가 아닌 밀랍판으로 간행하였 다고 주장하기도 한다. 그 근거로는 ① 묵색의 농담이 균일하지 않

---

111) 張秀民(1989), 702.

112) 艾俊川(2006), 70.

고, 행렬이 가지런하지 않으며, 문자 간에도 정돈되지 않아서 서품이 매우 낮다. ② 특히 문자가 없는 공백 부분에 잡묵이 넓게 반영된 것은 밀랍판에 조각한 문자의 깊이가 그다지 깊지 않기 때문이다. ③ 淸 시대 초기 서양 예수교 전도사와 淸 시대 말기 서양인의 기록에 의하면 시급성을 요하는 신문 성격의 인쇄물에 밀랍판이 보편적으로 사용되었다는 점이다.113)

중국 國家圖書館 소장본 「題奏事件」을 자세히 분석하면, 문자의 크기는 균일한 편이나, 간혹 다소 차이 나는 것이 섞여 있다. 동일 문자의 자양이 각각 달라서 일치하지 않으며, 목리와 도각의 흔적이 보여서 목활자임을 알 수 있다. 많이 사용한 듯 필획이 굵고 무뎌진 문자와 가는 문자가 혼재하고 있다. 장체자의 필의를 살리지 못하여 서체의 미감을 느끼기 어렵다. 문자의 종행은 활처럼 휜 현상이 쉽게 보이고, 횡렬은 가지런하지 못하다. 문자가 시계방향과 반시계방향으로 삐뚤어진 경우와 일부 필획이 인출되지 않은 경우가 적지 않다. 문자에 따른 농담 차이도 심하다. 계선은 거의 인출되지 못하여 없는 것처럼 보이나, 문자가 없는 부분에서 인출되어 조판을 위한 낮은 높이의 계선을 사용한 사실을 알 수 있다. 문자가 없는 공간에 충전한 頂木이 인출된 잡먹이 보여서 간행을 서두른 흔적이 역력하다. 묵색은 농담 차이가 쉽게 보이고 잡묵 또한 곳곳에 쉽게 보인다 (<사진 12> 참조114)). 신속한 간행을 위하여 서두른 흔적이 역력하다. 이로 미루어 도각술, 조판술, 인출술의 인쇄기술이 아직 고명한 수준에 이르지 못하였음을 알 수 있다.

---

113) 張秀民·韓琦 공저(1998), 78-83.
114) 艾俊川(2006), 69.

5.19 乾隆 연간의 목활자본

乾隆 연간의 목활자본으로 알려진 것으로는 愛日堂이 간행한 「悱子讀書記」·「世宗欽頒磨勘簡明條例」·「禮部則例」·(淸)楊以任의「讀史四集」·(淸)惠麓酒民의 「洴澼百金方」·小眉山館이 간행한「盤珠集」·(淸)蔡文薄의 「四本堂詩文集」 등이 있다.115)

---

115) 張秀民·韓琦 공저(1998), 114-122·127.

「歷代臣鑒」37권 8책(圖錄VI-서영 30)은 사주단변, 계선 있음. 판심: 화구(歷代臣鑒), 상 하향 흑단어미, 권차, 장차. 9행 20자, 판 크기: 20.0 × 13.9cm, 책 크기: 28.5 × 17.7cm이다. 동일 문자의 자양이 다르고, 날카로운 필획의 끝부분에서 도각의 흔적이 보이고, 목리도 보인다. 장체자의 단정한 필의를 살리고 있는 우수한 도각술이다. 조립식 광곽의 결구는 1mm 이내이다. 문자의 횡렬이 다소 가지런하지 못하고, 약간 삐뚤어진 문자가 드물게 보인다. 계선과 광곽이 활자와의 높이 차이로 인출되지 않은 부분이 있다. 문자의 묵색은 목판본과 견줄 만큼 조판술은 고명하다. 묵색은 대체로 진한 편인데, 간혹 약간 번진 엽이 있기는 하나, 전반적으로 균일하다. 잡묵도 없고 판면이 깨끗하여 인출술 역시 우수함을 알 수 있다.

金壇知縣인 陳希敬은 (淸)蔣衡의 「拙存堂文初集」 8권 6책(圖錄VI-서영 31)을 인쇄하였다. 사주단변, 계선 없음. 판심: 화구(拙存堂文集), 상 하향 흑단어미, 권차, 장차. 9행 20자, 소자쌍행, 천두에 소자쌍행 4자의 비평어가 있다. 판 크기: 21.9 × 14.3cm, 책 크기: 30.6 × 18.2cm. 동일 문자의 자양이 다르고, 날카로운 필획의 끝부분에서 도각의 흔적이 역력하다. 장체자의 단정한 미감을 능숙하지 못한 도각술로 인하여 살리지 못하였다. 인판은 광곽의 사변이 밀착하고 있다. 문자의 횡렬이 다소 가지런하지 못하지만, 삐뚤어진 문자가 거의 없는 점에서 방정한 육면체 활자임을 짐작할 수 있다. 간혹 일부 문자의 필획이나 광곽이 이웃하고 있는 활자와의 높이 차이로 인하여 부분적으로 인출되지 않은 경우가 있다. 문자의 묵색은 약간의 농담 차이가 있기는 하나, 전반적으로는 고른 편이다. 그러나 탈자와 오자가 적지 않다. 예를 들면, 누락된 문자는 목록 제3엽하엽 제9

행 제6자의 詩, 권4 제35엽상엽 제4행 제16자・제7행 제3자의 柴,
제35엽하엽 제1・6・7・14행 제13자・제8행 제8자・제9행 제11자
의 夫 등이다. 활자가 부족한 까닭으로 보인다. 오자는 목록 제5엽
하엽 제5행 제4자의 陳(張의 잘못), 권1 제2엽하엽 제8행 제19자의
소자 綱(網의 잘못), 권3 제30엽상엽 제1행 제13자의 舖(餔의 잘못),
권3 제33엽하엽 제4행 제14자의 傳(傳의 잘못), 권7 제4엽하엽 제9행
제10・11자의 소자 傳後(後傳의 잘못), 권7 제14엽상엽 제3행 제14자
의 소자 目(日의 잘못), 권7 제15엽상엽 제5행 제15자의 后(石의 잘
못) 등이다. 이 밖에 정확한 활자가 없어서인지 유사한 필획의 문자로
대체한 경우도 부지기수다. 예를 들면 庄(莊을 대체, 이하 같음)・商
(商)・冐(冒)・昜(易)・昻(昂)・鈞(鉤)・叚(段)・衡・度・美・從・神・
朽・菜・瑣・嚼・墳・備・久・淹・鹽・場・飭・聽・初・裏・膝・梁・
雙・耒・健 등이다.116) 묵색은 전반적으로 균일한데, 간혹 약간 번질
정도로 진한 엽이 있다. 잡묵도 없고 판면이 깨끗하다. 泓・絃 등을
피휘하였다. 도각술은 우수한 수준이고, 조판술과 인출술은 고명한 수
준이다. 다만 교정 태도가 지극히 안이한 점이 흠이다.

<표 5> 乾隆 연간의 활자인쇄

	인쇄 주체	인쇄 연도	활자 재료	인본 서적	비고
1	呂撫	乾隆 원(1736)년	泥	(淸)呂撫의 「精訂綱鑑二 十一史通俗衍義」 26권	
2		乾隆 10(1745)년	木	乾隆 「奉節縣志」	
3	李 모 씨	乾隆 13(1748)년	木	(淸)李苅旻의 「李鷺洲文集」	

---

116) 희한한 필획의 문자들은 기존 한자의 필획으로 조합하여 만들기도 어려워서 모두 제시하지
    못하였다.

	인쇄 주체	인쇄 연도	활자 재료	인본 서적	비고
4	曹咸寧의 酌雅齋	乾隆 24(1759)년		「酌雅齋四書遵注合講」	
5		乾隆 28(1763)년	木	「剡中集」	
6	樂모씨	乾隆 32(1767)년	木	(宋)樂史의 「太平寰宇記」 202권	
7	乾隆, 金簡	乾隆 38(1773)년 10월-59(1794)년	木	「武英殿聚珍版叢書」 134종	乾隆 38년 10월 28일~乾隆 39년 4월 26일까지 대추나무 활자 253,500개 제작
		乾隆 55(1790)년		(「萬壽衢歌樂章」)	朱墨套印
		嘉慶 연간		周煌의 「續琉球國志略」· 「乾隆八旬萬壽盛典」· 「吏部則例」 등 8종, 「東觀漢記」·「兩漢會要」· 「唐會要」·「五代會要」· 「水經注」·「元和郡縣志」· 「輿地廣記」·「農書」· 「醫方」·「古算經」 등	
8	臨嘯書屋	乾隆 40(1775)년	木	(宋)吳曾의 「能改齋漫錄」	
9		乾隆 44(1779)년	木	「盛京通志」	
		乾隆 48(1783)년	木	(宋)王佐의 「紹興戊辰同年小錄」·(宋)文天祥의 「寶祐丙辰登科錄」	
10		乾隆 52(1787)년	木	「吳興合璧」 4권	
11	紫陽書院	乾隆 55(1790)년	木	周鴻의 「婺源山水游記」	
12	程偉元의 萃文書屋	乾隆 56(1791)년	木	(淸)曹霑·高鶚의 「紅樓夢」 120回	程甲本
		乾隆 57(1792)년			程乙本·程丙本
13	周秉鑑의 易安書屋	乾隆 58(1793)년	木	(淸)許翀의 「甫里逸詩」 2권·「假年錄」 4권· 「甫里聞見集」 1권	
14		乾隆 58(1793)년	木	(淸)竹勿山石道人의 「蝈蛞雜記」	
15	內府	乾隆 초년	木	「雍正硃批諭旨」 360권	朱墨套印
16	孫星衍의 問字堂	乾隆 연간	木	(淸)孫星衍의 「京畿金石考」 2권	
17	周永年	乾隆 연간		「儒藏」	
18	公愼堂	乾隆-嘉慶 연간	木	「題奏事件」·「轅門抄」·	

인쇄 주체	인쇄 연도	활자 재료	인본 서적	비고
			「題奏全錄」·「題奏全稿」	
愛日堂 小眉山館 陳希敬	乾隆 연간	木	「悱子讀書記」	
			「盤珠集」	
			(淸)蔣衡의 「拙存堂文初集」 8권	
19			「世宗欽頒磨勘簡明條例」· 「禮部則例」·(淸)楊以任 의 「讀史四集」·(淸)惠麓 酒民의「洴澼百金方」· (淸)蔡文薄의 「四本堂詩 文集」·「歷代臣鑒」 37권	

6. 嘉慶 연간(1796-1820)

6.1 望岳樓의 「經學質疑」

望岳樓는 嘉慶 6년에 목활자로 (淸)朱霈의 「經學質疑」를 인쇄하
였다.117)

6.2 抱蘭軒의 「琅嬛靑囊要叢書」

抱蘭軒은 嘉慶 8(1803)년에 목활자로 (淸)陳太初의 「琅嬛靑囊要
叢書」를 인쇄하였다.118) 「抱蘭軒叢書」라고도 칭한다. 이에는 「琅嬛
詩集」(圖錄VI-서영 32)·「琅嬛秘書」(圖錄VI-서영 33)·「琅嬛地理書」
(圖錄VI-서영 34)·「琅嬛天文集」(圖錄VI-서영 35)의 각각 4권 4책이

---

117) 張秀民·韓琦 공저(1998), 112.
118) 1. 張秀民·韓琦 공저(1998), 122.
　　2. 鄒毅(2010), 59-60·94.

포함되어 있다. 판식은 동일하다. 사주쌍변, 계선 있음. 판심: 화구(琅嬛集·琅嬛地理書·琅嬛天文集), 상 하향 흑단어미, 권차, 장차(소자), 판심 하단에 "抱蘭軒藏". 9행 21자, 소자쌍행, 판 크기: 14.3 × 8.9cm, 책 크기: 21.9 × 13.1cm이다.

같은 문자의 자양이 동일하지 않고, 도각의 흔적이 역력한 점에서 목활자임을 알 수 있다. 목리가 보이지 않는 점에서 목질이 단단한 목재를 육면체로 제작한 후 새로 조각하여 인출한 것으로 보인다. 장체자의 필획을 살려서 조잡하지 않고 잘 정돈될 수 있도록 조각하였다. 조립식 인판 3개를 사용하였는데, 광곽 꼭짓점에 결구가 없다. 문자의 행렬이 가지런하고, 삐뚤어지거나 기울어져서 반만 인출된 문자가 거의 없다. 묵색도 상변과 각 행 제1자의 문자면, 어미와 판심 계선의 인출면 높이가 달라서 부분적으로 인출되지 않은 곳이 있고 필획 사이에 반점이 간혹 보이나, 전반적인 묵색은 대체로 고르다. 도각술·조판술·인출술 등의 인쇄 기술 수준이 우수함을 알 수 있다.

6.3 汪昌序의 「太平御覽」

吳門의 汪昌序는 嘉慶 11(1806)년에 목활자로 「太平御覽」(圖錄 VI-서영 36) 1,000권, 目錄 10권을 인쇄하였다.[119] 사주단변, 계선 있음. 판심: 화구(太平御覽), 상 하향 흑단어미, 권차, 장차. 11행 22자, 소자쌍행, 판 크기: 21.7 × 15.6cm, 책 크기: 28.4 × 18.3cm이다.

도각의 흔적이 분명하고 목리도 간혹 보인다. 서체는 장체자로 죽

---

119) (淸)葉德輝(1974), 권8, 宋以來活字板, 204.

지에 인쇄한 이 활자는 필의를 표현할 수 있을 만큼 도각술이 대단히 정교하다. 예를 들면 山 자는 목활자임에도 자양이 거의 일치하여, 한 주형에서 주조한 활자로 오인하기 쉬울 정도이다. 조판 기술에 대하여는 문자의 행렬이 가지런하고, 삐뚤어진 문자도 없으며, 광곽 꼭짓점의 틈새는 1mm 이내로 거의 없다. 간혹 활자가 반듯하지 않게 심어져서 일부 필획이 인출되지 않은 경우가 있지만, 전반적인 묵색은 농담 차이가 없어서 목판본과 견줄 만큼 균일하여 상당한 수준이다. 묵즙 도포와 인출 기술은 간혹 묵색이 엽에 따라 연하거나 지나치게 진하여 번진 경우가 있고, 문자가 번진 경우도 보인다. 이로 미루어 인출술은 고명하지는 못하다. 대체로「太平御覽」의 권질이 방대한 점과 다른 활자의 인쇄 기술 수준과 비교하면 우수하다고 할 수 있다. 그러나 교감에 대해서는 장단점을 동시에 가지고 있다. 권203의 끝에 "吳興 沈宸 分校·吳興 陳杰 分校·江都 吳澤普 分校"의 3行이 있어서 교감자를 알 수 있다. 이들은 본문 교열에는 충실하였으나, 각 권의 첫 행에 오는 卷頭題와 卷次 그리고 版心 및 卷末題 등에는 오류가 적지 않다. 예를 들면 권16 제9엽의 판심에는 "卷四十六"으로 되어있어서 四가 불필요하게 더 들어가 있다. 권22 제4엽과 제5엽은 장차가 "三" "四"로 잘못되어 있다. 권39 제5엽의 판심에는 "卷三十八"로 잘못 식자되어 있다. 권118 제6엽의 판심에는 "卷一百十"으로 되어있어 八자가 누락되었다. 권217은 제2엽에서 제5엽까지의 판심에 모두 "卷二百一十八"로 잘못되어 있을 뿐만 아니라, 제5엽은 장차까지 누락되어 있다. 권444의 卷頭題 아래의 卷次가 "太平御覽卷第四百四十五"로, 판심에도 제1엽과 제2엽에는 "卷四百四十五"로 잘못되어 있다. 권470 제5엽의 판심에는

"卷九百九十五"로 잘못되어 있다. 권556의 卷頭題와 卷末題는 "太平御覽卷第五百五十五"로, 판심의 卷次도 제1엽에서 제9엽까지 "卷五百五十五"로 잘못되어 있다. 권728 제4엽과 권867 제1엽은 판심의 卷次가 각각 "卷八百八十四"와 "卷八百六十三"으로 잘못되어 있는 등이다.

6.4 龍萬育 敷文閣의 「九國志」·「天下郡國利病書」·「讀史方輿紀要」·「形勢紀要」

四川省 成都 龍萬育의 敷文閣은 자신이 제작한 목활자 聚珍版으로 嘉慶 12(1807)년에 「九國志」 12권 6책(圖錄VI-서영 37)을 인쇄하였다. 사주쌍변, 계선 없음, 판심 계선도 없음. 판심: 화구(九國志), 상 하향 흑단어미, 권차, 장차, 서사명(敷文閣). 10행 21자, 소자쌍행, 판 크기: 19.0 × 13.5cm, 책 크기: 25.0 × 15.6cm이다.

동일 문자의 자양이 일치하지 않고, 목리가 보이며, 도각의 흔적이 역력하여 정돈되지 않은 듯한 느낌을 준다. 장체자의 필의를 표현할 수 있는 도각술이다. 조립식 광곽의 꼭짓점에 1~2mm의 결구가 보인다. 문자의 행렬은 가지런하지만, 일부 필획이 인출되지 않았거나 문자에 따라 묵색 농담에 차이가 큰 점과 소자의 경우는 삐뚤어진 문자가 많은 점 등으로 미루어 우수한 조판술은 아니다. 문자가 없는 부분에서 계선이 인출되었고, 묵색은 엽에 따라 또 문자에 따라 농담 차이가 큰 경우가 있고, 심지어 한 문자의 필획에 따라서도 농담 차이가 나타난다. 거의 모든 엽에 잡묵이 있어서 지저분한 느낌을 준다. 인출술이 제일 떨어진다.

嘉慶 14(1809)년에는 (淸)顧炎武의「天下郡國利病書」120권을 인쇄하여, 1년 후에 120부를 완성하였다. 道光 10(1830)년에도 재고를 정리하다가 이전에 인쇄한 것이 일찍이 품절되었기 때문에 또 한 번 더 인쇄하였다. 封面에 타원형의 "敷文閣聚珍板"이라는 印記가 있다. 嘉慶 16(1811)년에 지리학자인 (淸)顧祖禹의「讀史方輿紀要」130권을 甘肅省에서 인쇄하였다. 매 엽의 판심에 "敷文閣" 3자가 인쇄되어 있다.[120] 道光 3(1822)년에는「形勢紀要」9권을 인쇄하였다.[121] 敷文閣의 인쇄 기술에 대하여 (淸)包世臣은 "목판본만큼 좋지 못하다(不及全板之善.)."라고 말하고 있다.

이 활자판은 후에 四川省 남방의 桐華書屋 주인 薛 씨에게로 넘어갔는데, 필획이 탈락되고 마모된 활자가 많아서 薛 씨가 다시 보수하여「天下郡國利病書」를 인쇄하였다.[122]

6.5 鑄吾軒의「四書經典通考」

鑄吾軒은 嘉慶 12년에 목활자로 (淸)陸文籀의「四書經典通考」를 인쇄하였다.[123]

---

120) 1. 張秀民, "淸代的木活字", 108.
   2. (淸)葉德輝(1974), 권8, 宋以來活字板, 204에는「讀史方輿紀要」가 道光 3(1823)년에 인쇄되었다고 말하고 있다.

121) (淸)葉德輝(1974), 권8, 宋以來活字板, 204.

122) 1. 張秀民, "淸代的木活字", 108.
   2. 張秀民, "中國活字印刷簡史", 52.

123) 張秀民・韓琦 공저(1998), 111.

6.6 武隆阿의 「聖諭廣訓注」

泉州 龔顯曾의 「亦園脞牘」 권1에

> 臺灣鎭의 武隆阿가 동활자를 조각하여 가지고 있었는데, 일찍이
> 그 「聖諭廣訓注」 인본을 보니 자획이 정교하였다(臺灣鎭武隆阿刻
> 有銅活字, 嘗見其≪聖諭廣訓注≫印本, 字畫精致.).[124]

라는 기록이 있다. 安徽省의 姚瑩은 道光 연간(1821-1850)에 臺
灣에서 관직에 있을 때 친구에게 써 보낸 편지에서

> 요즈음 武 모라는 군인이 또 聚珍銅板을 주조하였다. 문자는 宋體
> 字이고 매 板(葉)에 8행밖에 없었는데, 내 마음에는 들지 않았다.
> 또 福建의 林 모는 聚珍목활자판을 만들었는데, 매 板(葉)에 10행
> 11행 모두 가능하며 武 모의 조각보다는 비교적 좋았다. 그런데 문
> 자는 송체자여서 행해서는 안 될 것이다(此間有武軍家, 亦鑄聚珍銅
> 板, 字亦宋體, 而每板只八行, 不愜鄙意. 又有閩人林某作聚珍木板,
> 每板十行, 十一行, 皆可, 較善於武刻, 而字乃今體, 亦不當行也.).[125]

라고 말하고 있다. 滿洲 正黃族인 武隆阿瓜爾佳는 嘉慶 12년에
臺灣鎭의 挂印總兵官을 역임하다가, 25(1820)년에 滿洲로 귀임하였
다.[126] 이상에서 武隆阿瓜爾佳가 臺灣에서 總兵官의 임기 중에 동
활자로 「聖諭廣訓注」를 인쇄한 사실을 알 수 있다.

그가 사용한 활자의 제작 방법에 대하여 龔顯曾은 조각하였다고

---

124) (淸)龔顯曾, 「亦園脞牘」, 권1.

125) 沈文倬, "淸代學者的書簡", 「文物」 1961年 10期. 61-65.

126) 1. 「光緖臺灣通志」, 稿本.
2. (民國)趙爾巽 등. 「淸史稿」, 권368, 列傳155, "武隆阿傳"에는 "嘉慶 11(1806)년에……臺灣
鎭總兵을 받았다(嘉慶十一年……授臺灣鎭總兵)."라고 되어있다.

하고 姚瑩은 주조하였다고 하고 있다. 비록 주조하였다는 설에 동의하는 자가 있기는 하나,127) 이 양자의 견해가 서로 모순되어 누가옳은지는 알 수 없다. 그러나 그의 자획은 정교하여 인쇄 기술적으로는 상당히 성공하였다. 따라서 福建인 林 모가 제작한 목활자 인쇄도 또한 상당한 수준이었음을 알 수 있다. 다만 누구인가를 밝힐수 없음이 아쉽다. 이는 臺灣에서도 19세기 초엽에 본토의 인쇄 기술을 모방하여, 동활자와 목활자를 제작하여 서적을 인쇄하였음을말해주고 있다.

6.7 宋 모 씨의 「庸庵集」

餘姚의 宋 모 씨는 嘉慶 13(1808)년에 목활자로 (元)宋胤僖의 「庸庵集」을 인쇄하였다. 피휘의 방법으로 玄을 元으로, 弘을 宏으로 문자를 교체하였다.128)

6.8 무명씨의 「錢氏三世五王集」

무명씨는 嘉慶 14년에 목활자로 (淸)錢玫의 「錢氏三世五王集」을인쇄하였다.129)

---

127) 저자미상, 「中國科學文明史」(臺北: 木鐸出版社, 1983), 423.

128) 1. 張秀民·韓琦 공저(1998), 126.
    2. 張秀民 저, 韓琦 增訂(2006), 619.

129) 張秀民·韓琦 공저(1998), 115.

6.9 吳志忠의 「兼明書」·「河朔訪古記」·「洛陽伽藍記」

璜川의 吳志忠은 嘉慶 16년에 목활자로 (五代)邱光庭의 「兼明書」 5권(圖錄Ⅵ-서영 38)·(元)迺賢의 「河朔訪古記」 2권 및 (後魏)楊玄之의 「洛陽伽藍記」 5권을 인쇄하였다.[130]

서체는 인서체인 장체자로 정방형이다.[131] 「兼明書」의 위아래 변란의 내측에 일정한 간격으로 오목한 홈이 있는데(<사진 13> 참조), 이는 明 시대 會通館本의 「宋諸臣奏議」나 「錦繡萬花谷」과 같은 기능의 현상으로, 계선의 양 끝을 끼워 넣어서 인출할 때 활자의 흔들림을 예방하기 위하여 사전에 활자판 行格의 너비에 맞추어 조각한 것으로 보인다.[132]

<사진 13> 「兼明書」 하변 광곽의 홈

6.10 무명씨의 「盛氏詩鈔」

무명씨는 嘉慶 16년에 목활자로 (淸)盛翹의 「盛氏詩鈔」를 인쇄하였다.[133]

---

130) (淸)葉德輝(1974), 권8, 宋以來活字板, 204.

131) 張秀民, "中國活字印刷簡史", 45.

132) 鄒毅(2010), 64.

133) 張秀民·韓琦 공저(1998), 131.

6.11 朱麟書 白鹿山房의「中吳紀聞」·「緯略」

朱麟書의 白鹿山房은 嘉慶 17(1812)년에 목활자로「中吳紀聞」6 권과 高似孫의「緯略」12권(圖錄VI-서영 39)을 인쇄하였다.[134]「緯 略」은 사주단변, 계선 있음. 판심: 상흑구, 상하 내향 흑쌍어미, 판심 제, 권차, 장차, 하흑구, 하흑구 옆에 "白鹿山房校印"(판심 내의 문자 는 모두 소자). 판 크기: 18.4 × 13.6cm이다.

같은 문자의 자양이 다르고, 도각의 흔적과 목리가 역력하다. 장 체자의 필의를 살리고 있어서 비교적 아름답다. 문자의 크기가 균일 하여 행과 열이 가지런하고 기울어진 문자도 없다. 광곽의 네 꼭짓 점은 틈이 1mm 정도 벌어져 있다. 묵색은 간혹 필획이 번진 문자가 있으나, 비교적 고른 편이어서, 도각술과 조판술이 고명함을 알 수 있다. 인출 후의 교감 작업도 신중하였다. 잘못 인출된 문자가 있으 면 붉은색 사각형으로 덮어 찍어서 지운 다음, 그 우측에 소자로 정 확한 문자를 찍어 넣었다. 누락된 문자는 그 옆에 찍어 넣었다. 曄· 麻를 피휘하였다.

6.12 耕學草堂의「人嶽萃編」

耕學草堂은 嘉慶 17년에 목활자로「人嶽萃編」4권 8책(圖錄VI-서 영 40)을 인쇄하였다. 사주쌍변, 계선 있음. 판심: 화구(人嶽萃編), 상 하향 흑단어미, 권차, 편명(소자), 장차, 서사명(從野堂). 판 크기: 22.9 × 14.6cm, 책 크기: 31.1 × 17.8cm.

같은 문자의 자양이 다르고, 날카로운 필획의 끝부분에서 도각의

---

134) (淸)葉德輝(1974), 권8, 宋以來活字板, 204.

흔적이 역력하다. 목리가 보이지 않는 점에서 새로 조각한 활자로 보인다. 장체자의 단정한 필의를 살리고 있는 우수한 도각술이다. 조립식 광곽의 네 꼭짓점은 틈이 2~5mm 정도로 크게 벌어져 있다. 문자의 행렬이 가지런하고 삐뚤어지거나 기울어진 문자도 거의 없다. 문자의 묵색은 농담 차이가 약간 있으나, 전반적으로 균일한 편이다. 묵색은 간혹 번진 엽이 있으나, 비교적 균일한 편이다. 도각술과 조판술이 우수함을 알 수 있다.

6.13 小雲谷의 「名帖紀聞」

小雲谷은 嘉慶 17년에 목활자로 (清)朱照廉의 「名帖紀聞」을 인쇄하였다. 11행 24자, 활자의 크기가 매우 작다.[135]

6.14 무명씨들의 「於潛縣志」·「詩音」·「詩賦題典雅」

무명씨는 嘉慶 17년에 목활자로 「於潛縣志」 16권을 인쇄하였다. 권11 제45엽하엽의 말행에 之가 있는데,[136] 이는 원래 제44엽에서 식자한 것을 45엽을 인쇄할 때 미처 해판하지 못하여 남아있던 것이 인출된 경우이다.

다른 무명씨는 嘉慶 17년에 목활자로 (清)高樹然의 「詩音」과 (清)邱大猷의 「詩賦題典雅」를 인쇄하였다.[137]

---

135) 張秀民 저, 韓琦 增訂(2006), 616.

136) 田淵正雄(1980), 437-438.

137) 張秀民·韓琦 공저(1998), 110-112.

6.15 沈 모 씨 嘯園의 「南唐書」・「南齊書」

沈 모 씨의 嘯園은 嘉慶 18(1813)년에 목활자로 (宋)馬令의 「南唐書」를 인쇄하였다. 이 밖에 (梁)蕭子顯의 「南齊書」도 인쇄하였다.[138]

6.16 무명씨의 「盧忠肅公集」

무명씨는 嘉慶 18년에 목활자로 (明)盧象升의 「盧忠肅公集」을 인쇄하였다.[139]

6.17 吳淑騏 企瑤山館의 「瑤光閣集」

吳淑騏의 企瑤山館은 嘉慶 21(1816)년에 목활자로 (明)黃端伯의 「瑤光閣集」을 인쇄하였다.[140]

6.18 무명씨들의 「三芝山房讀史隨筆」・「懷遠縣志」

무명씨는 嘉慶 22(1817)년에 목활자로 (淸)盧浙의 「三芝山房讀史隨筆」을 인쇄하였다.[141]

다른 무명씨는 嘉慶 24(1819)년에 목활자로 嘉慶 연간의 「懷遠縣志」를 인쇄하였다.[142]

---

138) 張秀民・韓琦 공저(1998), 113.
139) 張秀民・韓琦 공저(1998), 127.
140) 魏隱儒(1984), 232.
141) 張秀民・韓琦 공저(1998), 120.
142) 張秀民・韓琦 공저(1998), 117.

6.19 張金吾 愛日精廬의 「續資治通鑑長編」・「愛日精廬藏書志」

常熟 張金吾의 愛日精廬는 嘉慶 24(1819)
년143)에 10만여 개의 목활자를 無錫 지역에
서 입수하여, 여름부터 16개월에 걸쳐서
(宋)李燾의 「續資治通鑑長編」(圖錄VI-서영
41) 520권, 目錄 2권을 120부 인쇄하였다.
목록의 앞에 "嘉慶己卯仲夏海虞張氏愛日精
廬印行"이라는 간기 2행이 있다(<사진 14>
참조). 嘉慶 25년에 또 자신이 저술한 「愛
日精廬藏書志」4권(圖錄VI-서영 42)을 인쇄
하였다.144) 「續資治通鑑長編」의 판식은 사
주단변, 계선 없음. 판심: 화구(續資治通鑑
長編), 상 하향 흑단어미, 권차, 장차, 판심
하단에 "愛日精廬"(소자). 12행 21자, 소자
쌍행, 판 크기: 21.6 × 15.4cm이다.

<사진 14>
「續資治通鑑長編」의 간기

이 활자의 서체는 장체자이고 아름답다. 간혹 약간 長形이거나 약
간 扁形인 문자가 있다. 문자의 크기가 균일한 점에서, 아마도 먼저
네모반듯한 육면체 목자를 만든 후에 문자를 조각하였을 것이다. 같
은 문자의 자양이 다르고, 도각의 흔적도 역력하다. 그러나 묵색의
분위기가 금속활자와 유사하며 목리가 보이지 않는 점에서 목질이

---

143) 魏隱儒(1984), 232.

144) 1. 張秀民, "淸代的木活字", 108.
　　　2. 淨雨, "淸代印刷史小紀", 喬衍琯・張錦郎 공편, 「圖書印刷發展史論文集續編」(臺北: 文史哲
　　　　出版社, 1982), 355.
　　　3. 張秀民・韓琦 공저(1998), 120.

단단한 목재를 사용한 것으로 보인다. 광곽의 네 꼭짓점은 틈이 1~
2mm 정도 벌어져 있으나, 문자의 행과 열은 가지런하고 삐뚤어지
거나 기울어진 문자도 없다. 반만 인출된 문자가 소자에서 간혹 보
인다. 묵색은 그다지 균일하지 못한데 소자가 대자보다 더욱 심하다.
비교적 자주 사용되는 之·使·以 등의 문자는 모호하게 찍혀있고,
또한 필획이 거칠고 굵어서 활자를 많이 사용한 결과 만환되어 나타
나는 현상인 듯하다. 이에서 도각술과 조판 기술은 고명하나, 묵즙
도포 기술은 비교적 뒤떨어짐을 알 수 있다.

6.20 信芳閣의「蠢言」·「痘癥定論」·「周易遵述」·「詩說考略」· 「國初十大家詩鈔」·「鄕黨備考」·「産科祕書」

嘉興 王 모 씨의 信芳閣은 嘉慶 24년에 목활자로 (淸)李詒經의「蠢
言」을 인쇄하였다. 道光 9(1829)년에는 (淸)朱純嘏의「痘癥定論」을,
道光 10년에는 (淸)蔣本의「周易遵述」·(淸)成撰의「詩說考略」·「國
初十大家詩鈔」를 인쇄하였다. 道光 연간에 또 (淸)成撰의「鄕黨備考」·
「産科祕書」를 인쇄하였다.145)

6.21 瘦竹山房의「杜詩說膚」

瘦竹山房은 嘉慶 24년에 목활자로 (淸)萬俊의「杜詩說膚」를 인쇄
하였다.146)

---

145) 張秀民·韓琦 공저(1998), 110-111·122-123·131.
146) 張秀民·韓琦 공저(1998), 124.

6.22 무명씨의 「孝感里志」

무명씨는 嘉慶 24년에 목활자로 (清)張廉의 「孝感里志」를 인쇄하였다.[147]

6.23 省園의 「帝學」

省園은 乾隆・嘉慶 연간에 宋本의 서체로 목활자를 제작하여 (宋) 范祖禹의 「帝學」 8권을 인쇄하였다. 이는 곧 繆荃孫의 「藝風藏書續記」에 "宋活字本"이라고 저록된 그것이다.[148]

활자의 배열 상태를 보면 대단히 우수하여 목판과 별 차이가 없다. 다만 계선이 만나는 곳에 연결한 흔적이 자못 분명하고, 상・하의 변란이 바르지 못하다. 조판할 때 본문의 활자를 계선보다 높게 심었기 때문에 대부분의 계선이 인출되지 않았다. 이 「帝學」에 대하여 혹자는 상・하에 이어 있는 문자의 필획이 교차하고 있는 현상을 들어서 활자본임을 부정하고 있는데, 양자의 주장이 각각 이유를 가지고 있으므로 확증을 찾아서 진일보한 연구를 할 필요가 있다.

6.24 陳景川 刻字局의 「淞南志」・陳雲煌의 「續志」・ 陳至言의 「二續志」

崑山 陳景川의 刻字局은 嘉慶 연간에 목활자로 陳元模의 「淞南志」 16권(圖錄VI-서영 43)을 인쇄하였다. 陳元模는 乾隆 원년에 孝廉方正科에 급제하였다. 그의 아들 陳雲煌은 乾隆 14(1749)년에 「續志」 1권을, 그의 손자 陳至言은 嘉慶 18년에 「二續志」 2권을 각각 지었

---

147) 張秀民・韓琦 공저(1998), 118.
148) 魏隱儒(1984), 230-231.

는데, 모두 「淞南志」를 인쇄할 때 뒤에 부록으로 수록하였다. 「二續志」의 말미에 "玉峯陳景川刻字局擺板"이라는 자양이 있다.[149)

이 활자의 서체는 장체자인데 한결같이 가지런하며 아름다울 만큼 도각술이 대단히 고명하다. 어떤 문자는 간혹 서체를 달리 썼다. 예를 들면 권2 제1엽상엽의 望은 3종류의 서체를 사용하고 있다. 이는 자본을 쓰는 서사가가 자기의 흥미에 따라서 달리 쓴 결과가 아닌가 생각된다. 문자의 행과 열은 가지런하며 삐뚤어진 문자도 없다. 광곽의 네 꼭짓점에 큰 틈이 있기는 하지만, 묵색이 비교적 균일하여 조판 기술과 묵즙 도포 기술이 고명함을 알 수 있다.

6.25 逢源閣의 「樓山堂集」

逢源閣은 嘉慶 연간에 목활자로 (明)吳應箕의 「樓山堂集」을 인쇄하였다.[150)

6.26 蘭雪齋의 「曇花一現集」

蘭雪齋는 嘉慶 연간에 목활자로 (淸)胡璠의 「曇花一現集」을 인쇄하였다.[151)

6.27 何 모 씨의 「宮室圖說」

東陽 何 모 씨는 嘉慶 연간에 목활자로 「宮室圖說」을 인쇄하였다.

---

149) 1. 張秀民, "淸代的木活字", 116-117.
　　　2. 北京圖書館 원편, 勝村哲也 복간편(1983), 103.
150) 張秀民・韓琦 공저(1998), 126.
151) 張秀民・韓琦 공저(1998), 127.

「宮室圖說」의 본문 내용 중에 "聖朝"는 擡頭法을 사용하여 상변 광곽을 꺾어서 본문 위로 배열하였다.152)

6.28 무명씨들의 「古微書」・「猶賢集」・「前明忠義別傳」・「修事指南」・「鐵研山房稿」

무명씨들이 嘉慶 연간에 목활자로 (明)孫穀의 「古微書」・(明)汪雲程의 「猶賢集」・(淸)汪有典의 「前明忠義別傳」・(淸)張叡의 「修事指南」・(淸)鄧石如의 「鐵研山房稿」 등을 인쇄하였다.153)

<표 6> 嘉慶 연간의 활자인쇄

	인쇄 주체	인쇄 연도	활자 재료	인본 서적	비고
1	望岳樓	嘉慶 6(1801)년	木	(淸)朱霈의 「經學質疑」	
2	抱蘭軒	嘉慶 8(1803)년	木	(淸)陳太初의 「琅嬛詩集」・「琅嬛秘書」・「琅嬛地理書」・「琅嬛天文集」	「琅嬛靑囊要叢書」
3	汪昌序	嘉慶 11(1806)년	木	「太平御覽」 1,010권	沈宸・陳杰・吳澤普 교정
4	龍萬育의 敷文閣	嘉慶 12(1807)년	木	「九國志」 12권	
		嘉慶 15(1810)년 道光 10(1830)년		(淸)顧炎武의 「天下郡國利病書」 120권	120부
		嘉慶 16(1811)년		(淸)顧祖禹의 「讀史方輿紀要」 130권	甘肅省에서 인쇄
		道光 3(1822)년		「形勢紀要」 9권	
	桐華書屋 薛 씨			「天下郡國利病書」	敷文閣 활자
5	鑄吾軒	嘉慶 12(1807)년	木	(淸)陸文籀의 「四書經典通考」	

---

152) 1. 張秀民・韓琦 공저(1998), 122.
　　2. 張秀民, "中國活字印刷簡史", 48.
153) 張秀民・韓琦 공저(1998), 112・115・122・127.

	인쇄 주체	인쇄 연도	활자 재료	인본 서적	비고	
6	武隆阿 瓜爾佳	嘉慶 12(1807)년 -25(1820)년	銅	「聖諭廣訓注」	臺灣	
	林 모 씨		木		福建	
7	宋 모 씨	嘉慶 13(1808)년	木	(元)宋胤僖의 「庸庵集」		
8		嘉慶 14(1809)년	木	(淸)錢玫의 「錢氏三世五王集」		
9	吳志忠	嘉慶 16(1811)년	木	(五代)邱光庭의 「兼明書」 5권 ·(元)迺賢의 「河朔訪古記」 2 권·「洛陽伽藍記」 5권		
10		嘉慶 16(1811)년	木	(淸)盛翹의 「盛氏詩鈔」		
11	朱麟書의 白鹿山房	嘉慶 17(1812)년	木	「中吳紀聞」 6권·高似孫의 「緯略」 12권		
12	耕學草堂	嘉慶 17(1812)년	木	「人嶽萃編」 4권		
13	小雲谷	嘉慶 17(1812)년	木	(淸)朱照廉의 「名帖紀聞」		
14		嘉慶 17(1812)년	木	「於潛縣志」 16권		
		嘉慶 17(1812)년	木	(淸)高樹然의 「詩音」· (淸)邱大猷의 「詩賦題典雅」		
15	沈 모 씨의 嘯園	嘉慶 18(1813)년	木	(宋)馬令의 「南唐書」		
				(梁)蕭子顯의 「南齊書」		
16		嘉慶 18(1813)년	木	(明)盧象升의 「盧忠肅公集」		
17	吳淑騏의 企瑤山館	嘉慶 21(1816)년	木	(明)黃端伯의 「瑤光閣集」		
18		嘉慶 22(1817)년	木	(淸)盧浙의 「三芝山房讀史隨筆」		
		嘉慶 24(1819)년		嘉慶 「懷遠縣志」		
19	張金吾의 愛日精廬	嘉慶 24(1819)- 25(1820)년	木	(宋)李燾의 「續資治通鑑長編」 524권	120부	10만 여 개
		嘉慶 25(1820)년		(淸)張金吾의 「愛日精廬藏書志」 4권		
20	信芳閣	嘉慶 24(1819)년	木	(淸)李詒經의 「蠡言」		
		道光 9(1829)년		(淸)朱純嘏의 「痘疹定論」		
		道光 10(1830)년		(淸)蔣本의 「周易遵述」· (淸)成撰의 「詩說考略」· 「國初十大家詩鈔」		
		道光 연간		(淸)成撰의 「鄕黨備考」· 「産科祕書」		

	인쇄 주체	인쇄 연도	활자 재료	인본 서적	비고
21	瘦竹山房	嘉慶 24(1819)년	木	(淸)萬俊의 「杜詩說膚」	
22		嘉慶 24(1819)년	木	(淸)張庸의 「孝感里志」	
23	省園	乾隆·嘉慶 연간	木	(宋)范祖禹의 「帝學」 8권	
24	陳景川의 刻字局	嘉慶 연간	木	(淸)陳元模의 「淞南志」 16권, 陳雲煌의 「續志」 1권, 陳至言의 「二續志」 2권	
25	逢源閣	嘉慶 연간	木	(明)吳應箕의 「樓山堂集」	
26	蘭雪齋	嘉慶 연간	木	(淸)胡璠의 「曇花一現集」	
27	何 모 氏	嘉慶 연간	木	「宮室圖說」	
28		嘉慶 연간	木	(明)孫轂의 「古微書」· (明)汪雲程의 「猶賢集」· (淸)汪有典의 「前明忠義別傳」 ·(淸)張叡의 「修事指南」· (淸)鄧石如의 「鐵研山房稿」	

7. 小 結

이상에서 서술한 바와 같이 明 시대 弘治 연간(1488-1505)부터 동활자 인쇄가 크게 유행하기 시작한 이후 현존 활자본과 추적할 수 있는 활자본을 헤아려보면 이미 100여 종에 이른다. 그중에는 明 시대의 1,000권에 달하는 「太平御覽」도 있지만, 淸 시대에도 초기에 이미 10,040권에 달하는 「古今圖書集成」이 있었으며, 乾隆 이후에도 여전히 활발하였다. 이러한 淸 시대 전기의 활자인쇄에서 나타난 특징을 종합하면 다음과 같다.

(1) 活字印刷의 주체

활자인쇄의 주체는 중앙정부인 宮廷을 비롯하여 書肆와 書院 및 민간의 개인까지도 서적을 인쇄할 만큼 파급되었다.

(2) 活字本의 내용

활자인쇄의 대상이 되었던 서적의 내용은 매우 풍부하여 經·史·子·集에 걸쳐서 모두 망라되고 있다. 구체적으로는「武英殿聚珍版叢書」를 제외하더라도 經學·史部·子部를 비롯하여 역대의 詩文別集과 소설 등의 문학 작품·類書·천문·수학·음악 및 정부의「官報」까지를 포함하고 있다.

(3) 銅活字의 유행 지역과 인쇄 기술 수준

淸 시대의 동활자본은 비록 明 시대보다는 많지 않았지만, 北京·江蘇省 및 臺灣省에까지 유행하여 지역적으로 광범위하게 퍼져나갔다. 활자인쇄의 규모나 제작 기술 수준의 정교함도 明 시대보다 훨씬 우수하였다.

(4) 木活字의 유행 지역과 시기 및 磁活字의 사용

목활자의 유행 지역은 더욱 광범위하게 北京·江蘇省·浙江省·安徽省·四川省·福建省 등지에까지 성행하여 활자인쇄의 대부분을 차지하였다. 유행 시기는 주로 乾隆 연간 이후였다. 山東省에서는 磁活字까지도 서적 인쇄에 응용하여 (宋)畢昇의 膠泥活字를 계승하기도 하였다.

(5) 活字印刷의 기술 수준

인쇄 기술에 대하여는 기본적으로 畢昇의 방법을 이용하였다. 그러나 활자의 제작 기술에서는 서체의 미관까지도 표현할 수 있을 만큼 숙련되었다. 조판 기술에서도 목판본과도 능히 견줄 수 있을 만큼 그 수준이 향상되었다. 묵즙 조제 및 도포 기술도 역시 간혹 類書나 叢書 등의 거질에서 작업량이 많은 탓인지 묵색이 고르지 못한 경우가 있었으나, 활자 발명 초기에 묵즙을 개발하지 못하여 인쇄에 실패했던 경험에 비추어 보면 장족의 발전을 이룩하였다.

(6) 活字本의 校勘 태도

교감 작업도 대체로 신중한 태도를 보였다. 간혹 영리를 목적으로 書肆에서 인쇄한 서적이나 거질의 경우 공기에 쫓긴 나머지 소홀히 한 경우도 없지 않았으나, 교감의 여러 방법을 응용하면서 부단히 오류를 정정하려는 태도를 보여 오늘날의 귀감이 될 만하였다.

(7) 政府의 영향

    淸 시대 초기에 內府에서 동활자로 인쇄한 「古今圖書集成」을 보면, 거질임에도 불구하고 활자의 제작・조판・인출 등 모든 인쇄 기술적 측면에서 아무런 어려움이 없었다. 이로 미루어 정부의 지원이 활자인쇄 기술의 발전에 지대한 공헌을 한다는 사실도 알 수 있었다.

VII

淸 時代 後期의 活字印刷

Ⅶ. 淸 時代 後期의 活字印刷*

Typography in the Late Period of Qing Dynasty

〈초 록〉

淸 시대 후기의 활자인쇄 특징을 종합하면 다음과 같다.

(1) 활자의 재료는 銅・朱錫・鉛・泥 및 木質이 사용되었다. 동활자는 江蘇・浙江・福建・湖南 등지에서 유행하였다. 조각술의 정교함은 明 시대의 활자본보다 발전하였다.

(2) 목활자는 14개 省에서 광범위하게 유행하였다. 목활자를 소유한 기관은 궁궐・각 지방의 衙門・서원・官書局・祠堂・서사・개인 등이다. 목활자본의 수량은 약 2,000종 정도이다. 그 내용은 經學・小學・史部・子部・詩文集・문학 작품・類書・叢書・工具書・족보 등을 포함하고 있다. 목활자의 용도는 서적 인쇄 외에 저당 잡히거나 매매하기도 하고, 빌려주거나 선물로 기증하기도 하였다.

(3) 활자인쇄 중에서 목활자가 가장 유행한 이유는 다음과 같다.

　① 저렴한 經濟性: 재료를 손쉽게 구할 수 있어서 경제적이고 편리하였다.

---

* 曺炯鎭, "淸代 後期의 活字印刷", 「季刊書誌學報」 제19집(1997. 1), 99-134.

② 용이한 製作性: 금속활자처럼 고도의 기술을 필요로 하지 않았고, 泥활자처럼 번거롭지도 않았다.

③ 목판인쇄 기술의 轉用性: 목재의 가공·조각·묵즙 등 대부분 기술이 목판인쇄와 같았다.

(4) 泥활자로 서적 인쇄에 성공함으로써 畢昇의 膠泥활자가 인쇄 가능하다는 사실을 증명한 사람이 있었다. 목활자의 인쇄 기술은 畢昇의 膠泥활자를 바탕으로 발전하였다. 동활자의 인쇄 기술도 장족의 발전을 이루었다. 교감 작업도 각종 방법을 응용하고 부단히 노력하는 태도를 보였다.

(5) 단점도 있었다. 거질의 서적은 묵색이 고르지 못한 곳이 매양 있으며, 영리를 목적으로 인쇄한 서적이나 족보는 품질이 떨어졌다. 발행 시간에 쫓기는 「京報」는 字行이 삐뚤삐뚤하며 농담도 고르지 못하고 오자도 있었다.

(6) 현대적 機械化에 실패하였다. 중국의 활자인쇄 기술은 발명 이후 900년 가까이 사용되어왔다. 그러나 인쇄 관련 사회적 요구에 적응하지 못한 결과 목판인쇄술만큼 보편화되지 못하였다. 기술적으로는 시종 수공업적 방법을 사용하였고, 기계화하지 못한 결과 19세기 서양의 기계식 鉛활자 인쇄술로 대체되고 말았다. 그 원인은 다음과 같다.

① 완만한 需要性: 봉건 사회 당시의 독서는 소수 계층에 국한된 특권이었다. 따라서 서적의 수요는 소량씩 꾸준한 공급이 필요하였다. 이러한 조건에 부합할 수 있는 것은 목판인쇄술이지 활자인쇄술이 아니었다.

② 문자의 語彙性: 중국의 문자는 독립된 형태와 의미를 가지는 표의문자이다. 게다가 문자의 수가 많아서 준비해야 하는 활자도 그만큼 많았다. 일반적으로 40~50만 개의 활자가 있어야 보편적으로 서적을 인쇄할 수 있다. 또 조판과 해판이 번거로워서 활자인쇄의 우수성이 감소된다. 그 결과 활자에 대한 요구는 표음문자만큼 절실하지 않았다.

③ 고도의 技術性: 활자의 제작과 조판 작업이 상당한 수준의 기술을 필요로 하였다. 숙련공을 배양하기가 용이하지 않아서 발전이 쉽게 저해될 수 있었다.

④ 판본의 審美性: 독서 계층은 판면이 아름다운 서적을 선호한다. 활자본은 목판본만큼 아름답지 못하였다. 그 결과 활자인쇄는 독서 계층의 심미적 요구를 만족시킬 수 없었다.

⑤ 재료의 着墨性: 陶土·목재·금속 등 활자의 재질에 따라 사용하는 묵즙의 성분이 다르다. 중국은 송연묵을 줄곧 사용하였고, 금속활자용 유연묵을 매우 늦게 개발하여 활자인쇄 발전에 공헌하지 못하였다.

⑥ 정치적 출판 통제와 사회적 인식: 통치자의 이념에 맞지 않은 서적은 간행을 제한하였다. 사회적 인식은 상공업을 경시하여 선진기술 개발을 저해하였다.

요어: 淸 시대 후기, 활자의 재료, 동활자, 목활자, 泥활자, 기계화의 실패

<ABSTRACT>

The characteristics of typography in the late period of Qing Dynasty are summarized as follows.

(1) Bronze(Cu), tin(Sn), plumbum(Pb), clay, and wood were used as the material for the type. The bronze type became popular in the provinces of Jiangsu, Zhejiang, Fujian and Hunan. The sophistication of carving technique during this period was more advanced than that of Ming Dynasty.

(2) Wooden type was widespread in 14 provinces. The institutions that owned wooden type were palaces, local government offices, private academies, government-commissioned publishing institutions, shrines, bookstores, and individuals. The quantity of wooden type edition amounted to about 2,000 kinds. The contents included Chinese classics, pedagogy of children, field of history, field of philosophy, collection of poems and proses, literary works, encyclopedia, series, toolbooks and genealogy. In addition to printing books, the use of wooden type was for mortgage, trade, lend, or donation as gifts.

(3) Among the various types of printing, wooden type was most popular for the following reasons.

① Cheap economic cost: It was economical and convenient because the materials were easily available.

② Ease of production: It did not require high technology like metal type, nor was it cumbersome as clay type.

③ Applicability of woodblock printing technology: Most of the technologies in wooden type such as wood processing, carving and preparation of Chinese ink were same as woodblock printing technologies.

(4) By succeeding in printing books in clay type, there was a person who

proved that it was possible to print in Sheng Bi's clay type. The printing technology of wooden type was developed based on Sheng Bi's clay type. The printing technology of bronze type also made great progress. Proofreading work also adopted various methods and showed constant effort for improvement.

(5) There were also shortcomings. The color of Chinese ink in voluminous books was uneven in several spots, and books printed for profit and genealogies were of poor quality. The official gazette, which was rushed by the publication deadline, showed a crooked line of letters, uneven thickness, and typos.

(6) Modern Mechanization had failed. Chinese typography has been used for nearly 900 years since its first invention. However, as a result of not adapting to the social demand on printing, it was not used as commonly as woodblock printing. Technically, simple hand-crafted methods were continuously used, and as a result of failure for mechanization, it was replaced by Western mechanical plumbum type printing in the 19th century. The reasons are as follows.

① Slow demand: Reading at the time of feudal society was a privilege confined to a few special classes. Therefore, the demand for books required a steady supply in small quantities. It was woodblock printing that could meet these requirements better, not type printing.

② Quantity of characters: Chinese characters are ideograms (with independent forms and meanings). In addition, the number of characters was so large that there were so many types to prepare. In general, 400,000 to 500,000 types are required to print books. In addition, the excellence of type printing is reduced due to the hassle of typesetting and disassembling. As a result, the demand for type was not as urgent as the phonetic character.

③ Demand for advanced technology: The type production and typesetting required a considerable level of technology. It was not easy to train skilled workers, so the development in type technology could be easily hindered.

④ Aesthetics of edition: The reading class preferred books with beautiful appearance in the pages. The type edition was not as beautiful as the woodblock edition. As a result, type printing could not satisfy the aesthetic needs of the reading class.

⑤ Adhesiveness of Chinese Ink on materials: The components of Chinese ink used were different depending on the materials of type, such as clay, wood, and metal. China used water carbon ink all the time, and developed oil carbon ink very lately, which caused a major hindrance to the development of type printing.

⑥ Political control of publication and social perception: Books that did not conform to the ruler's ideology were restricted from publication. Commerce and industry were treated insignificantly by the society, hindering the development of advanced technologies.

Key words: late period of Qing Dynasty, materials for type, bronze type, wooden type, clay type, failure of mechanization

1. 小 緒

淸 시대 後期의 활자인쇄는 그의 발달 양상이나 활자 및 인쇄 용구 등의 실물 자체가 갖는 추가적인 기능 등에서 조선 시대 후기와 더욱 흡사한 면을 보인다. 또한, 정부 주도 이외에 개인 신분으로 자유로이 활자를 제작하여 서적이나 족보 등을 각각 인출하면서 대단히 복잡하게 발달하여 왔다. 그 결과 이들 활자와 그의 인출 서적 등은 아무런 체계를 갖추지 못하고 있으며, 따라서 오늘날까지도 이에 관한 종합적 연구는 물론 계통도 밝히지 못하고 있는 실정이다. 그러므로 이를 체계적으로 정리하는 작업은 대단히 시급하며 의미 있는 연구가 될 것이다.

본 장에서는 淸 시대의 후기에 해당하는 道光(1821-1850)·咸豊(1851-1861)·同治(1862-1874)·光緒(1875-1908)·宣統 연간(1909-1911) 및 民國 연간(1912-)에 이르기까지 전통적인 방법으로 서적이나 족보 등을 인출하는 데에 사용된 활자, 즉 금속활자·목활자·陶活字 등을 망라하여 그의 문화사적 요소와 과학기술적 요소를 분석하고자 한다.

2. 道光 연간(1821-1850)

2.1 무명씨의 「古詩評林」

무명씨는 道光 원(1821)년에 목활자로 (淸)趙兆熊의 「古詩評林」을 인쇄하였다.[1]

2.2 李兆洛의 「三朝野記」

李兆洛은 道光 4(1824)년에 목활자로 (淸)李遜之의 「三朝野記」를
인쇄하였다.[2]

2.3 王 모 씨의 「大事記」

諸城의 王 모 씨는 道光 4년에 목활자로 (宋)呂祖謙의 「大事記」
를 인쇄하였다.[3]

2.4 陰維新의 「錢神志」

福建省 寧化縣의 각자공 陰維新은 道光 6(1826)년에 목활자로
(淸)李世態의 「錢神志」를 인쇄하였다.[4] 스스로 "梓匠邑人陰維新"이
라 칭하여 목판본이 아닌 활자본에서도 여전히 "梓匠"이라고 함을
알 수 있다.

2.5 范陽堂의 「鄒氏族譜」

范陽堂은 道光 6년에 목활자로 「鄒氏族譜」를 인쇄하였다. 판심 하
단에 "范陽堂", 판 크기: 32.4 × 22.6cm이다. 광곽 꼭짓점에 결구가
있고, 묵색 농담이 균일하지 못하다. 권수 목록 제4엽상엽 제3행의

---

1) 張秀民・韓琦 공저, 「中國活字印刷史」(北京: 中國書籍出版社, 1998), 131.

2) 張秀民・韓琦 공저(1998), 114.

3) 張秀民・韓琦 공저(1998), 113.

4) 張秀民, "淸代的木活字", 喬衍琯・張錦郎 공편, 「圖書印刷發展史論文集續編」(臺北: 文史哲出版社, 1979), 117.

"一"이 180도 뒤집혀 식자되었다. 적어도 3개의 인판을 사용하였다.[5]

2.6 무명씨의 「鹿門名勝」

무명씨는 道光 6년에 목활자로 (淸)呂錫煌의 「鹿門名勝」을 인쇄하였다.[6]

2.7 淸芬閣의 「一統志按說」

淸芬閣은 道光 7(1827)년에 목활자로 (淸)徐乾學의 「一統志按說」을 인쇄하였다.[7]

2.8 張 모 씨의 「愛日精盧藏書志」

昭文의 張 모 씨는 道光 7년에 목활자로 「愛日精盧藏書志」 36권을 인쇄하였다.[8]

2.9 무명씨들의 「寒支初集」·「重修上高縣志」·「四明談助」

무명씨는 道光 7년에 활자로 (淸)寧化 李世熊의 「寒支初集」을 인쇄하였다. 이 판본은 판심을 구성하는 계선을 변란처럼 심은 특이한 경우이다. 즉 좌우 반엽의 사변을 각각 변란처럼 배열하여 마치 두 엽이 하나의 인판에 나란히 배열된 듯하다.[9]

---

5) 鄭毅, 「證驗千年活版印刷術」(北京: 社會科學文獻出版社, 2010), 61.

6) 張秀民·韓琦 공저(1998), 119.

7) 張秀民·韓琦 공저(1998), 116.

8) 張秀民·韓琦 공저(1998), 120.

다른 무명씨는 道光 7년에 목활자로 道光「重修上高縣志」를 인쇄하였다.[10)]

또 다른 무명씨는 道光 8(1882)년에 목활자로 (淸)徐兆昺의「四明談助」를 인쇄하였다.[11)]

2.10 李瑤의「南疆繹史勘本」・「校補金石例四種」

吳郡(지금의 蘇州)의 李瑤는 道光 9(1829)년과 10(1830)년의 두 차례에 걸쳐 杭州에서 (淸)溫睿臨의「南疆繹史勘本」32권(卷首 2권, 紀略 6권, 列傳 24권)을 각각 인쇄하였다.「勘本」 뒤에는「繹史摭遺」10권[12)](後印本은 18권,「恤諡考」 8권)이 있어서 42권 10책(圖錄VII-서영 1)이다. 또 道光 12(1832)년에는 자신이 편집한「校補金石例四種」17권(圖錄VII-서영 2)을 인쇄하였다.[13)] 즉 (元)潘昂霄의「金石例」10권, (明)王行의「墓銘擧例」 4권, (淸)黃宗羲의「金石要例」 1권, (淸)郭麐의「金石例補」 2권이다.「南疆繹史勘本」의 판식은 좌우쌍변, 계선 있음. 판심: 상흑구, 상 하향 흑단어미, 판심제(紀略), 권차, 장차, 하흑구, 9행 20자, 판 크기: 20.8～21.0 × 13.9～15.3cm이다.「校補金石例四種」은 좌우쌍변, 계선 있음. 판심: 상흑구, 상 하향 흑단어미, 판심제(金石例)(소자), 권차(소자), 장차, 하흑구, 9행 20자,

9) 張秀民, "中國活字印刷史", 上海新四軍歷史研究會印刷印鈔分會 편,「活字印刷源流」(北京: 印刷工業出版社, 1990), 47.

10) 張秀民・韓琦 공저(1998), 118.

11) 張秀民・韓琦 공저(1998), 118.

12) 張秀民은 56권이라고 하고 있다. 張秀民,「中國印刷史」(上海: 上海人民出版社, 1989), 697.

13) 1. 魏隱儒,「中國古籍印刷史」(北京: 印刷工業出版社, 1984), 235-238.
    2. 張秀民은「中國印刷史」에서「南疆繹史勘本」의 인쇄 연도를 道光 9년과 10년이라고 하였으나,「中國活字印刷史」에서는 道光 10년과 11년이라고 수정하였다. 그러나 그 이유는 설명하지 않았다. 張秀民・韓琦 공저(1998), 54・120.

소자쌍행, 판 크기: 20.5~21.2 × 14.0~15.2cm이다.

이 활자의 재료와 조판 방법에 대하여는 李瑤가 「南疆繹史勘本」
에 수록한 자신의 서문에서

畢昇의 활자법으로 조판하여 간행하였다(用畢昇活字羹(法), 排印成編).

라고 언급한 말이나, 범례에서

이 서적은 畢昇의 활자 사례를 따라서 조판하여 완성하였다(是書
從畢昇活字例, 排板造成.).

라고 언급한 점, 또 표지 안에 인출된 "七寶轉輪藏定本, 仿宋膠泥
版印法"의 소전체 간기 2행(<사진 1> 참조) 및 「校補金石例四種」에
수록한 자신의 서문에서

직접 膠泥板을 만들었는데, 모두 평평한 활자
를 만들어서 조판하였다(卽以自治膠泥板, 統
作平字捭(擺)之.).

<사진 1>
「南疆繹史勘本」의 간기

라고 언급한 점 등으로 미루어 교니로 구워
서 만들었으며 畢昇의 방법을 모방하여 인쇄
하였음을 알 수 있다. 인쇄 능률은 인쇄공 10
여 명을 고용하여 240여 일만에 80부를 인쇄
할 수 있었다.[14]

---

14) 張秀民(1989), 697.

이 같은 기존의 견해에 대하여, 최근 李瑤의 泥활자본은 목활자본이며, 간기나 서문에서 언급한 "仿宋膠泥版印法"·"自治膠泥板" 등의 문헌 기록은 교니활자를 의미하는 것이 아니고 활판법을 의미하는 것이라고 지적하고 있다. 특히 "自治膠泥板"에 대하여는 自製膠泥板이 아닌 점에서 교니활자 제작이 아니고, 활자판을 경영관리하였음을 의미하는 것으로 해석하여야 한다고 강조하고 있다. 이 밖에도 간행 소요 시간·동원 인원·소요 비용·전체 작업량·기타 유사한 사례와의 소요 시간 비교 등을 통하여 李瑤는 泥활자를 제작하지 않았음을 설명하고 있다.[15)]

中華民國의 國家圖書館에 소장된「南疆繹史勘本」을 자세히 직관하면 광곽의 높이와 너비는 21.0 × 15.3cm이다. 인쇄에 사용된 활자는 세 종류가 있는데, 大字의 크기는 15.0 × 15.0mm이고 반엽에 7행 13자를 배열하였으며 聖諭·御製書事·御製詩 등 황제와 관련된 내용을 인쇄하는 데에 사용하였다. 中字는 8.0 × 8.0mm로 9행 20자이다. 小字는 8.0 × 5.0mm로 中字의 매 행에 쌍행으로 배열하였으며 字數는 中字와 같다. 서체는 장체자이고 획일적으로 가지런하며 필획에는 뾰족한 도각의 흔적이 있다. 활자의 크기는 같으나 동일한 문자의 자양은 대단히 비슷하지만 일치하지는 않는다. 예를 들면 其·於·亡·朝 등이다. 또 간혹 필획이 굽은 문자가 있는데 예를 들면「南疆繹史勘本」自序의 제2엽상엽 제1행 제8자의 燭·제3행 제10자의 輔 등이다. 이러한 여러 요소를 살펴보면 이 활자는 주조한 것

---

15) 1. 艾俊川, "談活字本的鑑定-以排印工藝特徵爲中心", 「文津學志」 제3집(2006), 61.
　　2. 艾俊川, "爲李瑤泥活字印書算幾筆帳", http://blog.sina.com.cn/s/blog 5ce786b50100hy13.html
　　　 (2010. 01. 11), 1-6.
　　3. 艾俊川, "撲朔迷離的李瑤"泥活字 "-用貨幣史知識解決印刷史難題之二", http://blog.sina.com.
　　　 cn/s/blog 5ce786b50100f3y5.html(2008. 08. 29), 1-3.

이 아니고, 점토 면에 칼로 문자를 조각하되 활자의 크기와 높이를 모두 인판과 서로 맞을 수 있도록 고르게 한 후에 구워서 만든 것이다. 구울 때 점토 안의 수분이 건조되면서 수축되므로 필획이 굽는 현상이 야기되었을 것이다. 광곽의 네 꼭짓점은 틈이 벌어져 있으며 위아래의 변란과 계선도 역시 연결되어 있지 않다. 그러나 이 활자의 조판에 사용된 인판은 서적 전체에 나타난 광곽 묵색의 변화와 광곽의 네 꼭짓점에서 벌어진 틈의 특징 및 서적 전체를 인쇄하는 데에 사용된 10여 개의 인판 크기의 오차가 3.0mm 이내라는 점으로 미루어 보면, 먼저 활자의 크기에 맞추어서 교니로 사변의 광곽이 고착된 인판을 만들어서 사용하였음을 알 수 있다. 조판할 때에는 먼저 계선·어미·흑구 등을 배열한 후, 활자를 번갈아 가면서 연속적으로 여러 엽을 인쇄하였다. 또한, 동일한 인판으로 연속하여 여러 엽 또는 십여 엽을 인쇄한 점으로 미루어서 인쇄공을 여러 조로 나누고, 각 조마다 미리 분배한 부분을 맡아서 인쇄하였을 것으로 보인다. 문자의 행과 열이 가지런하며 바르게 배열되어 있다. 묵색은 고르며 묵적의 특징이 기타의 판본과 달라서 진본을 직접 보기만 하면 즉시 교니활자의 특징을 느낄 수 있다. 도각술·제작·修整·조판·묵즙 조제 및 도포 등 제반 기술이 대단히 고명하여 翟金生의 泥活字版("2.32 翟金生의 「泥板試印初編」..." 참조)보다도 더욱 정교하다. 그러나 애석히도 畢昇의 방법이나 또는 자신이 제작한 방법에 관하여 언급하지 않아서 그의 자세한 인쇄 기술의 과정을 엿볼 수 없고, 다만 한두 편린만을 짐작할 수 있을 따름이다. 혹자는 주형을 이용하여 제작하였다고 주장하였다.[16]

中國의 國家圖書館에 소장된 「校補金石例四種」을 자세히 직관하면 동일 문자의 자양이 다르다. 七·也 등 문자의 말획 삐침 부분이 날카롭게 올라와 있어서 도각의 흔적으로 보인다. 목리는 보이지 않는다. 장체자의 자형이 고르고 방정하여 활자 제작 기술은 우수하다. 조립식 광곽의 꼭짓점에 1mm 정도의 결구가 있다. 문자의 행렬은 가지런하고, 삐뚤어지거나 기울어져서 일부만 인출된 문자는 없다. 문자의 농담은 미세한 차이가 있으나, 전반적으로 균일하다. 묵색은 간혹 진하거나, 묵즙 도포량이 과하여 문자 필획이 번진 경우가 있다. 그러나 전반적으로는 균일하여 조판과 함께 인출 기술 역시 우수하다.

2.11 무명씨들의 「薄海番域錄」·「淸流縣志」

무명씨는 道光 9년에 목활자로 「薄海番域錄」을 인쇄하였다.[17]
다른 무명씨는 道光 9년에 목활자로 道光 「淸流縣志」를 인쇄하였다.[18]

2.12 晁 모 씨의 「學海類編」

六安의 晁 모 씨는 道光 11(1831)년에 목활자로 (淸)曹溶 편, 陶越 增訂의 「學海類編」 430종 814권 120책(圖錄Ⅶ-서영 3~8)을 인쇄하였다. 모두 430종의 저술을 포함하고 있는데, 일부는 필사본에 근거하여 조판하였다.[19] 이렇게 대량의 총서를 인쇄한 경우는 활자인쇄

---

16) 艾俊川(2008), 1.

17) 張秀民·韓琦 공저(1998), 116.

18) 張秀民·韓琦 공저(1998), 119.

19) 1. 張秀民, "淸代的木活字", 喬衍琯·張錦郎 공편(1979), 110.
　　2. 長澤規矩也,「圖解和漢印刷史<解說篇>」(東京: 汲古書院, 1976), 17. (淸)曹溶 편, 陶越 補, 「學海類編」, (淸)道光 11년刊(목활자)跋.

발달사 상에서 대단히 희소한 사례이다. 사주단변 또는 좌우쌍변, 계선 있음. 판심: 화구(學海類編), 상 하향 백단어미, 판심제(서명)(소자), 장차, 판심 하단에 類目. 9행 21자, 소자쌍행, 판 크기: 19.3～19.6 × 11.4～11.8cm이다. 표지에 "六安晁氏聚珍板印"이 있다.

「棠陰比事」와 「禹公圖註」를 자세히 직관하면, 전형적인 장체자로 동일 문자의 자양이 각각 다르고, 도각의 흔적이 역력하며, 목리가 쉽게 보이는 문자가 많아서 목활자임을 알 수 있다. 문자의 크기도 균일하여 매우 고명한 도각술이다. 판면 중의 지도는 목판을 조각하여 삽입하였다. 광곽은 별로 주의하지 않은 듯 네 꼭짓점의 결구가 커서 좌우쌍변의 경우 두 변란 사이의 간격이 대체로 2～6mm까지 벌어진 경우가 있다. 문자의 행렬은 가지런하며, 기울어지거나 삐뚤어진 문자도 없다. 극소수의 절반만 찍힌 문자나 묵색이 진한 문자가 다수 보이는데, 많은 서적을 인출하면서 신조 활자와 많이 사용한 활자가 섞여서 조판된 결과로 보인다. 조판술은 우수한 수준이다. 묵즙이 번지거나 묵등 같은 경우가 없기도 하고, 간혹 번진 부분이 있어서 고르지 못하고 어느 부분은 모호하며 판면이 그다지 아름답지 못하여 묵즙 도포 기술은 서적에 따라 상당한 편차가 보인다. 이처럼 서적에 따라서 기술 수준에 편차가 있는 점에서 복수의 인쇄조로 나누어 작업을 분담하였을 것으로 짐작된다. 乾隆의 이름이 弘曆이므로 泓의 말획을 생략하여 피휘하였다.

2.13 무명씨의 「續增刑部律例館說帖揭要」·「許山志」·「修凝齋集」

무명씨가 道光 11년에 목활자로 인쇄한 판본이 3건 있다. 「續增

刑部律例館說帖揭要」·(淸)高杲의「許山志」·(淸)阮鐘瑗의「修凝齋集」이다.[20]

2.14 梁發의「祈禱文」

廣東의 梁發은 道光 13(1833)년에 자신이 조각한 鉛활자로 자신의 저술인「祈禱文」을 인쇄하였다. 그러나 이 판본이 현존하고 있는지는 알 수 없다.[21]

2.15 求無不獲齋의「臺灣外記」

求無不獲齋는 道光 13년에 목활자로 (淸)江日昇의「臺灣外記」를 인쇄하였다.[22]

2.16 浦江의「倪石陵書」

浦江은 道光 13년에 목활자로 (淸)倪補의「倪石陵書」를 인쇄하였다.[23]

2.17 親睦堂의「親睦堂捐簿」

親睦堂은 道光 13년에 목활자로「親睦堂捐簿」를 인쇄하였다. 사주쌍변. 판심: 화구(親睦堂捐簿), 상 하향 흑단어미, 편제. 8행 18자,

---

20) 張秀民·韓琦 공저(1998), 115·118·128.
21) 張文玲, "現存最早的活字印書", 上海新四軍歷史研究會印刷印鈔分會 편, 「活字印刷源流」(北京: 印刷工業出版社, 1990), 113.
22) 張秀民·韓琦 공저(1998), 114.
23) 張秀民·韓琦 공저(1998), 125.

판 크기: 20.0 × 13.8cm이다. 판심이 넓고 판심 계선이 굵어서 좌우 엽이 각각의 인판처럼 보인다. 광곽의 네 꼭짓점에 결구가 있고, 어미와 판심 계선이 떨어져 있다. 묵색 농담이 균일하지 못하다. 2개의 인판을 사용하였다.[24]

2.18 무명씨의 「大學集注」

무명씨는 道光 13년에 활자로 「大學集注」를 인쇄하였다. 간기에는 銅板四書朱注原本, 蜀南何雨崖校正 등의 자양이 있다. 판면이 상하 양단으로 구분되어 있다. 하단은 좌우쌍변, 백구, 9행 17자, 소자 쌍행이다.[25]

2.19 雅鑑齋의 「天下郡國利病書」

山東의 雅鑑齋는 道光 14(1834)년에 목활자로 (淸)顧炎武의 「天下郡國利病書」를 인쇄하였다. 권수의 乾隆御製詩 1엽은 존경의 의미로 홍묵으로 인출하였다.[26]

2.20 愼德齋의 「存雅堂遺稿」

浦江의 愼德齋는 道光 14년에 목활자로 (淸)方鳳의 「存雅堂遺稿」를 인쇄하였다.[27]

---

24) 鄒毅(2010), 61 · 179.

25) 鄒毅(2010), 150-151.

26) 張秀民 저, 韓琦 增訂, 「中國印刷史」(浙江: 浙江古籍出版社, 2006), 620.

27) 張秀民 · 韓琦 공저(1998), 125.

2.21 新化 지역의 銅活字 · 鉛活字

湖南省 新化의 魏崧은 道光 14년에 완성한 「壹是紀始」 권9에

> 활자판은 宋 시대에 시작하여......明 시대에는 나무로 조각하였고
> 지금은 또 구리·납으로 활자를 만든다(活板始於宋......明則用木
> 刻, 今又用銅·鉛爲活字.).28)

라고 말하고 있다. 이에서 당시 湖南省 新化 지역에는 銅활자 뿐
만 아니라 중국인에 의한 鉛활자 또는 합금활자도 있었음을 알 수
있다.

2.22 猶以梐의 「酉樵山房文集」

猶以梐는 道光 15(1835)년에 목활자로 부친인 (淸)猶法賢의 「酉
樵山房文集」을 인쇄하였다.29)

2.23 輩學齋의 「歷代地理韻編今釋」

輩學齋는 道光 17(1837)년에 목활자로 (淸)李兆洛의 「歷代地理韻
編今釋」을 인쇄하였다.30)

---

28) 1. 魏崧, 「壹是紀始」(臺北: 新興書局, 1976), 제7類, 文史, 活板조, 165-166.
　　 2. 長澤規矩也(1976), 17.

29) 張秀民·韓琦 공저(1998), 128.

30) 張秀民·韓琦 공저(1998), 116.

2.24 王魏勝의「仙居縣志」

王魏勝은 道光 18(1892)년에 목활자로 萬曆「仙居縣志」를 인쇄하였다.[31]

2.25 무명씨들의「通芝閣文集」·「耕雪堂遺稿」·「娛萱草彈詞」

무명씨는 道光 20(1894)년에 목활자로 (淸)姚椿의「通芝閣文集」을 인쇄하였다.

다른 무명씨는 道光 20(1894)년에 (淸)陳廉의「耕雪堂遺稿」를 인쇄하였다.[32]

또 다른 무명씨는 道光 20년에「娛萱草彈詞」를 인쇄하였다.[33]

2.26 洗心玩易之室의「丹棱文鈔」·「李申耆年譜」·「曁陽答問」

陽湖 蔣彤의 洗心玩易之室은 道光 22(1842)년에 목활자로 자신의「丹棱文鈔」(圖錄VII-서영 9)·「李申耆年譜」·(淸)李兆洛의「曁陽答問」등을 인쇄하였다.[34]「丹棱文鈔」는 사주단변, 계선 있음. 판심: 화구(丹棱文鈔), 상 하향 흑단어미, 권차, 장차, 서사명(洗心玩易之室)(소자 1행). 10행 21자, 소자쌍행, 판 크기: 22.6 × 15.3cm, 책 크기: 29.2 × 17.7cm이다.

동일 문자의 자양이 일치하지 않고, 도각의 흔적도 역력하고 목리

---

31) 張秀民·韓琦 공저(1998), 118.

32) 張秀民·韓琦 공저(1998), 128.

33) 張秀民·韓琦 공저(1998), 130.

34) 張秀民·韓琦 공저(1998), 116·121·128.「丹棱文鈔」를 무명씨가 道光 21(1895)년에 인쇄하였다고 하였다.

도 보여서 목활자임이 확실하다. 장체자의 미감을 표현할 수 있는 도각술이다. 문자의 크기는 균일하며, 삐뚤어진 문자가 없는 점에서 균일한 크기의 육면체 동체를 제작한 후 조각한 것으로 보인다. 조립식 인판의 변란 꼭짓점은 틈새 없이 밀착하고 있다. 문자의 행렬이 가지런하고, 삐뚤어진 문자도 없어서 우수한 조판술이다. 묵색은 번짐 현상이 없이 대체로 균일한 편이지만, 간혹 문자의 필획 사이에 묵즙이 찍힌 반점이 보인다. 우수한 편이라고 할 수 있다.

2.27 무명씨의 「開元八景圖詠」

무명씨는 道光 22년에 목활자로 (淸)周衡齋 등의 「開元八景圖詠」을 인쇄하였다.[35]

2.28 崇敬堂의 「燕香居詩稿」

崇敬堂은 道光 23(1843)년에 목활자로 (淸)華恕의 「燕香居詩稿」를 인쇄하였다.[36]

2.29 魯歧峰의 「論語後案」

魯歧峰은 道光 23년에 목활자로 (淸)黃省三의 「論語後案」을 인쇄하였다.[37]

---

35) 張秀民·韓琦 공저(1998), 119.

36) 魏隱儒(1984), 232.

37) 魏隱儒(1984), 232.

2.30 鐵蕉吟館의「暨陽風俗賦」

鐵蕉吟館은 道光 23년에 목활자로 (淸)石昭炳의「暨陽風俗賦」를
인쇄하였다.[38]

2.31 藝風堂의「養一齋文集」

藝風堂은 道光 23년에 목활자로 (淸)李兆洛의「養一齋文集」을 인
쇄하였다.[39]

2.32 翟金生의「泥板試印初編」·「牧丹唱和詩」·「仙屛書屋初集詩錄」·「泥板試印續編」과 翟廷珍의「修業堂集」·「留芳齋遺稿」·「通俗詩鈔」및 翟家祥의「涇川水東翟氏宗譜」

(1) 인쇄 사실

安徽省 涇縣의 翟金生(1776- ?)은 (宋)沈括의「夢溪筆談」을 읽고
계시를 받아서 30년간의 심혈을 기울여 친히 泥활자 10만여 개를
제작하였다. 가난한 훈장으로서 교육하고 난 여유 시간을 활용한 것
이다. 활자 제작에 참여한 자는 그의 아들 發曾·一棠·一傑·一新
등 네 명이 더 있다. 70세가 되던 道光 24(1844)년에 손자 家祥과
처조카 查夏生은 조판을 담당하고, 학생 左寬 등은 교정을 담당하
고, 외손자 查光鼎 등은 해판을 맡아서 翟金生 자신이 지은 각종 문
체의 시문과 대귀를 수록한「泥板試印初編」11권 2책(圖錄Ⅶ-서영

---

38) 張秀民·韓琦 공저(1998), 118.
39) 張秀民·韓琦 공저(1998), 128.

10)을 실험작으로 처음 인쇄하였다. 부록으로
5언 절구 여러 수를 실어서 自刊·自檢·自
著·自編·自印 등의 사실을 설명하고 있다.
그의 표지 뒤에는 "歙州翟西園, 自造泥鬥板"
이라는 두 행의 간기가 있다(<사진 2> 참조).
西園은 翟金生의 字이다. 좌우쌍변, 계선 있
음. 판심: 흑구, 상하 내향 흑쌍어미, 판심제
(泥板試印初編), 장차. 8행 18자, 판 크기:
16.7 × 10.3cm이다.

　道光 26(1846)년에 「牧丹唱和詩」와 자신의
벗인 江西 宜黃의 (淸)黃爵滋 시집 「仙屛書屋初集詩錄」 16권, 後錄
2권 5책(圖錄Ⅶ-서영 11)을 인쇄하였다. 「仙屛書屋初集詩錄」의 표
지에 "涇翟西園, 泥字排印"의 소자 2행 간기가 있다. 總目 뒤의 泥
활자 인쇄자 명단 중에는 翟金生 자신을 제외하고도 그의 가족인 翟
廷珍·一熙·家祥·文彪·一蒸·承澤·朝冠 등 7인이 더 있다. 이
시집의 인쇄에 사용된 泥활자는 비교적 작은 소자인데, 小注를 인쇄
한 활자는 더욱 작다. 9행 18자. 이듬해인 道光 27(1847)년에 「仙屛
書屋初集詩錄」을 9행 21자로 다시 간행하였다. 좌우쌍변, 계선 있
음. 판심: 화구(仙屛書屋), 상 하향 흑단어미, 판심제(詩錄 또는 詩後
錄), 권차, 장차. 9행 21자, 판 크기: 17.4 × 12.7cm이다. 그러나 착
오가 많아서 道光 29(1849)년에 다시 목판본으로 간행하였다.40)
　道光 28(1848)년에 「初編」의 교정 증보판 격인 「泥板試印續編」

---

40) 徐憶農, 「活字本」(南京: 江蘇古籍出版社, 2002), 160-162. (淸)黃爵滋는 이외에 목판본으로 道
　光 28년에 「仙屛書屋初集文錄」을, 道光 29년에 「仙屛書屋初集年記」를 간행하였다.

12권(圖錄Ⅶ-서영 12)을 인쇄하였다. 권수에 道光 24년 包世臣의 서문과 翟金生의 自序, 道光 28년 翟金生 자신과 아들 一新의 題記가 있다. 권말에는 아들 一杰의 발문과 "校正誤字"가 있다. 간행 작업에 참여한 인물은 아들 一棠·一傑·發曾·一新·학생 左寬·사위 査蛟·제자 左駿章·손자 家祥·邦祥·외손자 査光鼎·査光垣·王惟稷 등 12명이다. 「初集」 간행에 참여한 조카 齊宗·처조카 査夏生·査藻言이 빠지고 邦祥이 추가되었다.[41] 사주단변, 계선 있음. 판심: 화구(泥字擺成), 상 하향 흑단어미, 自序에만 편명(自序)(소자), 장차. 9행 21자, 판 크기: 16.7 × 10.3cm이다.

道光 28(1848)년 겨울에는 翟廷珍이 형 翟金生의 泥활자를 빌려서 자신이 편찬한 「修業堂集」 20권(初集은 文抄 10권, 肆雅詩抄 6권, 雜著 2권, 二集은 詩抄 2권)(圖錄Ⅶ-서영 13)을 인쇄하면서 부록으로 17세에 요절한 자기 아들 肯堂의 「留芳齋遺稿」 1권도 수록하였다. 또 이어서 자신이 편찬한 「通俗詩鈔」도 인쇄하였다. 「修業堂集」 初集 文抄의 앞에는 교열자와 조판자 34인의 명단이 열거되어 있다.

翟金生이 83세 되던 咸豊 7(1857)년에는 그의 손자인 翟家祥으로 하여금 明 嘉靖 연간(1522-1566)에 선조인 翟震川이 修輯한 「涇川水東翟氏宗譜」(圖錄Ⅶ-서영 14)를 인쇄하게 하였다. 이 족보의 표지 좌측에는 "大淸咸豊七年仲冬月泥聚珍重印"이라는 자양 1행이 서명되어 있다.[42]

---

41) 蔡成瑛, "翟金生的又一種泥活字印本-≪試印續編≫", 上海新四軍歷史研究會印刷印鈔分會 편, 「活字印刷源流」(北京: 印刷工業出版社, 1990), 212.

42) 1. 張秀民, "淸代涇縣翟氏的泥活字印本", 學海出版社編輯部 편, 「中國圖書板本學論文選集」(臺北: 學海出版社, 1981), 449-451.

(2) 활자 제작 방법

翟金生 泥활자의 제작 방법에 대하여는 현존하고 있는 대·중·
소자의 方形 활자 관련 실물이 陰刻正體字이고, 또 5쌍(대자 3쌍과
소자 2쌍)의 陰陽刻正反體字(<사진 3> 참조)가 완전히 일치하고 있

<사진 3> 翟金生의 양각반체자 활자와 음각정체자 주형

다.[43] 陽刻反體字의 것은 인쇄 용도로 사용된 활자이지만, 陰刻正體
字의 것은 분명히 직접 인쇄에 사용될 수는 없으므로, 이는 마땅히
鑄型이었을 것이다. 翟金生의 「泥板試印初編」 自序에

2. 張秉倫, "關于翟金生的泥活字問題的初步研究", 「文物」 1979年 제10期(1979년 10월), 90-91.
3. 魏隱儒(1984), 239-242.
4. 張秀民(1989), 700.
5. 張秉倫, "關于翟氏泥活字的製造工藝問題", 「自然科學史研究」 제5권 제1기(1986. 4), 64-65.
6. 이 밖에 毛春翔, 「古書板本學」(臺北: 洪氏出版社, 1982), 68. 여기에서는 「仙屏書屋初集詩錄」
   이 道光 26(1846)년에 16卷 5冊으로 인쇄되었다고 언급하고 있다.
7. 張秀民·韓琦 공저(1998), 58.

43) 1. 張秉倫(1979), 91-92.
   2. 張秉倫(1986), 66, 圖版壹.

스스로 책벌레의 보잘것없는 기술이라고 헤아려서……이에 교니를 조제하여 잘 이기고 깎아 만들어 글이 될 수 있도록 교니활자를 단단하게 만들었다(自揣雕蟲小技…… 于是調泥埏埴, 刮製成章, 製字甄陶, 堅貞.).[44]

라고 하고 있다. 「泥板造成試印拙著喜賦十韻」에는

고을에서 여러 해 교니활자판을 운영하니 낱개 10만여 개가 뼈와 같이 단단하여 보옥처럼 귀중하게 여겼다. 직접 동으로 인틀을 만들어 (인쇄하니) 붓으로 쓸 필요가 없었다(州載營泥板, 零星十萬餘, 堅貞同骨角, 貴重同璠璵. 直以銅爲範, 無將筆作鋤.).[45]

라고 하고 있다. 또 (淸)包世臣의 「泥板試印初編」 서문에는

점토를 뭉쳐서 가마에 굽고, 구리 인판을 가열하여 (인납을 녹이고) 나무를 깎아서 (활자를 고정시켰다)(搏土爇爐, 煎銅削木.).[46]

라는 언급이 있다. 이들 기록과 현존 실물 분석에 의하여 활자 제작과 인쇄 과정을 살펴보면, ① 수분 비율을 맞추어 조제한 교니로 양각반체자를 구워서 만들고, ② 이를 이용하여 음각정체자의 원형을 만들어 구워서 鑄型을 만들고, ③ 다시 이 주형으로 양각반체자의 泥활자를 주조하여, ④ 가마에서 870℃ 정도의 고열로 구워낸 후, ⑤ 약간 손질하여 활자를 완성하였다. ⑥ 인납을 깐 구리 인판에 활자를 배열하고, ⑦ 인판을 가열하여 인납을 녹여서 활자를 평평하게 하고, ⑧ 나무 조각으로 활자를 고정시킨 후, ⑨ 인쇄하였을 것으

---

44) 翟金生, "自序", 翟金生泥活字本 「泥板試印初編」.

45) 翟金生, 「泥板造成試印拙著喜賦十韻」.

46) (淸)包世臣, "包世臣序", 翟金生泥活字本 「泥板試印初編」.

로 추론할 수 있다. 이 방법은 다음의 두 가지 관점에서 그 근거를 찾을 수 있다. 첫째는 5쌍의 활자 중에 양각반체자의 활자가 음각정체자의 주형보다 필획이 가늘다는 점이다.[47] 이는 우선 주형을 먼저 구워서 만든 후, 다시 이 주형을 이용하여 교니로 활자를 찍어서 구워내므로, 수분이 건조되면서 수축[48]된 결과 나타난 현상이다. 둘째는 한 엽 내의 같은 문자는 묵색이 모두 같다는 점이다. 즉「泥板試印初編」의 翟 씨 自序 내의 査는 모두 진하고 姪은 모두 연하다. 이는 같은 문자는 하나의 주형에서 찍어내기 때문에 활자의 높이가 모두 같은 결과이다.

이와 같은 방법으로 제작한 泥활자는 (淸)包世臣의 서문에

건고하기가 뼈나 뿔과 같다(堅貞同骨角.).

라고 한 언급과

목활자는 200부를 인쇄하면 필획이 팽창하여 모호해져서 마침내는 泥활자판이 천만 부를 인쇄하여도 진면목을 잃지 않는 것만 같지 않다(木字印二百部, 字畫就脹大模糊, 終不若泥板之千萬印而不失眞也.).[49]

라고 한 경험, 그리고 오늘날 현존 활자 실물에 대한 동감[50]으로 미루어, 일반적으로 상상하는 것처럼 닿기만 하면 곧 부서지는 것이

---

47) 1. 張秉倫(1979), 92.
  2. 張秉倫(1986), 66.

48) 잘 조제된 粘土의 乾燥收縮率은 대체로 7%이고, 재벌구이(약 1,250℃)에서 나타나는 소성수축률은 대체로 12%이다. 초벌구이(약 800℃)에서는 수축되지 않는다.

49) (淸)包世臣, "包世臣序", 翟金生, 翟金生泥活字本「泥板試印初編」.

50) 張秉倫(1979), 91.

결코 아닐 뿐만 아니라, 정제된 膠泥는 굽는 과정을 거치면 돌이나 뼈 또는 뿔처럼 단단해진다는 것을 알 수 있다.

(3) 활자의 크기와 교니의 성분

이 泥활자의 크기는 대자·중자·소자·특소자와 구두점 활자의 5종으로 구분하는데, 대자의 규격(문자면의 길이 × 너비 × 동체의 높이)은 9.0 × 8.5 × 12.0mm, 중자는 7.0 × 6.6 × 12.0mm, 소자는 7.5 × 6.0 × 12.0mm, 특소자는 4.0 × 3.5 × 12.0mm, 구두점 활자는 6.0 × 3.0 × 12.0mm이다. 음각정체자 주형의 높이는 5.0mm 정도이다. 공란을 채우기 위한 용도로 쓰였을 白丁 활자도 있다.

翟金生이 사용한 泥활자 제작용 교니의 성분은 X-선 분석 결과 석영과 장석이 대부분이며(<표 1> 참조), 소성 온도는 870°C 정도였다.[51]

<표 1> 翟金生 泥활자용 교니의 화학 성분

화학 성분	SiO₂	F₂O₃	Al₂O₃	TiO	MnO	Na₂O	MgO	K₂O	CaO	소실
측정치(%)	54.50	9.58	26.68	1.06	0.08	1.08	1.93	2.43	0.26	1.99

(4) 인쇄 기술

활자본 실물을 직관하면 서체는 모두 明朝體(속칭 宋體字, 匠體字)이고 필획이 정교하며 고르고 뚜렷하여 아름다우면서 호방하다.

---

51) 1. 張秉倫(1979), 91.
　　 2. 張秉倫(1986), 65-67.

도각의 날카로운 흔적이 간혹 보인다. 동일 문자의 자양이 약간씩 차이 나지만 대단히 유사하며, 크기가 균일하다. 이로 미루어 교니의 취급상 번거로운 점과 소성 시 인위적으로 조절할 수 없는 수축 현상 등을 고려하면 제작 기술은 상당한 수준이다.

사용한 인판은 변란·어미·흑구가 모두 연결된 일체식이어서 광곽의 네 꼭짓점에도 틈이 벌어지지 않았다. 위아래 변란의 내측에 일정한 간격으로 오목한 홈이 있는데, 이는 明 시대 會通館本의 「宋諸臣奏議」나 「錦繡萬花谷」과 같은 현상으로, 계선의 양 끝을 끼워 넣어서 인출할 때 활자의 흔들림을 예방하기 위하여 사전에 활자판 行格의 너비에 맞추어 조각한 것으로 보인다. 문자의 행과 열은 가지런하지만, 삐뚤어지게 배열된 문자가 적지 않은 점에서 활자의 동체가 방정한 육면체는 아닐 듯하다.

묵색은 금속활자의 묵색과 약간 유사한 분위기를 느낄 수 있는데, 약간의 차이는 있지만, 비교적 고른 편이다. 묵즙이 번지거나, 도포량이 과하여 반점이 나타난 문자는 없으며, 잡묵은 약간씩 보인다. 책지의 판면에 먹솔 지푸라기가 제법 많이 묻어있지만, 인쇄 상태는 우수하다.

이는 翟 씨가 전통적인 활자인쇄 기술상의 결점을 개량하여 畢昇의 방법에 근거하여 泥활자를 만들되, 우선 주형을 만들고 다시 이 주형으로 활자를 찍어내는 경험을 응용하여, 泥활자의 제작 방법과 조판 기술을 발전시킨 결과, 성공하였음을 알 수 있다. 이로써 畢昇의 교니활자가 인쇄 가능하다는 사실을 확실히 증명하였다.[52] 또한,

---

52) 이 외에 최근 자연산 점토를 정제하여 600℃로 소성한 泥활자와 1300℃ 이상의 고온으로 유약을 바르지 않고 소성한 瓷활자로 조판하여 인출 실험한 결과 양자 모두 성공적으로 인출해

작가 겸 인쇄공으로서 활자의 제작·조판·교열·해판 등 작업을 맡은 사람이 모두 그의 가족과 사위 및 문하생 등으로, 이는 중국의 활자인쇄 기술 발달사 상에서 매우 드문 경우다.

그러나 翟 씨는 교감 작업에 대하여는 아마도 소홀히 한 점이 없지 않다.「仙屏書屋初集詩錄」을 예로 들면 스스로

> 비록 두 차례의 교정을 거쳐서 오자를「初集」앞에 나열하였으나, 그러나 교감이 정밀하지 못하여 틀린 문자가 역시 적지 않다(雖經 兩次校正, 把誤字排印在≪集≫前, 但校勘不精, 錯字還是不少.).[53]

라고 말한 부분에서 그 개략을 짐작할 수 있다.

1960~70년대 활자 실물 수천 개가 발견되어, 현재 安徽省博物館·中國歷史博物館·中國科學院 自然科學史研究所 등에 소장되어 있다.[54]

2.33 薛子瑜의「海國圖志」·「大淸一統志」

毗陵의 薛子瑜는 道光 24년에 목활자로「海國圖志」50권(圖錄Ⅶ-서영 15)을 인쇄하였다. 또 5년 후인 道光 29년에는「大淸一統志」161책을 100부 인쇄하였다. 薛 씨 스스로 "江蘇陽湖縣草莽臣薛子瑜"라고 칭하는 것으로 보아 조판공이면서 출판가라고 할 수 있다.[55] 사주단변, 계선 있음. 판심: 화구(海國圖志), 상 하향 흑단어미,

---

내었다. 인출 결과는 활자보다 오히려 목즙의 영향이 더 크다는 사실을 확인하였다. 張秉倫·劉雲, "泥活字印刷的模擬實驗",「自然科學史研究」제8권 제3기(1989. 8). 293-296.

53) 張秀民(1981), 450.

54) 1. 張秀民·韓琦 공저(1998), 60.
   2. 潘吉星,「中國金屬活字印刷技術史」(瀋陽: 遼寧科學技術出版社, 2001), 37.

55) 張秀民(1990), 54.

권차, 편명, 편차, 장명(소자), 장차(소자). 9행 21자, 소자쌍행, 판 크기: 19.9 × 13.9cm. 총목과 권50의 말엽에 "毗陵薛子瑜楊承業擺字"(인명 6개 문자는 소자쌍행)가 있어서 조판공이 누구인가를 알 수 있다.

판본 상의 자적을 살펴보면, 동일한 문자의 자양이 일치하지 않고, 대부분 문자의 필획 윤곽에 도각의 흔적이 있으며, 도각에 의해 끊어진 필획도 보이고, 묵색이 연한 곳에서는 목리도 쉽게 보이는 점에서 목활자임을 알 수 있다. 장체자의 미감을 살리고 있는 우수한 도각술이다. 조립식 인판의 꼭짓점에는 1~2mm의 결구가 보인다. 문자의 행렬은 대·소자 모두 가지런하며, 삐뚤어지거나 기울어진 문자가 없다. 문자의 묵색 농담은 약간의 차이가 있기는 하나 대체로 균일하여 우수한 조판술이다. 묵색은 엽에 따라 약간의 진하거나 연한 농담의 차이가 보인다. 진한 엽도 번지거나 잡묵이 없어서 판면이 깨끗하다. 우수한 인출술이다.

2.34 林春祺의 「音學五書」·「軍中醫方備要」·「四書便蒙」

福州의 林春祺는 어릴 때, 조부와 부친이 옛 銅板 서적에 관하여 담론하면서 세상에 동판이 없음으로 인하여 고금의 박학다식한 선비들의 고귀한 저작이 간행되지 못하여 전래되지 않거나, 어느 것은 비록 刻板을 하였다 하여도 인멸되거나 좀 벌레에 훼손되어 각판하지 않은 것과 같이 되고, 또 일반인 역시 銅板 서적이 고귀하다는 것을 알면서도 동활자를 만드는 사람은 더욱 적다는 것을 항상 애석히 여기는 것을 들었다. 그리하여 조부의 뜻을 실현하기 위하여 道光 5(1825)년 18세가 되던 해부터 자금을 출연하여 조각하는 작업

을 시작하였는데, 20여 냥의 金을
내고 20여 년의 세월을 들여서 여
러 가지 곤란을 극복한 끝에, 道光
26년에 「洪武正韻」의 필획대로 해
서체 동활자 대자와 소자를 각각
20여만 개씩 조각하여 고금의 서
체를 갖추어 크고 작은 서적을 모
두 인쇄할 수 있게 되었다. 이때
林 씨는 거의 40세 가까이 되었다.
林 씨의 본적이 福淸의 龍田이기
때문에 이 동활자판을 "福田書海"
라고 명명하였다.56) 林 씨는 이 동

활자를 사용하여 道光 26년에 (淸)顧炎武의 「音論」 3권(圖錄Ⅶ-서
영 16)과 「詩本音」 10권(圖錄Ⅶ-서영 17) 등 「音學五書」57)를 인쇄
하였다. 사주쌍변, 계선 있음. 판심: 화구(銅板敍, 銅板音論 또는 銅
板詩本音), 상 하향 백단어미, 권차, 장차, 판심 하단에 "福田書海".
8행 19자, 판 크기: 16.4 × 10.1cm이다. 「音論」과 「詩本音」의 속표
지 하엽에 "福田書海, 銅活字板, 福建侯官, 林氏珍藏"이라는 4행의
자양이 있다. 속표지 상엽의 자양(詩本音 東吳顧亭林先生著)도 반체
자로 은은히 비친다(<사진 4> 참조). 澼絖道人이 편찬한 「軍中醫方

---

56) (淸)林春祺, "銅板敍", (淸)顧炎武, 「音論」, 林春祺銅活字本(中華民國 國家圖書館 소장) 卷首, 敍
   文에서 "乙酉"와 "丙午"를 언급하고 있다. 이 판본의 "琰" 字는 말획을 생략하는 방법으로 피
   휘를 하였는데 "淳" 자는 피휘를 하지 않은 점으로 미루어 "乙酉"는 道光 5년, "丙午"는 道光
   26년임을 알 수 있다.

57) 「音學五書」는 「音論」 3권, 「詩本音」 10권, 「易音」 3권, 「唐韻正」 20권, 「古音表」 2권이다. 나
   머지 3종의 동활자본은 아직 발견되지 않았다.

備要」2권(圖錄VII-서영 18)도 인쇄하였다. 속표지에 "侯官林氏銅擺本"의 자양이 있다. 판식은「音學五書」와 같은데, 판심의 화구는 서명이고, 하단에 있는 "福田書海" 4자와 간행 연월이 없다. 판 크기: 16.5 × 10.1cm.「四書便蒙」14책(圖錄VII-서영 19)도 인쇄하였다.[58]

이 동활자의 제작 방법은「音論」의 卷首에 수록한 林 씨 자신의 銅板敍(圖錄VII-서영 16)[59]에서

> 을유(1825)년에 자금을 출연하여 조각하는 작업을 시작하니, 때는 나의 나이 18세였다. 병오(1846)년에 이르러 동활자판이 완성되었다(歲乙酉, 捐資興工鐫刊, 時春祺年十八. 至丙午, 而銅字板告成.).

라고 언급하고 있다. 동활자의 琰은 말획을 결필함으로써 피휘를 하고 있는데, 淳은 피휘하지 않은 점으로 미루어 을유년은 道光 5년이고, 병오년은 道光 26년이다. 위의 언급에서 동활자는 하나씩 수공으로 조각하여 제작한 것이다. 또한, 그는 자금을 내어 장인을 고용하여 조각하게 하였을 뿐, 자신이 친히 작업한 것이 아님도 알 수 있다. 간행에 관여한 인물에 대하여는「詩本音」의 끝에

> 옛 福建省 三山의 林春祺 怡齋가 자금을 출연하여 조각하고, 형

---

58) 張秀民 저, 韓琦 增訂(2006), 611.

59) 銅板敍의 전문: "世有銅板之書, 而銅板之傳甚少. 春祺齠年即聞 先大父與 先君論說古銅板書, 恒惋惜世無銅板, 致古今宿儒碩彦有不刊之著述, 而無力刻板, 與夫已刻有板而湮沒朽蠹, 終同於無板者, 難更僕數. 春祺心焉誌之. 弱冠就學古杭・姑蘇, 從 親宦遊洛陽・粵海, 每接見名公大人, 亦無不以古銅板之書爲可寶貴, 然擧世刻之者卒罕覯, 歲乙酉, 捐資興工鐫刊, 時春祺年十八. 至丙午, 而銅字板告成, 古今字體悉備, 大小書籍皆可刷印, 爲時二十載. 計刻有≪正韻≫筆畫楷書銅字大小各二十餘萬字, 爲之實難, 成更不易, 中間幾成而不成者屢矣. 今幸成此銅板, 則古今宿儒碩彦有所著述, 無力刻板與夫已刻有板而湮沒者, 皆可刷而傳之於不朽. 是春祺不惜耗貲二十餘萬金, 辛苦二十年, 半生心血, 銷磨殆盡, 炭炭乎亶勉成此, 庶亦勿忘夫 祖與 父之夙志云爾. 春祺世籍本古閩福淸之龍田, 因即名此銅板爲福田書海云. 古閩 怡齋林春祺誌."

季冠 癡石이 교간하고, 맏아들 永昌이 필획을 바로잡고, 둘째 아
들 毓昌이 서체를 분별하였다(古閩三山林春祺怡齋捐鐫, 兄季冠癡
石校刊, 長子永昌正畫, 次子毓昌辨體.).

라고 기록되어 있다.

현재 中華民國의 國家圖書館에 소장된「音論」과「詩本音」등「音
學五書」를 자세히 직관하면 사주쌍변, 계선 있음. 판심: 화구(銅板音
論 또는 銅板詩本音), 상 하향 백단어미, 권차, 장차, 하단에 "福田書
海". 8행 19자, 판 크기: 16.4 × 10.1cm이다. 사용한 활자는 한 종류
뿐인데 크기는 7.5 × 8.0mm(표본은「音論」의 卷首에 수록된 銅板敍
의 제1엽상엽 제2행 제8자인 銅)이다. 之・於・卷 등 자양이 일치하
지 않은 문자가 있기는 하나, 해서체의 서체와 필획은 정교하여 같
은 문자의 자양이 대단히 비슷하며, 활자의 크기도 모두 같고 묵색
도 더할 나위 없이 균일하다. 즉 이 활자는 우선 육면이 방정하고 균
일한 동체를 잘 만든 후에 문자를 조각하였는데 그 조각 기술이 대
단히 고명한 수준이었으며, 인출면의 높이를 고르게 맞출 수 있을
만큼 조판 기술도 빼어났을 것으로 여겨진다. 다만 계선이 부분적으
로 인출되지 않았다. 문자의 행과 열은 가지런하며 삐뚤어지거나 바
르지 못한 문자도 없어서 판면이 대단히 아름답다. 지질과 묵색도
모두 우수하고 인쇄도 분명하며 서적 인쇄의 모든 공정이 목판인쇄
보다도 더욱 앞선다. 광곽 우변의 위아래 꼭짓점에는 틈이 벌어지지
않은 데에 비하여 좌변은 틈이 있는 점과 서적 전체를 통하여 사용
한 인판의 크기가 모두 일치하고 있는 점으로 미루어, 사용한 인판
은 미리 상・하・좌변은 고착되어 있고 우변만을 조립하는 인판을
만들어, 조판할 때에는 활자를 좌행에서부터 우행으로 식자하였고,

한 판을 모두 식자한 후에는 우변을 조립함으로써 인판을 완성하였음을 알 수 있다. 묵즙은 아마도 목판이나 목활자에 사용하는 것과 달랐을 것이다. 예를 들어「詩本音」권6 제18엽을 보면 착묵된 문자 주위에 명백한 기름의 흔적이 있어서 민간에서도 이미 동활자에 사용할 油煙墨을 개발해냈음을 알 수 있다. 이 활자는 조판 인쇄 기술이 대단히 고명하고, 또 동활자에 사용한 묵즙의 문제도 이미 해결한 것이어서, 明·淸 시대의 여러 동활자본 중에서 압권이라 할 수 있다.

2.35 倦游閣의「安吳四種」

南京의 倦游閣은 道光 26년에 목활자로 (淸)包世臣의「安吳四種」 36권 17책(圖錄Ⅶ-서영 20)을 인쇄하였다. 좌우쌍변, 계선 있음. 판심: 화구(安吳四種卷一), 상 하향 흑단어미, 판심제(편명)(소자), 장차, 서사명(白門倦游閣). 10행 21자, 소자쌍행, 판 크기: 17.9 × 12.9cm, 책 크기: 26.7 × 15.7cm.

동일 문자의 자양이 일치하지 않고 약간씩 차이가 있다. 도각의 흔적이 역력하고, 목리도 쉽게 보여서 목활자임을 알 수 있다. 장체자의 미감을 표현하고 있다. 조립식 광곽의 결구는 1mm 정도에 불과하다. 문자의 행렬이 지극히 가지런하고, 삐뚤어진 문자도 없는 점에서 방정한 육면체 목자를 제작한 후 필획을 조각한 것으로 보인다. 광곽과 문자면의 높이 차이로 일부 광곽이 괄호처럼 인출되거나 간혹 차이 나는 문자가 보이기는 하나, 전반적으로 목판에 견줄 수 있을 만큼 균일하다. 묵색은 간혹 연하게 번진 엽이 있기는 하나, 전반적으로 소자까지도 잘 인출되었고, 잡묵도 없다. 도각술 · 조판술 · 인출술이 모두 우수한 수준이다.

2.36 무명씨들의 「寶硏齋吟草」 · 「大淸律例根源」 · 「甬上水利志」

海昌의 무명씨는 道光 26년에 목활자로 (淸)方成珪의 「寶硏齋吟草」를 인쇄하였다.[60]

다른 무명씨는 道光 27년에 활자로 (淸)何秋濤의 「大淸律例根源」을 인쇄하였다.

또 다른 무명씨는 道光 28년에 목활자로 (淸)周道遵의 「甬上水利志」를 인쇄하였다.[61]

2.37 寶鐵齋의 「洽隱園文鈔」

寶鐵齋는 道光 28년에 목활자로 (淸)韓是升의 「洽隱園文鈔」를 인쇄하였다.[62]

2.38 勞啓恂의 「奉使越南詩稿」 · 「鄜州志」

勞啓恂은 道光 29년에 목활자로 (淸)勞崇光의 「奉使越南詩稿」를 인쇄하였다. 또 光緖 연간에는 「鄜州志」를 인쇄하였다.[63]

---

60) 張秀民 · 韓琦 공저(1998), 128.

61) 張秀民 · 韓琦 공저(1998), 114 · 119.

62) 張秀民 · 韓琦 공저(1998), 127.

63) 張秀民 · 韓琦 공저(1998), 119-120.

2.39 味塵軒의 「後四聲猿」

味塵軒은 道光 29년에 목활자로 (淸)桂馥의 「後四聲猿」을 인쇄하였다.[64]

2.40 甘 모 씨 津逮樓의 「帝里明代人文略」

南京 甘 모 씨의 津逮樓는 道光 30(1850)년에 (淸)路鴻休가 纂輯한 「帝里明代人文略」(圖錄VII-서영 21)을 인쇄하였다. 표지의 뒤에 "道光庚戌夏五月, 甘氏津逮樓集印"이라는 두 행의 간기가 있다.[65] 피휘의 방법으로 피휘할 문자에 소자로 某廟諱라고 표시하였다. 예를 들면 "高廟諱(乾隆)·宣廟諱(道光)" 등이다. 또한, 欽·棟 등은 말획을 생략하는 방식으로 家諱를 피한 드문 사례이다.[66]

서체는 장체자로 획일적이고 가지런한데, 어느 필획은 굵기가 고르지 않아서 목활자처럼 매끈하지는 않다. 같은 문자의 자양이 약간 차이가 있으며, 필획 윤곽에 뾰족한 각과 도각의 흔적이 있어서 일일이 조각한 동활자가 아닌가 한다. 도각술은 비교적 고명하다. 활자의 크기는 같고 문자의 행과 열은 가지런하며 삐뚤어진 문자도 없다. 인판은 조립식으로 네 꼭짓점에 틈은 있으나 묵색은 균일하다. 이의 조판 기술이 고명하여 목판본과도 아름다움을 견줄 만하다.

---

64) 張秀民·韓琦 공저(1998), 130.

65) 北京圖書館 원편, 勝村哲也 복간 편, 「中國版刻圖錄」(京都: 朋友書店, 1983), 104.

66) 張秀民 저, 韓琦 增訂(2006), 620.

2.41 鄧 모 씨의 闈姓票 · 白鴿票 · 「文獻通考」

　　廣州 佛山鎭의 鄧 모라는 인쇄공은 당시 사회에 만연하던 도박에 쓰이는 채색 골패인 闈姓票와 白鴿票를 인쇄하기 위하여, 道光 30년에 주석활자를 주조하기 시작하였는데 5월까지 2조의 활자 15만 개 이상을 주조하였다. 그는 1만 원 이상의 자본을 들여서 모두 3조의 서체가 다른 활자 총 20여만 개를 주조하였다. 한 조는 扁體字, 한 조는 長體字이고, 나머지 한 조는 본문의 小注용 長體 소자인데 당시 유행하던 명조체보다 아름답고 호방하다(<사진 5> 참조).

<사진 5> 佛山鎭 鄧 모 씨의 주석활자 자양 3종

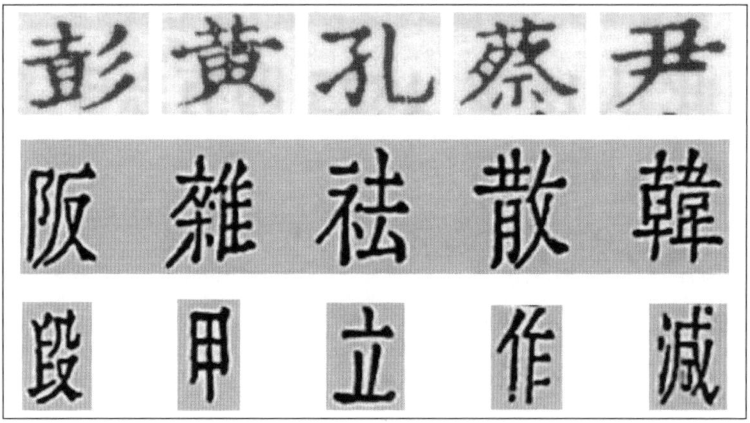

　　주조 방법은 목활자처럼 필획을 조각한 후, 교니판에 찍어서 주형을 만들고, 주석용액을 조심스레 주형에 부어서 식으면 꺼내어 높이가 같도록 수정하여 활자를 완성하는 陶板鑄造法(clay casting)을 이용하였다. 금속재료를 절약하기 위하여 주조해낸 주석활자는 높이가

12.0mm였다. 조판은 배나무 인판에 활자를 배열하고, 인출할 때 활자가 움직이지 않도록 사변을 견고하게 묶었다. 사변은 활자와 높이가 같은 광곽재를 둘러서 변란이 되도록 하되, 판심을 중심으로 좌우 엽을 마치 2엽처럼 구분하였다(<사진 6> 참조). 계선은 황동 계선재를 사용하고, 교정 후 인출하였다. 鄧 씨는 또 咸豐 원(1851)년부터 2(1852)년까지 2년 동안 (元)馬端臨의 「文獻通考」 348권, 총

<사진 6> 佛山鎭 鄧 모 씨의 주석활자 扁體字 자양

19,348면을 인쇄하여 120책으로 장정하였다. 문자가 커서 보기에 편하며 책지도 깨끗하고 묵색도 분명하여, 조판과 금속활자용 묵즙 조제의 기술도 모두 성공적이었다. 이는 활자의 주조 방법에 있어서 독창성을 띠고 있다. 鄧 씨는 이 밖에도 몇 종의 서적을 더 인쇄하 였는데, 밝힐 수 없음이 안타까울 따름이다.[67]

혹자는 이 활자는 실은 鉛活字이며 咸豊 4(1854)년 6월에 淸 조 정의 통치를 벗어나고자 대항하던 현지 紅巾軍이 총탄으로 사용하 고자 훼멸되었다[68]고 주장하고 있다.

2.42 秀野軒의 「南山全集」

秀野軒은 道光 30년에 목활자로 (淸)戴潛虛의 「南山全集」을 인쇄 하였다.[69]

2.43 梅花書屋의 「禹公易解」

梅花書屋은 道光 연간에 「禹公易解」를 인쇄하였다. 본문용 대자 활자는 편체이면서 대형활자이고, 주석은 극소자를 사용하였다.[70]

---

67) 1. Williams, Samuel Wells, *Movable Metallic Types in Chinese. The Chinese Repository*, Vol. XIX(1850), 247-253; Vol. XX(1851), 281-282, (Canton); *The Chinese Recorder*. Vol. VI(1875), 24-25, (Shanghai).
   2. 張秀民 저, 韓琦 增訂(2006), 613-614. 인쇄 주체가 唐 모 씨에서 鄧 모 씨로 수정되었다.

68) 錢存訓, "中國歷代活字本", 古籍鑑定與維護硏習會專輯編輯委員會 편, 吳哲夫 집행편집, 「古籍 鑑定與維護硏習會專輯」(臺北: 中華民國圖書館學會, 1985), 216-217.

69) 張秀民·韓琦 공저(1998), 127.

70) 張秀民(1990), 46.

2.44 淸芬館의 「貳臣傳」과 「逆臣傳」

淸芬館은 道光 연간에 목활자로 「貳臣傳」과 「逆臣傳」(圖錄Ⅶ-서영 22)을 인쇄하였다.[71]

2.45 葉元墀의 「葦間詩集」

慈溪 葉元墀는 道光 연간에 목활자로 (淸)姜宸英의 「葦間詩集」을 인쇄하였다.[72]

2.46 半松居士의 木活字本 6종·鉛活字本 1종과 留雲居士의 木活字本 2종

嘉慶(1796-1820)·道光 연간에 목활자로 서적을 인쇄한 자는 首都 琉璃廠의 半松居士 異史氏 宷齋가 「南疆繹史」 24권·「撫遺」 18권·「卹謚考」 8권·(淸)計六奇의 「明季南略」 18권과 「明季北略」 24권·「明季五藩實錄」 8권(圖錄Ⅶ-서영 23) 등을 인쇄하였다. 留雲居士는 「明季稗史滙編」 16종 27권을 인쇄하였다.[73] 「明季南略」은 좌우쌍변, 계선 있으나 간혹 없음. 판심: 백구, 상 하향 흑단어미, 권차, 장차. 9행 20자, 판 크기: 15.7 × 12.6cm. 위아래 변란의 내측에 일정한 간격으로 오목한 홈이 있는데, 이는 계선의 양 끝을 끼워 넣기 위하여 사전에 활자판 行格의 너비에 맞추어 조각한 것으로 보인다. 권수·권7·

---

71) 張秀民·韓琦 공저(1998), 115.

72) 張秀民·韓琦 공저(1998), 127.

73) 1. (淸)葉德輝, 「書林淸話」(臺北: 世界書局, 1974), 권8, 宋以來活字板. 204.
　　2. (中華民國)國立中央圖書館 편, 「國立中央圖書館善本書目」(臺北: 國立中央圖書館, 1967), 186.

권10·권12의 말엽의 넓은 공백에는 광곽 계선 등을 정상적으로 조판하지 않았다. 행간에 "o"의 문장부호를 사용하였다(<사진 7> 참조).74)

<사진 7> 「明季南略」의 하변 광곽과 문장부호 활자

半松居士는 이외에도 기계식 鉛활자로 「逆臣傳」을 간행하였다. 사주단변, 계선 있음. 판심: 화구(逆臣傳), 상 하향 흑단어미, 권차, 장차. 9행 20자, 판 크기: 15.4 × 11.0cm, 책 크기: 23.1 × 15.0cm. 문자 크기가 균일하지 않은 현상이 권1 제10엽 제17행, 제16엽 제1행, 제18엽 제16행, 제23엽 제15행, 제24엽 제58행, 권2 제2엽 제6행 등에서 보인다. 가로 횡렬이 가지런하지 못하다. 묵색 농담이 균일하지 못하고 쐐기 흔적도 보인다. 광곽 꼭짓점의 결구는 보편적이다. 상변을 지탱하기 위한 버팀목의 흔적이 상변 위쪽에 보인다. 조판을 완료한 후, 인판을 견고하게 조이기 위한 인판 조임 끈이 거의 모든 엽에서 인판을 가로로 관통하고 있음이 보인다.75)

「明季五藩實錄」을 직관하면 이 활자의 서체는 장체자인데, 어느 활자는 필획이 삐뚤어지고 조악하게 조각하였다. 인판은 조립식으로

---

74) 鄒毅(2010), 65·172.

75) 鄒毅(2010), 109.

네 꼭짓점에 간혹 약간의 틈이 있다. 어느 변란은 여러 조각을 이어서 인쇄한 결과 변란 중에도 간혹 틈이 벌어져 있다. 문자의 행과 열은 비교적 가지런하고, 간혹 삐뚤어져서 바르지 못한 문자가 있다. 또한, 상당히 많은 상·하 문자의 필획이 교차되어 있는데 예를 들면 福藩 上의 제11엽하엽 제6행 제1·2자인 大淸·福藩 下의 제35엽하엽 말행 제12·13자인 陳有·唐藩 上의 제35엽 제5행 제15·16자인 耿爲·제7행 제2·3자인 朝大 등이 그것이다. 또한. 福藩 下의 제36엽하엽 제3행 제1자인 嘉는 식자할 공간이 좁아서 변란을 깎아서 배열하였으니, 이 활자는 사면이 방정하지 않은 활자가 아니라면 곧 連刻活字일 것이다. 판심 아래쪽에 배열 순서를 표시한 듯한 金·石·木·絲·竹·匏·土·革 등의 문자가 있다. 묵색은 비교적 고른데 간혹 진하거나 연한 곳이 있다. 이 활자의 조각·조판·묵즙 도포 등의 기술은 모두 비교적 고명하다. 그러나 교감이 정밀하지 못하여 거의 매 엽마다 오자가 있다.

「紀載滙編」은 "都城琉璃廠排字本"이라고만 표하고 있지만, 留雲居士의 간행으로 보인다. 이에는 상하 문자의 필획이 교차하는 현상이 제1책 제5엽 제1행의 大寶, 제3책 제1엽 제5행의 毅滅, 제4책 제6엽 제2행의 鎭常 등에서 보인다. 「明季稗史滙編」은 권2 제18엽 제5행의 廟康·繼之·舊輔 등에서 보인다.[76]

2.47 道光 연간의 木活字本 12종

道光 연간의 목활자본으로는 「道光御選唐詩全函」이 있는데, 內府

---

76) 鄒毅(2010), 123-124.

에서 활자로 인쇄한 듯 대단히 정교하다.[77] 阮 씨가 인쇄한 曹鑣의 「淮城信令錄」이 있다.[78] 「淮城信令錄」은 "寧"의 말획을 생략함으로써 피휘하였다. 汪守成이 인쇄한 (淸)姚配中의 「周易姚氏學」·「一經廬文鈔」·長樂인이 인쇄한 (淸)陳庚煥의 「楊園初稿」·(淸)張汝霖의 「學詩毛鄭異同箋」·「招寶山志」·(淸)謝山夢麟 찬 「大谷山堂集」·(淸)謝金鑾의 「二勿齋文集」·(淸)葉騰驤의 「證諦山人雜志」가 있다.[79]「吳氏宗譜」는 광곽 꼭짓점에 동일한 결구가 반복하여 보인다.「高歌集」은 사주단변, 계선 없음, 흑구, 어미 없음, 8행 16자, 판 크기: 15.0 × 10.5cm, 책 크기: 20.6 × 12.2cm이다. 광곽 꼭짓점에 결구가

<사진 8> 「高歌集」의 문장부호 활자

---

77) 魏隱儒(1984), 232.

78) 張秀民(1989), 697, 707.

79) 張秀民·韓琦 공저(1998), 110-111·118·127-129.

보인다. 상·하의 흑구와 상·하의 광곽도 떨어져 있다. 문자의 횡
렬이 가지런하지 못하다. 문장의 중요한 곳에 강조의 의미로 밑줄을
긋듯이, 문자의 우측에 "o"이 각 1개 또는 간혹 2개 배열되어 있
다.[80] 인출면이 광곽보다 미세하게 높아서 광곽의 일부가 인출되지
않았다(<사진 8> 참조).

2.48 무명씨의 「南宋文範」

무명씨가 道光 연간에 목활자로 (淸)莊仲方이 편찬한 「南宋文範」
70권, 外編 4권(圖錄Ⅶ-서영 24)을 인쇄하였다.[81] 사주쌍변, 계선
있음. 판심: 화구(南宋文範), 상 하향 흑단어미, 권차, 장차(판심 문자
는 모두 소자). 10행 21자, 소자쌍행, 판 크기: 17.8 × 13.4cm. 각 권
의 목록 2엽씩은 목판이다.

같은 문자의 자양이 매우 흡사하기는 하나 일치하지 않고, 대부분
문자의 필획 윤곽에 도각의 흔적이 역력하며, 도각에 의해 끊어진
필획도 적지 않고, 목리도 보이는 점에서 목활자본이 확실하다. 문
자의 행렬은 가지런하고, 기울어지거나 삐뚤어지거나 반만 찍힌 문
자가 거의 없다. 조립식 인판의 꼭짓점에는 2mm 정도의 결구가 있
다. 여러 장의 인판을 사용하였는데, 같은 인판을 연속되는 엽에 사
용하였다. 즉 권 1~2의 목록을 제외한 60엽을 동일한 인판으로 조
판하였다. 묵색은 대체로 연한 편인데, 엽에 따라 농담의 차이가 있
기도 하고, 번진 엽도 간혹 있으나, 전반적으로는 고른 묵색을 보인

---

80) 鄒毅(2010), 159·176.
81) (中華民國)國立中央圖書館 편(1967), 1292.

다. 도각·조판·인출 등의 기술이 우수한 편이다. 弦의 말획을 결필하였다.

<표 2> 道光 연간의 활자인쇄

	인쇄 주체	인쇄 연도	활자 재료	인본 서적	비고
1		道光 원(1821)년	木	(淸)趙兆熊의 「古詩評林」	
2	李兆洛	道光 4(1824)년	木	(淸)李遜之의 「三朝野記」	
3	王 모 씨	道光 4(1824)년	木	(宋)呂祖謙의 「大事記」	
4	陰維新	道光 6(1826)년	木	(淸)李世態의 「錢神志」	
5	范陽堂	道光 6(1826)년		「鄧氏族譜」	
6		道光 6(1826)년	木	(淸)呂錫煌의 「鹿門名勝」	
7	淸芬閣	道光 7(1827)년	木	(淸)徐乾學의 「一統志按說」	
8	張 모 씨	道光 7(1827)년	木	「愛日精盧藏書志」 36권	
9		道光 7(1827)년		(淸)李世態의 「寒支初集」	
		道光 7(1827)년	木	道光 「重修上高縣志」	
		道光 8(1882)년	木	(淸)徐兆昺의 「四明談助」	
10	李瑤	道光 9(1829)년	膠泥	(淸)溫睿臨의 「南疆繹史勘本」 32권·「繹史摭遺」 10권	대·중·소 활자 3종, 10여 개 인판
		道光 10(1830)년		(淸)溫睿臨의 「南疆繹史勘本」 32권·「繹史摭遺」 18권·「恤謚考」 8권	
		道光 12(1832)년		李瑤 편집의 「校補金石例四種」 17권	
11		道光 9(1829)년	木	「薄海番域錄」	
		道光 9(1829)년		道光 「淸流縣志」	
12	晁 모 씨	道光 11(1831)년	木	(淸)曹溶 편, 陶越 增訂의 「學海類編」 814권	430종, 120책
13		道光 11(1831)년	木	「續增刑部律例館說帖揭要」·(淸)高杲의 「潛山志」·(淸)阮鐘瑗의 「修凝齋集」	
14	梁發	道光 13(1833)년	鉛	(淸)梁發의 「祈禱文」	조각
15	求無不獲齋	道光 13(1833)년	木	(淸)江日昇의 「臺灣外記」	

	인쇄 주체	인쇄 연도	활자 재료	인본 서적	비고
16	浦江	道光 13(1833)년	木	(淸)倪補의「倪石陵書」	
17	親睦堂	道光 13(1833)년	木	「親睦堂捐簿」	
18		道光 13(1833)년		「大學集注」	
19	雅鑑齋	道光 14(1834)년	木	(淸)顧炎武의「天下郡國利病書」	
20	愼德齋	道光 14(1834)년	木	(淸)方鳳의「存雅堂遺稿」	
21		道光 14(1834)년	銅·鉛		
22	猶以樨	道光 15(1835)년	木	(淸)猶法賢의「酉樨山房文集」	
23	董學齋	道光 17(1837)년	木	(淸)李兆洛의「歷代地理韻編今釋」	
24	王魏勝	道光 18(1892)년	木	萬曆「仙居縣志」	
25		道光 20(1894)년	木	(淸)姚椿의「通芝閣文集」	
				(淸)陳廉의「耕雪堂遺稿」	
				「娛萱草彈詞」	
26	洗心玩 易之室	道光 22(1842)년	木	(淸)蔣彤의「丹棱文鈔」· 「李申耆年譜」·(淸)李兆洛의 「暨陽答問」	
27		道光 22(1842)년	木	(淸)周衡齋 등의「開元八景圖詠」	
28	崇敬堂	道光 23(1843)년	木	(淸)華恕의「燕香居詩稿」	
29	魯歧峰	道光 23(1843)년	木	(淸)黃省三의「論語後案」	
30	鐵蕉吟館	道光 23(1843)년	木	(淸)石昭炳의「暨陽風俗賦」	
31	藝風堂	道光 23(1843)년	木	(淸)李兆洛의「養一齋文集」	
32	翟金生	道光 24(1844)년	泥	翟金生의「泥板試印初編」11권	주조, 크기 는 5 종, 10만 여 개
		道光 26(1846)년		「牧丹唱和詩」·(淸)黃爵滋의 「仙屛書屋初集詩錄」18권	9행 18자
		道光 27(1847)년		(淸)黃爵滋의「仙屛書屋初集 詩錄」18권	9행 21자
		道光 28(1848)년		翟金生의「泥板試印續編」12권	
	翟廷珍	道光 28(1848)년		翟廷珍의「修業堂集」20권· 翟肯堂의「留芳齋遺稿」1권· 翟廷珍의「通俗詩鈔」	
	翟家祥	咸豊 7(1857)년		(明)翟震川의「涇川水東翟氏宗譜」	
33	薛子瑜	道光 24(1844)년		「海國圖志」50권	
		道光 29(1849)년		「大淸一統志」	100부

	인쇄 주체	인쇄 연도	활자 재료	인본 서적	비고
34	林春祺	道光 26(1846)년	銅	(淸)顧炎武의 「音論」 3권, 「詩本音」 10권 등 「音學五書」	조각, 대·소자 각 20여만 개, 福田書海
				避綖道人의 「軍中醫方備要」 2권	
				「四書便蒙」	
35	倦游閣	道光 26(1846)년	木	(淸)包世臣의 「安吳四種」 36권	
36		道光 26(1846)년	木	(淸)方成珪의 「寶硏齋吟草」	
		道光 27(1847)년		(淸)何秋濤의 「大淸律例根源」	
		道光 28(1848)년	木	(淸)周道遵의 「甬上水利志」	
37	寶鐵齋	道光 28(1848)년	木	(淸)韓是升의 「洽隱園文鈔」	
38	勞啓恂	道光 29(1849)년	木	(淸)勞崇光의 「奉使越南詩稿」	
		光緖 연간		「郿州志」	
39	味塵軒	道光 29(1849)년	木	(淸)桂馥의 「後四聲猿」	
40	甘 모 씨의 津逮樓	道光 30(1850)년	銅?	(淸)路鴻休의 「帝里明代人文略」	조각
41	鄧 모 씨	道光 30(1850)년	朱錫	闈姓票와 白鴿票	膠泥板鑄造法, 3종 20여 만개
		咸豊 원(1851)년-2(1852)년		(元)馬端臨의 「文獻通考」 348권	
42	秀野軒	道光 30(1850)년	木	(淸)戴潛虛의 「南山全集」	
43	梅花書屋	道光 연간		「禹公易解」	
44	淸芬館	道光 연간	木	「貳臣傳」·「逆臣傳」	
45	葉元墭	道光 연간	木	(淸)姜宸英의 「葦間詩集」	
46	半松居士 異史氏	嘉慶·道光 연간	木	「南疆繹史」 24권·「摭遺」 18권·「卹諡考」 8권·(淸)計六奇의 「明季南略」 18권·「明季北略」 24권·「明季五藩實錄」 8권	
			鉛	「逆臣傳」	
	留雲居士	嘉慶·道光 연간	木	「明季稗史滙編」 27권	16종
				「紀載滙編」	
47	內府?	道光 연간	木	「道光御選唐詩全函」	
	阮 씨			曹鑣의 「淮城信今錄」	
	汪守成			(淸)姚配中의 「周易姚氏學」과 「一經廬文鈔」	
	長樂인			(淸)陳庚煥의 「楊園初稿」	
				(淸)張汝霖의 「學詩毛鄭異同」	

인쇄 주체	인쇄 연도	활자 재료	인본 서적	비고
			箋」·「招寶山志」·(淸)謝山夢 麟의「大谷山堂集」·(淸)謝金 鑾의「二勿齋文集」·(淸)葉騰 驤의「證諦山人雜志」·「吳氏 宗譜」·「高歌集」	
48	道光 연간	木	(淸)莊仲方의「南宋文範」74권	

3. 咸豊 연간(1851-1861)

3.1 무명씨들의 「結水滸全傳」·「重修寶應縣志辨」·「國朝文警初編」

무명씨가 咸豊 원년에 목활자로 (淸)兪萬春이 편찬한 「結水滸全
傳」(별서명은 「蕩寇志」) 15권을 인쇄하였다.[82]

다른 무명씨는 咸豊 원년에 「重修寶應縣志辨」을 인쇄하였다.[83]

또 다른 무명씨는 咸豊 원년에 「國朝文警初編」을 인쇄하였다.[84]

3.2 吳鍾駿의 「妙香閣文稿」와 「妙香閣詩稿」

吳鍾駿은 杭州에서 관직에 있을 때인 咸豊 2년에 福田書海의 聚
珍銅活字를 빌려서 그의 외조부인 長洲의 孫雲桂가 편찬한 「妙香閣
文稿」 3권과 「妙香閣詩稿」 1권을 인쇄하였다. 이 서적의 서체는 상
술한 福田書海의 「水陸攻守戰略秘書」와 완전히 일치하고 있다.[85]
또한, 吳 씨가 자신의 발문에서

---

82) 魏隱儒(1984), 232.

83) 張秀民·韓琦 공저(1998), 117.

84) 張秀民·韓琦 공저(1998), 131

85) 張秀民(1989), 721.

금년 여름에 교정하러 출타하여 일을 끝내고 드디어 취진동활자
로 인쇄하여 세상에 통행하게 하였다(今歲長夏, 校巡事畢, 始以聚
珍銅板, 排次成文, 印以行世.).

라고 언급한 점에서 동활자는 그가 소유한 것이 아니고 福田書海
에서 빌려온 것임을 알 수 있다. 그 인쇄공의 기술 수준이 상당히 높
았음을 이 두 시문집의 인쇄 상태가 분명한 점에서도 알 수 있다.

3.3 花雨書巢主人의 「甲遁眞授秘集」

花雨書巢主人은 咸豊 2년에 목활자로 (明)薛鳳祚의 「甲遁眞授秘
集」6권 6책(圖錄Ⅶ-서영 25)을 인쇄하였다. 사주쌍변, 계선 없음.
판심: 화구(甲遁眞授秘集), 상 하향 흑단어미, 장차, 교정자명(花雨書
巢校本). 10행 24자, 소자쌍행, 판 크기: 20.2 × 11.9cm, 책 크기:
27.5 × 15.3cm이다. 맨 앞 서문 1엽의 판식은 사주쌍변, 계선 없음.
판심: 백구, 상 하향 흑단어미, 장차. 9행 20자, 문자가 약간 크다.
판 크기: 20.4 × 12.0cm.

동일 문자의 자양이 매우 다르고, 목리도 흔히 보이며, 도각의 흔
적도 역력하다. 도각술이 장체자의 미감을 살리지 못하는 수준이다.
3장의 인판을 사용하였는데, 맨 앞의 서 1엽에만 1장의 인판을 사용
하였다. 기타 244엽은 2장의 인판을 2~3엽씩 번갈아 사용하였다.
인판 하나는 사변과 어미가 고정된 인판이고, 다른 하나는 하변을
조립하는 인판이다. 하변 조립식 인판은 결구가 1mm 내외이다. 삐
뚤어진 문자나 필획이 인출되지 않은 경우는 없지만, 문자의 행렬이
가지런하지 못하고, 문자에 따라 묵색의 차이가 크며, 광곽과 활자

또는 구두점 활자 등의 인출면 높이가 달라서 광곽의 일부가 간혹 인출되지 않았다. 판면이 깨끗하지 못하고 정돈되지 못한 느낌이다. 중상 수준의 조판술이다. 묵색은 번진 엽이나 문자 필획 사이의 반점이 드물게 있기는 하나, 전반적으로 잡묵도 없고 문제 되지 않는 수준이다.

3.4 무명씨의 「和林格爾廳志」

무명씨는 咸豊 2년에 목활자로 咸豊 「和林格爾廳志」를 인쇄하였다.[86]

3.5 麟桂의 「水陸攻守戰略秘書」

滿洲族인 麟桂는 浙江에서 관직에 있을 때인 咸豊 3(1853)년에 福田書海의 동활자를 빌려서 澥綖道人이 撰輯한 「水陸攻守戰略秘書」 7종 20책을 인쇄하였다. 끝 책에 "省城西湖街正文堂承刊印"이라는 간기 한 행이 있어서 麟 씨는 출자만 하고, 인쇄는 杭州의 서사 正文堂에서 하였음을 알 수 있다. 7종은 「劉伯溫先生重纂諸葛忠武侯兵法心要」 內集 2권, 外集 3권(圖錄Ⅶ-서영 26) · 「劉伯溫先生百戰奇略」 10권(圖錄Ⅶ-서영 27) · 「施山公兵法心略」 2권 · 「天下沿海形勢圖」 1권 · 「塞外行軍指掌」 1권 · 「金湯十二籌」 12권, 圖 1권 · 「軍中醫方備要」 2권 등이다. 사주쌍변, 계선 있음. 판심: 화구(서명 · 약서명 또는 서명과 편명), 상 하향 백단어미, 권차, 장차. 8행 19자, 소자쌍행, 판 크기: 16.5 × 10.3cm, 책 크기: 23.8 × 14.8cm이다.

---

86) 張秀民 · 韓琦 공저(1998), 119.

이 총서의 서체는 福田書海와 완전히 일치한다. 福田書海本의 「軍中醫方秘要」와 이 총서 중의 것을 비교하여 보면, 두 판본의 내용·서체·行款 등이 모두 같고, 판심 하단의 "福田書海"도 모두 없어서 혼동하기 쉽다. 다만 여백의 행이 있는 한 두 엽에서 字數가 다를 뿐이다. 이 총서는 7종의 모든 저술 앞에 麟桂의 題詞가 있고, 林春祺의 이름은 결코 없으며, 표지에 "麟月方伯集印"이라는 제목이 있어서 麟桂가 杭州에서 인쇄한 것임이 확실하다. 이에서 같은 활자로 하나는 福州에서 인쇄하고 하나는 杭州에서 인쇄하였음을 알 수 있다. 상술한 「妙香閣詩文稿」의 서체도 역시 이들과 같아서 모두 福田書海의 동활자본이라고 할 수 있다. 이 福田書海의 동활자가 어떻게 하여 杭州에까지 흘러갈 수 있었는지에 대하여는 밝히지 못하였다.[87]

동일 문자의 자양이 거의 일치하지만, 간혹 일치하지 않는 2개의 군집이 나타나는 점으로 보아 복수의 각수가 제작한 듯하다. 서체의 미감이 대단히 아름답고, 필획의 윤곽에도 도각의 흔적이 거의 없이 원활하여 주조한 것으로 착각하기 쉽다. 조립식 인판의 광곽 꼭짓점에 1mm 이내의 결구가 간혹 있다. 문자의 행렬은 가지런하고, 삐뚤어지거나 기울어진 문자가 없고, 묵색 농담도 균일하다. 다만 간혹 진한 문자가 보이고, 문자가 없는 부분의 계선은 진하게, 문자가 있는 부분은 잘 인출되지 못한 점으로 미루어 부주의한 듯하다. 묵색은 이미 금속활자용 묵즙을 개발한 듯 판면이 깨끗하고 농담도 균일

---

87) 1. 張秀民, "淸代的銅活字", 喬衍琯·張錦郎 공편, 「圖書印刷發展史論文集續編」(臺北: 文史哲出版社, 1979), 99.
　　2. 張秀民(1989), 720-721·725.

하다. 전체적으로 도각술·조판술·인출술이 모두 중국 활자인쇄 기술사 상 필적할 상대가 없을 만큼 지극히 고명하다.

3.6 胡珽 琳琅秘室의 「琳琅秘室叢書」와 「茅亭客話」

仁和 胡珽의 琳琅秘室은 咸豊 3년[88])에 蘇州[89])에서 목활자로 자신이 편집한 「琳琅秘室叢書」 五集 30종을 인쇄하였다. 또 咸豊 4년에는 (宋)黃休復이 편찬한 「茅亭客話」 10권과 胡 씨의 校勘記 1권을 부록으로 인쇄하였다.[90])

「琳琅秘室叢書」의 「鷄肋編」(圖錄VII-서영 28)을 살펴보면, 사주단변, 계선 있음. 판심: 상흑구, 상 하향 흑단어미, 판심제(자목 서명), 권차(소자), 장차(소자), 하흑구. 9행 21자, 소자쌍행, 판 크기: 19.3 × 12.6cm이다. 같은 문자의 자양이 다르고, 도각의 흔적이 역력하며, 목리도 간혹 보여서 목활자임을 알 수 있다. 묵색이 금속활자의 분위기여서 목질이 단단한 나무를 사용한 듯하다. 문자의 크기는 균일하고, 행렬이 가지런하며, 기울어지거나 삐뚤어진 문자가 없는 점에서 방정한 육면체 목자를 제작한 후, 필획을 조각한 듯하다. 장체자의 필의를 살리고 있는 고명한 수준이다. 묵색의 농담이 다른 문자가 간혹 보이나, 차이가 크지 않다. 광곽의 꼭짓점은 1~2mm 정도의 결구가 보인다. 판면 전체의 묵색도 목판본과 견줄 수 있을 만큼 균일하여 조판술과 함께 인출 기술도 매우 고명한 수준이다.

---

88) 葉德輝(1974). 권8, 宋以來活字板, 204.

89) 張秀民(1989), 709, 注8.

90) 魏隱儒(1984), 233.

3.7 무명씨의 「元豐吳郡圖經續記」·「雪煩山房詩集」

무명씨가 咸豊 3년에 목활자로 인쇄한 판본이 2종이 있다. 하나는 「元豐吳郡圖經續記」이고, 다른 하나는 (淸)徐僖의 「雪煩山房詩集」이다.91)

3.8 丁紹基의 「思賢閣詩集」·「思賢閣詞草」·「思賢閣文集」· 「水經游水疏證」

武進의 丁紹基는 咸豊 4년에 목활자로 자신의 조부 丁履恒이 편찬한 「思賢閣詩集」 8권·「思賢閣詞草」 2권·「思賢閣文集」 4권과 부록으로 「水經游水疏證」 1권을 인쇄하였다.92)

3.9 百果山房의 「闇壇文稿」

百果山房은 咸豊 5(1855)년에 목활자로 (淸)李德龔의 「闇壇文稿」를 인쇄하였다.93)

3.10 世壽堂의 「南榮詩稿」

嵊縣의 世壽堂은 咸豊 7년에 목활자로 (淸)施燮의 「南榮詩稿」를 인쇄하였다.94)

---

91) 張秀民·韓琦 공저(1998), 116·128.

92) 魏隱儒(1984), 232-233.

93) 張秀民·韓琦 공저(1998), 127.

94) 張秀民·韓琦 공저(1998), 128.

3.11 무명씨들의 「篆書論語」·「靖江縣志」·「琴語堂文述」· 「九修毘陵徐氏宗譜」

무명씨가 咸豊 7년에 목활자로 인쇄한 판본이 3종 있다. (淸)丁見善의 「篆書論語」·咸豊 「靖江縣志」·吳門에서 인쇄한 (淸)李肇增의 「琴語堂文述」이 그것이다.[95]

常州의 무명씨는 咸豊 8(1858)년에 동활자로 (淸)徐隆興 등의 「九修毘陵徐氏宗譜」 30책을 인쇄하였다. 淸 시대 常州의 활자는 모두 목활자인데, 이 「九修毘陵徐氏宗譜」만이 유일하게 동활자를 사용하였다. 그러나 이 동활자는 常州의 어디에서 나온 것인지 알 수 없다. 지금은 日本의 東洋文庫에 소장되어 있다.[96]

3.12 葉 모 씨의 「敦夙好齋詩續編」

漢陽의 葉 모 씨는 胡珽 琳琅秘室의 목활자("3.6 胡珽 琳琅秘室의 「琳琅秘室叢書」…" 참조)를 빌려서 咸豊 9(1859)년에 (淸)葉名澧이 편찬한 「敦夙好齋詩續編」을 인쇄하였다. 이 시집의 표지에는

> 咸豊 己未(9, 1859)년 겨울에 胡 씨의 활자판을 빌려서 간행하였다(咸豊己未冬, 借胡氏排板印行.).

라고 쓰고 있고, 발문에서는

---

95) 張秀民·韓琦 공저(1998), 111·128.

96) 多賀秋五郎, 「宗譜の硏究」(東京: 東洋文庫, 1960), 129.

胡心耘 박사가 인쇄하도록 허락하여 반 달 만에 완성하였다(胡心
耘博士許爲排印, 閱半月⊠竣功.).

라고 언급하고 있다.[97]

3.13 무명씨들의 「一粟齋雜著」・「求自得之室讀書說」・「詩說」・ 「易經如話」・「討粤匪檄」・「菊壽盦詞稿」・「釋氏宗譜」

무명씨는 咸豊 10(1860)년에 목활자로 (淸)易本烺의 「一粟齋雜著」
를 인쇄하였다.[98]

다른 무명씨는 咸豊 11(1861)년에 목활자로 인쇄한 (淸)吳嘉賓의
서적이 2종 있다. 「求自得之室讀書說」과 「詩說」이다.[99]

또 다른 무명씨에 의하여 咸豊 연간에 목활자로 간행된 것으로
常州의 「易經如話」가 있으며,[100] 曾國藩의 「討粤匪檄」(圖錄Ⅶ-서
영 29)은 한 엽짜리 간행물로 광곽과 계선이 없고 문자만 인출하였
다.[101] 또한 (淸)姚輝第의 「菊壽盦詞稿」가 있으며,[102] 「釋氏宗譜」는
상・하花邊(문양이 있는 변란, <사진 9> 참조), 좌우쌍변, 계선 있음.
판심: 화구(釋氏宗譜), 상 하향 흑단어미, 권차, 장차. 9행 23자, 판
크기: 28.3 × 19.2cm, 책 크기: 35.0 × 22.2cm이다. 활자가 좌우 또
는 전후로 기울어지게 식자되어 필획이 부분적으로 진하거나 연하
게 인출된 문자가 적지 않다.[103]

97) 張秀民(1989), 706.

98) 張秀民・韓琦 공저(1998), 112.

99) 張秀民・韓琦 공저(1998), 110-111.

100) 艾俊川(2010), 4.

101) 艾俊川(2006), 68-69

102) 張秀民・韓琦 공저(1998), 129.

「討粤匪檄」은 전형적인 장체자로서 자양은 일치하지는 않지만 비교적 고르게 안정되어 있고, 크기도 균일하다. 간혹 도각의 흔적과 목리가 보이는 점에서 목활자로 보인다. 그러나 문자 횡렬이 가지런하지 못하고 묵색 농담도 차이가 크고 이중인출 현상이 거의 판면의 절반 정도에 이른다. 천두 부분에 문자 종행의 자간을 유지하기 위하여 배열한 頂木의 흔적이 잡묵으로 인출되어 있다. 이로 미루어 방정한 육면체 활자로 도각술은 상당한 수준이지만, 조판 기술과 인출 기술은 다소 미숙하다.

<사진 9> 「釋氏宗譜」의 花邊

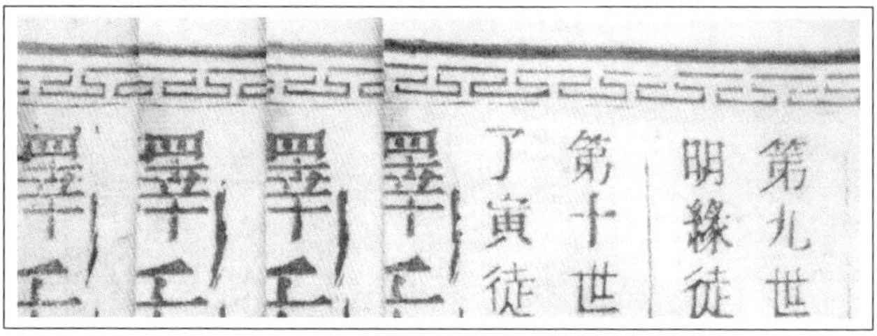

3.14 太平天國의 「太平天日」

太平天國 12(1862)년에 동활자로 「太平天日」을 인쇄하여 반포하였는데, 이는 太平天國의 官板本 중에 유일한 동활자본이다. 표지 가장자리에 소자로 "황제가 인쇄를 윤허하여 동판으로 간행하였다(欽遵旨準刷印, 銅板頒行.)."라는 문자가 있는데, "銅板"만으로는 整版인지 활자판인지 확정할 수 없다.104) 실물을 분석할 필요가 있어 보인다.

---

103) 鄒毅(2010), 63·90.

104) 張秀民·韓琦 공저(1998), 93.

	인쇄 주체	인쇄 연도	활자 재료	인본 서적	비고
1		咸豊 원(1851)년	木	(淸)兪萬春의 「結水滸全傳」 15권	별칭 「蕩寇志」
				「重修寶應縣志辨」	
				「國朝文警初編」	
2	吳鍾駿	咸豊 2(1852)년	銅	(淸)孫雲桂의 「妙香閣文稿」 3권, 「妙香閣詩稿」 1권	福田書海 활자
3	花雨書巢 主人	咸豊 2(1852)년	木	(明)薛鳳祚의 「甲遁眞授秘集」 6권	
4		咸豊 2(1852)년	木	咸豊 「和林格爾廳志」	
5	麟桂	咸豊 3(1853)년	銅	澼絖道人의 「水陸攻守戰略秘書」 7종	福田書海 활자
6	胡珽의 琳琅秘室	咸豊 3(1853)년	木	「琳琅秘室叢書」 五集 30종	
		咸豊 4(1854)년		(宋)黃休復의 「茅亭客話」 11권, 校勘記 1권	
7		咸豊 3(1853)년	木	「元豊吳郡圖經續記」・(淸)徐僖의 「雪煩山房詩集」	
8	丁紹基	咸豊 4(1854)년	木	(淸)丁履恒의 「思賢閣詩集」 8권・「思賢閣詞草」 2권・「思賢閣文集」 4권・「水經游水疏證」 1권	
9	百果山房	咸豊 5(1855)년	木	(淸)李德驀의 「闇壇文稿」	
10	世壽堂	咸豊 7(1857)년	木	(淸)施燮의 「南榮詩稿」	
11		咸豊 7(1857)년	木	(淸)丁見善의 「篆書論語」	
				咸豊 「靖江縣志」	
				(淸)李肇增의 「琴語堂文述」	
		咸豊 8(1858)년	銅	(淸)徐隆興의 「九修毘陵徐氏宗譜」	常州
12	葉 모 씨	咸豊 9(1859)년	木	(淸)葉名灃의 「敦夙好齋詩續編」	胡珽의 목활자
13		咸豊 10(1860)년	木	(淸)易本烺의 「一粟齋雜著」	
		咸豊 11(1861)년		淸)吳嘉賓의 「求自得之室讀書說」・「詩說」	
		咸豊 연간		「易經如話」	
				曾國藩의 「討粤匪檄」	
				(淸)姚輝第의 「菊壽盦詞稿」	
				「釋氏宗譜」	
14	太平天國	太平天國 12(1862)년	銅	「太平天日」	銅刻整板?

4. 同治 연간(1862-1874)

4.1 金陵書局의 「兩漢刊誤補遺」·「三國志注」·「史姓韻編」· 「吾學錄初編」

金陵書局은 同治 원(1862)년 6월에 목활자 취진판으로 (宋)吳仁傑이 편찬한 「兩漢刊誤補遺」 10권, 부록 1권을 인쇄하였다. 同治 6(1867)년에는 (晉)陳壽 찬, (宋)裴松之 注의 「三國志注」를 인쇄하였다. 이 밖에도 同治 연간에 「史姓韻編」·「吾學錄初編」 등을 인쇄하였다.[105]

「兩漢刊誤補遺」는 인판을 2개 사용하였는데 인판의 상·하 변란에 일정한 간격으로 홈이 있어서[106] 계선의 위치를 표시하고 있다. 「三國志注」는 대·소 2종의 활자를 사용하고 있으면서도 裴松之의 주석은 대자로 본문 아래에 한 자 낮춰서 배열함으로써 구분하였다. 顯·寧·奕의 말획을 생략함으로써 피휘하였다.[107]

4.2 白芙堂의 「讀易初稿」

白芙堂은 同治 2(1863)년에 목활자로 (淸)丁叙忠의 「讀易初稿」를 인쇄하였다.[108]

---

105) 1. 張秀民(1989), 705.
　　　2. 張秀民·韓琦 공저(1998), 112.

106) 田淵正雄, "淸代木活字版印刷技術考", 「ビブリア」 第75號(1980. 10), 442.

107) 張秀民(1990), 46-50.

108) 張秀民·韓琦 공저(1998), 110.

4.3 무명씨들의 「存吾春齋詩鈔」·「楊忠節公遺集」·「趙文肅公文集」

무명씨는 同治 2년에 목활자로 (淸)劉繹의 「存吾春齋詩鈔」를 인쇄하였다.[109]

다른 무명씨는 同治 3(1864)년에 목활자로 (明)楊廷麟의 「楊忠節公遺集」을 100여 부 인쇄하였다.[110]

또 다른 무명씨는 同治 3년에 목활자로 (明)趙貞吉의 「趙文肅公文集」 23권 16책(圖錄VII-서영 30)을 100여 부 인쇄하였다.[111] 사주쌍변, 계선 있음. 판심: 화구(詩鈔), 상 하향 흑단어미, 권차, 장차. 9행 18자, 소자쌍행, 판 크기: 20.7 × 13.5cm, 책 크기: 28.2 × 17.4cm이다. 제1책 서문은 목판본이다. 같은 문자의 자양은 유사하지만 동일하지는 않고, 도각의 흔적과 목리가 분명하여 목활자임을 알 수 있다. 장체자의 문자 크기도 균일한 점으로 미루어 육면체 목자를 균일하게 제작한 후 조각한 것으로 보인다. 판면이 훤하며 잘 정돈된 느낌이다. 조립식 인판의 광곽 모서리는 1~2mm 정도 벌어져있다. 문자의 행렬이 가지런하며, 삐뚤어지거나 기울어져서 반만 인출된 문자가 거의 없다. 간혹 일부 계선이 인출되지 않았으나, 인출면의 높낮이가 고른 결과 묵색의 농담도 대체로 균일하다. 다만 문자의 필획 사이에 묵즙이 과다하게 도포되어 검은 반점처럼 반영된 현상이 거의 모든 엽에서 보인다. 이 점에서 도각술과 조판술은 매우 고명하지만, 인출술은 다소 떨어진다. 피휘도 하였고, 교감은 잘못된 문자 위에 바른 문자를 오려 붙이거나 백색 묵을 덧칠한 위에 고쳐 써넣었다.

---

109) 張秀民·韓琦 공저(1998), 128.
110) 張秀民·韓琦 공저(1998), 127.
111) 張秀民·韓琦 공저(1998), 126.

4.4 正氣堂의 「李忠肅公集」

正氣堂은 同治 4(1865)년에 목활자로 (明)李拜華가 편찬한 「李忠肅公集」 6권을 인쇄하였다.[112]

4.5 楊 모 씨의 「産孕集」

毗陵의 楊 모 씨는 同治 4년에 목활자로 (淸)張曜孫의 「産孕集」을 인쇄하였다.[113]

4.6 敷文書局의 「大淸律例根源」

安徽省 敷文書局은 同治 5(1866)년에 목활자로 (淸)吳坤修의 「大淸律例根源」을 인쇄하였다.[114]

4.7 木樨山房의 「棠蔭比事」

木樨山房은 同治 6년에 활자로 「棠蔭比事」를 인쇄하였다. 사주단변, 백구, 단어미, 10행 20자, 판 크기: 20.4 × 14.1cm. 상하 변란에 미세한 원형 점이 일정한 간격으로 그어져 있는데, 이는 계선의 위치를 표시한 것으로 보인다.[115]

---

112) 魏隱儒(1984), 233.

113) 張秀民·韓琦 공저(1998), 122.

114) 張秀民·韓琦 공저(1998), 114.

115) 鄒毅(2010), 77.

4.8 廣東省 모 知縣의 목활자

W. F. Mayers(梅會理, 1831-1878)는 同治 6년에 廣東省 어느 縣의 지사가 1,000원 정도 출자하여 목활자 36만 개를 정교하게 제작하여 경서 인출 준비 작업을 보았는데, 매우 아름답게 조각하였고, 서체의 크기는 理雅各이 번역한 「聖經」과 같았다고 하였다.116) 이는 중국이 제작한 최다의 목활자 수량이지만, 이 知縣의 인본은 물론 그의 성명조차도 고구할 수 없다.

4.9 무명씨의 「讀左漫筆」

무명씨는 同治 6년에 목활자로 (淸)常茂倈의 「讀左漫筆」을 인쇄하였다.117)

4.10 群玉齋의 「儒林外史」·「禹貢錐指節要」·「滙刻書目初編」

群玉齋는 목활자로 同治 8(1869)년 가을에 「儒林外史」 56回를 인쇄하였다.118) 이는 하나의 인판만을 사용하여 완성하였다.119) 同治 9(1870)년에는 (淸)汪獻玗의 「禹貢錐指節要」와 (淸)顧修의 「滙刻書目初編」을 인쇄하였다.120)

---

116) 張秀民 저, 韓琦 增訂(2006), 596.

117) 張秀民·韓琦 공저(1998), 111.

118) 張秀民, "淸代的木活字", 110.

119) 田淵正雄(1980), 442.

120) 張秀民·韓琦 공저(1998), 110·120.

4.11 大慈宮의「斗光度厄經　太陽眞經」

上湘의 大慈宮은 同治 8년에 활자로「斗光度厄經　太陽眞經」1책을
인쇄하였다. 사주단변, 흑구 또는 백구, 6행 14자, 판 크기: 19.3 ×
11.7cm, 책 크기: 25.2 × 14.3cm, 필서체 활자와 장체자 활자를 구분
하여 사용하였다. 어미와 판심 계선이 떨어져 있다. 제1·2·4엽 하
단의 문자 횡렬이 가지런하지 못하다. 쐐기의 흔적이 보인다. 일부의
행간에 "o"의 문장부호를 사용하였다. 조판을 완료한 후, 인판을 견고
하게 조이기 위한 인판 조임 끈이 인판을 가로로 관통하고 있음이 보
인다.[121)

4.12 무명씨들의「任午橋存稿」·「宋文憲公(濂)年譜」·「湖山集」· 「六美圖彈詞」·「錢神志」

무명씨는 同治 8년에 목활자로 (淸)任朝楨의「任午橋存稿」를 인
쇄하였다.[122)

다른 무명씨는 同治 9년에 목활자로 인쇄한 판본이 3종 있으니,
(淸)朱興悌의 「宋文憲公(濂)年譜」·[123)(淸)吳苯의 「湖山集」·[124)
「六美圖彈詞」이다.「六美圖彈詞」는 "閱"을 뒤집어 식자하였고, 약자
를 많이 사용하였다.[125)

또 다른 무명씨는 同治 10(1871)년에 목활자로 (淸)李世態의「錢

---

121) 鄒毅(2010), 102·110·173.

122) 張秀民·韓琦 공저(1998), 128.

123) 張秀民·韓琦 공저(1998), 115.

124) 張秀民·韓琦 공저(1998), 125.

125) 張秀民·韓琦 공저(1998), 130.

神志」를 인쇄하였다.[126]

4.13 聚珍齋의 「平定粵匪紀要」

京都의 聚珍齋는 同治 10년에 목활자로 (淸)朴文瀾의 「平定粵匪紀要」를 인쇄하였다.[127]

4.14 무명씨들의 「安義縣志」·「南北史咀華」·「軍興本末紀略」· 「沈氏宗譜」·「武藝發窮」·「問花亭詩初集」

무명씨는 同治 10년에 목활자로 同治 「安義縣志」 16권, 首 1권, 末 1권을 인쇄하였다.[128]

다른 무명씨는 同治 11(1872)년에 목활자로 인쇄한 서적이 2종 있다. 하나는 (淸)周嘉猷의 「南北史咀華」이고, 다른 하나는 (淸)謝蘭生의 「軍興本末紀略」이다.[129]

또 다른 무명씨는 재질을 알 수 없는 활자로 「沈氏宗譜」 10권 8책을 인쇄하였다. 사주쌍변. 판심: 백구, 상 하향 흑단어미. 판 크기: 24.6 × 14.7cm이다. 4개 이상의 인판을 사용한 것으로 보인다. 광곽 꼭짓점에 결구가 보이고, 묵색 농담이 균일하지 못하다.[130]

또 다른 무명씨는 同治 12(1873)년에 목활자로 인쇄한 서적이 2종 있다. 하나는 (淸)傅端의 「武藝發窮」이고, 다른 하나는 (淸)張敏

---

126) 張秀民·韓琦 공저(1998), 122.

127) 張秀民·韓琦 공저(1998), 114.

128) 田淵正雄(1980), 438.

129) 張秀民·韓琦 공저(1998), 113-114.

130) 鄒毅(2010), 62-63·159.

求의「問花亭詩初集」이다.131)

4.15 文學山房의「遲鴻軒所見書畵錄」·「經傳釋詞」

蘇州의 文學山房은 同治 12년에 목활자로 「遲鴻軒所見書畵錄」 4권 5책(圖錄Ⅶ-서영 31)을 인쇄하였다. 사주쌍변, 계선 있음. 판심: 화구(遲鴻軒所見書畵錄), 상 하향 흑단어미, 권차, 장차, 서사명(文學山房聚珍版印)(소자 2행), 10행 28자, 판 크기: 18.4 × 12.5cm, 책 크기: 30.2 × 18.3cm. 이외에도 (淸)王引之의 「經傳釋詞」 10권 4책(圖錄Ⅶ-서영 32)을 인쇄하였다. 사주단변, 계선 있음. 판심: 화구(經傳釋詞), 상 하향 흑단어미, 권차, 편명(소자), 장차, 서사명(文學山房聚珍版印)(소자 2행). 12행 30자, 소자쌍행, 판 크기: 22.1 × 14.2cm, 책 크기: 28.7 × 17.4cm이다.

4.16 集珍齋의「兩當軒集」

集珍齋는 同治 12년에 목활자로 (淸)黃景仁의 「兩當軒集」을 인쇄하였다.132)

4.17 무명씨의「古杼秋館遺稿」

무명씨는 同治 12년에 목활자로 (淸)侯楨의 「古杼秋館遺稿」를 인쇄하였다.133)

---

131) 張秀民·韓琦 공저(1998), 121·127.

132) 張秀民·韓琦 공저(1998), 127.

133) 張秀民·韓琦 공저(1998), 128.

4.18 同文館의 「化學指南」

京都의 同文館은 同治 12년에 기계식 鉛활자로 「化學指南」 10권 10책(圖錄VII-서영 33)을 인쇄하였다. 사주쌍변, 계선 없음. 판심: 화구(化學指南), 상 하향 흑단어미, 권차, 판심제(편명)(소자), 장차. 10행 24자, 판 크기: 21.6 × 13.7cm, 책 크기: 29.7 × 16.9cm이다. 권1 제9엽까지는 판심에 권차와 판심제(편명)가 없다.

전형적인 기계식 주조의 장체자 연활자이다. 유연묵의 기름 성분이 인접한 엽에까지 번진 흔적이 보인다.

4.19 誦芬堂의 「籀經堂集」·「小演雅」

晉江 陳慶鏞의 誦芬堂은 同治 13(1874)년에 목활자로 자신이 편찬한 「籀經堂集」 14권, 補遺 2권을 인쇄하였고,[134] 光緒 5(1879)년에는 (淸)觀頹道人(楊浚)의 「小演雅」를 인쇄하였다.[135]

4.20 同治 13년의 木活字本 8종

同治 13(1874)년에 목활자로 서적을 인쇄한 자로는 江寧에 거주하는 旌陽 湯炳南이 (元)鮮于樞가 편찬한 「困學齋雜錄」 1책을 인쇄하였다.[136] 旌陽은 安徽 旌德縣의 별칭이다. 湯炳南은 스스로 '鐫擺字印'이라고 한 점에서 조각과 조판을 직접 한 것으로 보인다. 晉江黃 모 씨의 梅石山房은 (淸)陳遷鶴이 편찬한 「毛詩國風繹」 1권과

---

134) 魏隱儒(1984), 233.

135) 張秀民·韓琦 공저(1998), 123.

136) 張秀民, "淸代的木活字", 117.

(淸)龔顯曾이 편찬한「亦園脞牘」8권을 해서체로 인쇄하였고, 毘陵 盛 모 씨의 思補樓는 (元)末王逢이 편찬한「梧溪集」7권, 補遺 1권 을 인쇄하였다.137) 思補樓는 光緖 2(1876)년에도 (明)嚴衍의「資治 通鑑補」294권을 인쇄하였는데, 인쇄가 정교하고 주석의 소자도 역 시 지극히 또렷하다. 사주쌍변, 계선 있음. 판심: 흑구, 상하 하향 흑 쌍어미, 판심제(通鑑), 권차, 장차. 10행 20자, 소자쌍행, 판 크기: 20.7 × 14.1cm. 蜀山書院은「堵文忠公(允錫)年譜」를 인쇄하였고, 무 명씨는 (淸)孫葆田의「漢人經解輯存序目」을 인쇄하였다. 별칭으로「刪 定玉函山房輯佚書」라고도 한다.138) 다른 무명씨는「芳堅館題跋」을 간행하였다.139)

4.21 童和豫 朝宗書屋의 木活字本 8종

江夏 童和豫의 朝宗書屋은 咸豊・同治 연간에 목활자로 (明)嚴衍 의「資治通鑑補」294권과 부록으로 刊誤 2권・(宋)袁樞의「資治通 鑑紀事本末」42권(圖錄Ⅶ-서영 34)・(明)陳邦瞻의「宋史紀事本末」 26권・「元史紀事本末」4권・(淸)谷應泰의「明史紀事本末」80권・ (淸)馬驌의「左傳事緯」12권, 附錄 8권・「陳思王集」10권・「日志錄 集釋」32권 등을 인쇄하였다.140)「資治通鑑紀事本末」의 판식은 사 주단변, 계선 있음. 판심: 백구, 상 하향 흑단어미, 판심제(通鑑紀事

---

137) 魏隱儒(1984), 233.

138) 1. 張秀民, "淸代的木活字", 114-115.
　　　2. 張秀民・韓琦 공저(1998), 112-115.

139) 鄧毅(2010), 84.

140) 1. (淸)葉德輝(1974), 권8, 宋以來活字板, 205.
　　　2. 長澤規矩也, "書林淸話校補", (淸)葉德輝(1974), 24, 총330.

本末), 권차, 장차(소자), 하단에 소자 "朝宗書屋". 9행 24자. 위아래 변란의 내측에 일정한 간격으로 오목한 홈이 있는데, 이는 계선의 양 끝을 끼워 넣기 위하여 사전에 활자판 行格의 너비에 맞추어 조각한 것으로 보인다.141) 다만 실제 조판에서는 변란의 홈과 계선이 정확하게 맞지 않은 곳이 많다(<사진 10> 참조).

<사진 10> 「資治通鑑紀事本末」의 하변

4.22 同治 연간의 목활자본 지방지류

同治 연간에 목활자로 지방지를 적지 않게 인쇄하였다. 同治 6년에 「通城縣志」 24권, 首 1권·同治 7(1868)년에 心田局이 인쇄한 同治 「通山縣志」·同治 7년의 嘉慶 「廬江縣志」·同治 8년 多文堂이 인쇄한 同治 「保靖志稿輯要」·同治 8년의 「增修宜興縣舊志」·同治 8년의 「新修宜興縣志」·同治 8년의 「新修荊溪縣志」·同治 8년의 道光 重刊 「續纂宜荊縣志」·同治 9년의 同治 「霍邱縣志」·同治 9년의 同治 「重修英山縣志」·同治 9년의 (淸)周有壬 찬 「錫金考乘」·同治 9년의 同治 「懷寧縣志」·同治 9년의 道光 「靖安縣續志」와 同治 「靖安縣志」·同治 9년의 同治 「續纂靖安縣志」·同治 11년의 同治 「新淦縣志」·同治 11년의 同治 「新昌縣志」·同治 11년의

---

141) 鄭毅(2010), 64-65.

同治「廣濟縣志」・興國縣이 인쇄한 康熙「斂水志林」등이 있다.142)

「通城縣志」를 인쇄하기 위하여 사용한 인판은 3개인데, 조판할 때 우선 좌・우・하의 세 변란을 고정시키고 본문의 활자를 배열한 다음 상변을 단단히 고정시켜서 인쇄하였다.143) 이 같은 방식으로 광곽을 고정한 경우는 매우 드문 사례이다. 저본의 필사자와 각수가 동일인이 아니어서 문자가 고르지 못하고 결필 문자도 있다. 후에 보각을 하였지만 필획의 굵기가 다르고, 기존의 크기가 다른 활자와 함께 배열되어 행렬이 가지런하지 못하고 삐뚤어진 문자도 있다. 인 출면의 높이 역시 차이가 있어서 진한 문자는 매우 진하고 연한 문 자는 필획의 일부만 인출되거나 거의 보이지 않을 만큼 매우 연하 다. 曄을 피휘하였다.144)

4.23 同治 연간의 木活字本 7종

同治 연간에 목활자로 서적을 인쇄한 자로는 常州의 曲水書局, 즉 安徽省의 官書局이 安徽의 汪烜이 편찬한 「易經詮義」・「孝經章 句」・「禮記章句或問」등을 인쇄하였고, 無錫의 족보 인쇄공인 季子 良은 蘇州에서 「平江盛氏家乘稿」를 인쇄하였다.145) 혹자는 安徽省 官書局의 인쇄 방법인 "泥盤印工"146)이라는 말은 목질의 인판 틀에 점토를 깔고 그 위에 목활자를 조판하는 방식을 의미하는데, 王禎의

---

142) 張秀民・韓琦 공저(1998), 116-119.

143) 田淵正雄(1980), 443.

144) 張秀民(1990), 46-49.

145) 張秀民, "淸代的木活字", 106-107, 117.

146) (淸)劉聲木, 「萇楚齋續筆」(北京: 中華書局, 1998), 권7, 安徽官書局名曲江書局조, 390.

목활자 인쇄 기술에서 진일보한 방법이라고 하였다.[147] 무명씨가 瀏
陽의 黎定攀이 편찬한 「黎氏易學」 5권과 歙縣의 黃崇惺이 편찬한
「徽州府志辨證」 1권을 인쇄하였다.[148] 桐城의 方 모 씨는 (清)左眉
의 「靜庵遺集」을 인쇄하였다.[149]

4.24 同治 연간의 套印 목활자본 「陶淵明集」

4색 투인 목활자본이 있다. 「陶淵明集」 10권(본문 8권, 권수 1권,
권말 1권)(圖錄Ⅶ-서영 35)의 권수는 표제지 서명(목판)·陶淵明 小
像(목판)·四庫全書 提要 2엽·서 2엽·陶淵明傳 3엽·총론 10엽·
총목 6엽으로 구성되어 있다. 提要가 있는 점에서 乾隆 이후인데,
同治 연간의 민간의 활자본으로 보인다.[150] 권수의 표제지 서명·陶
淵明 小像·총목과 8권의 본문은 묵색, 권수의 提要부터 총론까지·
권말·8권의 구두점은 朱色, 광곽·판심 계선·어미는 藍色, 대자의
비평어와 소자의 주석은 綠黃色으로 4색 투인본이다. 활자본 중에서
드물게 보이는 백미로 꼽힌다. 사주쌍변, 계선 없음. 판심: 화구(陶淵
明集), 상 하향 흑단어미, 권차, 장차(소자). 9행 21자, 소자쌍행, 판
크기: 16.7 × 13.7cm, 책 크기: 28.6 × 16.8cm.

동일 문자의 자양이 각각 다르고, 도각의 흔적과 목리가 적지 않
게 보여서 목활자임을 알 수 있다. 장체자의 미감을 충분히 표현하

---

147) 辛德勇, "論所謂明銅活字印書于史初無徵驗", 辛德勇, 「中國印刷史研究」(北京: 生活·讀書·新
　　知三聯書店, 2016), 14.

148) 魏隱儒(1984), 233.

149) 張秀民·韓琦 공저(1998), 128.

150) 간행 시기에 대하여 張秀民(1990), 49와 張秀民·韓琦 공저(1998), 102는 乾隆 연간으로 보
　　았으나, 北京大學도서관은 同治 연간으로 저록하고 있다.

고 있지는 못하다. 조립식 광곽의 결구는 1~2mm 정도이다. 문자의
행렬은 가지런하고, 삐뚤어진 문자가 없는 점에서 방정한 육면체 활
자로 보인다. 그러나 기울어지게 식자되었거나 인출면의 높이 차이
로 인하여 반만 인출되거나 희미하게 인출되거나 아예 인식할 수 없
을 정도로 보이지 않게 인출된 문자가 적지 않다. 소자에서 더 많이
발견된다. 색상이 다른 문자는 중복 현상이 다반사이고, 묵색 농담
은 다소 차이가 있다. 묵즙이 지나쳐서 진하거나 묵등처럼 인출된
문자가 간혹 보인다. 이 역시 소자에서 더 많이 보인다. 잡묵이 많아
서 지저분하거나, 이중인출된 엽도 많이 보인다. 녹황색은 색상 조절
을 잘못하여 부분적으로 묵색을 혼합한 판면이 보이는데, 이로 인하
여 5색으로 보기도 한다. 도각술·조판술·인출술 모두 중간급이다.

<표 4> 同治 연간의 활자인쇄

	인쇄 주체	인쇄 연도	활자 재료	인본 서적	비고
1	金陵書局	同治 元(1862)년	木	(宋)吳仁傑의 「兩漢刊誤補遺」 11권	인판 2개
		同治 6(1867)년		(晉)陳壽 찬, (宋)裴松之 注의 「三國志注」	대·소 2종 활자
		同治 연간		「史姓韻編」·「吾學錄初編」	
2	白芙堂	同治 2(1863)년	木	(淸)丁叙忠의 「讀易初稿」	
3		同治 2(1863)년	木	(淸)劉繹의 「存吾春齋詩鈔」	
		同治 3(1864)년		(明)楊廷麟의 「楊忠節公遺集」	
		同治 3(1864)년		(明)趙貞吉의 「趙文肅公遺集」	
4	正氣堂	同治 4(1865)년	木	(明)李拜華의 「李忠肅公集」 6권	
5	楊 모 씨	同治 4(1865)년	木	(淸)張曜孫의 「産孕集」	
6	敷文書局	同治 5(1866)년	木	(淸)吳坤修의 「大淸律例根源」	
7	木樨山房	同治 6(1867)년		「棠蔭比事」	
8	廣東省 모 知縣	同治 6(1867)년	木		활자 36 만 개

	인쇄 주체	인쇄 연도	활자 재료	인본 서적	비고
9		同治 6(1867)년	木	(淸)常茂徠의「讀左漫筆」	
10	群玉齋	同治 8(1869)년	木	「儒林外史」56回	인판 1개
		同治 9(1870)년		(淸)汪獻玕의「禹貢錐指節要」・(淸)顧修의「滙刻書目初編」	
11	大慈宮	同治 8(1869)년		「斗光度厄經　太陽眞經」	
12		同治 8(1869)년	木	(淸)任朝楨의「任午橋存稿」	
		同治 9(1870)년		(淸)朱興悌의「宋文憲公(濂)年譜」・(淸)吳苐의「湖山集」・「六美圖彈詞」	
		同治 10(1871)년		(淸)李世態의「錢神志」	
13	聚珍齋	同治 10(1871)년	木	(淸)朴文瀾의「平定粤匪紀要」	
14		同治 10(1871)년	木	「安義縣志」18권	
		同治 11(1872)년	木	(淸)周嘉猷의「南北史咀華」・(淸)謝蘭生의「軍興本末紀略」	
			木	「沈氏宗譜」10권	인판 4개 이상
		同治 12(1873)년	木	(淸)傅端의「武藝發窍」・(淸)張敏求의「問花亭詩初集」	
15	文學山房	同治 12(1873)년	木	「遲鴻軒所見書畫錄」4권	
				(淸)王引之의「經傳釋詞」10권	
16	集珍齋	同治 12(1873)년	木	(淸)黃景仁의「兩當軒集」	
17		同治 12(1873)년	木	(淸)侯楨의「古柎秋館遺稿」	
18	同文館	同治 12(1873)년	鉛	「化學指南」10권	
19	陳慶鏞의 誦芬堂	同治 13(1874)년	木	陳慶鏞의「籑經堂集」14권, 補遺 2권	
		光緒 5(1879)년		(淸)觀頮道人(楊浚)의「小演雅」	
20	湯炳南	同治 13(1874)년	木	(元)鮮于樞의「困學齋雜錄」	
	黃 모 씨의 梅石山房			(淸)陳遷鶴의「毛詩國風繹」1권・(淸)龔顯曾의「亦園脞牘」8권	
	盛 모 씨의 思補樓			(元)宋王逢의「梧溪集」8권	
		光緒 2(1876)년		(明)嚴衍의「資治通鑑補」294권	
	蜀山書院			「堵文忠公(允錫)年譜」	
		同治 13(1874)년		(淸)孫葆田의「漢人經解輯存序目」	

인쇄 주체	인쇄 연도	활자 재료	인본 서적	비고
			(「刪定玉函山房輯佚書」)	
			「芳堅館題跋」	
21 童和豫의 朝宗書屋	咸豐·同治 연간	木	(明)嚴衍의 「資治通鑑補」 296권· (宋)袁樞의 「資治通鑑紀事本末」42 권·(明)陳邦瞻의 「宋史紀事本末」 26권·「元史紀事本末」 4권·(淸)谷 應泰의 「明史紀事本末」80권·(淸) 馬驌의 「左傳事緯」 20권·「陳思王 集」 10권·「日志錄集釋」 32권	
22 心田局	同治 6(1867)년	木	「通城縣志」 25권	인판 3개
	同治 7(1868)년		同治 「通山縣志」	
			嘉慶 「盧江縣志」	
多文堂			同治 「保靖志稿輯要」	
	同治 8(1869)년		「增修宜興縣舊志」· 「新修宜興縣志」·「新修荊溪縣志」· 道光 重刊 「續纂宜荊縣志」	
	同治 9(1870)년		同治 「霍邱縣志」·同治 「重修英 山縣志」·(淸)周有壬 찬 「錫金考 乘」·同治 「懷寧縣志」·道光 「靖 安縣續志」·同治 「靖安縣志」·同 治 「續纂靖安縣志」	
	同治 10(1871)년		同治 「安義縣志」	
	同治 11(1872)년		同治 「新淦縣志」· 同治 「新昌縣志」·同治 「廣濟縣志」	
興國縣			康熙 「斂水志林」	
23 曲水書局	同治 연간	木	汪烜의 「易經詮義」·「孝經章句」· 「禮記章句或問」	安徽省 官書局
季子良			「平江盛氏家乘稿」	
			黎定攀의 「黎氏易學」 5권· 黃崇惺의 「徽州府志辨證」 1권	
方 모 씨			(淸)左眉의 「靜庵遺集」	
24	同治 연간	木	「陶淵明集」 10권	4색 套印

5. 光緖 연간(1875-1908)

5.1 張 모 씨 聚珍堂書坊의「紅樓夢」등 17종

內務府의 만주족인 張 모 씨가 同治 연간에 北京 隆福寺路 남쪽에 개설한 聚珍堂書坊은 목활자로 인쇄한 서적이 가장 많기로 유명하다(<사진 11> 참조[151]). 光緖 2년에는 (淸)曹霑·高鶚 찬, 王希廉이 評한「紅樓夢」120回本을, 光緖 3(1877)년에는「濟公傳」20回本(별서명은「濟顚大師醉菩提全傳」)을, 光緖 4(1878)년에는「想當然耳」를, 光緖 5년에는 (淸)石玉崑이 편찬한「忠烈俠義傳」(별서명은「三俠五義」)·「聊齋志異遺稿」4권·「藝菊新編」을, 光緖 6(1880)년에는 費莫文康이 편찬하고 燕北閑人이 평한「兒女英雄傳」40回本을, 光緖 7(1881)년에는 賈鳧西가

편찬한「歷代史略鼓詞」와「極樂世界傳奇」를 인쇄하였다.「兒女英雄傳」과「極樂世界傳奇」의 책끝에 취진판서목이 부록되어 있는데, 종합하면 17종이다.「繡像王評紅樓夢」·「濟公傳」·「批評兒女英雄傳」·「紅樓夢影」·「忠烈俠義傳」·「紅樓夢賦」·「續紅樓夢」·「文虎」·「極樂世界」·「蟋蟀譜」·「續聊齋志異」·「聊齋志

151) 徐憶農(2002), 149.

<사진 11>
聚珍堂書坊의「紅樓夢」속표지

異拾遺」・「藝菊新編」・「御製悅心集」・「想當然耳」・「增廣達生編」・「史略鼓詞」 등이 그것이다. 또한 「想當然耳」의 목록에 "여러 가지 세상에 권할 만한 좋은 작품을 대행함(代辦各種勸世善編文字.)."이 라고 홍보하고 있어서 간행한 서적이 더 있을 것으로 짐작된다. 이들 서목의 모든 서명 아래에는 帙(套) 數 또는 판본 수를 표시하고 있다.[152] 이를 통하여 간행한 서적의 종류가 얼마나 많으며, 또 대부분이 통속 소설이니, 각 서적마다 인출한 수량도 매우 많았을 것을 짐작할 수 있다. 「紅樓夢」은 사주쌍변, 계선 있음. 판심: 화구(繡像 紅樓夢), 상 하향 흑단어미, 회차, 장차, 판심 하단에 "聚珍堂". 10행 22자, 판 크기: 15.1 × 11.1cm이다. 이 목활자는 光緒 21(1895)년에 聚珍堂書坊의 화재로 모두 소실되었다.[153] 이들의 인쇄 방법은 문자는 활자로, 광곽과 계선은 목판으로 두 번 인출하는 武英殿 聚珍版의 투인 방식을 이용하였다.[154]

5.2 翰墨園의 套印本 「杜工部集」

翰墨園은 光緒 2년에 목활자로 「杜工部集」을 6색 투인본으로 간행하였다. 좌우쌍변, 계선 없으나, 권수와 권말 2권은 계선 있음. 판심: 흑구, 상하 내향 흑쌍어미, 판심제, 권차, 장차. 8행 20자, 소자쌍행이다. 계선이 있는 부분은 투인이 아니다. 본문은 黑, 5명의 평론을 紫・藍・朱・黃・綠으로 구분하였다. 계선은 금속재를 사용하였

---

152) 1. 張秀民・韓琦 공저(1998), 68.
　　　2. 魏隱儒(1984), 233-234.
153) (淸)崇彝, 「道・咸以來朝野雜記」, 권2. 見 一栗 編, 「紅樓夢書錄」引. 張秀民 저, 韓琦 增訂 (2006), 596.
154) 艾俊川, "木活字印刷在淸末的一次全國性應用", 「文津學志」 제10집(2017. 8), 237.

다. 권5 목록 제4엽의 적지 않은 문자가 우측으로 기울어져 있다. 간혹 광곽의 꼭짓점에 결구가 있고, 어미와 판심 계선이 떨어져 있다. 문자가 없는 공백 부분에 흑색 또는 간혹 채색 잡묵이 보인다.[155]

5.3 무명씨의 「碧雲秋露詞」

무명씨는 光緖 2년에 목활자로 (淸)黃衡의 「碧雲秋露詞」를 인쇄하였다.[156]

5.4 符志遠의 「日宮炎光太陽帝君眞經」·「玄天上帝金科玉律垂訓經」

湖南 益陽 杉木村 福緣局의 符志遠은 光緖 3년에 대형 목활자로 「日宮炎光太陽帝君眞經」을 인쇄하였다. 그 卷首에 "光緖三年丁丑歲倡修, 符志遠刊印"의 간기가 있다. 표지에는 "盤子存益邑六里杉木村福緣局"이 주묵으로 날인되어 있다. 동일한 인판과 활자를 사용하였고 판식도 동일한 것으로 「玄天上帝金科玉律垂訓經」이 있다. 다만 인판이 전자보다 더 마모되어 光緖 3년 이후에 인출한 것으로 보인다.[157]

5.5 三元堂의 「新鑄銅版校正詩韻集成」

三元堂은 光緖 3년에 동활자로 「新鑄銅版校正詩韻集成」을 인쇄하였다. 판 크기: 14.2 × 8.1cm. 광곽의 꼭짓점에 결구가 있고, 어미와 판심 계선이 떨어져 있다.[158]

---

155) 鄒毅(2010), 162-163.

156) 張秀民·韓琦 공저(1998), 129.

157) 艾俊川(2006), 67.

158) 鄒毅(2010), 152.

5.6 王錫祺의「金壺浪墨」·「小方壺齋叢書」·「小方壺齋輿地叢鈔」

山陽(지금의 淮安)의 王錫祺는 光緒 5년 선편으로 北京에 가는 길에 上海를 지날 때 일찍이 고향이 같은 潘德輿가 편찬한「金壺浪墨」을 활자로 인쇄하였는데 오자가 너무 많아서 거의 읽을 수 없을 정도였다. 光緒 13(1887)년에 그는 다시 鉛活字版을 주조하여 필사본에 근거하여 교정 후 간행하였다. 民國 연간의「山陽縣志」나「淸河縣志」에

자신이 鉛활자판을 주조하였다(自鑄鉛板.).

라고 말하고 있다. 동향의 지기인 段朝端이 쓴「回贖鉛鑄書板記」에도

淸河의 王壽萱 군은 독서와 서적 간행을 좋아하여 집에 창고를 두고 鉛이나 朱錫은 내다 팔지 않고 문득 인판을 주조하여 여러 해 만에「小方壺齋叢書」여러 권을 완성하였다(淸河王君壽萱喜讀書, 喜刊書, 家有質庫, 鉛錫不出售, 輒以鑄板, 積數年成≪小方壺齋叢書≫如干卷.).

라고 말하고 있어서, 王 씨 자신이 鉛활자를 주조하였는데 한 번만이 아님을 알 수 있다. 그는 또 光緒 19(1893)년에 스스로

근년에 나는 泰西활자를 입수하여 고향 선현의 유작을 많이 인쇄하였다(邇年予得泰西活字, 頗印鄉先哲遺著.).

라고 말한 점으로 미루어, 그는 스스로 鉛활자를 주조한 외에 또 서양의 알파벳 鉛활자를 입수하여 서적을 인쇄하였음을 알 수 있다.

光緖 21년에는 또 자신이 편찬한 「小方壺齋叢書」 20책을 巾箱활자본159)으로 출판하였다. 서체는 申報館의 鉛활자와 비슷하고, 대자의 크기는 오늘날의 4호와 같고, 小注字는 6호와 같으며, 묵색은 기름의 흔적을 띠고 있다. 이 밖에도 자신이 편찬한 「小方壺齋輿地叢鈔」도 출판하였다.160)

'그가 주조한 활자는 도대체 鉛활자인가? 朱錫활자인가? 아니면 鉛과 주석의 합금 활자인가?'에 대하여는 자세히 설명하지 않고 있다. 당시 그의 집은 전당포를 운영하고 있었는데 저당 잡히러 온 鉛이나 주석의 기물 중에 기간이 지나도 찾아가지 않아서 몰수된 것은 활자 주조의 재료로 사용하였다. 淸 시대 말기에 저당 잡히는 것은 대부분이 銅器나 주석器이고 鉛제품은 비교적 적었다. 그러나 당시 전당업계는 관례적으로 전당표에 鉛제품으로 기록하였다. 이로 인하여 王氏가 주조한 활자는 실제로는 주석활자일 것이라고 여기기도 한다. 혹자는 鉛과 주석의 형태와 색깔이 비슷하여 명확히 구분하지 않았고, 여러 문헌에서도 鉛을 黑錫이라고 하여 양자를 그다지 구분하지 않는 영향으로 혼용하였을 것이므로 주석으로 봄이 타당하다고 주장한다.161) 그러나 여러 문헌에 모두 "鉛板"이라고 기록하고 있으므로, 재료가 명확하게 판명되기 전까지는 기록에 충실하게 鉛활자로 봄이 타당할 것이다.

---

159) 巾箱本 또는 書帕本은 明 시대에 황족을 지방 수장으로 파견한 후, 임기가 끝나면 귀향을 하는데, 이때 고향의 친지 붕우들에게 선물하기 위하여 급하게 소형으로 판각한 서적을 보자기에 싸서 선물하였기에 붙여진 명칭이다. 서두른 결과 오자 등으로 서품은 그다지 우수하지 못하다. 책 크기만 보면 한국의 袖珍本과 유사하다. 巾箱활자본은 책 크기가 소형인 활자본을 의미한다.

160) 張秀民(1989), 728-729.

161) 辛德勇(2016), 26-27.

5.7 醉月軒의「李魁第姓氏族譜合編」

醉月軒은 光緒 5년에 목활자로「李魁第姓氏族譜合編」을 인쇄하였다.[162]

5.8 薛 모 씨 桐華書屋의「天下郡國利病書」

四川 薛 모 씨의 桐華書屋은 光緒 5년에 成都 龍萬育 敷文閣의 목활자를 빌려서 (淸)顧炎武의「天下郡國利病書」를 인쇄하였다.[163]

5.9 羅 모 씨의「天下郡國利病書」

湖南의 羅 모 씨는 光緒 5년에 목활자로 (淸)顧炎武의「天下郡國利病書」를 인쇄하였다.[164]

5.10 무명씨의「冰魚詩集」

무명씨는 光緒 5년에 嵊縣의 목활자로 周씨 종원들의 시집인「冰魚詩集」을 인쇄하였다.[165]

5.11 葛芾棠 등의「蟠室老人文集」

葛芾棠 등은 光緒 6년에 목활자로 (宋)葛洪의「蟠室老人文集」22권(圖錄Ⅶ-서영 36)·「奏議」1권·「涉史隨筆」1권을 인쇄하였다[166]

---

162) 張秀民·韓琦 공저(1998), 116.

163) 張秀民·韓琦 공저(1998), 116.

164) 張秀民·韓琦 공저(1998), 116.

165) 張秀民·韓琦 공저(1998), 131.

166) 徐憶農(2002), 170.

사주쌍변, 계선 없음. 판심: 화구(蟠室老人文集), 상 하향 흑단어미, 篇目(소자) 또는 권차, 장차. 8행 20자, 판 크기: 23.4 × 14.5cm이다.

5.12 彙珍樓의 「第一奇書野叟曝言」

毘陵의 彙珍樓는 光緒 7년 겨울에 목활자로 (淸)夏敬渠의 「第一奇書野叟曝言」 20권을 인쇄하였다. 이는 두 개의 인판을 사용하였다.[167]

5.13 弢園의 「火器略說」·「娛親雅言」

長洲 王韜의 弢園은 光緒 7년에 기계식 鉛활자로 「火器略說」 1권 1책(圖錄VII-서영 37)을 인쇄하였다. 사주쌍변, 계선 있음. 판심: 화구 (火器略說)(소자), 상하 내향 흑쌍어미, 장차(소자), 총서명(弢園叢書) (소자). 12행 23자, 판 크기: 12.7 × 9.6cm, 책 크기: 20.9 × 13.5cm이다. 전형적인 장체자 연활자이다. 유연묵의 기름 흔적이 약간 보인다.

光緒 11(1885)년에는 목활자로 (淸)嚴元照의 巾箱本 「娛親雅言」을 인쇄하였다.[168]

5.14 壽萱堂의 「漢西域圖考」

陽湖 趙 모 씨의 壽萱堂은 光緒 8(1882)년에 목활자로 (淸)李光庭의 「漢西域圖考」를 인쇄하였다.[169]

---

167) 田淵正雄(1980), 441.

168) 張秀民·韓琦 공저(1998), 111-114.

169) 張秀民·韓琦 공저(1998), 116.

5.15 무명씨들의 「貽穀堂詩存」·「水蜜桃譜」

嵊縣의 무명씨는 光緒 8년에 목활자로 (淸)錢壎의 「貽穀堂詩存」
을 인쇄하였다.[170]

다른 무명씨는 光緒 9(1883)년에 목활자로 (淸)褚華의 「水蜜桃譜」
를 인쇄하였다.[171]

5.16 文則樓의 「陳餘山先生所著書」·「群經質」·「詩誦」

寧波 陳 모 씨의 文則樓는 光緒 11년에 목활자로 (淸)陳僅의 「陳
餘山先生所著書」를 인쇄하였다.[172] 이 밖에 光緒 연간에 陳僅의
「群經質」 2권과 「詩誦」을 인쇄하였다.[173]

5.17 光緒 11(1885)년 木活字本 5종

光緒 11년에 목활자로 인쇄한 서적은 5종이 있다. 維揚 지역 述古齋
가 인쇄한 (淸)汪中의 「容甫先生遺詩」 5권 1책(圖錄Ⅶ-서영 38),[174]
舊可軒의 (淸)吳國濂 찬 「四書質疑」, 江上草堂의 (淸)夏燮 찬 「中西
紀事」,[175] 四川 宋 모 씨의 (淸)宋枬 찬 「管子寄言」·(淸)何鏞 찬
「璚琤山房紅樓夢詞」 등이 있다.[176]

---

170) 張秀民·韓琦 공저(1998), 129.

171) 張秀民·韓琦 공저(1998), 122.

172) 張秀民·韓琦 공저(1998), 129.

173) 魏隱儒(1984), 233.

174) 張秀民, "淸代的木活字", 110.

175) 張秀民·韓琦 공저(1998), 111-114.

176) 張秀民·韓琦 공저(1998), 120·130.

「容甫先生遺詩」의 판식은 사주쌍변, 계선 있음. 판심: 백구, 상 하향 흑단어미, 장차, 서사명(述古齋排印)(소자 2행). 11행 20자, 소자 쌍행, 판 크기: 19.5 × 11.9cm, 책 크기: 24.5 × 15.3cm이다. 동일 문자의 자양이 다르지만, 매우 유사하고, 목리가 간혹 보이며, 도각 흔적은 역력하다. 장체자의 단정한 필의를 살리고 있다. 조립식 광곽의 결구는 1~3mm 정도이다. 문자의 횡렬이 다소 가지런하지 못하지만, 삐뚤어지거나 일부 필획이 인출되지 않은 문자가 거의 없다. 문자의 농담은 다소 차이 나는 경우가 있으나, 목판으로 오해할 만큼 균일한 엽도 있다. 묵색은 다소 진한 엽과 이중 인출된 엽, 드물게 묵등처럼 된 문자가 보이지만, 번진 엽도 없고 전반적으로 균일한 편이다. 도각술·조판술·인출술이 모두 우수한 수준이다.

5.18 淸 戶部의 "民欠徵信册"

淸 왕조의 중앙정부 부서인 戶部는 光緖 12(1886)년부터 전국적으로 民欠徵信冊 제도를 추진하여, 전국 각 지방의 省 정부로 하여금 매년 "民欠徵信冊"을 목활자로 인쇄하도록 하였다. 上海 社會科學院 歷史硏究所 소장 「山西省屯留縣應徵光緖十貳年銀總數民欠未完散數徵信冊」(圖錄Ⅶ-서영 39)의 경우, 상하 2책으로 개장되었는데, 상책의 내용은 上諭와 戶部의 「淸釐民欠章程」이다. 이는 해마다 반복 인출하여야 하므로 목판으로 간행하였다. 하책의 내용은 徵信冊인데, 錢과 糧의 두 부분으로 이루어져 있다. 모두 20엽인데, 제1엽과 제11엽은 인판에 활자를 조판하여 간행하였지만, 나머지 18엽은 활자와 목판을 병용한 武英殿 聚珍版의 투인 방식을 사용하였다.

각 省 정부의 民欠徵信冊 제도를 시행한 기간, 간행 방법과 부수는 다르지만, 10여 년간 각 省 정부가 인출한 "民欠徵信冊"은 40여만 책에 이르는 것으로 추산된다. 안타까운 점은 일회성이면서 지역적 인쇄물인 까닭에 관심을 끌지 못하여 오늘날까지 유전되는 수량이 10,000분의 1 정도의 극소수에 불과하다.[177]

"民欠徵信冊"의 인쇄와 유통은 목판인쇄가 주류를 이루는 환경에서도 목활자가 신속한 인쇄 역할을 담당할 수 있다는 특징을 보여주었다. 이는 목활자 인쇄가 일상생활 중의 인쇄 욕구를 만족시켜주면서 간편한 조작, 저렴한 원가, 사용 가능한 품질 등의 장점을 발휘하여 사회생활 깊숙이 영향을 미칠 수 있음을 증명한 사례이다.

5.19 徐 모 씨 靈芬閣의 「愛日精廬藏書志」

吳縣(지금의 蘇州) 徐 모 씨의 靈芬閣은 光緒 13년 6월에 목활자로 「愛日精廬藏書志」 36권, 「續志」 4권을 인쇄하였다.[178] 혹자는 光緒 10(1884)년에 인쇄한 것으로 보았다.[179]

이는 하나의 인판만을 사용하여 완성하였는데 인판의 위아래 변란에 일정한 간격으로 홈이 있다.[180]

---

177) 艾俊川(2017), 235-241.

178) 淨雨, "淸代印刷史小紀", 喬衍琯·張錦郎 공편, 「圖書印刷發展史論文集」(臺北: 文史哲出版社, 1982), 355.

179) 張秀民·韓琦 공저(1998), 120.

180) 田淵正雄(1980), 436, 438-439.

5.20 董 모 씨 雲瑞樓의「琳琅秘室叢書」

會稽 董 모 씨의 雲瑞樓는 光緒 13년에 목활자로「琳琅秘室叢書」를 인쇄하였다.[181]

5.21 鋤月種梅室의「鈍翁文錄」

鋤月種梅室은 光緒 13년에 목활자로「鈍翁文錄」을 인쇄하였다.[182]

5.22 嘉興 金 모 씨의「李申耆年譜」

嘉興의 金 모 씨는 光緒 13년에 목활자로「李申耆年譜」를 인쇄하였다.[183]

5.23 무명씨의「是仲明(鏡)年譜」

무명씨는 光緒 13년에 목활자로「是仲明(鏡)年譜」를 인쇄하였다.[184]

5.24 存古學堂의「白虎通義引書表」·「經學文鈔」·「孝經學」

江蘇省의 存古學堂은 光緒 14(1888)년에 목활자로「白虎通義引書表」를 인쇄하였다.[185] 宣統 2(1910)년에는 番禺 梁鼎芬이 편찬하고 (淸)吳縣 曹元弼이 撰輯한「經學文鈔」15권, 卷首 3권을 인쇄하였다. 또 光緒·宣統 연간에도 曹元弼이 편찬한「孝經學」7권을 인

---

181) 徐憶農(2002), 166.

182) 張秀民·韓琦 공저(1998), 129.

183) 張秀民·韓琦 공저(1998), 116.

184) 張秀民·韓琦 공저(1998), 116.

185) 張秀民·韓琦 공저(1998), 120.

쇄하였다.[186]

5.25 董金鑑 取斯堂의 「琳琅秘室叢書」와 「寶綸堂集」

會稽 董金鑑의 取斯堂은 光緒 14년에 목활자로 「琳琅秘室叢書」 4集과 (淸)陳洪緩이 편찬한 「寶綸堂集」 10권, 拾遺 1권을 인쇄하였다.[187]

5.26 悅止齋의 「小鷗波館畫識」

悅止齋는 光緒 14년에 목활자로 (淸)潘曾瑩의 「小鷗波館畫識」를 인쇄하였다.[188]

5.27 姚覲元의 「北堂書鈔」

姚覲元은 光緒 14년에 목활자로 「北堂書鈔」 70여 권을 인쇄하다가 완성하지 못하고 죽자 인판은 산실되었다. 일부 낙질본의 앞에 "光緒 己丑(15, 1889)集福懷儉齋以活字印行"의 간기 두 行이 있다.[189]

5.28 陳州郡署의 「瑁玉集」

陳州郡署는 光緒 14년에 목활자로 (淸)朱竹垞의 「瑁玉集」을 인쇄하였다.[190]

---

186) 魏隱儒(1984), 233-234.
187) 1. (淸)葉德輝(1974), 卷8, 宋以來活字板, 205.
    2. 徐憶農(2002), 166.
188) 張秀民·韓琦 공저(1998), 122.
189) (淸)葉德輝(1974), 권8, 宋以來活字板, 205.
190) 張秀民·韓琦 공저(1998), 130.

5.29 무명씨들의 「孟志編略」·「茶餘客話」

安徽의 무명씨는 光緖 14년에 목활자 聚珍小字로 (淸)孫葆田의 「孟志編略」을 인쇄하였다.[191]

다른 무명씨는 (淸)阮葵生의 「茶餘客話」를 인쇄하였다.[192]

5.30 富記局의 「喉科種福」

富記局은 光緖 14년에 활자로 易方의 「喉科種福」 5권 2책을 간행하였다. 사주단변, 계선 없음, 백구, 8행 20자, 소자쌍행, 판 크기: 18.0 × 12.0cm, 책 크기: 24.0 × 14.0cm. 광곽의 꼭짓점에 결구가 있고, 어미와 판심 계선이 떨어져 있다. 정목의 흔적도 있다. 혹자는 활자의 특징으로 판면 전체 또는 일부분에 심지어는 복수의 문자상에도 가로 방향으로 그어져 있는 목판본의 책판 균열 흔적과 유사한 백선을 제시하기도 한다. 이를 "白道"라고 지칭하였다. 白道는 조판을 완료한 인판이 인출 중에 헐거워지지 않도록 인판을 견고하게 조이는 끈의 흔적이다.[193]

5.31 照琴書屋의 「禮儀便覽」

和月의 照琴書屋은 光緖 15(1889)년에 활자로 (淸)夒石 周琅의 「禮儀便覽」을 인쇄하였다. 사주쌍변, 백구, 단어미. 판면이 상하 양단으로 구분되어 있다. 상단은 21행 12자, 판 크기: 4.4 × 8.0cm, 하단은 13행

---

191) 張秀民·韓琦 공저(1998), 115.

192) 張秀民·韓琦 공저(1998), 123.

193) 鄒毅(2010), 103.

29자, 소자쌍행, 판 크기: 11.2 × 8.1cm. 전체 판 크기: 15.6 × 8.6cm. 광곽의 꼭짓점에 결구가 간혹 보이고, 상하 문자의 필획이 교차하는 현상이 적지 않게 보인다. 행간에 대·소 2종의 "○"의 문장부호 활자를 문장의 마침표와 의미를 대체하는 모모라는 뜻으로 사용하였다.[194]

5.32 流芳閣의 「春秋測義」

流芳閣은 光緒 15년에 목활자로 (淸)强汝詢의 「春秋測義」를 인쇄하였다.[195]

5.33 多文閣의 「日用擇吉便覽」

徽城 唐 모 씨의 多文閣은 光緒 16(1890)년에 활자로 「日用擇吉便覽」을 인쇄하였다. 사주단변, 계선 있음, 흑구, 단어미, 月表 엽의 문자가 가장 작은데 20행 48자, 판 크기: 17.3 × 10.7cm. 전반부 여러 표 중에서 6엽은 紅墨을 사용하였다. 홍색엽 제4엽 晝夜自鳴鐘時刻圖의 十一·十二는 연각활자이다. 후반부는 모두 같은 인판을 사용하였다. 상변의 내측에 일정한 간격으로 오목한 홈이 있는데, 이는 계선의 끝을 끼워 넣기 위하여 사전에 활자판 行格의 너비에 맞추어 조각한 것으로 보인다. 逐日吉星兇煞表 제3·5·6·8엽의 문자의 횡렬이 가지런하지 못하다. 조판을 완료한 후, 인판을 견고하게 조이기 위한 인판 조임 끈이 인판을 가로로 관통하고 있음이 氣候 엽의 중간에 보인다. 月表의 제2엽은 문자를 관통하기도 하였

---

194) 鄭毅(2010), 121·151

195) 張秀民·韓琦 공저(1998), 111.

다. 특히 月表의 제4엽하엽은 白道인데, 판심 부분과 상엽은 黑道이
다. 이는 인판을 묶은 끈에 묵즙이 도포되어 나타난 것으로 짐작된
다. 상하 문자의 필획이 교차하는 현상이 보인다. "祭祀宜日" 제3행
의 初七, 제5행의 初六, 제7·9행의 初七, 제11행의 初九, 제13·19
행의 初六, 또 十一月用·十二月用 등이다. 연각 활자일 가능성이
있다. 극소형 활자의 정교한 필획으로 미루어 활자의 제작과 조판
기술이 매우 고명한 수준이다.[196]

5.34 韜園書局의 「南行日記」·「珊瑚舌雕談初筆」

蘇州의 王韜가 上海에 거주할 때 창설한 韜園書局은 光緒 16년에
목활자로 (淸)吳光霈의 「南行日記」를 인쇄하였다.[197] 光緒·宣統 연간
에는 長洲의 許起가 편찬한 「珊瑚舌雕談初筆」 8권을 인쇄하였다.[198]

5.35 埽葉山房의 「尙友錄」

埽葉山房은 光緒 16년에 금속활자로 「尙友錄」을 인쇄하였다. 12
행 24자, 소자쌍행 42자(실제 39자), 판 크기: 12.0 × 8.1cm. 정방형
대자의 크기가 4.5mm, 소자는 2mm, 금속제 계선 폭은 6mm이다.
광곽 꼭짓점에 결구가 있기는 하지만, 활자 제작과 조판 수준이 대
단히 우수하다.[199]

---

196) 鄒毅(2010), 56·74-75·90·101·109·121·151.

197) 張秀民·韓琦 공저(1998), 120.

198) 魏隱儒(1984), 233.

199) 鄒毅(2010), 152.

5.36 무명씨들의 「讀秋水齋文集」·「師鄭堂集」

무명씨는 光緖 16년에 목활자로 (淸)陸蔽恩의 「讀秋水齋文集」을 인쇄하였다.[200]

다른 무명씨는 光緖 17(1891)년에 목활자로 (淸)孫同康의 「師鄭堂集」을 인쇄하였다.[201]

5.37 匡寶才의 「芙容山館全集」

無錫의 匡寶才는 光緖 17년에 목활자로 「芙容山館全集」을 인쇄하였다.[202]

5.38 丁 모 씨의 「晉書雜詠」

丁 모 씨는 光緖 18(1892)년에 목활자로 (淸)丁桐의 「晉書雜詠」을 인쇄하였다.[203]

5.39 무명씨들의 「醫悟」·「範湖草堂遺稿」

무명씨는 光緖 19년에 목활자로 (淸)馬冠群의 「醫悟」를 인쇄하였다.

다른 무명씨는 光緖 19년에 목활자로 (淸)周閑의 「範湖草堂遺稿」를 인쇄하였다.[204]

---

200) 張秀民·韓琦 공저(1998), 129.
201) 張秀民·韓琦 공저(1998), 129.
202) 張秀民·韓琦 공저(1998), 129.
203) 張秀民·韓琦 공저(1998), 112.
204) 張秀民·韓琦 공저(1998), 122·129.

5.40 文苑閣의「晉書校文」·「補晉書藝文志」·「錫金鄕土地理」

錫山의 文苑閣은 光緖 20(1894)년에 목활자로 (淸)丁國鈞의「晉書校文」과「補晉書藝文志」를 인쇄하였다. 光緖 34(1908)년에는「錫金鄕土地理」를 인쇄하였다.[205]

5.41 義庄의「習是堂文集」

常熟 曾 모 씨의 義庄은 光緖 20년에 목활자로「習是堂文集」을 인쇄하였다.[206]

5.42 樂善堂의「鐵庄文集」·「鐵庄詩集」·「銀河法懺」· 「太乙救苦法懺」

湖南 曹 모 씨의 樂善堂은 光緖 21년에 목활자로 (淸)陸楣의「鐵庄文集」·「鐵庄詩集」·「銀河法懺」을 인쇄하였다.[207] 光緖 22(1896)년에는「太乙救苦法懺」을 인쇄하였다.[208]

「銀河法懺」은 좌우쌍변, 백구, 6행 15자, 판 크기: 22.3 × 13.1cm, 책 크기: 27.4 × 15.3cm이다. 문자는 필서체이다. 광곽 꼭짓점에 결구가 보이고, 어미와 판심 계선이 떨어져 있다. 묵색 농담이 균일하지 못하다. 행간에 "○·" 등의 문장부호를 사용하였다.「太乙救苦法懺」은 사주단변, 백구, 6행 15자, 판 크기: 22.0 × 12.6cm, 책 크

---

205) 張秀民·韓琦 공저(1998), 112·117.

206) 張秀民·韓琦 공저(1998), 129.

207) 張秀民·韓琦 공저(1998), 127.

208) 鄒毅(2010), 111·174.

기: 26.9 × 15.6cm. 문자는 필서체이다. 광곽 꼭짓점에 결구가 보이고, 활자를 조이기 위한 쐐기의 흔적이 보인다. 묵색 농담이 균일하지 못하다. 양자 모두 조판을 완료한 후, 인판을 견고하게 조이기 위한 인판 조임 끈이 인판을 가로로 관통하고 있음이 보편적으로 보인다.

5.43 毛上珍의 「墨子間詁」

蘇州의 毛上珍은 光緒 21년에 목활자로 (淸)孫詒讓의 「墨子間詁」를 인쇄하였다.[209]

5.44 무명씨들의 「石船居雜著賸稿」·「山陰白洋朱氏宗譜」· 「陳氏易說」

毗陵의 무명씨는 光緒 21년에 목활자로 (淸)李超琼의 「石船居雜著賸稿」를 인쇄하였다.[210]

다른 무명씨는 光緒 21년에 목활자로 「山陰白洋朱氏宗譜」를 인쇄하였다. 이 族譜 안의 始祖畵像은 王銘이 그리고, 張廷相이 조각한 것이다.[211]

또 다른 무명씨는 光緒 21년에 목활자로 (淸)陳壽熊의 「陳氏易說」을 인쇄하였다.[212]

209) 張秀民·韓琦 공저(1998), 121.
210) 張秀民·韓琦 공저(1998), 129.
211) 張秀民, "淸代的木活字", 117-118.
212) 張秀民·韓琦 공저(1998), 110.

5.45 丁鎨雨蓀의「錫金識小錄」

丁鎨雨蓀은 光緒 22년에 목활자로「錫金識小錄」12권을 교정하여 인쇄하였다.213)

5.46 然藜閣의「補農書」

然藜閣은 光緒 22년에 목활자로 (明)沈氏의「補農書」를 인쇄하였다.214)

5.47 懷烟閣의「吳越所見書畫錄」

懷烟閣은 光緒 22년에 목활자로 (淸)陸時化의「吳越所見書畫錄」을 인쇄하였다.215) 사주단변, 백구, 9행 20자.

5.48 무명씨들의「解州淸丈地糧章程」·「四山響應錄」·「蠶桑說」

무명씨는 光緒 22년에 목활자로「解州淸丈地糧章程」을 3개의 인판을 사용하여 인쇄하였다.216)

다른 무명씨는 光緒 22년에 목활자로「四山響應錄」을 인쇄하였다.217)

또 다른 무명씨는 光緒 22년에 목활자로 (淸)趙敬如의「蠶桑說」을 인쇄하였다.218)

---

213) 田淵正雄(1980), 440.
214) 張秀民·韓琦 공저(1998), 121.
215) 張秀民·韓琦 공저(1998), 122.
216) 田淵正雄(1980), 443.
217) 張秀民·韓琦 공저(1998), 116.
218) 張秀民·韓琦 공저(1998), 122.

5.49 兩湖書院의 「金正希年譜」

湖北省의 兩湖書院은 光緒 23(1897)년에 목활자로 「金正希年譜」를 인쇄하였다.[219]

5.50 雲間의 「焦南浦(袁熹)年譜」

雲間은 光緒 23년에 목활자로 「焦南浦(袁熹)年譜」를 인쇄하였다.[220]

5.51 무명씨의 「廣續方言」

무명씨는 光緒 23년에 목활자로 (淸)程先甲의 「廣續方言」을 인쇄하였다.[221]

5.52 季亮時의 「琴川三志補記」

季亮時는 光緒 24(1898)년에 목활자로 「琴川三志補記」 10권, 續 8권을 인쇄하였다. 조립식 인판의 위아래 변란에 일정한 간격으로 홈이 있다. 인판은 모두 3개를 사용하였는데, 첫 번째 인판은 「琴川三志補記」 10권을 인쇄하는 데에 사용하였고, 두 번째 인판은 續 권1부터 권4까지, 세 번째 인판은 續 권6부터 권8까지 인쇄하였고, 續 권5는 첫 번째와 세 번째 인판을 사용하였다.[222] 이러한 인판의 사

---

219) 張秀民·韓琦 공저(1998), 115.
220) 張秀民·韓琦 공저(1998), 116.
221) 張秀民·韓琦 공저(1998), 112.
222) 田淵正雄(1980), 439-440.

용에서 모든 작업을 3개 조로 나누어 각 조별로 맡은 부분을 나누어 인쇄하였음을 알 수 있다.

5.53 무명씨들의 「麟洲雜著」·「訥庵駢體文存」·「白話報」· 「毛詩古音述」·「袁爽秋京卿請剿拳匪疏稿」·「孫子集解」

무명씨는 光緖 24년에 목활자로 (淸)錢贊黃의 「麟洲雜著」를 인쇄하였다.

다른 무명씨는 光緖 24년에 목활자로 (淸)李恩綬의 「訥庵駢體文存」을 인쇄하였다.[223]

無錫의 무명씨는 光緖 24년에 목활자로 「白話報」를 매월 5일 毛邊紙에 발행하였다.[224]

다른 무명씨는 光緖 25(1899)년에 목활자로 (淸)顧淳의 「毛詩古音述」을 인쇄하였다.[225]

또 다른 무명씨는 光緖 26(1900)년에 목활자로 「袁爽秋京卿請剿拳匪疏稿」를 인쇄하였다.

또 다른 무명씨는 (淸)顧福棠의 「孫子集解」를 인쇄하였다.[226]

5.54 宋華堂과 劉鑒亭의 「廬江方何氏宗譜」

宋華堂과 劉鑒亭은 光緖 27(1901)년에 목활자로 「廬江方何氏宗譜」를 인쇄하였다.[227]

---

223) 張秀民·韓琦 공저(1998), 123·129.
224) 張秀民(1989), 708.
225) 張秀民·韓琦 공저(1998), 112.
226) 張秀民·韓琦 공저(1998), 115.

5.55 무명씨들의 「盤洲文集」·「靈峯存稿」

무명씨는 光緒 27년에 목활자로 (淸)周璠의 「盤洲文集」 4권 4책 (圖錄Ⅶ-서영 40)을 인쇄하였다. 사주쌍변, 계선 있음. 판심: 화구 (盤洲文集), 권차, 상하 내향 흑쌍어미, 장차, 하흑구. 9행 19자, 소자 쌍행, 판 크기: 19.6 × 13.1cm, 책 크기: 26.5 × 21.0cm이다. 동일한 문자의 자양이 다르고, 도각의 흔적과 목리가 보인다. 문자의 크기 가 다른 경우도 있다. 장체자의 미감을 잘 표현하지 못하는 수준이 다. 조립식 인판의 결구는 거의 없다. 권3과 권4는 한 장의 인판으로 인출하였다. 문자의 행렬은 가지런하고, 삐뚤어진 문자도 없다. 일부 필획이 인출되지 않은 문자가 간혹 보이고, 문자의 묵색도 약간씩 차이가 보인다. 조판술은 우수하다. 묵색은 엽에 따라 약간의 편차 가 있다. 묵등 문자나 잡묵 등은 없다. 인출술은 우수한 수준이다.

다른 무명씨는 光緒 27년에 목활자로 (淸)夏震武의 「靈峯存稿」를 인쇄하였다.[228]

5.56 齊品亨堂의 「國朝天台耆舊傳」

齊品亨堂은 光緒 28(1902)년에 목활자로 (淸)金文田의 「國朝天台 耆舊傳」을 인쇄하였다.[229]

---

227) 張秀民, "淸代的木活字", 117.

228) 張秀民·韓琦 공저(1998), 129.

229) 張秀民·韓琦 공저(1998), 115.

5.57 提署의 「燕平山人集」

四川의 提署는 光緖 28년에 목활자로 「燕平山人集」을 인쇄하
였다.[230)

5.58 무명씨들의 「孫文靖公(李準)年譜」·「兵法史略學」·「靑蒲續詩傳」

무명씨는 光緖 28년에 목활자로 「孫文靖公(李準)年譜」를 인쇄하
였다.[231)

다른 무명씨는 光緖 29(1903)년에 목활자로 「兵法史略學」 8권을
인쇄하였다.[232)

또 다른 무명씨는 光緖 31(1905)년에 목활자로 (淸)何其超의 「靑
蒲續詩傳」을 인쇄하였다.[233)

5.59 周錫璋의 「乙巳東瀛游記」

廬陵의 周錫璋은 光緖 31(1905)년에 기계식 鉛활자로 자신의 「乙
巳東瀛游記」 1책(圖錄Ⅶ-서영 41)을 인쇄하였다. 사주쌍변, 계선 없
음. 판심: 상흑구, 상 하향 흑단어미, 장차(소자), 하흑구. 9행 22자,
소자쌍행, 판 크기: 16.9 × 11.0cm, 책 크기: 25.5 × 14.9cm이다. 전
형적인 장체자 연활자이다. 유연묵의 기름 흔적이 역력하다.

---

230) 張秀民·韓琦 공저(1998), 129.

231) 張秀民·韓琦 공저(1998), 116.

232) 田淵正雄(1980), 439.

233) 張秀民·韓琦 공저(1998), 131.

5.60 安定堂의 「梅溪梁氏享譜」

安定堂은 光緒 32(1906)년에 활자로 「梅溪梁氏享譜」를 인쇄하였다. 사주쌍변, 판심: 화구(梅溪梁氏享譜), 상 하향 흑단어미, 하단에 "安定堂". 판 크기: 23.0 × 15.3cm이다. 광곽 꼭짓점에 결구가 있고, 어미와 판심 계선이 떨어져 있다. 문자 행렬이 가지런하지 못하고, 묵색 농담이 균일하지 못하다. 일부 문자는 활자가 전후로 기울어지게 식자되어 필획이 부분적으로 진하거나 연하게 인출되었다. 예를 들면 新序 제4엽하엽 제2행의 雷, 제3행의 愛 등이다. 3개의 인판을 사용하였다. 祠聯 제5엽하엽 제5행의 月은 식자 상태가 기울어져서 활자 인출면의 가장자리가 잡묵으로 인출되었다. 상하 문자의 필획이 교차하는 현상이 新序 제3엽 제5행의 슈諸, 제4엽 제6행의 效奔에서 보인다.[234]

5.61 彭城堂의 「劉氏續修族譜」

彭城堂은 光緒 33(1907)년에 목판과 목활자로 「劉氏續修族譜」(圖錄VII-서영 42)를 朱墨 투인으로 인쇄하였다. 사주쌍변, 계선 있음. 판심: 화구(劉氏續修族譜), 상 하향 흑단어미, 권차(소자), 편명(소자), 장차, 하단에 "彭城堂". 7행 21자, 판 크기: 22.8 × 15.7cm이다. 권수의 50엽을 인출한 주색 용문양의 목판은 동일하다. 묵색 문자 부분은 인판을 2개 사용하였다. 인판 1로는 聖諭 제1~18엽, 奉天誥命 제1~2엽, 諡文敏公敕 제2~3엽, 誥勅 제1~10엽, 모두 32엽을 조판하였다. 인판 2로는 諡文敏公敕 제1엽, 誥勅 제11~27엽, 모두

---

234) 鄒毅(2010), 61・89-90・121.

18엽을 조판하였다.

광곽의 네 꼭짓점에 결구가 있고, 어미와 판심 계선이 떨어져 있다. 전체에 6개 이상의 인판을 사용한 것으로 보인다. 권9 제2엽 제10행 제21자의 嘴는 공간이 좁아서 제11행 제1자에 식자하였다. 그 결과 제14행은 20자를 배열하였다. 자연히 문자의 횡렬이 가지런하지 못하다. 묵색 농담이 균일하지 못하다. 일부 문자는 활자가 전후로 기울어지게 식자되어 필획이 부분적으로 진하거나 연하게 인출되었다. 예를 들면 卷首 掌衡公諱淸越捐祭田碑 제1엽상엽 제9행의 錄이다.

「劉氏續修族譜」는 民國 20(1931)년에 재판을 간행하였다. 초판과의 차이점은 투인 부분이 24엽으로 감소하였고, 용 문양도 5개의 발가락이 4개로 바뀌었다. 이 24엽의 판심을 자세히 관찰하면 판심제의 미세한 차이와 판심 계선의 손상에 근거하여 제1~8엽과 제9~24엽의 인판 2개를 사용하였음을 알 수 있다.[235]

5.62 王卓堂의 「皇極會歸寶懺」

王卓堂은 光緒 33년에 활자로 「皇極會歸寶懺」 5권 5책(圖錄VII-서영 43)을 간행하였다. 사주단변, 대흑구, 간혹 백구, 6행 15자, 판크기: 19.7 × 12.1cm, 또는 20.1 × 12.3cm, 책 크기: 23.5 × 14.4cm. 인판 좌우 엽의 4변 광곽이 각각 조립되었다. 광곽의 꼭짓점에 결구가 있고, 대흑구·어미·판심 계선이 떨어져 있다. 계선이 휘어진 경우도 보인다. 제32엽에 4개의 묵등이 있는데, 정목의 흔적으로 보

---

235) 鄒毅(2010), 60·90·101·161-162.

인다. 권수 제7・8・10・16・17・18・19・23~33엽은 자금 기증자 명단인데, 하단 문자 횡렬이 가지런하지 못하다. 행간에 "ㅇ・、" 등의 문장부호를 사용하였다. 조판을 완료한 후, 인판을 견고하게 조이기 위한 인판 조임 끈이 인판을 가로로 관통하고 있음이 거의 모든 엽에서 보인다. 간혹 사선이거나 2개의 선이 보이기도 한다.236)

5.63 鵬南書屋의 「枕葄齋書經問答」・「枕葄齋春秋問答」

鵬南書屋은 光緒 34년에 목활자로 (淸)胡嗣運의 「枕葄齋書經問答」과 「枕葄齋春秋問答」을 인쇄하였다.237)

5.64 多伽羅香館의 「新學商兌」

多伽羅香館은 光緒 34년에 목활자로 (淸)孫德謙・張采田의 「新學商兌」를 인쇄하였다.238)

5.65 무명씨들의 「孝經古微」・「幣制說帖及簡明總要並度支部說帖各督撫議制摺奏及節畧」

무명씨는 光緒 34년에 목활자로 「孝經古微」를 인쇄하였다.239)

다른 무명씨는 光緒 34년에 鉛활자로 「大學士張協辦大學士鹿尙書袁幣制簡明總要曁說帖並度支部說帖各督撫議覆幣制摺奏電奏各件

---

236) 鄭毅(2010), 97・102・109-110・173.

237) 張秀民・韓琦 공저(1998), 110-111.

238) 張秀民・韓琦 공저(1998), 121.

239) 張秀民・韓琦 공저(1998), 111.

三月二十六日奉旨著會議政務處資政院總裁協理幇辦會同妥議具奏欽
此」를 인쇄하였다. 서명을 「幣制說帖及簡明總要並度支部說帖各督
撫議制摺奏及節畧」(圖錄VII-서영 44)으로 약칭하기도 한다. 사주쌍
변, 계선 없음, 판심 없음, 4분의 3 아래에 장차만 표시, 16행 38자,
소자쌍행, 판 크기: 20.7 × 14.0cm이다. 문자는 크기가 균일한 점에
서 근대식 주조기술로 제작한 방정한 육면체 연활자임을 짐작할 수
있다. 인판의 좌우 반엽을 각각 네 개의 변란으로 조판하였다. 꼭짓
점에 약간의 결구가 보인다. 문자의 행렬은 가지런하다. 묵색은 문
자에 따라 약간의 농담 차이가 있다. 한눈에도 전통적인 수동식 인
쇄와는 다른 기술임을 알 수 있다.

5.66 목활자본을 인쇄한 지방 官衙들

同治・光緒 연간에 목활자로 서적을 인쇄한 지방의 官衙로는 江
寧藩署・吳門節署・陳州郡署・四川提署・黔南撫署・汀州官廨・寧
化縣署 등이 있다. 그러나 간행한 서적의 수량은 그다지 많지 않다.
그중 일부 활자는 해당 관아가 보유하고 있었던 듯하다.

5.67 柯輅의 木活字

同治・光緒 연간에 晉江의 柯輅는 목활자판 한 조를 제작하여
자신이 편찬한 여러 서적을 인쇄하였고, 또 異書가 있으면 모두
인쇄하였다. 그러나 자손이 몰락하여 끝내는 이를 연료로 소각하
였다.[240]

---

240)「桐西舊話」,「溫陵詩紀」, 권6 인용. 張秀民・韓琦 공저(1998), 67.

5.68 光緖 연간의 목활자본 지방지류

光緖 연간에도 목활자로 지방지를 적지 않게 인쇄하였다. 王崧辰이 光緖 6년에 인쇄한 嘉慶「餘杭縣志」・光緖 7년의 光緖「增修甘泉縣志」・光緖 9년의 光緖「貴池縣志」와 江陰의 葉 모 씨가 늦봄에 인쇄한「楊舍堡城志稿」14권, 圖 1권・光緖 11(1885)년의 乾隆「臨安縣志」와 光緖「金檀縣志」・光緖 12년의 道光「武進陽湖具合志」와「常州府志」38권, 首 1권・光緖 14년의 光緖「武陽志餘」와 光緖「宣城縣志」와 永承堂이 인쇄한 최초의 嵊縣志인 (宋)高似孫의 嘉定「剡錄」과 硯北山房이 인쇄한「河防要覽」・光緖 16년 늦겨울의「壽州志」36권, 首 1권, 末 1권과 乾隆「遂安縣志」(崇禎을 崇正으로 피휘)・光緖 17년의 光緖「靑陽縣志」・豫章의 洪貴三이 光緖 18년 가을에 인쇄한「鳳臺縣志」25권, 首 1권・光緖 19년의 嘉慶「鄘州總志」・光緖 20년의「豪州志」20권, 首 1권・光緖 22년의 (淸)吳曾僅 찬「三國郡縣表」와「溧陽縣志」16권・金陵의 湯明林이 光緖 23년 늦봄에 인쇄한「滁州志」20권, 首 1권, 末 1권・光緖 25년의 光緖「南陵小志」와「溧陽縣續志」16권, 續補 1권・光緖 27년의「長甯縣志」16권, 首 1권, 末 1권과 光緖「直隷和州志」・奉化 趙 모 씨의 剡曲草堂이 新昌의 石美光이 제작한 3호 취진판으로 光緖 28년에 70부를 인쇄한「剡源鄕志」・光緖 29년의 康熙「太平府志」와 光緖「天柱縣志」・光緖 30(1904)년의 光緖「常昭合志稿」・光緖 31년의 光緖「霍山縣志」와 光緖「浦江縣志」16권・無錫 藝文齋가 인쇄한 光緖 32년의「錫金鄕土地理」와 學務辦公所가 인쇄한「耒陽縣鄕土志」2권・光緖 33년의 光緖「續修舒城縣志」와「陝西興平縣鄕土志」

6권・光緖 34년의 「婺源鄕土志」와 「武剛州鄕土志」와 「光緖鳳陽府志」 21권 등이 있다.241)

「楊舍堡城志稿」는 1개의 인판만을 사용하여 완성하였다. 「常州府志」의 인출에 사용한 인판의 위아래 변란에 일정한 간격으로 홈이 있다. 「壽州志」의 목판으로 찍은 표지에 “潛山梓人劉立賢・王鍾祥排印”의 자양이 있어서 조판공이 누구인지를 알 수 있다. 저술 안의 금석문자는 조각한 활자이다. 「鳳臺縣志」는 모두 3개의 인판을 사용하였고, 권19의 금석문자는 連刻활자이다. 「滁州志」는 3개의 인판을 사용하였는데, 卷首의 제1엽은 다른 인판이고, 卷6之2는 따로 2개의 인판으로 조판하였다. 「光緖鳳陽府志」의 금석문자는 連刻활자이며, 인판의 위아래 변란에 일정한 간격으로 홈이 있다.242) 「陝西興平縣鄕土志」는 사주단변, 계선 있음. 판심: 화구(興平縣鄕土志), 상 하향 흑단어미, 권차, 지명, 장차. 인판을 6개 사용하였다. 목록을 포함한 거의 모든 엽의 문자 횡렬이 가지런하지 못하다.243)

5.69 光緖 연간의 목활자본

光緖 연간의 목활자본으로는 吳門書坊이 「日本佚存叢書全集」을, 宜黃의 黃秩模는 「仙屛書屋叢刊」과 「遜敏堂叢書」를, 江西官書局은 (淸)王闓運의 「毛詩補箋」을 인쇄하였다.244) 江南官書局도 「周易折

---

241) 1. 張秀民・韓琦 공저(1998), 112-119.
　　 2. 田淵正雄(1980), 438-448.
　　 3. 鄒毅(2010), 57.
242) 田淵正雄(1980), 440-444.
243) 鄒毅(2010), 57・101.
244) 1. 張秀民, “淸代的木活字”, 106-107, 110.
　　 2. 魏隱儒(1984), 233.

夷」을 인쇄하였다.245) 福建省 汀州의 東壁軒活字印書局은 「托素齋文集」과 「仁恕堂筆記」를, 永思堂은 「五牧劉氏宗譜」를 인쇄하였다.

무명씨가 인쇄한 것으로는 (淸)侯楨의 「禹貢古今注通釋」·「張文貞公(玉書)年譜」·(淸)孫端文의 「抱膝吟盧詩文集」·(淸)鄒文相의 「蘋香書屋全集」·(淸)胡修佑의 「蘦時山庄遺著」·(淸)周鎬의 「犢山類稿」·(淸)姚康의 「太白劍」·「溫陵詩記」·(淸)錢振鍠의 「陽湖錢氏家集」·(淸)趙宗建의 「趙氏三集」·(淸)王尚辰의 「合肥王氏家集」 등이 있다.246) 「托素齋文集」은 권3의 목록 8엽 모두 문자가 없는 공간에 충전한 정목의 잡묵이 보인다. 크기가 다소 고르지 못한 활자를 밀집하여 조판한 결과 거의 모든 엽의 하반부는 문자 횡렬이 가지런하지 못하다. 「五牧劉氏宗譜」는 사주단변, 백구, 단어미, 9행 20자, 판 크기: 22.8 × 15.5cm. 광곽 꼭짓점에 결구가 있고, 어미와 판심 계선이 떨어져 있다. 묵색 농담은 균일하지 못하다. 일부 문자는 활자가 좌우로 기울어지게 식자되어 필획이 부분적으로 진하거나 연하게 인출되었다. 예를 들면 乙字號 제2엽하엽 제6행의 孫이다. 일부 서엽의 상변에는 세로 직선이, 하변에는 미세한 원형 점이 일정한 간격으로 그어져 있는데, 이는 계선의 위치를 표시한 것으로 보인다.

星隱樓가 간행한 (淸)錢振鍠의 「性命書醫學」은 사주단변, 백구, 12행 25자. 광곽 꼭짓점에 결구가 있고, 어미와 판심 계선이 떨어져 있다. 丙字號, 敏齋公傳 제1엽상엽 제6행의 "一"은 식자 상태가 우측으로 기울어져서 인출면 좌하귀의 가장자리가 잡묵으로 인출되었

---

245) 張秀民(1989), 705.

246) 1. 張秀民·韓琦 공저(1998), 110-115·129-131.
　　 2. 鄒毅(2010), 60·101.
　　 3. 張秀民 저, 韓琦 增訂(2006), 596.

다.247) 「武帝勸孝十八條」는 사주쌍변, 백구, 9행 21자. 권말엽 5개

행, 각 행 15개 문자 자리의 빈 공간에 정목을 사용하지 않고 75개

의 점 활자로 충전하였다. 점 활자는 사방 1cm의 사각형 ■만 인출

되었다. 점 활자와 계선 사이에는 얇고 긴 막대가 아닌 활자와 같은

길이의 막대(夾條)로 충전하였다. 「佛說高王觀世音經」(圖錄VII-서영

45)은 좌우쌍변, 계선 없음, 소자 화구(高王經), 상 하향 흑단어미, 6

행 15자, 판 크기: 20.0 × 13.0cm, 책 크기: 26.4 × 15.2cm이다. 광

곽 꼭짓점에 결구가 있고, 어미와 판심 계선이 떨어져 있다. 묵색 농

담은 균일하지 못하다. 필획이 부분적으로 진하거나 연하게 인출되

었다. 행간에 "o"의 문장부호를 사용하였다. 조판을 완료한 후, 인판

을 견고하게 조이기 위한 인판 조임 끈이 인판을 가로로 관통하고

있음이 보인다. 「圍棋譜」(圖錄VII-서영 46)는 상단 문자는 활자로,

기보는 목판으로 인출하였다. 사주쌍변, 계선·판심 없음. 대자 15

행 3자, 중자 18행 5자, 소자 18행 6자.248) 이 밖에 「二十七年晥局

朱道稟裁煤費稿」(圖錄VII-서영 47)가 있다.249) 한 엽짜리 간행물이

다. 광곽과 계선이 없으며, 문자만 인출하였다. 3종 크기의 활자로

중·소 활자는 쌍행이다. 전형적인 장체자로 자양은 미세하게 차이

가 있지만 거의 유사하여 기계식 연활자로 착각할 만하다. 문자의

종행은 가지런하나 횡렬은 미세하게 삐뚤어져 있다. 묵색은 농담의

차이를 얼핏 구별하지 못할 만큼 균일한 편이다. 다만 천두 부분에

계선재로부터 반영된 잡묵이 쉽게 보인다. 이로 미루어 방정한 육면

---

247) 鄒毅(2010), 60·76-77·85·89.

248) 鄒毅(2010), 96-98·101·110·164·174.

249) 艾俊川(2006), 69-70.

체 활자로 도각술·조판술·인출술 등 인쇄기술 전반이 상당한 수준이었음을 알 수 있다.

5.70 光緒 연간의 鉛활자본

總理各國事務衙門은 光緒 연간에 鉛활자로 「歷朝聖訓」(圖錄VII-서영 48)을 인쇄하였다. 사주쌍변, 계선 없음. 판심: 화구(聖祖仁皇帝聖訓)(소자 2행), 상 하향 흑단어미, 권차, 장차. 9행 18자, 판 크기: 20.8 × 15.3cm이다. 장체자 문자의 자양이 일치하여 주조한 연활자임을 알 수 있다. 그러나 필획의 윤곽에 뾰족한 각이 있는 점에서 주조 방법은 전통적인 주물사법이 아닌 다른 방법으로 보인다. 문자의 크기가 균일하고 행렬도 가지런하다. 광곽 꼭짓점에 결구는 거의 없는데, 간혹 1mm 정도 벌어진 경우가 보인다. 광곽은 2개의 조각을 이어서 제작하였고, 2~3개의 인판을 번갈아 사용하였다. 묵색은 균일한 편인데, 간혹 약간의 농담 차이가 있어서 활자본임을 알 수 있다. 문자의 주위에 석인본처럼 기름이 노랗게 번진 흔적이 역력하다. 묵색이 진할수록 기름의 흔적도 진하여 유연묵을 사용하였음을 알 수 있다.

光緒 연간에 鉛활자로 인쇄한 것으로 「白喉治法忌表抉微」도 있다.[250]

---

250) 鄒毅(2010), 87.

인쇄 주체	인쇄 연도	활자 재료	인본 서적	비고
1 張 모 씨 聚珍堂 書坊	光緖 2(1876)년	木	(淸)王希廉 평의「紅樓夢」120回	
	光緖 3(1877)년		「濟公傳」(「濟顚大師醉菩提全傳」)20回	
	光緖 4(1878)년		「想當然耳」	
	光緖 5(1879)년		(淸)石玉崑의「忠烈俠義傳」(「三俠五義」)・「聊齋志異遺稿」4권・「藝菊新編」	
	光緖 6(1880)년		費莫文康의「兒女英雄傳」40回	
	光緖 7(1881)년		賈鳧西의「歷代史略鼓詞」・「極樂世界傳奇」	
	光緖 21(1895)년		「紅樓夢影」・「紅樓夢賦」・「續紅樓夢」・「文虎」・「蟋蟀譜」・「續聊齋志異」・「御製悅心集」・「增廣達生編」	
2 翰墨園	光緖 2(1876)년	木	「杜工部集」	6색 투인
3	光緖 2(1876)년	木	(淸)黃衡의「碧雲秋露詞」	
4 符志遠	光緖 3(1877)년	木	「日宮炎光太陽帝君眞經」	
	光緖 3년 이후		「玄天上帝金科玉律垂訓經」	
5 三元堂	光緖 3(1877)년	銅	「新鑄銅版校正詩韻集成」	
6 王錫祺	光緖 5(1879)년	鉛	潘德輿의「金壺浪墨」	錫?
	光緖 13(1887)년		王錫祺의「小方壺齋叢書」	
	光緖 21(1895)년		王錫祺의「小方壺齋輿地叢鈔」	
	光緖 연간			
7 醉月軒	光緖 5(1879)년	木	「李魁第姓氏族譜合編」	
8 薛 모 씨의 桐華書屋	光緖 5(1879)년	木	(淸)顧炎武의「天下郡國利病書」	敷文閣의 목활자
9 羅 모 씨	光緖 5(1879)년	木	(淸)顧炎武의「天下郡國利病書」	
10	光緖 5(1879)년	木	「冰魚詩集」	嵊縣의 목활자
11 葛苪棠 등	光緖 6(1880)년	木	(宋)葛洪의「蟠室老人文集」22권・「奏議」1권・「涉史隨筆」1권	
12 彙珍樓	光緖 7(1881)년	木	(淸)夏敬渠의「第一奇書野叟曝言」20권	인판 2개
13 弢園	光緖 7(1881)년	鉛	「火器略說」1권	
	光緖 11(1885)년	木	(淸)嚴元照의「娛親雅言」	

	인쇄 주체	인쇄 연도	활자 재료	인본 서적	비고
14	趙 모 씨의 壽萱堂	光緒 8(1882)년	木	(淸)李光庭의 「漢西域圖考」	
15		光緒 8(1882)년	木	(淸)錢塸의 「貽毂堂詩存」	
		光緒 9(1883)년		(淸)褚華의 「水蜜桃譜」	
16	陳 모 씨의 文則樓	光緒 11(1885)년	木	(淸)陳僅의 「陳餘山先生所著書」	
		光緒 연간		陳僅의 「群經質」 2권·「詩誦」	
17	述古齋	光緒 11(1885)년	木	(淸)汪中의 「汪容甫遺詩集」 5권	
	舊可軒			(淸)吳國濂의 「四書質疑」	
	江上草堂			(淸)夏燮의 「中西紀事」	
	宋 모 씨			(淸)宋枬의 「管子寄言」	
				(淸)何鏞의 「璚珢山房紅樓夢詞」	
18	戶部	光緒 12(1886)년-	木	"民欠徵信冊"	일부 套印
19	徐 모 씨의 靈芬閣	光緒 13(1887)년	木	「愛日精廬藏書志」 36권, 「續志」 4권	인판 1개
20	董 모 씨의 雲瑞樓	光緒 13(1887)년	木	「琳琅秘室叢書」	
21	鋤月 種梅室	光緒 13(1887)년	木	「鈍翁文錄」	
22	金 모 씨	光緒 13(1887)년	木	「李申耆年譜」	
23		光緒 13(1887)년	木	「是仲明(鏡)年譜」	
24	存古學堂	光緒 14(1888)년	木	「白虎通義引書表」	
		宣統 2(1910)년		(淸)曹元弼의 「經學文鈔」 18권	
		光緒·宣統 연간		(淸)曹元弼의 「孝經學」 7권	
25	董 모 씨의 取斯堂	光緒 14(1888)년	木	「琳琅秘室叢書」	
26	悅止齋	光緒 14(1888)년	木	(淸)潘曾瑩의 「小鷗波館畫識」	
27	姚覲元	光緒 14(1888)년	木	「北堂書鈔」	미완성
28	陳州郡署	光緒 14(1888)년	木	(淸)朱竹垞의 「瑪玉集」	
29		光緒 14(1888)년	木	(淸)孫葆田의 「孟志編略」	
		光緒 14(1888)년		(淸)阮葵生의 「茶餘客話」	
30	富記局	光緒 14(1888)년		易方의 「喉科種福」 5권	
31	照琴書屋	光緒 15(1889)년		(淸)周琅의 「禮儀便覽」	
32	流芳閣	光緒 15(1889)년	木	(淸)强汝詢의 「春秋測義」	

	인쇄 주체	인쇄 연도	활자 재료	인본 서적	비고
33	唐 모 씨의 多文閣	光緖 16(1890)년		「日用擇吉便覽」	
34	王韜의 韜園書局	光緖 16(1890)년	木	(淸)吳光霈의 「南行日記」	
		光緖·宣統 연간		許起의 「珊瑚舌雕談初筆」 8권	
35	埽葉山房	光緖 16(1890)년	금속	「尙友錄」	
36		光緖 16(1890)년	木	(淸)陸㪺恩의 「讀秋水齋文集」	
		光緖 17(1891)년		(淸)孫同康의 「師鄭堂集」	
37	匡寶才	光緖 17(1891)년	木	「芙容山館全集」	
38	丁 모 씨	光緖 18(1892)년	木	(淸)丁桐의 「晉書雜詠」	
39		光緖 19(1893)년	木	(淸)馬冠群의 「醫悟」	
		光緖 19(1893)년		(淸)周閑의 「範湖草堂遺稿」	
40	文苑閣	光緖 20(1894)년	木	(淸)丁國鈞의 「晉書校文」· 「補晉書藝文志」	
		光緖 34(1908)년		「錫金鄕土地理」	
41	曾 모 씨의 義庄	光緖 20(1894)년	木	「習是堂文集」	
42	曹 모 씨의 樂善堂	光緖 21(1895)년	木	(淸)陸楣의 「鐵庄文集」· 「鐵庄詩集」·「銀河法懺」	
		光緖 22(1896)년		「太乙救苦法懺」	
43	毛上珍	光緖 21(1895)년	木	(淸)孫詒讓의 「墨子間詁」	
44		光緖 21(1895)년	木	(淸)李超琼의 「石船居雜著賸稿」	
		光緖 21(1895)년		「山陰白洋朱氏宗譜」	
		光緖 21(1895)년		(淸)陳壽熊의 「陳氏易說」	
45	丁鋄雨蓀	光緖 22(1896)년	木	「錫金識小錄」 12권	
46	然藜閣	光緖 22(1896)년	木	(明)沈氏의 「補農書」	
47	懷烟閣	光緖 22(1896)년	木	(淸)陸時化의 「吳越所見書畫錄」	
48		光緖 22(1896)년	木	「解州淸丈地糧章程」	인판 3개
		光緖 22(1896)년		「四山響應錄」	
		光緖 22(1896)년		(淸)趙敬如의 「蠶桑說」	
49	兩湖書院	光緖 23(1897)년	木	「金正希年譜」	
50	雲間	光緖 23(1897)년	木	「焦南浦(袁熹)年譜」	
51		光緖 23(1897)년	木	(淸)程先甲의 「廣續方言」	
52	季亮時	光緖 24(1898)년	木	「琴川三志補記」 18권	인판 3개
53		光緖 24(1898)년	木	(淸)錢贊黃의 「麟洲雜著」	

	인쇄 주체	인쇄 연도	활자 재료	인본 서적	비고
		光緒 24(1898)년		(淸)李恩綬의「訥庵駢體文存」	
		光緒 24(1898)년		「白話報」	
		光緒 25(1899)년		(淸)顧淳의「毛詩古音述」	
		光緒 26(1900)년		「袁爽秋京卿請剿拳匪疏稿」	
				(淸)顧福棠의「孫子集解」	
54	宋華堂과 劉鑒亭	光緒 27(1901)년	木	「廬江方何氏宗譜」	
55		光緒 27(1901)년	木	(淸)周璠의「盤洲文集」 4권	
		光緒 27(1901)년		(淸)夏震武의「靈峯存稿」	
56	齊品亨堂	光緒 28(1902)년	木	(淸)金文田의「國朝天台耆舊傳」	
57	提署	光緒 28(1902)년	木	「燕平山人集」	
58		光緒 28(1902)년	木	「孫文靖公(李準)年譜」	
		光緒 29(1903)년		「兵法史略學」 8권	
		光緒 31(1905)년		(淸)何其超의「靑蒲續詩傳」	
59	周錫璋	光緒 31(1905)년	鉛	「乙巳東瀛游記」	
60	安定堂	光緒 32(1906)년		「梅溪梁氏享譜」	인판 3개
61	彭城堂	光緒 33(1907)년	木	「劉氏續修族譜」	목판 朱색 투인, 인판 2개
62	王卓堂	光緒 33(1907)년		「皇極會歸寶懺」 5권	
63	鵬南書屋	光緒 34(1908)년	木	(淸)胡嗣運의「枕葄齋書經問答」・ 「枕葄齋春秋問答」	
64	多伽羅 香館	光緒 34(1908)년	木	(淸)孫德謙・張采田의「新學商兌」	
65		光緒 34(1908)년	木	「孝經古微」	
		光緒 34(1908)년	鉛	「大學士張協辦大學士鹿尚書袁幣 制簡明總要曁說帖並度支部說帖各 督撫議覆幣制摺奏電奏各件三月二 十六日奉旨著會議政務處資政院總 裁協理幫辦會同妥議具奏欽此」	「幣制說 帖及簡明 總要並度 支部說帖 各督撫議 制摺奏及 節畧」
66	지방 官衙 7처	同治・光緒 연간	木		
67	柯輅	同治・光緒 연간	木		

	인쇄 주체	인쇄 연도	활자 재료	인본 서적	비고
68	王崧辰	光緒 6(1880)년	木	嘉慶 「餘杭縣志」	
		光緒 7(1881)년		光緒 「增修甘泉縣志」	
	葉 모 씨	光緒 9(1883)년		光緒 「貴池縣志」	
				「楊舍堡城志稿」 15권	
		光緒 11(1885)년		乾隆 「臨安縣志」	
				光緒 「金櫃縣志」	
		光緒 12(1886)년		道光 「武進陽湖具合志」	
				「常州府志」 39권	
	永承堂 硯北山房	光緒 14(1888)년		光緒 「武陽志餘」	
				光緒 「宣城縣志」	
				(宋)高似孫의 嘉定 「剡錄」	
				「河防要覽」	
		光緒 16(1890)년		「壽州志」 38권	
				乾隆 「遂安縣志」	
		光緒 17(1891)년		光緒 「青陽縣志」	
	洪貴三	光緒 18(1892)년		「鳳臺縣志」 26권	
		光緒 19(1893)년		嘉慶 「郿州總志」	
		光緒 20(1894)년		「豪州志」 21권	
		光緒 22(1896)년		(清)吳曾僅의 「三國郡縣表」	
				「溧陽縣志」 16권	
	湯明林	光緒 23(1897)년		「滁州志」 22권	
		光緒 25(1899)년		光緒 「南陵小志」	
				「溧陽縣續志」 17권	
		光緒 27(1901)년		「長審縣志」 18권	
				光緒 「直隸和州志」	
	趙 모 씨의 剡曲草堂	光緒 28(1902)년		「剡源鄕志」	
		光緒 29(1903)년		康熙 「太平府志」	
				光緒 「天柱縣志」	
		光緒 30(1904)년		光緒 「常昭合志稿」	
		光緒 31(1905)년		光緒 「霍山縣志」	
				光緒 「浦江縣志」 16권	
	藝文齋	光緒 32(1906)년		「錫金鄕土地理」	

	인쇄 주체	인쇄 연도	활자 재료	인본 서적	비고
	學務 辦公所			「耒陽縣鄉土志」 2권	
		光緒 33(1907)년		光緒 「續修舒城縣志」	
				「陝西興平縣鄉土志」 6권	
		光緒 34(1908)년		「婺源鄉土志」	
				「武剛州鄉土志」	
				「光緒鳳陽府志」 21권	
	勞啓恂	光緒 연간		「鄜州志」	
69	董金鑑의 取斯堂	光緒 연간	木	「琳琅秘室叢書」 4集 · (淸)陳洪綬의 「寶綸堂集」 11권	
	吳門書坊			「日本佚存叢書全集」	
	黃秩模			「仙屛書屋叢刊」·「遜敏堂叢書」	
	江西 官書局			(淸)王闓運의 「毛詩補箋」	
	江南 官書局			「周易折衷」	
	東壁軒			「托素齋文集」·「仁恕堂筆記」	
	永思堂			「五牧劉氏宗譜」	
				(淸)侯楨의 「禹貢古今注通釋」	
				「張文貞公(玉書)年譜」	
				(淸)孫端文의 「抱膝吟廬詩文集」	
				(淸)鄒文相의 「蘋香書屋全集」	
				(淸)胡修佑의 「蘟時山庄遺著」	
				(淸)周鎬의 「犢山類稿」	
				(淸)姚康의 「太白劍」	
				「溫陵詩記」	
				(淸)錢振鍠의 「陽湖錢氏家集」	
				(淸)趙宗建의 「趙氏三集」	
	星隐樓			(淸)王尙辰의 「合肥王氏家集」	
				(淸)錢振鍠의 「性命書醫學」	
				「武帝勸孝十八條」	
				「佛說高王觀世音經」	
				「二十七年皖局朱道稟裁煤費稿」	

	인쇄 주체	인쇄 연도	활자 재료	인본 서적	비고
70	總理各國 事務衙門	光緖 연간	鉛	「歷朝聖訓」	
				「白喉治法忌表抉微」	

6. 宣統 연간(1909-1911)

6.1 麟書閣의 「機器對類引端」·「字類標韻分韻撮要合編」

廣州學院 앞의 麟書閣은 宣統 원(1909)년에 鉛활자로 「機器對類引端」을 간행하였다. 거의 모든 엽에서 조판을 완료한 후, 인판을 가로로 견고하게 조이기 위한 인판 조임 끈이 관통하고 있음이 보인다 (<사진 12> 참조). 또 宣統 연간의 「字類標韻分韻撮要合編」에는 상하 문자의 필획이 교차하는 현상이 제1엽 제1행의 字滙總, 제2행의 線屑, 제5행의 賓槀 등에서 보인다.[251]

<사진 12> 「機器對類引端」의 인판 조임 끈 흔적

---

251) 鄒毅(2010), 104·121-122.

6.2 老毛上珍의「韜廠蹈海錄」

蘇城 臨頓路의 老毛上珍은 宣統 원년에 鉛활자로「韜廠蹈海錄」을 인쇄하였다.252)

6.3 明經閣의「四書備旨」

廣東의 明經閣은 宣統 원년에 鉛활자로「四書備旨」를 간행하였다. 조판을 완료한 후, 인판을 견고하게 조이기 위한 인판 조임 끈이 인판을 가로로 관통하고 있음이 전체 53엽 중에서 32엽에서 보인다.253)

6.4 무명씨의「續晉書藝文志」

湖南省의 무명씨는 宣統 원년에 활자로 (淸)文廷式의「續晉書藝文志」를 인쇄하였다.254)

6.5 宣統 2년의 木活字本

宣統 2년에 목활자로 인쇄한 서적으로는 錢 모 씨의 振風學舍가 인쇄한 桐城 錢澄之의「田間文集」30권, 浙江官書局이 인쇄한 (淸)董元亮 撰輯의「柞蠶彙誌」1권, 蘇州의 文學山房이 仿宋體 활자로 인쇄한 獨山 莫友芝의「持靜齋藏書紀要」2권,255) 무명씨의「錢歆光 (秉澄)年譜」·宣統「臨安縣志」·宣統「新疆圖志」도 있다.256) 文學

---

252) 鄒毅(2010), 86.

253) 鄒毅(2010), 105.

254) 淨雨(1982), 355.

255) 魏隱儒(1984), 233-234.

山房은 民國 연간에도「藝雲書舍宋元本書目」을 인쇄하였다. 사주쌍변, 흑구, 9행 21자. 광곽 꼭짓점에 결구가 있고, 어미와 판심 계선이 떨어져 있다.[257]

6.6 文裕盛書坊의「改良上孟子集注」

黃邑의 文裕盛書坊은 宣統 3(1911)년에 활자로「改良上孟子集注」를 인쇄하였다. 금속재 계선을 사용하였다. 상하 문자의 필획이 교차하는 현상이 제1엽 제4행의 將有, 말행의 民攻之, 그 앞행의 賢者 등에서 보인다. 대자 행간에는 큰 "O"를, 소자에는 작은 "O"의 문장부호를 사용하였다. 모두 문장의 마침표 역할이다.[258]

6.7 崇德堂의「聲律啓蒙撮要」·「易經讀本」

廣州의 崇德堂은 宣統 3년에 鉛활자로「聲律啓蒙撮要」와「易經讀本」을 간행하였다.「聲律啓蒙撮要」에는 조판을 완료한 후, 인판을 견고하게 조이기 위한 인판 조임 끈이 인판을 가로로 관통하고 있음이 보인다.「易經讀本」도 모든 엽에서 인판 조임 끈이 인판을 가로로 관통하고 있는데, 어느 경우는 문자를 관통하기도 하였다(<사진 13> 참조).[259]

---

256) 張秀民·韓琦 공저(1998), 115-118.

257) 鄒毅(2010), 85.

258) 鄒毅(2010), 84·122·176.

259) 鄒毅(2010), 104-105.

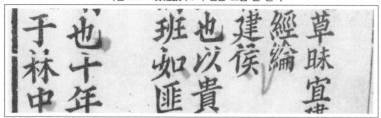

6.8 光緒 · 宣統 연간의 木活字本

光緒 · 宣統 연간에 목활자로 서적을 인쇄한 것으로는 吳江의 陸
同壽가 자신의 선조인 陸文衡이 편찬한 「嗇庵隨筆」6권, 末 1권을,
繼雅堂은 鄞縣의 (淸)陳僅이 편찬한 「捫燭挫存」12권을, 常熟의 趙
모 씨는 明虞山의 趙士春이 편찬한 「保閑堂集」26권을, 世澤樓는
儀征女史 孫采芙가 편찬한 「叢筆軒遺稿」3권, 附錄 1권과 績溪의
胡紹煐이 편찬한 「文選箋證」32권을, 瘦影山房은 (明)徐宏祖의 「徐
霞客游記」를 각각 인쇄하였다.260)

<표 6> 宣統 연간의 활자인쇄

	인쇄 주체	인쇄 연도	활자 재료	인본 서적	비고
1	麟書閣	宣統 원(1909)년	鉛	「機器對類引端」	
		宣統 연간		「字類標韻分韻撮要合編」	
2	老毛上珍	宣統 원(1909)년	鉛	「韜厰蹈海錄」	
3	明經閣	宣統 원(1909)년	鉛	「四書備旨」	
4		宣統 원(1909)년		(淸)文廷式의 「續晉書藝文志」	
5	錢 모 씨의	宣統 2(1910)년	木	錢澄之의 「田間文集」30권	

---

260) 魏隱儒(1984), 233.

인쇄 주체	인쇄 연도	활자 재료	인본 서적	비고
振風學舍				
浙江官書局			(淸)董元亮의 「柞蠶彙誌」 1권	
			「錢飮光(秉澄)年譜」	
			宣統 「臨安縣志」	
			宣統 「新疆圖志」	
文學山房			莫友芝의 「持靜齋藏書紀要」 2권	
	民國 연간		「藝雲書舍宋元本書目」	
6	文裕盛書坊	宣統 3(1911)년		「改良上孟子集注」	
7	崇德堂	宣統 3(1911)년	鉛	「聲律啓蒙撮要」·「易經讀本」	
8	陸同壽	光緖·宣統 연간	木	陸文衡의 「嗇庵隨筆」 7권	
	繼雅堂			(淸)陳僅의 「捫燭挫存」 12권	
	趙 모 씨			趙士春의 「保閑堂集」 26권	
	世澤樓			孫采芙의 「叢筆軒遺稿」 4권·胡紹煐의 「文選箋證」 32권	
	瘦影山房			(明)徐宏祖의 「徐霞客游記」	

7. 民國 연간(1912-)

7.1 福藝樓印務書局의 「機器成語考」

廣州 永漢 북쪽의 福藝樓印務書局은 民國 4(1915)년에 鉛활자로 「機器成語考」를 인쇄하였다. 광곽의 꼭짓점에 결구가 보이고, 기울어지게 식자된 문자도 보이며, 묵색 농담이 균일하지 못하다. 상하 문자의 필획이 교차하는 경우가 적지 않다. 조판을 완료한 후, 인판을 견고하게 조이기 위한 인판 조임 끈이 판면의 중하부에서 인판을 가로로 관통하고 있음이 보인다.[261]

---

261) 鄒毅(2010), 104.

7.2 寶華閣의 「新增韻對屑玉津梁」

寶華閣은 民國 5(1916)년에 鉛활자로 「新增韻對屑玉津梁」을 인쇄하였다. 광곽 꼭짓점에 결구가 보인다. 조판을 완료한 후, 인판을 견고하게 조이기 위한 인판 조임 끈이 인판을 가로로 관통하고 있음이 보인다.[262]

7.3 王存善의 「四明文獻集」

仁和의 王存善은 民國 5(1916)년에 기계식 鉛활자로 「四明文獻集」 8권 4책(圖錄VII-서영 49)을 인쇄하였다. 사주쌍변, 계선 있음. 판심: 화구(四明文獻集), 상 하향 흑단어미, 권차, 장차. 판심 문자는 대자인데, 판심이 넓어서 우측 절반에 배열하였다. 12행 27자, 소자쌍행, 판 크기: 13.4 × 9.8cm, 책 크기: 19.7 × 12.9cm이다. 전형적인 장체자 연활자이다. 유연묵의 기름 흔적을 볼 수 있다.

7.4 敦睦堂의 「霍氏宗譜」

敦睦堂은 民國 6(1917)년에 목활자로 「霍氏宗譜」 6권 6책(圖錄 VII-서영 50)을 인쇄하였다. 권1에는 목록・制誥・續修支譜叙・墓圖 등이, 권2에는 家乘・叙・傳・行狀 등이 수록되어 있고, 권3부터 족보가 시작된다. 制誥는 목판과 목활자로 朱墨 투인으로 인쇄하였다. 墓圖는 목판을 사용하였다. 이들 각 부분의 판식은 각각 다르다. 권3 족보 부분은 사주쌍변, 계선 있음. 판심: 화구(霍氏宗譜), 상 하

---

262) 鄭毅(2010), 105.

향 흑단어미, 권차(권수는 소자), 편명(소자), 장차(소자), 서사명(敦睦堂). 판심은 완전 일체식이다. 서명과 인명은 대자 7행 14자, 편명은 중자 8행 18자, 설명은 소자雙행 28자, 세대 표시인 중자 3자는 연각 음각 활자이다. 판 크기: 23.6 × 14.4cm, 책 크기: 29.6 × 17.3cm이다.

7.5 무명씨의 「王子安集佚文」

무명씨는 民國 7(1918)년에 기계식 鉛활자로 「王子安集佚文」 1책(圖錄VII-서영 51)을 인쇄하였다. 좌우雙변, 계선 있음. 판심: 세흑구, 상 하향 흑단어미, 판심제(王佚)(소자), 장차(소자). 10행 21자, 소자雙행, 판 크기: 15.7 × 10.3cm, 책 크기: 27.3 × 15.4cm이다.

동일 문자의 자양이 완전히 일치하는 전형적인 기계식 주조의 명조체 활자이다. 조립식 광곽의 꼭짓점이 틈새 없이 밀착하고 있다. 문자의 행렬은 가지런하고, 묵색 농담은 균일하다.

7.6 文明軒의 「朱氏麻科」

武岡의 文明軒은 民國 9(1920)년에 활자로 「朱氏麻科」(圖錄VII-서영 52)를 인쇄하였다. 사주단변 또는 좌우雙변, 계선 없음, 백구, 장방형 어미, 8행 19~22자, 크기가 다른 문장부호 활자로 인하여 자수가 고르지 않다. 판 크기: 17.5 × 11.2cm.[263] 서엽의 우변 변란 재가 균열하면서 균열 방향으로 이웃하고 있는 문자 2개에 영향을 끼쳐서 문자도 균열하였다.[264] 대자의 크기는 7 × 8mm, 소자는 5

---

263) 鄭毅(2010), 82.

× 4mm. 광곽의 꼭짓점에 결구가 있고, 행간에 "o"의 문장부호를 사용하였다.265)

7.7 勸堂의「五餘讀書廛隨筆」・「浙江通志釐金門初稿」・「勸堂所見書提要」

勸堂은 民國 9년에 기계식 鉛활자로「五餘讀書廛隨筆」2권 1책 (圖錄VII-서영 53)・「浙江通志釐金門初稿」 3권・「勸堂所見書提要」 3권을 인쇄하였다.「五餘讀書廛隨筆」은 좌우쌍변, 계선 있음. 판심: 상흑구, 상 하향 흑단어미, 판심제(五餘讀書廛隨筆), 권차, 장차, 하흑구. 16행 24자, 소자는 각괄호 안에 16행 36자, 판 크기: 18.0 × 12.6cm, 책 크기: 26.8 × 14.9cm. 전형적인 명조체(仿宋體) 활자이다.

7.8 聚珍倣宋印書局의「夏侍郎年譜」

上海의 聚珍倣宋印書局은 民國 9년에 기계식 鉛활자로 (淸)夏敦復의「夏侍郎年譜」 1책(圖錄VII-서영 54)을 인쇄하였다. 좌우쌍변, 계선 있음. 판심: 상흑구, 상 하향 흑단어미, 판심제(年譜), 장차, 하흑구. 10행 18자, 소자쌍행, 판 크기: 17.6 × 12.6cm, 책 크기: 29.5 × 17.9cm. 전형적인 기계식 연활자이다. 조립식 인판의 결구는 1mm 정도이다. 유연묵의 기름이 번진 흔적이 역력하다.

---

264) 鄒毅(2010), 119.

265) 鄒毅(2010), 173.

7.9 丁福保의「文選類詁」

無錫의 丁福保는 民國 14(1925)년에 기계식 鉛활자로 자신의「文選類詁」1책(圖錄VII-서영 55)을 인쇄하였다. 인판은 좌우 반엽을 각각 네 광곽으로 조립하여 판심의 상하 변란이 없다. 사주쌍변, 계선 없음. 판심(소자 2행): 화구(文選類詁), 획수, 장차(반엽 단위로 부여), 하단에 "無錫丁氏藏板"(소자 1행). 9행 21자, 소자쌍행 51자, 판면을 상중하 삼단으로 구분하였다. 판 크기: 19.8 × 12.0cm, 책 크기: 21.6 × 15.1cm이다. 전형적인 기계식 주조의 장체자 활자이다. 문자 주위에 유연묵의 기름 흔적이 역력하다.

7.10 무명씨의「方氏族譜」

무명씨는 民國 23(1934)년에 활자로「方氏族譜」를 인쇄하였다.[266]

7.11 무명씨의「李氏族譜」

무명씨는 民國 32(1943)년에「李氏族譜」의 문자와 삽도를 투인으로 인쇄하였다. 세대를 표시하는 第一世・第二世는 연각활자이다. 좌우 문자의 필획이 교차하는 현상이 제6책 제1~24엽 판심의 侗仁에서 보인다. 제9책 제21엽하엽 제1행의 光은 활자의 식자 상태가 우측으로 기울어져서 문자면 좌측의 동체 가장자리가 잡묵으로 인출되었다(<사진 14> 참조). 판심과 광곽이 반복 사용되면서, 광곽 꼭짓점의 결구도 동일하게 나타나고 있다. 특히 제1책 제14엽상엽 제4

---

266) 鄒毅(2010), 159.

행의 上, 하엽 제10행의 臣, 제4책 第九支二房公世系圖 제1엽 제3행의 國 등이 뒤집혀 있다. 투인의 결과 삽도의 색깔이 변란·판심과 다르다. 문자와 삽도가 겹치는 부분이 적지 않다.[267)

<사진 14> 「李氏族譜」光 주위의 잡묵 현상

7.12 무명씨의 「鄒氏宗譜」

무명씨는 民國 33(1944)년에 활자로 「鄒氏宗譜」를 인쇄하였다. 광곽 꼭짓점에 결구가 보인다. 계선은 없다. 활자의 식자 상태가 기울어져서 문자면 주위의 동체 가장자리가 잡묵으로 인출되었다. 예를 들면 제15엽하엽 제6행의 文, 제27엽하엽 제8행의 人, 제125엽하엽 제1행의 下, 제2행의 血, 제126엽하엽 제9행의 長은 좌고우저인 듯 좌측은 잡묵이 보이고 우측은 필획의 묵색이 흐리다. 제169엽하엽 제8행의 月은 좌우하변에 잡묵이 보인다. 상·하변 광곽 밖으로 일정한 거리를 두고 평행한 잡묵이 있는 것으로 보아 광곽을 조이기 위하여 사방의 외곽에 버팀목으로 지지하였다. 제10·19엽에서 정목이 반영된 잡묵이 보인다.[268)

7.13 張開唐의 「八卦圖」

張開唐은 民國 34(1945)년에 목활자로 「八卦圖」를 인쇄하였다. 사

---

267) 鄒毅(2010), 90·165.
268) 鄒毅(2010), 89·95·97.

주단변, 계선 없음, 백구, 9행 22자, 판
크기: 20.7 × 12.9cm, 책 크기: 23.2 ×
15.1cm. 문자는 필서체이다. 적지 않은
수의 활자의 식자 상태가 기울어져서 문
자면 주위의 동체 가장자리가 잡묵으로
인출되었다(<사진 15> 참조). 제8·10·
16·23·28·35엽의 문자의 횡렬이 가
지런하지 못하다.269)

<사진 15> 「八卦圖」
문자 주위의 잡묵 현상

7.14 무명씨의 「康氏五修族譜」

무명씨는 民國 36(1947)년에 활자로 「康氏五修族譜」를 인쇄하였
다. 권1 제3엽상엽 제8행의 歐陽은 하나의 목자에 두 자를 조각한
연각활자이다.270)

7.15 同文堂의 「同文堂四書正文」·「明心寶鑑讀本」

廣州 佛山鎭의 同文堂은 民國 연간에 鉛활자로 「同文堂四書正文」과
「明心寶鑑讀本」을 인쇄하였다. 조판을 완료한 후, 인판을 견고하게 조
이기 위한 인판 조임 끈이 인판을 가로로 관통하고 있음이 보인다.271)

---

269) 鄒毅(2010), 77·100.
270) 鄒毅(2010), 90-91, 160.
271) 鄒毅(2010), 105.

7.16 英文堂의 「易經」

廣州 佛山鎭의 英文堂은 民國 연간에 鉛활자로 「易經」을 인쇄하
였다. 조판을 완료한 후, 인판을 견고하게 조이기 위한 인판 조임 끈
이 인판을 가로로 관통하고 있음이 보인다.[272]

7.17 西冷印社의 「金石學錄」·「越畫見聞」·「開元天寶遺事」

山陰 吳씨의 西冷印社는 民國 연간에 목활자로 「金石學錄」(圖錄
VII-서영 56)·「越畫見聞」(圖錄VII-서영 57)·「開元天寶遺事」2권(圖
錄VII-서영 58)을 인쇄하였다. 「金石學錄」은 좌우쌍변, 계선 있음.
판심: 백구, 상 하향 흑단어미, 판심제(金石學錄), 권차, 장차, 서사명
(西冷印社活字本山陰吳氏豚盦金石叢書)(소자 2행). 11행 19자, 소자
쌍행. 「越畫見聞」은 좌우쌍변, 계선 있음. 판심: 화구(越畫見聞), 상
하향 흑단어미, 권차, 장차, 서사명(吳氏聚珍版). 10행 18자. 「開元
天寶遺事」는 좌우쌍변, 계선 있음. 판심: 백구, 상 하향 흑단어미, 판
심제(遺事), 권차, 장차, 서사명(西冷印社吳氏聚珍版)(소자 2행). 10
행 18자. 수많은 오자 우측에 올바른 소자를 붉은 인주로 날인하여
교정하였다. 서영 상의 □도 붉은 색이다.

7.18 名善堂書局의 「二十四孝宣講」

磁縣의 名善堂書局은 民國 연간에 활자로 「二十四孝宣講」을 인
쇄하였다. 좌우쌍변, 백구, 8행 21자. 일부 엽에서 광곽 밖으로 일정

---

272) 鄒毅(2010), 105.

한 거리를 두고 평행한 잡묵이 있는 것으로 보아 광곽을 조이기 위하여 사방의 외곽에 버팀목으로 광곽을 지지하였다.273)

7.19 무명씨의 「大泉林彭氏四修族譜」

무명씨는 民國 연간에 활자로 「大泉林彭氏四修族譜」를 인쇄하였다. 권수 제2·3·10엽의 문자의 횡렬이 가지런하지 못하다. 제8엽 제8행의 淑의 아래에 조임을 위한 방형 쐐기의 잡묵이 보인다.274)

7.20 무명씨의 「機器詩經讀本」

무명씨는 民國 연간에 활자로 「機器詩經讀本」을 인쇄하였다. 조판을 완료한 후, 인판을 견고하게 조이기 위한 인판 조임 끈이 인판을 가로로 관통하고 있음이 보인다.275)

7.21 무명씨의 「康氏族譜」

무명씨는 民國 연간에 활자로 「康氏族譜」를 인쇄하였다. 상·하 문자의 필획이 교차하는 현상이 권1 제1·10엽 제1행의 漢壽에서 보인다.276)

---

273) 鄒毅(2010), 98.
274) 鄒毅(2010), 101.
275) 鄒毅(2010), 105.
276) 鄒毅(2010), 122.

7.22 무명씨의 「春草草堂集」

무명씨는 民國 연간에 활자로 (淸)謝大舒의 「春草草堂集」을 인쇄하였다. 사주쌍변. 판심: 상 하향 흑단어미, 판심제(春草草堂集), 권차, 장차, 하흑구. 10행 25자, 판 크기: 21.7 × 13.3cm이다. 광곽 꼭짓점에 결구가 있고, 어미와 판심 계선이 떨어져 있다. 하흑구와 하변 광곽도 떨어져 있다. 문자의 크기도 다르고 묵색 농담이 균일하지 않다. 일부 문자는 활자가 좌우로 기울어지게 식자되어 필획이 부분적으로 진하거나 연하게 인출되었다. 예를 들면 卷12 제2엽상엽 제6행 제9자 肆, 제4엽상엽 제4행 제9자 賢 등이다. 이 역시 2장의 인판을 번갈아 사용하여 인출하였다.[277]

7.23 江蘇古籍出版社의 「唐詩三百首」

江蘇古籍出版社는 1998년에 목판·泥활자·주석활자·동활자·瓷版·목활자로 (淸)蘅塘退士의 「唐詩三百首」 6권 2책(圖錄VII-서영 59)을 인쇄하였다. 목판으로는 속표지·서·題辭·목록과 권1을, 泥활자로는 권2를, 주석활자로는 권3을, 동활자로는 권4를, 瓷版으로는 권5를, 목활자로는 권6과 발을 각각 나누어 인쇄하였다. 朱印本과 藍印本 2종이 있다. 판식은 모두 같다. 좌우쌍변, 계선 있음. 판심: 화구(唐詩三百首), 상 하향 흑단어미, 권차, 장차, 하흑구. 10행 17자, 소자단행, 판 크기: 21.0 × 14.0cm, 자판만은 18.5 × 12.0cm, 책 크기: 30.9 × 20.0cm이다. 이는 다양한 간행 방법의 인출 결과를 비교할 수 있는 실험 성격의 판본으로 삼을 수 있을 것이다.

---

277) 鄭毅(2010), 53·89·159.

<표 7> 民國 연간의 활자인쇄

	인쇄 주체	인쇄 연도	활자 재료	인본 서적	비고
1	福藝樓 印務書局	民國 4(1915)년	鉛	「機器成語考」	
2	寶華閣	民國 5(1916)년	鉛	「新增韻對屑玉津梁」	
3	王存善	民國 5(1916)년	鉛	「四明文獻集」 8권	
4	敦睦堂	民國 6(1917)년	木	「霍氏宗譜」 6권	朱墨 투인
5		民國 7(1918)년	鉛	「王子安集佚文」	
6	文明軒	民國 9(1920)년		「朱氏麻科」	
7	勱堂	民國 9(1920)년	鉛	「五餘讀書廎隨筆」 2권 · 「浙江通志釐金門初稿」 3권 · 「勱堂所見書提要」 3권	
8	聚珍倣宋 印書局	民國 9(1920)년	鉛	(淸)夏敦復의 「夏侍郎年譜」	
9	丁福保	民國 14(1925)년	鉛	丁福保의 「文選類詁」	
10		民國 23(1934)년		「方氏族譜」	
11		民國 32(1943)년		「李氏族譜」	套印
12		民國 33(1944)년		「鄒氏宗譜」	
13	張開唐	民國 34(1945)년	木	「八卦圖」	
14		民國 36(1947)년		「康氏五修族譜」	
15	同文堂	民國 연간	鉛	「同文堂四書正文」 · 「明心寶鑑讀本」	
16	英文堂	民國 연간	鉛	「易經」	
17	西冷印社	民國 연간	木	「金石學錄」 · 「越畫見聞」 · 「開元天寶遺事」 2권	
18	名善堂書局	民國 연간		「二十四孝宣講」	
19		民國 연간		「大泉林彭氏四修族譜」	
20		民國 연간		「機器詩經讀本」	
21		民國 연간		「康氏族譜」	
22		民國 연간		(淸)謝大舒의 「春草草堂集」	
23	江蘇古籍 出版社	1998년	木板 · 泥 · 朱錫 · 銅 瓷版 · 木	(淸)衛塘退士의 「唐詩三百首」 6권	朱印本 · 藍印本

8. 其他

8.1 書院 · 書肆 · 개인 등의 木活字本

書院 · 書肆 또는 개인 등도 목활자로 서적을 인쇄하였다. 이에는 淸 시대 초기에 「聶雙江先生文集」을 인쇄한 雲丘書院 · 光緖 연간에 (淸)潘任의 「孝經集注」를 인쇄한 江南高等學堂을 비롯하여 溫州郡庠 · 江蘇高等學堂 · 江西撫郡學堂 등의 서원이 있다.

서사로는 (明)鄧澄의 「鄧東垣集」을 인쇄한 敦鳳堂 · 「佚存叢書」를 인쇄한 蘇州書坊 · 「通鑒論」을 인쇄한 常昭排印局 · 巾箱本 「劉海峰文集」을 인쇄한 桐城의 吳大有堂書局 · 淸 시대 초기에 (宋)陳亮의 「陳同甫集」을 인쇄한 嶺南의 壽經堂 · 光緖 연간에 (淸)宋翔鳳의 「四書纂言」을 인쇄한 峇薴山房 · (淸)陳弘謨의 「天章滙錄」을 인쇄한 陳 모 씨의 培遠堂 · 「皇淸奏議」를 인쇄한 國史館의 琴川居士 · 北京의 龍威閣 · 善成堂 · 榮錦書坊 · 刻書鋪 · 文楷齋 · 常州 謝 모 씨의 瑞雲堂 · 滙珍樓 · 宜春閣 등이 있다. 大文堂은 「靑雲詩集」을 간행하였다. 판면이 상하 양단으로 구분되어 있다. 좌우쌍변, 계선 없음, 백구, 단어미, 상단: 주색 9행 10자, 소자쌍행, 하단: 묵색 9행 18자, 소자 주색, 판 크기: 18.0 × 10.9cm. 광곽의 꼭짓점에 결구가 있다. 조판을 완료한 후, 인판을 견고하게 조이기 위한 인판 조임 끈이 인판을 가로로 관통하고 있음이 보인다.

개인으로는 龔顯曾이 활자 한 조를 제작하여 고향 선현의 저술인 「亦園子版書」 14책을 인쇄하였고, 布政使를 역임한 張祖詠은 「直隷安平縣光緖十四年徵收地粮銀兩民欠徵信册」을 인쇄하였고, 湖南의 羅 모 씨는 陝西에서 「郡國利病書」를 인쇄하였는데 권질이 수 척이 될 만큼 쌓였으나 판본의 서품은 목판본보다 좋지 못하였고, 凌氏祠堂은 (明)凌志의「東安百詠」을 인쇄하였다. 이 밖에 (明)駱象賢의「溪園詩稿」도 있다. 鹿苹堂은「新纂儒禮袖珍」을 간행하였다. 사주쌍변, 백구, 8행 17자, 2~3개의 인판을 사용하였다. 크기가 다소 고르지 못한 활자를 밀집하여 조판한 결과 거의 모든 엽의 하반부는 문자 횡렬이 가지런하지 못하다. 광곽의 꼭짓점에 결구가 있고, 판심 계선이 굵어서 좌우 엽이 2개의 인판처럼 보인다. 儲芳閣은 (淸)邵長蘅의「靑門詩」를 간행하였다. 사주단변, 백구, 9행 20자. 광곽 꼭짓점에 결구가 있다. 蜩寄는 武之望의「濟陰綱目」을 간행하였다. 좌우 쌍변, 계선 없음, 백구, 10행 25자, 판 크기: 19.0 × 13.5cm, 책 크기: 26.6 × 16.5cm. 광곽의 꼭짓점에 결구가 있고, 어미와 판심 계선이 떨어져 있다. 조판을 완료한 후, 인판을 견고하게 조이기 위한 인판 조임 끈이 인판을 가로로 관통하고 있음이 보인다. 兩儀堂이 간행한 「劉氏三修族譜」(圖錄Ⅶ-서영 60)의 판심 하단 "兩儀堂"은 연각활자 이다. 균열된 상태로 반복 사용되었다. 吳怡和堂이 간행한 (淸)劉昌言 편집의「算林必法」은 사주쌍변, 백구, 9행 24자, 판 크기: 20.2 × 11.5cm. 어미와 판심 계선은 밀착하고 있지만, 광곽 꼭짓점에 결구 가 보인다.[278]「監本詩經刪補」는 간기에 銅板詩經刪補, 徐筆峒先生 著, 兩儀堂藏板 등의 자양이 있다. 판면이 상하 양단으로 구분되어 있다. 사주단변, 백구, 하단 9행 21자, 소자쌍행, 판 크기: 19.0 × 13.3cm. 문자 크기가 균일하지 않고, 기울어진 경우도 있다. 묵색 농

---

278) 1. 張秀民, "淸代的木活字", 107-109.

2. 張秀民(1989), 705-707.

3. 張秀民・韓琦 공저(1998), 113-119・126.

4. 鄒毅(2010), 62・85・101・111・119・151・160・179.

담이 균일하지 못하다. 어미와 판심 계선이 떨어져 있다. 조판을 완료한 후, 인판을 견고하게 조이기 위한 인판 조임 끈이 인판을 가로로 관통하고 있음이 보인다. 교정을 철저히 하지 못하여 오자가 많다. 권1의 한 엽에서 比 3개는 모두 北을 잘못 식자하였다. 이 같은 오류를 빨강 묵이나 검정 묵으로 매우 많이 수정하였다. 「隆平集」 20권 4책은 乾隆 황제는 피휘를 하였으나, 道光 황제의 寧은 피휘하지 않아서 그의 간행 연대를 짐작할 수 있다. 사주쌍변, 금속제 계선 사용, 백구, 흑단어미, 8행 22자, 판 크기: 19.7 × 13.0cm, 책 크기: 25.2 × 15.6cm. 광곽 꼭짓점에 동일한 결구가 반복하여 보이고, 묵색 농담이 균일하지 못하다.[279] 臨安藥局은 「效驗引編」 불분권 4책 (圖錄VII-서영 61)을 紅藍색으로 간행하였다. 道光 황제의 寧을 피휘한 점에서 간행 연대를 짐작할 수 있다. 사주쌍변, 계선 없음. 판심: 화구(效驗引編), 상 하향 흑단어미, 분류 편명, 장차, 하단에 "臨安藥局". 행자 수가 균일하지 않다. 판 크기: 22.4 × 13.8cm. 전체 165엽 중, 남색이 145엽 홍색은 20엽이다. 홍색은 제1책 목록 8엽과 각책 앞의 분류 편명 부분이다. 광곽과 판심에 의하면 4개의 인판을 각각 44엽, 35엽, 41엽, 25엽에 사용하였다. 광곽의 꼭짓점에 결구가 보인다.[280] 罘川日章氏의 徐綱은 「西藏志」 1책(圖錄VII-서영 62)을 인쇄하였다. 사주쌍변, 계선 없음. 판심: 화구(西藏志), 상 하향 흑단어미, 장차. 9행 21자, 판 크기: 19.3 × 11.1cm, 책 크기: 29.3 × 15.9cm. 화구·어미·판심 계선은 일체식이다. 동일 문자의 자양이 크게 다르고, 도각의 흔적이 역력하며, 목리도 간혹 보인다. 장체자

---

279) 鄒毅(2010), 150·159.

280) 鄒毅(2010), 166-167.

의 미감을 표현하지 못하는 수준이다. 총 78엽을 2장의 인판으로 번
갈아 인출하였다. 광곽 꼭짓점의 결구는 1mm 정도로 안정되어 있
다. 삐뚤어진 문자가 없는 점으로 미루어 방정한 육면체 목자를 제
작한 후 필획을 조각한 듯하다. 문자의 행렬이 다소 가지런하지 못
하고, 문자의 일부 필획 또는 전체가 인출되지 않은 문자도 있다. 농
담의 차이도 분명하다. 묵색은 간혹 묵즙이 과하여 묵등처럼 인출된
문자도 있고, 반점이 나타난 문자도 있다. 도각술·조판술·인출술
이 모두 우수하지 못하다.

8.2 간행 연대 · 간행 지역 미상의 木活字本

목활자본이라는 점만 알고 간행 연대 또는 간행 지역을 알 수 없
는 것으로는「伊川易傳」4권이 4개의 인판으로 인쇄되었고,[281] 長樂
의 陳庚煥은 활자를 빌려서 자신이 편찬한「惕園初稿」를 인쇄하였
다. 이 밖에 (淸)顧成章의「論語發疑」·(淸)王樹枏의「中庸鄭朱異同
說」·(淸)程炎의「稻香樓雜著」·(晉)劉昫 등의「舊唐書」·(明)嚴嵩
의「鈐山堂南宮奏議」·「欽定皇輿西域備志」·「東鄕縣鄕土志」·嘉靖
「大冶縣志」·「桂陽縣鄕土志」·乾隆「欽定皇輿西域圖志」·(淸)薛瑄
의「薛文淸讀書錄」·「武編」·(宋)蘇過의「斜川詩集」((宋)劉過「龍州
詩集」의 위작)(圖錄Ⅶ-서영 63)·(金)王寂의「拙軒集」·(元)吳澄의
「吳文正公集」·(明)張邦信의「白山詩稿」·嵊縣에서 대자로 인쇄한
(淸)張景星의「愼余軒稿」·(淸)連城童의「冠豸山堂全集」·(淸)華幼
武의「黃楊集」·「桃花潭文證」·金陵 甘 모 씨의 譜國이 인쇄한「時

---

281) 田淵正雄(1980), 437.

賢題詠牧丹詩」·(淸)曹希璨의 「曹氏傳芳集」 등이 있다.282)

개인 소장의 「地藏菩薩本願經」 3권은 사주쌍변, 계선 없음. 판심: 화구(地藏眞經), 상하 내향 흑쌍어미, 권차, 장차. 8행 14자, 판 크기: 22.3 × 15.1cm이다. 광곽 꼭짓점에 결구가 있고, 문자의 횡렬이 가지런하지 못하며, 묵색 농담이 균일하지 않다. 일부 문자는 활자가 좌우 또는 전후로 기울어지게 식자되어 필획이 부분적으로 진하거나 연하게 인출되었다. 예를 들면 卷中 제8엽상엽 제3행 제9자 禮, 제8엽하엽 제5행 제2자 毁, 제27엽상엽 제6행 제6자 歸, 제27엽하엽 제6행 제12자 號 등이다. 판본에 나타난 광곽과 판심의 묵색 특징으로 보아 2장의 인판을 번갈아 사용하여 인출하였다. 卷中의 경우, 29엽 중에서 제1·3·5·7·8·10·12·14·16·18·20·22·24·26·28엽과 나머지 엽의 인판으로 구분된다. 권중 제4·6·8·11엽의 문자의 횡렬이 가지런하지 못하다. 雷峰書齋가 간행한 (淸) 徐炳章 편집의 「新編綱鑑韻語」는 사주쌍변, 백구, 판심제(雷峰書齋). 7행 17자, 소자쌍행 27자, 판 크기: 19.0 × 13.3cm, 책 크기: 23.6 × 14.8cm, 권3의 21엽을 1개의 인판으로 인출하였다. 「唱道眞言」(圖錄VII-서영 64)은 사주쌍변, 계선 없음. 판심: 화구(唱道眞言), 상하향 흑단어미, 권차, 장차. 8행 20자, 판 크기: 19.6 × 12.1cm, 책 크기: 24.8 × 14.3cm. 행간에 "ㅇ·、" 등의 문장부호를 사용하였다. 권4 제18엽 제13행 제20자 問은 공간이 좁아서 제14행 제1자로 식자하였다. 그 결과 제13행은 19자밖에 없다. 자연히 문자의 횡렬이 가지런하지 못하다. 이 엽뿐만 아니라 전체적으로 문자의 횡렬이 가지

---

282) 1. 張秀民(1989), 706-707.
   2. 張秀民·韓琦 공저(1998), 111-115·121·126·128·129·131.

런하지 못하다. 어미와 판심 계선이 떨어져 있고, 묵색 농담이 균일하지 못하다.[283)]

「斜川詩集」은 좌우쌍변, 계선 없음. 판심: 상흑구, 상 하향 흑단어미, 판심제(斜川詩集), 권차(소자), 장차, 하흑구. 11행 22자, 판 크기: 17.6 × 12.8cm. 같은 문자의 자양이 다르지만, 매우 흡사하다. 도각의 흔적과 목리가 간혹 보인다. 필서체의 필의를 잘 살려내고 있다. 지극히 고명한 도각술이다. 문자의 행렬은 가지런하고, 기울어지거나 삐뚤어지거나 반만 찍힌 문자가 없다. 조립식 광곽의 꼭짓점도 거의 밀착하여 결구가 1mm 이내이다. 묵색의 농담은 균일한데, 간혹 번진 부분이 있다. 전반적인 서품이 목판본을 능가할 만큼 기술수준이 압권이다. 錢塘의 徐象樌이 인쇄한 焦竑의 「國史經籍志」 6권(圖錄Ⅶ-서영 65)은 좌우쌍변, 계선 있음. 판심: 화구(國史經籍志), 상 하향 흑단어미, 권차, 판심제(편명)(소자), 장차. 10행 20자, 소자쌍행, 판 크기: 17.4 × 12.6cm이다. 동일 문자의 자양이 다르지만, 매우 유사하고, 필서체의 미감을 소자에서도 충분히 살려내고 있다. 도각의 흔적이 나타나지 않을 만큼 대단히 고명한 도각술이다. 조립식 광곽의 꼭짓점이 틈새 없이 밀착하고 있다. 문자의 행렬은 가지런하고, 삐뚤어지거나 기울어진 문자는 보이지 않지만, 문자에 따라 묵색 농담의 차이가 제법 크다. 거의 인식하기 어려울 만큼 인출되지 못한 문자도 있다. 인출면의 높낮이 차이에 의한 결과로 보인다. 묵색은 동일한 엽도 판본에 따라 균일한 엽과 묵즙이 다소 과하여 번진 엽이 혼재하고 있다. 고명한 도각술에 비하면, 조판술과

---

283) 鄭毅(2010), 52-53 · 63 · 89 · 100-101 · 172.

인출술이 아쉽다. 沈溪書屋이 목활자로 인쇄한 「包村紀略」(圖錄VII-서영 66)은 사주단변, 계선 없음. 판심: 화구(包村紀略), 상 하향 흑단어미, 장차, 서사명(枕溪書屋). 8행 18자, 소자쌍행, 판 크기: 19.4 × 11.8cm이다. 판심의 서사명이 枕溪로 되어 있다. 동일 문자의 자양이 다르고, 도각 흔적이 역력하여 목활자임을 알 수 있다. 장체자의 미감을 표현하는 우수한 도각술이다. 조립식 광곽의 꼭짓점에 결구가 보인다. 문자의 행렬은 가지런하고, 삐뚤어지거나 기울어진 문자는 거의 없다. 문자의 묵색은 약간의 차이가 보이나, 우수한 조판술이다. 묵색의 농담은 균일한 편이다. (明)唐順之 편, 焦竑 교정의 「唐荊川先生纂輯武編」 12권 12책(전·후편 각 6권 6책)(圖錄VII-서영 67)은 사주단변, 계선 있음. 판심: 화구(武前編), 상 하향 흑단어미, 권차, 장차. 9행 20자, 소자쌍행, 판 크기: 20.0 × 14.0cm, 책 크기: 26.0 × 16.7cm이다. 동일 문자의 자양이 다르고, 도각 흔적이 역력하여 목활자임을 알 수 있다. 묵색이 진하여 목리는 보이지 않는다. 장체자의 단정한 미감을 표현하였으나, 그다지 근사하지 못한 보통 수준의 도각술이다. 조립식 광곽의 꼭짓점에 1~2mm의 결구가 보인다. 문자의 행렬은 가지런하고, 삐뚤어지거나 기울어진 문자가 간혹 보인다. 문자의 묵색은 약간의 차이가 보인다. 묵색의 농담은 엽에 따라 약간의 차이가 있고, 간혹 번진 문자가 있다. 잡묵도 간혹 있으나, 전반적으로는 균일한 편이다. 조판술과 인출술은 우수하다.

8.3 출판자 · 간행 연대 · 활자 재료 미상의 活字本

출판자·간행 연대 및 활자의 재료 등을 모두 알 수 없는 활자본 서적으로는 (淸)葉德輝가 소장했던 「蘇過斜川集」 6권과 「方岳秋崖詩集」 38권,[284] 長沙의 활자본인 「觀古堂藏書目」 4권,[285] 등이 있다. 「蘇過斜川集」을 자세히 직관하면 그 서체는 아름답고 필획은 정교하며 같은 문자의 자양은 근사하지만 필획 간의 각도와 거리는 약간의 차이가 있다. 예를 들면 권1 제1엽하엽의 歌·兮 등은 차이가 비교적 분명하며 필획 윤곽에 角이 지어있다. 어느 문자는 두 가지 필법을 사용하였는데 권1 제1엽하엽의 襄이 그것이다. 또한, 필획을 줄인 문자도 있는데 예를 들면 歸·來·鼪·劍·邊·寫 등이다. 이는 서체가 복잡하고 또 재료가 너무 단단하여 刻字하기 곤란하기 때문에 채택한 방식으로 보인다. 이 활자의 제작 방법은 주형으로 주조한 것은 아니며 재료는 비교적 단단한 銅이고 조각술은 대단히 고명하였을 것으로 보인다. 이 밖에 서체·묵색 등 여러 특징이 福田書海의 동활자와 대단히 비슷하지만, 자세히 관찰하면 서체가 길고 작으며 크기는 7.0 × 7.0mm(표본: 권1 제1엽하엽 제6行 제7字의 銅)이고 聲·發·龍 등의 문자는 필법이 같지 않다. 따라서 이는 福田書海의 동활자와는 다른 활자라고 할 수 있다. 사용한 인판은 조립식인데 광곽의 네 꼭짓점에 틈이 거의 없으며 문자의 행과 열도 가지런하고 삐뚤어진 문자도 없다. 묵색은 더할 나위 없이 고르고 판면은 정교하고 아름다우며 인쇄 상태는 분명하여 목판본보다 더

---

284) (淸)葉德輝(1974), 권8, 宋以來活字板, 205.

285) 淨雨(1982), 355.

우수하다. 조판이나 묵즙 조제의 기술이 대단히 고명하여 明·淸 시대 활자본 중에 드물게 보이는 걸작이다.

翟金生과 같은 시기인 道光 연간에 江西省 宜黃縣과 光緖 연간에 江蘇省 無錫에서도 泥활자를 이용하여 서적을 인쇄하였다.[286] 「淮海堂祭禮錄」(판 크기: 26.0 × 18.5cm)의 일부 상변에 일정한 간격으로 직선이 그어져 있는데, 이는 계선의 위치를 표시한 것으로 보인다. 여러 곳에서 변란재가 균열되면서 균열 방향으로 이웃하고 있는 문자도 균열되었다. 「城步縣志」(圖錄Ⅶ-서영 68)는 사주단변, 판심: 백구, 판심제, 권차, 장차, 당호. 10행 20자, 판 크기: 21.9 × 15.5cm. 1개의 인판을 사용하였다. 권9 제9·10·14·15·17·18엽의 문자의 횡렬이 가지런하지 못하다. 「諸葛武侯行兵遁甲金函玉鏡」은 사주쌍변, 백구, 10행 18자, 소자쌍행, 판 크기: 15.0 × 10.9cm이다. 서문의 제1엽과 발문의 3엽과 권1 제2·3·9엽의 문자의 횡렬이 가지런하지 못하다. 광곽 꼭짓점에 결구가 보이고, 어미와 판심 계선이 떨어져 있다. 인판을 견고하게 조이기 위한 인판 조임 끈이 인판을 가로로 관통하고 있음이 보인다. 「福建高僧傳」은 사주단변, 계선 있음, 어미 없음, 하흑구. 13행 28자, 소자쌍행, 판 크기: 21.9∼22.5 × 15.5cm, 책 크기: 28.0 × 19.2cm. 광곽 꼭짓점에 결구가 보이고, 하흑구와 하변 광곽이 떨어져 있다. 인판을 견고하게 조이기 위한 인판 조임 끈이 인판을 가로로 관통하고 있음이 보인다. 「聖帝大解冤經」은 상변보다 제1자의 문자면이 높아서 광곽 내측의 일부가 인출되지 않았다. 제3·10·21·26엽의 문자의 횡렬이 가지런하지 못하

---

286) 張秀民(1981), 451.

다. 「續修浦城縣志」는 사주쌍변, 백구, 10행 20자, 판 크기: 20.7 ×
15.4cm. 권29 제21엽상엽은 전체를 정목 2개와 목판 2개로 충전하
였고, 권31의 말엽하엽은 전체를 20자 길이의 정목 9개로 충전하였
다. 「公善堂鸞章」은 사주쌍변, 계선 없음. 판심: 화구(公善堂鸞章),
상 하향 흑단어미, 권차. 8행 22자. 권2 제4·13·33엽의 문자의 횡
렬이 가지런하지 못하다. 광곽의 꼭짓점에 결구가 있고, 어미와 판
심 계선이 떨어져 있다. 묵색 농담이 균일하지 못하다. 행간에 "ㅇ·、"
등의 문장부호를 사용하였다. 「玉皇宥罪大懺」은 사주단변, 백구, 6
행 13자, 판 크기: 22.2 × 13.0cm. 광곽의 꼭짓점에 결구가 있고, 어
미와 판심 계선이 떨어져 있다. 제4·5·8엽의 문자의 횡렬이 가지
런하지 못하다. 행간에 "ㅇ·、" 등의 문장부호를 사용하였다. 인판
을 견고하게 조이기 위한 인판 조임 끈이 인판을 가로로 관통하고
있음이 보인다. 「傷寒附翼」(圖錄Ⅶ-서영 69)은 좌우쌍변, 계선 없
음, 판심: 화구(傷寒論), 권차, 상 하향 흑단어미, 장차. 6행 12자. 「聖
經集要」는 좌우쌍변, 계선 있음, 백구, 7행 14자, 판 크기: 18.0 ×
12.0cm, 책 크기: 23.7 × 14.0cm. 문자의 서체가 앞부분은 장체임에
비하여 뒷부분은 해서체이다. 광곽의 꼭짓점에 결구가 있고, 어미와
판심 계선이 떨어져 있다. 묵색 농담이 균일하지 못하다. 행간에 "ㅇ"
의 문장부호를 사용하였다. 인판을 견고하게 조이기 위한 인판 조임
끈이 인판을 가로로 관통하고 있음이 보인다. 「法國稅則條款」은 좌
우쌍변, 계선 있음, 백구, 9행 24자, 판 크기: 22.4 × 15.1cm, 책 크기:
26.5 × 17.1cm. 광곽의 꼭짓점에 결구가 있고, 어미와 판심 계선이
떨어져 있다. 묵색 농담이 균일하지 못하다. 인판을 견고하게 조이기
위한 인판 조임 끈이 인판을 수평 또는 간혹 사선으로 관통하고 있음

이 보인다. 「來瞿唐先生易注」는 좌우쌍변, 백구, 9행 22자, 판 크기: 21.1 × 13.8cm. 광곽의 꼭짓점에 결구가 있고, 어미와 판심 계선이 떨어져 있다. 묵색 농담이 균일하지 못하다. 인판을 견고하게 조이기 위한 인판 조임 끈이 인판을 가로로 관통하고 있음이 보인다. 「太上說常淸靜經」은 좌우쌍변, 흑구, 10행 20자, 판 크기: 18.6 × 12.1cm, 책 크기: 24.1 × 14.5cm. 광곽의 꼭짓점에 결구가 끝부분의 2엽에서 보인다. 인판을 견고하게 조이기 위한 인판 조임 끈이 인판을 가로로 관통하고 있음이 희미하게 보인다. 「巫氏房譜」(圖錄Ⅶ-서영 70)는 사주쌍변, 백구, 9행 22자, 판 크기: 24.4 × 15.3cm. 좌우 엽이 두 개의 인판처럼 조판되었다. 광곽 꼭짓점에 결구가 보이고, 어미와 판심 계선이 떨어져 있다. 3개 이상의 인판을 사용하였으며, 좌우 변란에 균열된 현상이 반복 출현한다.287)

「朱批注釋東萊博議」는 사주쌍변, 백구, 9행 25자. 광곽 꼭짓점에 결구가 있다. 「鑑史提綱」은 사주쌍변, 백구, 9행 20자. 금속재 계선을 사용하였고, 인판을 견고하게 조이기 위한 인판 조임 끈이 인판을 가로로 관통하고 있음이 보인다. 「澹香齋試帖」은 간기에는 「朱批七家詩選箋注」로 되어 있다. 사주쌍변, 백구, 8행 21자, 소자쌍행. 금속재 계선을 사용하였고, 광곽 꼭짓점에 결구가 있다. 인판을 견고하게 조이기 위한 인판 조임 끈이 인판을 가로로 관통하고 있음이 보인다. 時憲書도 주묵 투인으로 간행한 경우가 적지 않다. 주로 同治・光緒 연간에 간행하였다. 「大淸同治十一年時憲書」는 年神方位之圖의 "神・方・位"가 한쪽으로 치우쳐 있다. 「大淸光緒十二年朱

---

287) 鄒毅(2010), 84・94・97・100・102・109-112・119.・153.・172-174.

批時憲書」는 책 크기: 25.6 × 15.0cm로 상당히 크다. 서체도 아름답고 소자도 깨끗하게 인출되어서 기술 수준이 상당하다. 「大淸宣統四年時憲書」는 이미 淸 왕조가 멸망한 民國 연간으로 아마도 청 궁중에서 사용하던 老皇曆일 것이다. 이들은 주로 민간 서사에서 각자 간행한 결과, 규격은 각각 다르고, 기술 수준도 다양하나 대체로 조잡하다. 대부분이 광곽의 꼭짓점에 결구가 보이고, 상하 광곽과 소흑구도 떨어져 있다. 「新體中國歷史」는 사주단변, 백구, 10행 23자. 광곽의 꼭짓점에 결구가 있다. 구두점 활자는 없지만, 괄호 활자를 사용하고 있다. 「水鉤子觀音橋渡合冊」은 좌우 엽을 마치 두 개의 인판처럼 광곽을 조판하였다. 사주쌍변 광곽의 꼭짓점에 결구가 있다.[288]

8.4 木活字本 族譜

목활자로 인쇄한 族譜도 매우 많다. 사대부들은 명성을 날리고 조상의 명예를 높이고 선현을 표창하기 위하여 목활자를 제작하거나 구입하여 자신이나 조상의 저작·고대의 문헌이나 지방 문헌 및 족보 등을 간행하였다. 이와 같은 목적에서 淸 시대 말기에는 족보 인쇄가 크게 유행하였다. (日本)多賀秋五郎의 「宗譜の硏究」에 저록된 중국의 족보(中國·美國·日本 所藏)는 1,228종이다. 그중 목활자본이 612종이고 鉛活字本이 99종이다. 지역 분포는 江蘇·浙江·安徽·江西·廣東·山東·河北·湖南·湖北·福建·遼寧·河南·四川·廣西·貴州·雲南 등의 16개 省에 걸쳐있다.[289] 현재 北京 國家圖

---

288) 鄭毅(2010), 162-164·179.

書館에 2,000여 종이 소장되어 있고, 이 중 1,200종이 활자본이다. 기타 각 지역 도서관이나 해외에 유출된 것은 약 5∼6,000종에 이른다. 중복된 것을 고려하여도 약 3∼4,000종은 될 것이다. 또 일설에 의하면 미국 UTAH 주에 있는 族譜學會는 중국의 족보 수천 종을 보존하고 있다고 한다. 光緖 연간 초기에는 鉛활자나 石版인쇄로 족보를 인쇄하기 시작하였으나 그 수량은 매우 적다. 그중에서 현재 北京 國家圖書館에 소장된 淸 시대의 목활자본 족보는 약 500여 종인데 乾隆(1736-1795)·嘉慶 연간의 것이 20종, 道光·同治 연간의 것이 약 4∼50종, 咸豊·宣統 연간의 것이 약 1∼20종, 光緖 연간의 것이 약 300종이며, 民國 이후의 것도 약 3∼400종에 이른다. 姓氏는 약 200여 성이 있는데, 가장 많은 성은 張·王·李·陳·劉·吳 등이며 복성이나 奇姓은 비교적 적다. 지역 분포는 江蘇·浙江·安徽·江西·湖南·湖北·四川·福建 등의 각 省에 걸쳐있으며 북방 지역은 매우 적다. 그중 浙江省 紹興府는 약 6∼700종이나 되며, 江蘇省 常州는 약 100종, 無錫은 약 50종이다. 이 두 省이 압도적인 다수를 차지하고 있다. 淸 시대의 족보 중 涇縣 翟 씨의 泥활자본 「水東翟氏宗譜」와 常州의 동활자본 「九修毘陵徐氏宗譜」 외에 나머지는 모두 목활자본이다.

인쇄 기술적 측면은 常州의 조판공이 가장 유명하였다. 包世臣의 「泥版試印初編」 서문에

　　常州의 활자판은 자체가 상당히 크고 기술은 가장 정결하다. 처음
　　에는 족보를 編修하는 데에 제공되다가 간혹 사대부의 시문집을

---

289) 多賀秋五郎(1960), 資料篇.

인쇄하기도 하였는데, 근래에 또 「武備志」를 인쇄하여 거질을 이루었다. 필획이 바르고 판식의 안배도 정밀하지 않음이 없다(常州活板字體差大, 而工最整潔, 始惟以供修譜, 間及士人詩文小集, 近且排≪武備志≫成巨觀, 而講求字畵, 編擺行格, 無不精密.).

라고 하고 있다. 또한

(활자 동체의) 한 면에 문자를 조각하고 반대 면, 즉 배면에 문자를 써넣어서 조판과 교정이 쉽고, 고운 흙을 평평히 깐 字盤을 인판받침용으로 삼아서 해판과 환원이 모두 편리하다(底刻而面寫, 檢校爲易, 以細土鋪平, 背板折歸皆便.).

라고 말하고 있다. 또 安徽인은 省立官書局, 즉 曲水書局을 常州의 龍城書院 先賢祠堂 내에 설립하고, 자금을 내어 장인을 모집하여 활자판을 갖추었다. 심지어 四川의 무명씨는 족보의 원고를 常州로 부쳐서 인쇄한 경우도 있을 만큼 常州 인쇄공의 기술이 고명하였음을 알 수 있다. 紹興 지역에도 전문적으로 남을 대신하여 족보를 인쇄하여 주는 일에 종사하는 장인이 있었는데, 세칭 "譜匠" 또는 "譜師"라고 하였다. 그 중 嵊縣의 譜匠만도 淸 시대 말기에는 100여 명에 달하였다. 譜匠은 비록 전문업종이긴 하지만, 농번기에는 일반적으로 농사짓다가 추수한 후에 활자 상자를 짊어지고 인근 지역이나 외지로 가서 족보를 인쇄하여 주곤 하여 이동성이 컸다. 활자 상자 내의 목활자는 약 20,000여 개로 대자와 소자로 구분하였다. 배나무에 宋體字로 조각하여 사용하였는데, 없는 문자가 나오면 즉시 보각하였다. 字盤은 杉木으로 만들었다. 嵊縣의 譜匠은 활자를 조판하기 쉽고 빠르게 하기 위하여 자반을 상용하는 활자와 드물게 사용하는

활자 두 종류로 구분하여 보관하였다. 상용자 자반에는 황제연호·
10간 12지·연월일시·장남차여·휘자호명·숫자허사 등의 활자를
보관하였다. 드물게 사용하는 문자 자반은 기억을 돕기 위하여 5언
시 28구를 편성하여 편 방 두 받침이 같은 문자를 같은 곳에 보관하
였다.[290] 四川省 북부지역의 인쇄공도 관내의 여러 지역을 돌면서
족보를 인쇄하였다. 그들의 활자는 목활자도 있고 동활자도 있었다.
배나무나 대추나무가 없는 지방에서는 휴대한 활자가 부족하면 임
시로 백토나 황토로 네모지게 만들고 그 위에 문자를 조각하여 잿불
에 구워서 陶활자를 만들어 사용하였다. 譜匠은 대체로 5~6인 내지
10인이 업무 분담을 하는데, 刻字·그림·조판·인출·뒤처리 등
업무를 구분하였고, 경리가 총괄하였다. 작업 기간은 길면 3개월 내
지 반년이고, 짧으면 1~2개월에 끝났다. 족보의 인쇄 수량은 일반
적으로 7·8부 내지는 10여 부 또는 3~40부, 많게는 100부 정도인
데, 모두 고유 번호(字號)를 부여하여 각 자손이 귀하게 소장하였다.
　족보는 연속성 출판물의 성격이 있다. 30년을 1세대로 간주하는
관념에 따라 대체로 30년에 한 번씩 중수하도록 하는 규정을 제정
하여 족보 내에 수록하고 있다. 만약 기근이나 전쟁 등을 겪으면 40
~50년 만에 중수하기도 하였다. 족보의 중수는 자금이 필요하다.
사당의 공금을 사용하기도 하고 구성원들이 갹출하기도 한다. 즉 사
회적으로 안정되고 자금이 충족되었을 때 중수한다. 중수할 때에는

---

290) 嵊縣의 譜匠 黃箭坂의 字盤詩. 괄호 안은 汪家熔의 사례: "君王立殿堂, 朝輔盡純良, 庶民娛律
禮, 太平淨封彊, 折梅逢驛使, 寄與隴頭人, 江南無所有, 聊贈數枝春, 疾風知勁草, 世(帶)亂識忠
臣, 士窮見節義, 國破別貞堅, 基史(臺史)登金闕, 將帥拜丹墀, 日光升戶牒(牖), 月色向屏幃(危
屏), 山疊猿聲嘯, 雲飛鳥影斜, 林叢威虎豹, 旗灼走龍蛇, 秉衆羅氽(氽缺, 以幸輅銛餂精, 欣爾甸州
予, 叁事犒軍兵, 養食幾(凡)多厚, 粵肅聿佳同, 非疑能暨暢, 育(欲)配乃成豐." 張秀民·韓琦 공
저(1998), 72.

그간 사망자와 출생자, 신상의 변화 등을 자세히 조사하여 새 족보
에 반영하므로 그 내용이 구 족보와 달라서 重修, 三修 등으로 구분
하기도 한다.

족보는 종종 빨간 선으로 직계 친족 관계를 표시하였는데, 이 경
우 홍색과 흑색 2도의 채색활자본이라고 할 수 있다. 교감 작업도
또한 신중하여서 잘못 인출된 문자는 대부분 墨等으로 덮어 찍고,
다시 그 위나 옆에 빨간색 또는 흑색으로 바로 찍어서 원래의 문자
가 은연중에 보이기도 한다. 또 족보 끝에 校勘記를 부록한 것도 있
다. 종이는 대부분이 하얀 連史紙를 사용하였다. 족보의 크기는 예
외적으로 큰 경우도 있지만, 일반적으로는 30 × 20cm 정도이다. 책
수 역시 예외적으로 많은 경우가 있지만, 대체로는 10∼20책 정도이
다. 淸 시대의 족보 중에 泥활자본과 동활자본이 각 1종씩 있다.[291]
光緖 연간 목활자본인 「諶氏族譜」의 경우 사주쌍변, 계선 있음, 판
심: 소자 화구(諶氏族譜), 상 하향 흑단어미. 판 크기: 26.5 × 17.4cm
이다. 어미의 묵적에 상처 난 흔적이 반복되는 현상을 보면 동일한
인판이 반복 사용된 것을 확인할 수 있다. 일부 서엽의 상변에 일정
한 간격으로 직선이 그어져 있는데, 이는 계선의 위치를 표시한 것
으로 보인다. 일부 활자가 기울어지게 식자되어 문자 가장자리에 잡
묵이 인출되어 있다. 광곽 꼭짓점에 결구가 있다. 인판을 견고하게
조이기 위한 인판 조임 끈이 인판을 가로로 관통하고 있음이 일부
엽에서 보인다. 상하 문자의 필획이 교차하는 현상이 제300엽 판심
의 敬支, 제302엽 판심의 敬支世, "四田河公淸門祭産" 제2엽 제3행

---

291) 張秀民 저, 韓琦 增訂(2006), 598-602.

의 寶竹, 四甲忠詳公祭産會序 제10행의 變賣獲에서 보인다.[292]

8.5 Robert Morrison의 「聖經」·「中英辭典」· 「察世俗每月統記傳」·「新舊約中文聖經」

서양의 기계식 鉛활자 인쇄 기술이 萬曆 18(1590)년에 도입된 적이 있다. 그 이후 영국 포교회의 Robert Morrison(1782-1834, 馬禮遜)이 嘉慶 12(1807)년 마카오에 도착한 후, 廣州에서 鉛활자를 주조하여 中譯本 「聖經」과 「中英辭典(*Morrisons' Dictionary*)」등 서적을 인쇄하려 한 것인데 완성하지 못하고 말았다.[293] 그러나 중국 문자를 서양식 주형을 이용하여 鉛활자를 주조한 것은 이것이 효시이다. Morrison은 다시 嘉慶 19(1814)년에 조수인 William Milne와 蔡高를 馬六甲으로 보내어 인쇄소를 설립하게 하고, 다음 해에 W. C. Walne 및 중국인 梁亞發과 함께 「察世俗每月統記傳」을 창간하였다.[294] 이는 중문 잡지의 비조라 할 수 있다. 또 嘉慶 24(1819)년에는 「新舊約中文聖經」을 인쇄하였는데,[295] 이는 서양의 鉛활자로 중문 서적을 최초로 인쇄한 것이다.

그러나 이에 대한 이설이 있다. 당시 Milne가 馬六甲에 설립한 인쇄소에는 중문 鉛활자는 없었으므로 「新舊約中文聖經」은 목판으로 간행하였다. 그 후 咸豐3년에 Morrison의 사위인 의사 Benjamin

---

292) 鄒毅(2010), 61·75-76·89·110·121.

293) 賀聖鼐, "中國印刷術沿革史略", 喬衍琯·張錦郎 공편, 「圖書印刷發展史論文集」(臺北: 文史哲出版社, 1982), 236-237.

294) 淨雨(1982), 357-358.

295) 1. 長澤規矩也, 「書誌學序說」(東京: 吉川弘文館, 1966), 154.
    2. 賀聖鼐·賴彦于 공편, 「近代印刷術」(臺北: 商務印書館, 1973), 3.

VII. 淸 時代 後期의 活字印刷 525

Hobson과 梁發이 「新約聖經」을 간행하였다. 또 다른 이설도 있다. Robert Morrison이 嘉慶 12년 마카오에 도착한 후, 嘉慶 20(1815)년에 「中國語文字典(*A Dictionary of the Chinese Language*)」을 출판하였다. 활자는 P. P. Thomas가 漢字를 조각의 방법으로 제작하였다. Thomas는 또 몇몇 중국인 각공과 함께 주석 합금에 대·소 2종의 한자 활자를 조각하여 嘉慶 20년부터 道光 2(1822)년 사이에 「馬禮遜字典」 6권을 600부 간행하였다. 이들은 40년간 중문 활자 20여만 개를 조각하였다. 이 활자는 咸豐 6(1856)년 廣州 동란 때 훼멸되었다.[296]

이후 서양 구미의 기계화된 鉛활자 인쇄술과 石版 인쇄술이 서양의 전도사에 의하여 계속 중국으로 유입되어 서적과 잡지를 출판하는 데에 이용되었다. 이처럼 서양의 금속활자는 嘉慶 12년부터 비록 서적 인쇄에 이미 사용되었지만, 경영자는 모두 유럽의 전도사였고 중국인은 아직 이용하지 않았다. 인쇄한 서적도 또한 대부분이 포교물이었다.[297]

8.6 중국인의 기계식 鉛活字本

중국인이 서양 인쇄술을 이용한 것은 道光 23년의 著易堂이 효시다. 이와는 별도로 廣東의 무명씨는 道光 30년에 서양의 방법을 모방하여 대자와 소자 두 종류의 활자 합계 15만여 개를 주조하여 전문적으로 "鬮札"을 인쇄하였다. 그러나 이는 서적을 인쇄한 것은 아니다. 기계식 鉛활자를 주조하여 각종 서적을 인쇄한 것은 同治 연

---

296) 張秀民(1989), 582-583
297) 淨雨(1982), 358-361.

간에 판 크기: 12.4 × 9.9cm의 「遁窟讕言」을 간행한 上海申報館과
圖書集成局 등이 부설한 書局에서 시작하였다.[298] 梁啓超는 光緖
21년에 强學會를 처음 조직하여, 北京에 强學書局을 세워서 鉛활자
로 「中外紀聞」과 「强學報」를 출판하였다. 이는 중국 연속간행물계
의 선구다.[299] 그러나 혹자는 「中外紀聞」은 목활자로 간행되었으며,
원래의 명칭은 「萬國公報」이며 또 「中外公報」라고도 불렀다. 격일
로 한 책씩 「京報」와 비슷한 형식으로 발행되었는데, 매 기마다 1~
2,000부씩 「京報」에 부록으로 딸려서 왕궁 대신들에게 배달되었다.
그러나 같은 해 겨울에 淸 조정에 의하여 금지되었다고 주장하고 있
다.[300] 淸 조정의 內府가 기계식 鉛활자로 서적을 처음 인쇄한 것은
光緖 22년에 비용을 절약하기 위하여 總理各國通商事務衙門에서
서양식 방법으로 주조한 鉛활자로 당시 황명에 의하여 편찬된 「七
省方略」을 황명을 받들어 인쇄하였다.[301] 당시 인쇄한 서적은 상당
히 많다.

무명씨는 鉛활자로 (淸)允祿 등 봉칙찬 「欽定協紀辨方書」 36권
15책을 인쇄하였다. 혹자는 乾隆 6(1741)년 武英殿 동활자본이라고
하지만,[302] 이는 모두에 수록된 御製序에 언급된 "乾隆六年"에 근거
하였기 때문이다. 이는 기계식 연활자와 전통적인 목활자를 병용하
여 인쇄한 朱墨套印本이다. 朱色은 목활자로 인출하였다. 사주쌍변,

---

298) 1. 昌彼得, 「中國圖書史略」(臺北: 文史哲出版社, 1976), 43.
  　 2. 長澤規矩也(1966), 154.
  　 3. 鄒毅(2010), 152.

299) 淨雨(1982), 360.

300) 張秀民(1989), 708.

301) 屈萬里・昌彼得 공저, 「圖書板本學要略」(臺北: 華岡出版有限公司, 1978), 63.

302) 雲南大學圖書館, 子13042-1.

계선 없음, 9행 20자, 연활자 목활자 모두 소자쌍행, 판 크기: 20.4 × 13.9cm, 책 크기: 30.9 × 29.2cm이다. 본문 중의 도화나 六爻는 목각을 사용하였다. 묵색 부분은 활자의 서체·문자의 행렬·묵색의 특징·농담의 균일·기름 묵이 번진 흔적 등이 연활자본의 특징을 나타내고 있다. 주색 부분은 같은 문자의 자양이 다르고, 목리가 보여서 목활자임을 알 수 있다.

이후 서양의 새로운 기술은 사회의 요구에 따라 점차 중국에서 확대 사용되었을 뿐만 아니라, 나중에는 상위를 점하게 되었고, 마침내는 중국의 전통적인 목판인쇄와 고유한 각종 활자인쇄의 기술을 압도하게 되어 중국의 전통적인 인쇄 기술은 드디어 구미의 기계식 鉛활자 인쇄술로 대체되었다. 이 기계식 방법은 역시 오늘날 컴퓨터 인쇄 이전까지 세계 각국이 서적과 잡지를 생산하는 주요한 방법이 되었다.

<표 8> 기타의 활자인쇄

		인쇄 주체, 인쇄 연도	활자 재료	인본 서적	비고
1	書院	雲丘書院	木	「聶雙江先生文集」	
		江南高等學堂, 光緒 연간		(淸)潘任의 「孝經集注」	
		溫州郡庠·江蘇高等學堂·江西撫郡學堂			
	書肆	敦鳳堂		(明)鄒澄의 「鄧東垣集」	
		蘇州書坊		「佚存叢書」	
		常昭排印局		「通鑒論」	
		吳大有堂書局		「劉海峰文集」	
		壽經堂		(宋)陳亮의 「陳同甫集」	
		峇蕣山房, 光緒 연간		(淸)宋翔鳳의 「四書纂言」	
		陳 모 씨의 培遠堂		(淸)陳弘謨의 「天章滙錄」	

인쇄 주체, 인쇄 연도		활자 재료	인본 서적	비고
	國史館의 琴川居士		「皇淸奏議」	
	龍威閣・善成堂・榮錦書坊・刻書鋪・文楷齋・瑞雲堂・滙珍樓・宜春閣・			
	大文堂		「靑雲詩集」	
개인	龔顯曾		「亦園子版書」	
	張祖詠		「直隷安平縣光緖十四年徵收地粮銀兩民欠徵信册」	
	羅 모 씨		「郡國利病書」	
	凌氏祠堂		(明)凌志의 「東安百詠」	
			(明)駱象賢의「溪園詩稿」	
	鹿苹堂		「新纂儒禮袖珍」	
	儲芳閣		(淸)邵長蘅의 「靑門詩」	
	蝸寄		武之望의 「濟陰綱目」	
	兩儀堂		「劉氏三修族譜」・「監本詩經删補」	
			「隆平集」 20권	
	臨安藥局		「效驗引編」	
2		木	「伊川易傳」 4권	인판 4개
	陳庚煥		陳庚煥의 「惕園初稿」	
			(淸)顧成章의「論語發疑」・(淸)王樹枏의「中庸鄭朱異同說」・(淸)程炎의「稻香樓雜著」・(晉)劉昫 등의 「舊唐書」・(明)嚴嵩의 「鈐山堂南宮奏議」・「欽定皇輿西域備志」・「東鄕縣鄕土志」・嘉靖 「大冶縣志」・「桂陽縣鄕土志」・乾隆 「欽定皇輿西域圖志」・(淸)薛瑄의 「薛文淸讀書錄」・「武編」・(宋)蘇過의 「斜	

	인쇄 주체, 인쇄 연도	활자 재료	인본 서적	비고
			川詩集」((宋)劉過 「龍州詩集」의 위작)·(金)王寂의 「拙軒集」·(元)吳澄의「吳文正公集」·(明)張邦信의「白山詩稿」·嵊縣에서 대자로 인쇄한 (淸)張景星의 「愼余軒稿」·(淸)連城童의 「冠豸山堂全集」·(淸)華幼武의 「黃楊集」·「桃花潭文證」·(淸)曹希璨의 「曹氏傳芳集」	
	甘 모 씨의 諧國		「時賢題詠牧丹詩」	
			「地藏菩薩本願經」·「唱道眞言」	
	雷峰書齋		(淸)徐炳章 편집의 「新編綱鑑韻語」	
3			「蘇過斜川集」6권·「方岳秋崖詩集」 38권·「觀古堂藏書目」4권·「淮海堂祭禮錄」·「城步縣志」·「諸葛武侯行兵遁甲金函玉鏡」·「福建高僧傳」·「聖帝大解冤經」·「續修浦城縣志」·「公善堂鸞章」·「玉皇宥罪大懺」·「聖經集要」·「法國稅則條款」·「來瞿唐先生易注」·「太上說常淸靜經」·「巫氏房譜」·「朱批注釋東萊博議」·「鑑史提綱」·「澹香齋試帖」·「大淸同治十一年時憲書」·「大淸光緒十二年朱批時憲書」·「大淸宣統四年時憲書」·「新體	

	인쇄 주체, 인쇄 연도		활자 재료	인본 서적	비고
				「中國歷史」・「水鉤子觀音橋渡合冊」	
		道光 연간	泥		宜黃縣
		光緒 연간			無錫
4		乾隆-民國 연간	木	族譜 약 4,000종	
5	Robert Morrison	嘉慶 12(1807)년	鉛	「聖經」과 「中英辭典」	미완성
		嘉慶 20(1815)년		「察世俗每月統記傳」	Walne・梁亞發
				「字典」	Thomas
		嘉慶 24(1819)년		「新舊約中文聖經」	
		嘉慶 20(1815)년-道光 2(1822)년		「字典」	Thomas
6	著易堂	道光 23(1843)년	기계식 鉛활자		
		道光 30(1850)년		鬮札	대・소 활자 2종, 15만여 개
	上海申報館・圖書集成局	同治 연간		「遁窟讕言」	
	强學書局	光緒 21(1895)년		「中外紀聞」・「强學報」	梁啓超, 2,000부
	內府	光緒 22(1896)년		「七省方略」	
				(淸)允祿 등의 「欽定協紀辨方書」 36권	鉛・목활자병용朱墨套印

9. 印刷 관련 實物

저자는 중국의 활자인쇄 기술을 연구하기 위하여 중국의 중요한 지역은 거의 일주하였다. 이 과정에서 문헌 자료 수집은 물론, 판본을 구입하기도 하고 인쇄 관련 실물을 입수하기도 하였다. 2000년대 초던가 한때 서울의 인사동이나 황학동 등의 골동품 상가에서 중국의 목활자가 유통되기도 하였다. 인쇄 관련 실물은 활자와 조판용 부속물, 그리고 인출용 공구와 재료이다.

9.1 활자와 조판용 부속물

9.1.1 "燕貿木字"

저자는 「中韓兩國古活字印刷技術之比較研究」(臺北: 學海出版社, 1986)의 132쪽과 146쪽에서 조선 正祖 14(1790)년에 중국으로부터 목활자 대자 11,500개와 소자 11,450개를, 正祖 15(1791)년에는 목활자 대자 9,600개와 소자 9,900개를 수입한 사실을 언급하였다. 모두 42,450개이다. 당시 중국으로 사신 가던 조선의 사절단을 '燕行使'라고 호칭하듯, 「袖香編」과 「板堂考」에서는 이 활자를 "燕貿木字"라고 하였다. 이 활자의 제작자·제작 지역·서체 특징·그 인본에 대하여는 알 수 없지만, 조선 정부가 수입하고 주자소에 보관하였다는 사실로 미루어 조선에의 영향이 적지 않았을 것이라고 하였다. 그리고 이 활자의 행방에 대하여는 哲宗 8(1857)년 이 활자를 보관하던 주자소의 화재로 소실되었다고 하였다.

그러나 조선왕조의 활자를 李王職과 조선총독부 박물관을 거쳐서 이관받아 보관하고 있는 (한국)국립중앙박물관이 이들 활자를 정리하면서 이 燕貿木字의 존재를 확인하였다(국립중앙박물관 소장 번호: 본관 3373, 3374, 3375, 3376). 소장 수량은 높이가 높은 腰高 활자 대·소자 1만 3천여 개, 높이가 낮은 普通 활자 대·소자 2만여 개이다(<사진 16> 참조).[303] 아마도 주자소 실화 이후 생존해 남은 활자일 것이다. 이 활자의 특징은 ① 방정한 직육면체로 규격이 일정하며(腰高 활자 대자: 1.06 × 1.44 × 1.99cm, 소자: 1.07 × 0.7 × 1.99cm, 普通 활자 대자: 1.09 × 1.41 × 0.82cm, 소자: 1.07 × 0.7 × 0.8cm), 활자의 높이는 2종류이다. ② 글자체는 조선의 목활자본에서 확인되지 않는 다른 것이면서 武英殿 聚珍版 목활자와도 다르다. ③ 나무 재질은 조선의 목활자가 대부분 황양목인 반면, 이 활자는 대추나무이다. ④ 특히 康熙 황제와 乾隆 황제의 묘호인 玄燁의 玄과 弘曆의 弘의 마지막 획을 생략하는 방법으로 피휘를 하였다 (<사진 17> 참조). 반면에 1796년에 즉위한 嘉慶 황제의 묘호인 顒琰은 피휘하지 않았다. 이는 중국 활자임을 뒷받침하는 결정적인 특징이면서 제작 연대를 짐작할 수 있어서 燕貿木字를 수입한 시기와 일치한다. ⑤ 이 활자들은 문자마다 하나인 경우가 대부분이고 많아도 네 개를 넘지 않는다. 따라서 이 활자는 서적 간행 목적이 아니라 활자 개량을 위한 참고용 표본으로 수입하였음을 의미한다.[304] ⑥ 이 활자들에는 문자면 부분에 묵즙이 묻어있기는 하나, 그 정도로 보아 시험 인쇄한 것으로 판단된다.[305] 실제 이 활자로 인출한 서적이나 서적을 인출하였다는 사실을 언급한 문헌 기록은 아직 발견되

---

303) 腰高 활자와 普通 활자는 조선총독부 박물관으로 이관할 때, 조선총독부 壼事官分室이 정리하여 「朝鮮舊慣制度調査事業槪要」에 수록한 명칭이다. 이 「調査事業槪要」에는 腰高大字 9,797개, 腰高小字 9,035개, 普通大字 10,934개, 普通小字 11,221개로 수록되어 있다.

304) 저자는 "韓‧中 兩國 活字印刷技術의 交流에 관한 硏究(「書誌學硏究」 제14집, 1997. 12. 288.)"에서 燕貿木字의 수입 목적으로 서적을 인쇄하기 위함이었을 것이라고 짐작하였다. 현존 燕貿木字가 문자마다 하나인 경우가 대부분이라는 점을 근거로 그 수입 목적을 수정한다.

305) 1. 이재정, 「활자본색」(서울: 도서출판 책과함께, 2022), 61-62.
2. 이재정, 「활자의 나라, 조선」(서울: 국립중앙박물관, 2016), 33-34.
3. 이재정, "조선 후기 중국 활자 제작 방식의 도입과 활자의 구입", 「규장각」 38집(2011. 6), 16-24.

<사진 16> (한국)국립중앙박물관 소장 燕貿木字(이재정 님 제공)

<사진 17> 燕貿木字의 피휘자 玄과 弘(이재정 님 제공)

지 않고 있다. 이 활자는 중국에 사신으로 간 적이 있으면서, 生生字
와 整理字 제작에 관여했던 徐浩修와 朴齊家가 琉璃廠의 서점 등
민간에서 구입한 것으로 추정되었다.306) 민간에서 구입했다는 점은
당시 淸 조정에는 武英殿 聚珍版 목활자밖에 없었으므로 설득력이
있다. 높이가 腰高 활자와 普通 활자로 구별되는 것은 2차에 걸쳐서
수입하였기 때문일 것이다.

중국의 현존 활자 실물로 확인된 사례는 燉煌에서 발견된 回鶻文
목활자, 安徽省 涇縣의 翟金生 泥活字, 常州 무명씨의 동활자 등 몇
종에 불과하고 수량도 많지 않을 만큼 매우 희소하다. 이 燕貿木字
의 존재 확인은 이러한 상황에서 중국 활자인쇄 기술을 연구하기 위
한 대단한 사건이 아닐 수 없다.

---

306) 이재정, "正祖의 生生字·整理字 제작과 中國活字 購入", 「한국사연구」 151집(2010. 12),
157-168.

9.1.2 족보 인쇄용 목활자와 조판용 부속물

安徽省에서 제작한 것을 구입하였다. 활자의 수량은 대·중·소 3
종 활자와 특수 문자 활자를 합하여 약 13만여 개이며, 조판용 부속
물은 500여 점에 이른다. 활자에 조각된 문자의 내용을 살펴보면 족
보 인쇄용으로 보인다(<사진 18> 참조). 이는 淸 시대 후기에 제작
된 것으로 보이지만, 정확한 제작 연대를 규명할 수 없음이 안타까
울 따름이다. 이러한 활자는 당시 활자인쇄가 성행하던 지역에서 추
가로 발굴될 가능성이 다분하다.

<사진 18> 족보 인쇄용 목활자와 조판용 부속물

9.1.3 羅振玉의 舊藏 銅活字

2018년 중국의 한 수집가가 일본에서 고대 동활자 1갑 97개를 발
견하였다. 여기에는 東京帝室博物館이 大正 원(1912)년 12월에 발행
한 "假預證", 즉 임시보관증이 첨부되어 있다(<사진 19> 참조). 그

내용은 羅振玉이 가져와서 박물관이 구입하여 주기를 원한다는 것이므로, 이 동활자는 羅振玉 소장품이었던 것으로 보인다. 중국의 관련 학자 10여 명은 긴급 학술논증회를 개최하여 이들 활자는 중국 宋·元 시대의 청동활자로 1차 결론을 내렸다. 그 후 이들 활자의 현존 상태, 합금 성분, 주조 기술, 형태, 東京帝室博物館의 임시보관증, 중국 明 시대 이

<사진 19> 東京帝室博物館이 1912년 12월 발행한 "假預證"

전의 동활자 인쇄 관련 문헌, 조선 동활자와의 차이점, 일부 활자에 나타난 중국 고대 활자의 특징, 문자의 서체 등 여러 시각에서 이들 활자에 관한 연구가 진행되었다.

이들 활자는 녹슬거나 부식된 현존 상태로 보아 발굴된 출토품이며, 중국 남방 출토의 청동 화폐나 청동기물과 유사하였다. 이로써 양자강 중하류 또는 화남지방에서 출토했을 것이며, 매장 하한은 明 시대 전기로 추정하였다. 합금 성분은 분석 결과 납과 주석이 함유된 구리합금이다. 이는 중국 고대 청동기나 청동 화폐와 비슷하여 주조 하한은 明 시대 嘉靖 연간으로 추정하였다. 제작 방법은 화폐 주조와 비슷한 주물사 주조법이되, 가마에 구운 교니주형으로 주조하였을 것으로 추정하였다. 이들 중 5개는 동체에 구멍이 있는 동활자라는 점이 중국의 문헌 기록에 부합하고, 조선의 활자

는 구멍이 없으므로 중국 동활자로 확정하였다. 기타 활자의 형태·규격·서체는 물론 활자에 반영된 설계 사상과 조판 기술도 조선의 동활자와 달라서 중국 宋·元 시대의 청동활자로 판명하였다(<사진 20> 참조).[307]

<사진 20> 羅振玉의 舊藏 銅活字(중간 사진은 활자에 구멍 뚫은 모습)

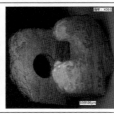

9.1.4 紙幣 銅版의 銅字와 冥幣 목판의 木字

중국의 문화 중에 망자에게 천당행 노자로 또는 천당에서 사용하라는 관념으로 지폐를 찍어서 불태워 보내주는 습속이 있다. 이 지폐를 冥幣·冥錢·冥鈔·冥鏹 등으로 부른다. 오늘날에는 속칭 燒紙·燒錢이라고 한다. 명폐는 이를 필요로 하는 수요자에 따라 표시하는 연도와 성명 등이 다르다. 따라서 이를 인출하여 판매하는 서사는 명폐 인출용 목판을 제작하되, 수요자의 요구에 따라 필요한 부분에 해당 문자의 목자를 삽입하여 필요한 내용을 찍을 수 있도록 인판을 제작한다. 이러한 명폐 목판의 사례가 있다(<사진 21> 참조). 길이 16.5 × 폭 9.0 × 두께 2.5cm, 5행 27자. 이 중 3곳에 목자를

---

307) 1. 艾俊川, "從文獻角度看羅振玉舊藏銅活字", 「中國出版史硏究」 2018年 제2기(2018), 7-13.
　　 2. 周衛榮 등저, "對羅振玉舊藏古代銅活字的初步硏究", 「中國錢幣」 2018年 제2기(2018. 4), 3-11.

교체 삽입하여 찍을 수 있는 홈이 있
다. 제1행 제1-2자의 天運, 제3행 제
2-3자의 世祖, 제5자의 陳이다.308)

<사진 21> 冥幣 목판

1990년대 후반, 한·중 양국의 서
지학자 간에 금속활자의 발명에 관한
논쟁이 치열했던 적이 있었다. 한국의
금속활자 발명에 대하여, 자존심 상한
중국의 일부 학자는 중국 역사상 금속
을 사용한 사례 중에 활자와 유사한
것으로 지폐 인출용 동판을 제시하면
서, 금속활자의 중국 발명을 주장하기
도 하였다.309) 저자는 이에 대한 반론
을 국내는 물론 臺北·成都·北京에서 발표하기도 하였다("부록 4.
金屬活字의 中國發明說에 관한 研究·論中國發明金屬活字說" 참
조). 지폐 동판의 인출 원리는 명폐와 대동소이하다.

이러한 목자나 동자를 활자로 간주할 수 있는가? 중국 학자의 이
러한 주장을 보면 활자의 정의가 필요하다. (宋)沈括의「夢溪筆談」
에 기록된 畢昇의 활자인쇄 관련 기록에서 그 정의를 추출하면 4단
계로 요약할 수 있다. 1단계 제작: 낱개로, 복수로, 2단계 조판: 한
판의 활자를 조립, 3단계 印出: 墨汁을 칠하고 찍어내기, 4단계 再
使用: 解版하여 재사용에 대비. 이 네 단계 중에 어느 하나라도 갖
추지 못하면 활자가 될 수 없고, 유사하거나 실험작으로 인정할 수

308) 鄒毅(2010), 167-168·圖 7-11.
309) 潘吉星(2001), 38-46.

밖에 없다.

명폐 인출용 목판은 제1?·3·4단계는 갖춘 것으로 인정되지만, 제2단계가 부족하다. 지폐 인출용 동판은 제3·4단계는 갖춘 것으로 인정되지만, 제1·2단계가 부족하다. 따라서 이들은 활자인쇄와 매우 유사하기는 하나, 진정한 활자의 범주에는 들지 못하는 것으로 판단된다.

9.1.5 서양의 鉛活字·木活字·活字 保管用 서랍

저자는 1992년의 1년 동안 Visiting Scholar의 자격으로 미국 Seattle 소재 University of Washington을 방문한 적이 있다. 이 기간에 전공 연구를 위한 자료 수집은 물론, 골동품상까지도 샅샅이 뒤졌다. 그 과정에서 동양의 고서·서양의 鉛활자·서양의 목활자·활자 보관용 목제 서랍 등을 입수할 수 있었다(<사진 22> 참조). 鉛활자는 컴퓨터 인쇄 이전까지 대부분의 인쇄물을 찍어내던 전형적인 안티몬(antimony) 합금 연활자이다. 목활자는 신문 기사 제목 인쇄용 대형 알파벳 활자이다. 재질은 회양목(box wood)이다. 활자 보관용 서랍은 대형과 소형이 있다. 대형은 전면 중앙의 금속제 손잡이에 "HAMILTON"이 양각으로 제작되어 있고, 전면 좌측에 고유번호로 "161. 12 Point STYMIE BOLD Caps. 1. c."가 표시되어 있다. 대형의 규격(내/외측)은 깊이 38/42 × 폭 78/82 × 높이 2.5/3cm, 소형은 31/35 × 63/67 × 2.5/3cm이다. 대형은 활자 보관을 위하여 4~5단 × 17~22칸으로 구분되어 있다. 중국의 활자인쇄와는 거리가 있지만, 견식을 넓히는 의미로 참고가 될 수 있기를 바란다.

<사진 22> 서양의 鉛활자·보관용 서랍(대형)

9.2 인출용 공구와 재료

9.2.1 인출용 공구

목판인쇄나 채색농담인쇄(餖板印刷)에 사용하는 것으로 10.5~
26cm 길이의 먹솔 4점과 23.5cm 길이의 밀대 1점이다(<사진 23>
참조). 이는 北京의 榮寶齋와 楊州의 廣陵古籍刻印社를 통하여 당
시 사용하고 있거나 여분으로 준비한 것을 입수하였다. 이들 공구는
종려나무 껍질의 질긴 섬유를 이용하여 제작하였다.

榮寶齋가 사용하는 밀대의 경우, 지면에 직접 접촉하는 면을 말총
으로 감싸서 부드럽게 미끄러지듯이 인출할 수 있도록 제작한 고급
품도 있었다. 구조가 복잡한 데다 양도를 거절하여 구체적인 제작
방법만 전수받기도 하였다.

<사진 23> 인출용 공구
(좌로부터 榮寶齋 먹솔, 廣陵古籍刻印社 먹솔 3개, 밀대, 묵즙)

9.2.2 인출용 재료

묵즙 600cc 1병인데(<사진 23> 참조), 廣陵古籍刻印社가 古法으로 인쇄물을 간행할 때 사용하는 묵즙이다. 이 묵즙은 실제 인출 실험 결과 송연묵즙으로 판명되었다.[310]

이 밖에 인출용 책지가 있다. 류운영 님이 전통 방식인 완전 수공업으로 제작한 저지, 臺灣에서 제작한 서화용 선지, 安徽省 涇縣 소재 雙旗宣紙廠이 靑壇皮로 제작한 서화용 선지 등을 「直指」 복원 실험을 위하여 대량으로 구입하기도 하였다.

---

310) 曺炯鎭, 「「白雲和尙抄錄佛祖直指心體要節」 復原 研究」(파주: 한국학술정보(주), 2019), 449.

<표 9> 인쇄 관련 실물

	입수처	제작 연대	실물의 종류		수량(길이)		비고
1		1790년 이전	燕貿목활자		普通 활자 2만여 개, 腰高 활자 1만 3천여 개		(한국)국립중 앙박물관 소장
2	安徽省	淸 시대 후기	목활자		13만여 개		족보 인쇄용
			조판용 부속물		500여 점		
3	일본	宋·元 시대	동활자		97개		羅振玉 舊藏
4	미국	근현대	鉛활자		20, 000여 개		인쇄물 인쇄용
			목활자		100여 개		신문 제목 인쇄용
			목활자 보관용 서랍		2개		
5	榮寶齋	현대	인출용 공구	먹솔	1개	15.5cm	
	廣陵 古籍刻印社			먹솔	3개	10.5cm, 11cm, 26cm	
				밀대	1개	23.5cm	
	류운영·臺灣 ·雙旗宣紙廠		인출용 재료	묵즙	600cc		
				책지	대량		

10. 小 結

  이상에서 서술한 바와 같이 淸 시대 후기에도 각종 활자들이
조성되어 서적이나 족보 등을 인쇄하는 데에 사용되었다. 이러한
淸 시대 후기의 활자인쇄 연구에서 밝혀진 특징을 종합하면 다음
과 같다.

(1) 활자의 재료와 동활자의 유행 지역

활자의 제작에 사용된 재료는 銅・朱錫・鉛・泥 및 木質이 함께
사용되었다.311) 동활자본은 비록 明 시대만큼 많지는 않았지만, 江
蘇・浙江・福建・湖南 등 유행한 범위는 더욱 광범하였다. 규모의
크기나 조각술의 정교함도 明 시대의 활자본보다 발전하였다.

(2) 목활자의 유행 지역・소유자・판본의 수량・내용・용도

淸 시대에 전국 각지에서 목활자가 유행하였다. 지역 분포는 河北・
山東・河南・江蘇・浙江・安徽・江西・湖北・湖南・四川・福建・
廣東・陝西・甘肅 등 14개 省에 이른다. 궁궐・각 지방의 衙門・서
원・官書局 등은 모두 활자를 소유하고 있었고, 祠堂과 서사 또는
민간의 개인도 유행을 따라서 목활자로 서적이나 족보를 인쇄한 것
도 매우 많았다. 목활자본의 수량은 약 2,000종 정도이다. 그 내용은
매우 풍부하고 다양하여 經學・小學・史部(60여 종)・子部・역대의
詩文別集(약 200종)・문학 작품・類書・叢書(20여 종)・工具書 등
을 모두 포함하고 있다.312) 이와는 별도로 譜匠에 의한 족보가
5,000여 종이 또 있다. 서사에서 인쇄한 목활자본은 대부분이 소설・
희곡・歌辭・紙錢・황제의 敎示摺 등이다.313) 목활자의 용도는 서
적과 족보를 인쇄하는 것 외에 신문이나 정부 기관의 직원 명부인

---

311) 錢存訓(1985), 215.

312) 張秀民, "淸代的木活字", 109-110.

313) 劉國鈞・陳國慶 공저, 「版本學」(臺北: 西南書局, 1978), 67-68.

"紅皮曆書" 등을 인쇄하기도 하였다. 또 당시에 일종의 재산으로 간주하여 저당 잡히거나 매매하기도 하고, 빌려주거나 기증하는 선물로 삼기도 하였다.314)

이처럼 각종 활자인쇄 중에서 목활자가 가장 유행한 이유는 사회의 경제 조건 및 문화 배경과 밀접한 관계가 있었다.

① 저렴한 經濟性

목활자는 재료를 생활 주변에서 손쉽게 구할 수 있어서 비교적 경제적이고 편리하여 금속활자처럼 그렇게 많은 자본이 필요하지 않았다.

② 용이한 製作性

활자의 제작도 금속활자처럼 고도의 기술을 필요로 하지 않았고, 구워서 만드는 泥활자처럼 번거롭지도 않았다.

③ 기존 기술의 轉用性

목재의 처리 과정·조각 및 묵즙 조제 등이 대부분 목판인쇄 기술과 같았다.

이러한 이유로 각종 활자 중에서 가장 많이 유행할 수 있었다.

(3) 泥활자 인쇄의 성공 및 인쇄 기술 수준·교감 태도

인쇄 기술에서는 기꺼이 일생을 바쳐서 泥활자를 제작하여 서적인쇄에 성공함으로써 畢昇의 膠泥활자 인쇄가 가능하다는 사실을 증명한 인물도 있었다. 전국 각지에 유행할 만큼 보급된 목활자의

---

314) 秀川, 「中國印刷術史話」(香港: 商務印書館, 1977), 32-33.

인쇄 기술은 王士禎·袁棟·阮蔡生·趙翼 등이 목활자판을 언급할 때 모두 畢昇을 거론한 점[315]으로 미루어, 목활자도 역시 畢昇의 膠泥활자를 바탕으로 발전해 내려온 것임을 알 수 있다. 따라서 그 조판 방법도 대부분이 부착식 방법을 사용하였을 것이다. 동활자의 인쇄 기술도 목판인쇄보다 더 높은 수준에 도달하는 성취를 이루었으니, 수백 년의 경험을 기초로 활자의 제작·조판·묵즙 조제 등 기술이 모두 장족의 발전을 이루었다. 교감 작업도 완전을 기하는 각종 방법을 응용하고 부단히 노력하는 태도는 오늘날에도 본받을 만하다. 이렇게 신중하고 책임감 있는 정신은 족보에서도 발견할 수 있다.

물론 단점도 있었다. 예를 들면 叢書나 類書 등 거질의 서적은 묵색이 고르지 못한 곳이 매양 있으며, 서사나 譜匠 등 일부 영리를 목적으로 인쇄한 서적이나 족보는 품질이 비교적 떨어졌다. 同治 이후「京報」를 인쇄한 목활자는 서체는 크지 않지만, 크기가 고르지 못하고 字行이 삐뚤삐뚤하며 농담도 고르지 못하고 오자도 있었다.[316] 이러한 현상은 예외 없이 공기에 쫓기거나 미숙련공에 의하여 야기된 것으로 마땅히 타산지석으로 삼아야 할 것이다.

(4) 현대적 機械化의 실패

중국의 활자인쇄 기술은 발명 이후 900여 년 사용되어왔다. 그러나 당시 중국의 독서환경에 적응하지 못한 결과 목판인쇄술만큼 보편화되거나 중시되지 못하였다. 주된 인쇄 사업은 역시 목판인쇄술

---

315) 張秀民, "清代的木活字", 103.

316) 張秀民, "清代的木活字", 111.

을 이용하였다. 또 기술적으로는 시종 전통적인 수공업적 방법을 유지하였고, 기계화하지 못하였다. 그 결과 19세기에 이르러 서양의 기계식 鉛활자 인쇄술이 수입된 이후 곧 대체되고 말았다. 이에는 그만한 원인이 있었다.

① 완만한 수요의 經濟性

당시의 사회 환경은 보수적인 봉건 사회·농경 사회로 독서는 여전히 소수 계층에 국한된 특권이었다. 따라서 한 서적에 대한 수요는 단기간 내에 대량의 복본을 공급하도록 요구하지 않으며, 한 번에 필요로 하는 서적의 인쇄 수량에는 제약이 있었다. 다만 오랜 기간을 통하여 소량씩 꾸준한 공급이 필요하였다. 이처럼 서적의 유통이 완만하여 소량을 꾸준히 공급하기만 하면 되는 조건에 부합할 수 있는 것은 목판인쇄술이었다. 활자인쇄술은 한 번에 많은 양을 인쇄하여 자본이 적체되거나, 그렇지 않으면 다시 조판해야 하는 문제가 발생한다. 이 때문에 과거의 사회에서 활자인쇄의 방법은 시종 광범하게 유행하지 못하여 목판인쇄만큼 보편화되지 못하였다.

② 文字의 語彙性

중국의 문자는 음을 조합하여 이루어진 표음문자가 아니고, 문자마다 독립된 형태와 의미를 가지는 표의문자이다. 게다가 필획이 복잡하고 문자의 수도 적지 않아서 준비해야 하는 활자 또한 대단히 많았다. 일반적으로 한 조의 활자는 최소 6~7,000개의 서로 다른 문자를 갖추어야 비로소 작은 서적을 인쇄할 수 있다. 만약 문자마다 여러 개 내지 수십 개의 활자를 갖추려면 적어도 10~20만 개의 활자가 있어야 하고, 다시 대자와 소자를 구분하면 총 40~50만 개의 활자가 있어야 비로소 보편적으로 서적을 인쇄할 수 있다.[317) 그러므로 한 조의 활자를 완전히 갖추려면 소요되는 시간·재력·물력이 매우 크다. 또 조판과 해판이 모두 비교적 번거롭고 절약할 수 있는 노력이 거의 없어서 자연히 활자인쇄의 우수성이 감소한다. 그 결과 중국의 활자에 대한 요구는 고정된 字母를 조합하여 나열함으로써 이루어지는 서양의 표음문자만큼 절실하지 않았다.

③ 고도의 技術性

활자의 제작과 조판 작업이 목판인쇄보다 복잡하여 상당한 수준의 숙련된 기술을 필요로 한다. 또한, 문자를 식별할 수 있을 정도의 지식수준도 필요로 한다. 따라서 일시에 숙련공을 배양하기가 용이하지 않았다. 또 고대의 활자인쇄 기술은 가업을 대대로 이어오는 방법에 의하여 발전해 온 것으로 발전이 쉽게 저해될 수 있었다. 따라서 널리 보급하기도 쉽지 않았다.

④ 판본의 審美性

독서 계층은 우아한 기풍을 애호하여 서적도 필획이 분명하고 서체는 우아하고 판면은 아름다운 것을 선호하였다. 그 결과 宋本의 복각이 유행하기도 하였다. 그런데 고대의 활자인쇄 기술은 고명하지 못하여, 활자본은 일반적으로 이러한 수준을 갖추기가 매우 어려워 목판본만큼 아름답지 못하였다. 그 결과 활자인쇄는 독서 계층의 심미적 요구를 충분히 만족시킬 수 없었다.

⑤ 재료의 着墨性

泥활자·목활자·금속활자 등 활자의 재질에 따라 사용하는 묵즙의 성분이 모두 달랐다. 그런데 중국은 주로 松煙墨을 줄곧 사용하

---

317) 錢存訓(1985), 212.

였고, 금속활자에 사용할 수 있는 油煙墨은 매우 늦게 개발해 낼 수 있었다. 淸 시대 초기에 「古今圖書集成」을 인쇄할 때 이미 油煙墨의 문제를 해결하였으나, 그 후 전해지지 않아서 활자인쇄 발전에 공헌하지 못하였다.

⑥ 정치적 출판 통제와 사회적 인식

통치자의 이념에 맞지 않은 서적은 간행을 제한하였다. 이와 함께 봉건 사회와 지식층의 농업을 중시하고 상공업을 경시하는 인식은 서적 간행에 관한 선진기술 개발을 저해하였다.

이상과 같은 요인들은 중국의 활자인쇄 기술이 900여 년 동안 서적 등을 인쇄하는 데에 이용되어 오면서도 목판인쇄보다 보편화되지 못했던 원인이었다.

〈색인〉

조형진(曹炯鎭 · Cho, Hyung-Jin)

중앙대학교, 문학학사
中華民國 國立臺灣大學, 문학석사
中華民國 中國文化大學, 문학박사 수학
중앙대학교, 문학박사

미국 University of Washington, Visiting Scholar
日本 帝京大學, 客員研究員
강남대학교, 교수(정년)

저서

中韓兩國古活字印刷技術之比較硏究
「直指」復原 硏究
「慵齋叢話」"活字"條 實驗 硏究

中國活字印刷技術史(上)
History of Typography in China (Volume 1)

초판인쇄 2023년 9월 15일
초판발행 2023년 9월 15일

지은이   조형진
펴낸이   채종준
펴낸곳   한국학술정보㈜
주 소   경기도 파주시 회동길 230(문발동)
전 화   031) 908-3181(대표)
팩 스   031) 908-3189
홈페이지 http://ebook.kstudy.com
E-mail 출판사업부 publish@kstudy.com
등 록   제일산-115호(2000. 6. 19)

ISBN   979-11-6983-658-6   93010